職業安定法の実務解説

労働新聞社 編

改訂
第７版

はじめに

職業安定法は、職業安定行政の基本となる法律として、昭和22年12月1日から施行されました。本法は憲法の精神である職業選択の自由と勤労権の確保を基調として職業安定機関の行う職業紹介及び職業指導、職業安定機関以外の者の行う職業紹介、労働者の募集及び労働者供給事業等について定めており、労働者各人に、その有する能力に適した職業に就く機会を与え、産業に必要な労働力を適正なルールのもとに充足し、職業の安定と産業の発展に寄与することを目的としてきました。

労働力のマッチング事業については、当初、中間搾取等の弊害を防ぐため、国が強力に管理する方針が全面に打ち出されていました。しかし、近年における急速な産業構造の変化に伴って、新たな形の人材ビジネスを模索する動きが強まってきました。さらに、バブル崩壊後、日本経済全体の規制緩和が求められるなか、労働力需給システムの変革が重要課題として浮上してきました。このような背景の下、平成11年には、有料職業紹介事業の対象となる職業の範囲を、ポジティブ・リスト（限定列挙による規定）方式からネガティブ・リスト（禁止となる職業以外は可能とする規定）方式に改める大改正が実施されました。現在は、「官民事業の共存」を基本とし、それぞれの特色を生かしつつ、効率的な労働市場を整備する方策が急ピッチで進められています。

平成30年には、インターネットの普及拡大等も踏まえ、労働条件明示の方法を中心として労働力需給マッチングに関係する各事業者の義務内容等を強化した改正法が施行されています。

本書は職業安定法の基本的な考え方、条文等について、最新の改正内容に基づきわかりやすく解説したもので、原則として令和4年10月1日施行分までの改正法に対応した内容となっています。本書が職業紹介事業関係者をはじめ企業等で幅広く活用され、職業紹介ルールの普及、徹底に役立つことを願います。

令和5年2月

編　者

目　次

第4章　労働者の募集

第5章　募集情報等提供事業

第6章　労働者供給事業

参考資料

○本書は令和４年 10 月現在の情報に基づき改訂したものです。
○法改正等で内容に変更が生じる場合がございます。

第1章　総　論

第１節　職業安定法の目的と構成

職業安定法は、外部労働市場の需給調整システムを規律する法律です。

労働契約は、事業主による求人ニーズと労働者による求職ニーズが合致することにより締結されます。

職業安定法は求人と求職の円滑なマッチングを促進する体制を整備することで、

①　各人にその能力に適合する職業に就く機会を与える

②　産業に必要な労働力を充足する

③　経済・社会の発展に寄与する

という目的の達成を図ります（法第１条）。

そのためには、次の施策の着実な実施が求められます。

・公共職業安定所その他の職業安定機関が職業紹介事業を行う

・職業安定機関以外の者の行う職業紹介事業等の適正な運営を確保する

求人と求職のマッチングの仕組みには、大きく分けて「職業紹介」「労働者の募集」「労働者供給事業」「労働者派遣事業等」があります。

職業安定法では、このうち「労働者派遣事業等」を除く仕組みについて詳細な規定を設けています。法律の構成は、下記のとおりとなっています。

・公共職業安定機関の行う職業紹介（法第２章　第６条～第 28 条）

・地方公共団体の行う職業紹介（法第２章の２　第 29 条～第 29 条の９）

・民間有料職業紹介事業者の行う有料職業紹介事業（法第３章第１節　第 30 条～第 32 条の 16）

・労働組合等の行う無料職業紹介事業（法第３章第２節　第 33 条）

・学校・特別の法人の行う無料職業紹介事業（法第３章第２節　第 33 条の２～第 33 条の３）

・労働者の募集（法第３章の２　第 36 条～第 43 条）

・募集情報等提供事業（法第３章の３　第 43 条の２～第 43 条の９）

・労働者供給事業（法第３章の４　第 44 条～第 47 条）

・労働者派遣事業等（法第３章の５　第47条の２、ただし、規制内容については労働者派遣法・港湾労働法・建設労働法にゆだねる形となっています）

本書では、民間有料職業紹介事業者による有料職業紹介事業および特別の法人による無料職業紹介事業（第３章）、労働者の募集（第４章）、募集情報等提供事業（第５章）、労働者供給事業（第６章）について解説しています。なお、労働者派遣法に関しては、本書の姉妹書「労働者派遣法の実務解説」（労働新聞社 刊）を参照ください。

第2節　規制の変遷

求人・求職のマッチングに関しては、民間事業者がタッチすると低劣な労働条件の締結や中間搾取の発生等の弊害を引き起こす可能性があります。このため、一定の条件を満たす場合に限り、民間事業者の介在を認める形で規制が行われています。その規制対象・内容は、労働力市場の変化に合わせ、幾多の変遷を経てきました。

各種の仕組みの規制内容は、下記のとおりです。

1　職業紹介事業

職業紹介とは、職業紹介事業者が求人者（事業主）と求職者（労働者）の仲立ちをして、雇用関係の成立を斡旋するものです。

図１　職業紹介事業における三者間の関係

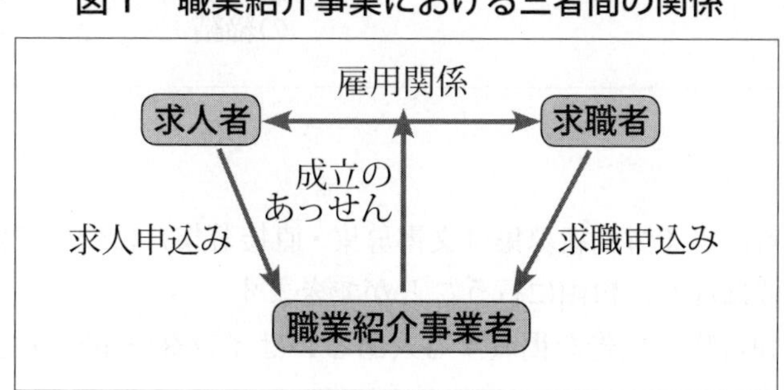

職業安定法の制定当初は、職業紹介サービスは国（職業安定機関、代表がハローワーク）が無料で実施するのを原則（国家独占）とし、有料職業紹介に関しては、美術、音楽、演芸その他の特別な職業に限って労働大臣の許可制により認められていました。

しかし、平成 11 年には、原則禁止から原則自由化に向けて大きくカジが切られました。従来のポジティブ・リスト方式（有料職業紹介が可能な職業を限定列挙する）から、ネガティブ・リスト方式（禁止となる職業以外は有料職業紹介を可能とする）方式に変更されています。禁止となる職業としては、港湾運送業務に就く職業と建設業務に就く職業が挙げられています。

現在も、有料職業紹介事業を行おうとする者は、厚生労働大臣の許可を得る必要があります。

無料の職業紹介についても許可を得るのが原則ですが、学校、特別の法人（商工会議所等）は届出のみ、地方公共団体は通知のみで足ります。

2　労働者の募集

労働者の募集とは、求人者（事業主）が自らまたは委託により労働者を勧誘することをいいます。

図２　労働者募集における関係

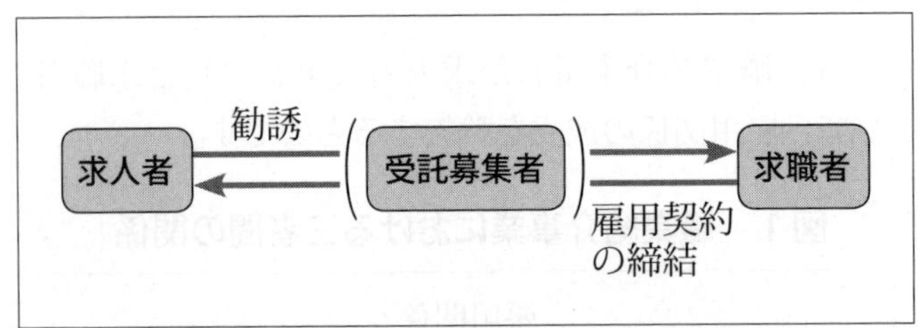

民間事業者による労働者募集（文書募集・直接募集）については、許可・届出等の必要はなく、自由に行うことができます。

ただし、刊行物に広告を掲載する（あるいはインターネットで情報を提供する）際には、募集者に誤解を生じさせないように平易な表示に努める必要があります。

委託募集については、受託者に報酬を支払うときは厚生労働大臣による許可、報酬なしのときは厚生労働大臣への届出が必要となります。

3　労働者供給事業

労働者供給事業は、労働の強制、中間搾取等の弊害を伴うため、原則禁止とされました。ただし、労働組合等が労働大臣（現在は厚生労働大臣）の許可を受けた場合、無料で労働者供給事業を行うことができます。

昭和 22 年の職業安定法制定時には、労働者供給とは「供給契約に基づいて労働者を他人の指揮命令を受けて労働に従事させることをいう」と定義されていました。この定義によれば、現在の労働者派遣事業に該当するものも労働者供給事業の中に含まれます。つまり、その当時は、労働者派遣というスキームは法律上、認められていませんでした。

しかし、昭和 60 年に制定された派遣法では、従来の労働者供給事業のうち、労働力需給システムとして問題の少ない「労働者派遣に該当するパターン」に限定して、許可・届出による営業を認めました。

平成 27 年の派遣法改正では届出制を廃止し、許可制に一本化しました。

図３　労働者派遣と労働者供給との差異

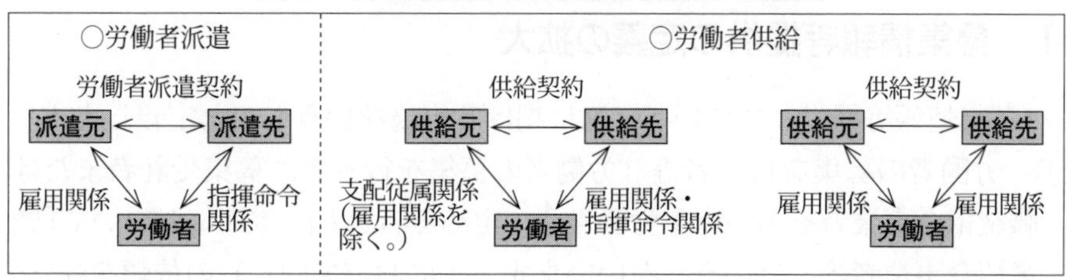

第3節　令和４年改正法の概要

令和４年３月31日、「雇用保険法等の一部を改正する法律」が公布され、職業安定法の改正については、一部を除き、令和４年10月１日に施行されました。

今回の改正は、求職活動におけるインターネットの利用が拡大する中、就職・転職の主要なツールとなっている求人メディア等の幅広い雇用仲介事業を法的に位置づけ、ハローワーク等との相互の協力の対象に含めるとともに、安心してサービスを利用できる環境とするため、求人メディア等が依拠すべきルールを明確にしたものです。

具体的には求人メディア等のマッチング機能の質の向上の措置として、新たな形態の求人メディア（ネット上の公表情報を収集する求人メディア等）について「募集情報等提供」の定義に含めるとともに、募集情報等提供事業者を、雇用情報の充実等に関し、ハローワーク等と相互に協力するよう努める主体として法的に位置づけること、募集情報等提供事業者に対し、募集情報等の正確性や最新性を保つための措置、個人情報保護、苦情処理体制の整備等を義務づけるとともに、現行の助言・指導に加え、改善命令等の監督を可能とすること、特に求職者情報を収集する募集情報等提供事業者は事前に届出を行うこととし、迅速な指導監督を可能としました。

詳細な概要は、以下のとおりです。

1　募集情報等提供の定義の拡大

「募集情報等提供」について、次に掲げる行為をいうものと定義します。

①　労働者の募集を行う者等（労働者の募集を行う者、募集受託者または職業紹介事業者その他厚生労働省令で定める者（以下、本節においいて「職業紹介事業者等」という）をいいます。④において同じ）の依頼を受け、労働者の募集に関する情報を労働者になろうとする者または他の職業紹介事業者等に提供すること

②　①のほか、労働者の募集に関する情報を、労働者になろうとする者の職業の選択を容易にすることを目的として収集し、労働者になろうとす

る者等（労働者になろうとする者または職業紹介事業者等をいいます。③において同じ）に提供すること

③　労働者になろうとする者等の依頼を受け、労働者になろうとする者に関する情報を労働者の募集を行う者、募集受託者または他の職業紹介事業者等に提供すること

④　③のほか、労働者になろうとする者に関する情報を、労働者の募集を行う者の必要とする労働力の確保を容易にすることを目的として収集し、労働者の募集を行う者等に提供すること

2　官民の相互協力

雇用情報の充実等に関し、職業安定機関と相互に協力するよう努めなければならない対象に募集情報等提供事業を行う者を加えました。

3　求人等に関する情報の的確な表示

①　公共職業安定所、特定地方公共団体および職業紹介事業者、労働者の募集を行う者および募集受託者、募集情報等提供事業を行う者ならびに労働者供給事業者は、刊行物に掲載する広告、文書の掲出または頒布その他厚生労働省令で定める方法（以下本節において「広告等」といいます）により求人もしくは労働者の募集に関する情報または求職者もしくは労働者になろうとする者に関する情報その他厚生労働省令で定める情報（③において「求人等に関する情報」といいます）を提供するときは、虚偽の表示または誤解を生じさせる表示をしてはならないものとすること

②　労働者の募集を行う者および募集受託者は、広告等により労働者の募集に関する情報その他厚生労働省令で定める情報を提供するときは、正確かつ最新の内容に保たなければならないものとすること

③　公共職業安定所、特定地方公共団体および職業紹介事業者、募集情報等提供事業を行う者ならびに労働者供給事業者は、広告等により求人等に関する情報を提供するときは、厚生労働省令で定めるところにより正確かつ最新の内容に保つための措置を講じなければならないものとすること

4　特定募集情報等提供事業について

（1）定義

労働者になろうとする者に関する情報を収集して行う募集情報等提供を「特定募集情報等提供」といい、（2）の届出をして特定募集情報等提供事業を行う者を「特定募集情報等提供事業者」と定義します。

（2）届出

特定募集情報等提供事業を行おうとする者は、厚生労働省令で定めるところにより、氏名または名称および住所その他の厚生労働省令で定める事項を厚生労働大臣に届け出なければならないものとします。届け出た事項に変更があったとき、または届出に係る特定募集情報等提供事業を廃止したときは、遅滞なく、その旨を厚生労働大臣に届け出なければなりません。

また、特定募集情報等提供事業者は、厚生労働省令で定めるところにより、当該事業に係る事業概況報告書を作成し、厚生労働大臣に提出しなければなりません。

（3）報酬受領の禁止

特定募集情報等提供事業者は、その行った募集情報等提供に係る労働者の募集に応じた労働者から、当該募集情報等提供に関し、いかなる名義でも、報酬を受けてはならないものとします。

（4）秘密を守る義務等

特定募集情報等提供事業者および当該事業者の従業者は、正当な理由なく、その業務上取り扱ったことについて知り得た人の秘密を漏らしたり、その業務に関して知り得た個人情報等を、みだりに他人に知らせてはならないものとします。特定募集情報等提供事業者および当該事業者の従業者でなくなった後においても、同様とします。

5　個人情報の取扱い

公共職業安定所、特定地方公共団体、職業紹介事業者および求人者、労働者の募集を行う者および募集受託者、特定募集情報等提供事業者ならびに労働者供給事業者および労働者供給を受けようとする者は、その業務の目的の達成に必要な範囲内で、厚生労働省令で定めるところにより、当該目的を明らかにして求職者等の個人情報を収集し、ならびに当該収集の目的の範囲内でこれを保管し、および使用しなければなりません。ただし、本人の同意がある場合その他正当な事由がある場合は、この限りではないものとします。

6　募集情報等提供事業を行う者の事業情報の公開

募集情報等提供事業を行う者は、厚生労働省令で定めるところにより、労働者の募集に関する情報の的確な表示に関する事項、苦情の処理に関する事項その他厚生労働省令で定める事項に関し情報の提供を行うように努めなければならないものとします。

7　募集情報等提供事業を行う者による苦情の処理

募集情報等提供事業を行う者は、労働者になろうとする者、労働者の募集を行う者、募集受託者、職業紹介事業者その他厚生労働省令で定める者から申出を受けた事業に関する苦情を適切かつ迅速に処理しなければなりません。また苦情処理という目的を達成するために必要な体制を整備しなければならないものとします。

8　事業者団体等の責務

①　職業紹介事業者または募集情報等提供事業を行う者を直接または間接の構成員とする団体は、職業紹介事業または募集情報等提供事業の適正な運営の確保および求職者または労働者になろうとする者の保護が図られるよう、構成員に対し、必要な助言、協力その他の援助を行うように努めなければなりません。

②　国は、①の団体に対し、職業紹介事業または募集情報等提供事業の適正な運営の確保および求職者または労働者になろうとする者の保護に関し必要な助言および協力を行うように努めるものとします。

9　指導監督

① 厚生労働大臣による改善命令の対象に、募集情報等提供事業を行う者を加えます。

② 厚生労働大臣は、特定募集情報等提供事業者が「個人情報の取扱い」、「報酬受領の禁止」、「秘密を守る義務等」または①の改善命令に違反したときは、期間を定めて当該特定募集情報等提供事業の全部または一部の停止を命ずることができるものとします。

③ 厚生労働大臣に対する申告の対象に、募集情報等提供事業を行う者を加えます。

④ 行政庁による立入検査の対象に、募集情報等提供事業を行う者を加えます。

⑤ 政府が行う指導監督の対象から、募集情報等提供事業を行う地方公共団体を除きます。

10　その他

① 公衆衛生または公衆道徳上有害な業務に就かせる目的で募集情報等提供を行った者またはこれに従事した者について、1年以上10年以下の懲役または20万円以上300万円以下の罰金に処するものとします。

② **9**②の事業の停止の命令に違反した者について、1年以下の懲役または100万円以下の罰金に処するものとします。

③ **4**（3）の報酬受領の禁止に違反した者、届出をしないで特定募集情報等提供事業を行った者または虚偽の広告をなし、もしくは虚偽の条件を提示して募集情報等提供を行った者もしくはこれらに従事した者について、6カ月以下の懲役または30万円以下の罰金に処するものとします。

④ **4**（2）の届出をする場合において虚偽の届出をした者または届出をせず、もしくは虚偽の届出をした者について、30万円以下の罰金に処するものとします。

第4節　その後の改正の概要

職業安定法第48条の規定に基づき、職業紹介事業者、求人者、労働者の募集を行う者、募集受託者、募集情報等提供事業を行う者、労働者供給事業者、労働者供給を受けようとする者等が均等待遇、労働条件の明示、求職者等の個人情報の取扱い、職業紹介事業者の責務、募集内容の的確な表示、労働者の募集を行う者等の責務、労働者供給事業者の責務等に関して適切に対処するための指針および青少年雇用対策基本方針の一部を改正しました（令和4年6月10日　厚生労働省告示第198号）。

第2章　職業紹介の意義

第１節　職業紹介の意義

職業安定法において「職業紹介」とは、「求人及び求職の申込みを受け、求人者と求職者との間における雇用関係の成立をあっせんすること」をいいます（法第４条第１項）。

具体的には、「求人者」とは対価を支払って自己のために他人の労働力の提供を求めるため、他人を雇用しようとする者のことをいい、「求職者」とは対価を得るために自己の労働力を提供して職業に就くために他人に雇用されようとする者をいいます。なお、「あっせん」とは求人者と求職者との間をとりもって雇用関係の成立が円滑に行われるように第三者として世話することをいいます。

第２節　職業紹介と委託募集の関係

労働者を雇用しようとする者がその被用者以外の者をして労働者の募集に従事させる形態で行われる労働者の募集を「委託募集」といいますが（**第４章第１節の２**（３）参照）、次のような場合には、委託募集ではなく職業紹介に該当します。

（１）求人者に紹介するため求職者を探索したうえ当該求職者に就職するよう勧奨し、これに応じて求職の申込みをした者をあっせんするいわゆる「スカウト行為」を事業として行う場合には、職業紹介事業に該当することとなります。

（２）事業として反復継続して労働者募集の受託を受ける場合は、複数の募集を同時並行的に取り扱い、募集に応じようとする労働者を選別して最も適切と思われる募集にあっせんするという職業紹介の実態に該当することが通常であり、東京エグゼクティブ・サーチ事件最高裁判決（最判平成６年４月22日民集48巻第３号944頁）においても、人材スカウト行為についてきわめて広く職業紹介性が認められています。

第3節　職業紹介と情報提供の関係

職業紹介事業の看板を掲げずに、求人情報または求職情報を提供する事業者も広くみられるところです。職業安定法では、こうした業者についても「募集情報等提供事業を行う者」として規制の対象としています。従来「指針」でルールを規定していましたが、令和４年の改正により依拠すべきルールを新たに明確化しました。

募集情報等提供とは、

① 「労働者の募集を行う者等（労働者の募集を行う者、募集受託者）又は職業紹介事業者その他厚生労働省令で定める者（以下『職業紹介事業者等』という）の依頼を受け、労働者の募集に関する情報を労働者になろうとする者又は他の職業紹介事業者等に提供すること」

② ①のほか「労働者の募集に関する情報を、労働者になろうとする者の職業の選択を容易にすることを目的として収集し、労働者になろうとする者等に提供すること」

③ 「労働者になろうとする者等の依頼を受け、労働者になろうとする者に関する情報を労働者の募集を行う者、募集受託者又は他の職業紹介事業者等に提供すること」

④ ③に掲げるもののほか、「労働者になろうとする者に関する情報を、労働者の募集を行う者の必要とする労働力の確保を容易にすることを目的として収集し、労働者の募集を行う者等に提供すること」

をいいます（法第４条６項）。募集情報等提供事業を行う者の義務等については**第５章**を参照ください。

ただし、次のいずれかに該当するような行為を事業として行う場合には、職業紹介事業の許可等が必要になります。

（1）提供される求職者に関する情報もしくは求人に関する情報の内容または提供相手について、あらかじめ明示的に設定された客観的な条件に基づくことなく当該者の判断により選別または加工を行うこと。

（2）当該者から、求職者に対する求人に関する情報に係る連絡または求職者に関する情報に係る連絡を行うこと。

（3）求職者と求人者との間の意思疎通を当該者を介して中継する場合に、当該意思疎通の内容に加工を行うこと。

第3章　職業紹介事業

第1節　概　要

1　職業紹介事業の種類等

（1）有料職業紹介事業

イ　概要

職業紹介事業については、無料で勤労権および職業選択の自由の保障のセーフティネットとしての役割を果たしている政府機関である公共職業安定所（以下「安定所」といいます。）の職業紹介事業と活力および創意工夫を活かし労働力需給調整の役割を果たしている民間および地方公共団体の職業紹介事業とが相まって、効果的な労働力需給調整が行われることが望まれます。

このため、有料職業紹介事業は、職業安定法（以下「法」といいます。）第32条の11に規定する求職者に紹介してはならないとされる職業以外の職業について、労働者保護のルールを踏まえた適正な職業紹介の実施に必要な能力等についての審査を伴う許可制の下で認められています。

具体的には、有料職業紹介事業は、法第30条の規定により厚生労働大臣の許可を受けて、港湾運送業務に就く職業、建設業務に就く職業その他厚生労働省令で定める職業以外の職業について行うことができます。

ロ　有料職業紹介事業の定義

有料職業紹介事業とは、無料職業紹介以外の職業紹介を行う事業、すなわち、営利を目的とすると否とにかかわらず、職業紹介に関し、対価を徴収して行う職業紹介事業をいいます。

したがって、求人者に紹介するため求職者を探索した上当該求職者に就職するよう勧奨し、これに応じて求職の申込みをした者をあっせんするいわゆるスカウト行為を事業として行う場合は、職業紹介事業に含まれるものであり、当該事業を行うためには、職業紹介事業の許可を取得等が必要です。また、いわゆるアウトプレースメント業のうち、教育訓練、相談、助言等のみならず、職業紹介を行う事業は職業紹介事業に該当するものであり、当該事業を行うためには、職業紹介事業の許可等が必要です（職業紹介事業者、求人者、労働者の募集を行う者、募集受託者、募集情報等提供事業を行う者、労働者供給事業者、労働者供給を受けようとする者等がその責務等に関して適切に対処するための指針（平成11年労働省告示第141号。以下「指針」といいます。）第6の6）。

（2）無料職業紹介事業

イ　概要

職業紹介事業の目的、性格等は（1）のイに述べたとおりですが、無料職業紹介事業が労働者保護等を踏まえた適正な職業紹介が行われるために必要な能力等について審査し、無料で事業を行う者について、認められているものです。

具体的には、一般の者が行う場合には、法第33条の規定により厚生労働大臣の許可を受けて、また、学校教育法第１条の規定による学校、専修学校等の施設の長または特別の法律により設立された法人のうち一定のもの（以下「学校等」といいます。）が行う場合には、法第33条の２または法第33条の３の規定により厚生労働大臣に届け出ることにより、無料職業紹介事業を行うことができます。なお、地方公共団体は法第29条の規定により無料職業紹介事業を行うことができます。

ロ　無料職業紹介事業の定義

無料職業紹介事業とは、職業紹介に関し、営利を目的とするか否かにかかわらず、いかなる名義でも、対価を受けないで行う職業紹介事業をいいます。

例えば、会費を徴収している会員事業主に対してのみ料金を徴収せずに職業紹介を行ったり、会員であるか否かにかかわらず料金を徴収せずに職業紹介を行っているが、紹介に伴うサービスの内容について会費を徴収している会員と会員外で差があるようなケースや委託費等を徴収して職業紹介事業を行うケースであって、委託費等の額が紹介実績または雇用関係の成立実績により変動する方法により支払われているものや委託事業の内容が明らかに職業紹介事業のみであると判断できるものについては「有料職業紹介事業」を行っているものと判断されるので十分留意する必要があります。

ハ　無料職業紹介事業の種類

無料職業紹介事業は、次の３種類に区分されます。

なお、本書では次の（ｲ）および（ﾛ）の②について述べます。また、下記２以下においては、無料職業紹介事業とは次の（ｲ）および（ﾛ）の②に係る無料職業紹介事業のことをさします。

（ｲ）許可を受けなければならないもの（法第 33 条）

（ﾛ）、（ﾊ）に掲げるもの以外の者が無料職業紹介事業を行う場合。

（ﾛ）届出をしなければならないもの（法第 33 条の２および 33 条の３）

① 学校教育法第１条に定める学校、専修学校、職業能力開発施設または職業能力開発総合大学校の長が無料職業紹介事業を行う場合。

② 特別の法律により設立された法人であって厚生労働省令で定める法人が、直接もしくは間接の構成員（以下「構成員」といいます。）を求人者とし、または当該法人の構成員もしくは構成員に雇用されている者を求職者とし、無料紹介を行う場合。

（ﾊ）通知により行うもの（法第 29 条）

地方公共団体が無料職業紹介事業を行う場合。

（３）許可番号

許可に基づく職業紹介事業の事業主について、有料、無料の区分によりそれぞれの事業主に固有の許可番号を設定しています。

この許可番号の設定については、都道府県を示す番号（２桁）、事業の種類を示す記号、事業主の一連番号（６桁）によって構成され、これらを組み合わせたものをもって許可番号としています。

①有料職業紹介事業の例

「01 －ユ－ 300005」の場合、「01」が都道府県番号（北海道）、「ユ」が業種の種類（有料職業紹介事業）、「300005」が事業主の一連番号となります。

②無料職業紹介事業の例

都道府県番号、事業主の一連番号は有料職業紹介事業と同様ですが、業種の種類を「ム」と表記します。

また、特別の法人が行う届出による無料職業紹介事業（法第 33 条の３）については、届出受理番号が付与されており、都道府県番号、事業主の一連番号は許可番号と同様ですが、業種の種類については、特別の法人においては「特」と表記されます。

なお、これら許可番号等の付与の有無については、都道府県労働局や「人材サービス総合サイト」において確認することができます。

（4）国外にわたる職業紹介に関する法の適用

国外にわたる職業紹介とは、国外に所在する求人者と国内に所在する求職者との間または国外に所在する求職者と国内に所在する求人者との間における雇用契約の成立のあっせんを行うことをいいます。

職業安定法は、他の行政法規と同じく、原則として日本国内で行われる行為に適用されるものですが、職業紹介については、労働者の保護と国内労働市場の秩序維持を図る観点から規制の必要性が高く、さらに、国内に及ぼす影響が非常に大きいところから、当該職業紹介の行為の一部が日本国内で行われる場合については、同法の規制が及びます。

2　許可の有効期間

（1）有料職業紹介事業

新規許可の場合は3年、許可の有効期間の更新の場合は5年です（法第32条の6）。

（2）無料職業紹介事業

新規許可の場合および許可の有効期間の更新の場合ともに5年です（法第33条)。

第2節　取扱範囲

1　求人の申込み（法第5条の6）

（1）求人の申込みの受理

職業紹介事業者は、法第５条の６において、求人の申込みは全て受理しなければならないこととされていますが、次に掲げる場合については、求人の申込みを受理しないことができます。なお、この原則は、法第 32 条の 11 で規定する取扱職業の範囲および法第 32 条の 12 で規定する取扱職種の範囲等の範囲内で適用されます。

イ　申込みの内容が法令に違反するとき

ロ　申込みの内容である賃金、労働時間その他の労働条件が通常の労働条件と比べて著しく不適当であると認められるとき

ハ　求人者が労働関係法令違反で処分・公表措置を受けたとき

ニ　求人者が適正な求人情報の明示をしないとき

ホ　求人者が、暴力団員、役員に暴力団員がいる法人等に該当するとき

ヘ　求人者が、正当な理由なく報告・資料提出の求めに応じないとき

また、職業紹介事業者は、イからヘに該当することにより求人の申込みを受理しないときは、求人者に対し、その理由を説明しなければなりません（則第４条の５第４項）。

（2）労働関係法令に違反する求人者からの求人の申込みの受理（法第5条の6第1項第3号）

イ　不受理となる違反の対象条項

（1）ハの労働関係法令については、労働基準法、職業安定法、最低賃金法、労働施策総合推進法、男女雇用機会均等法、育児・介護休業法のうち、一定範囲の条文が該当します（令第１条）。

ロ　不受理となる場合や期間等

(イ) 求人者が労働基準法または最低賃金法の規定に違反する行為をした場合であって、法第５条の６第２項の規定による報告の求め（以下「報告の求め」といいます。）により、次のいずれかに該当することが確認

された場合

(a) 求人の申込みの時において、当該違反行為の是正が行われていないこと、または是正が行われた日から起算して6カ月を経過していないこと（当該違反行為をした日から起算して過去1年以内において当該違反行為と同一の規定に違反する行為（以下「同一違反行為」といいます。）をしたことがある場合その他当該違反行為が求職者の職場への定着に重大な影響を及ぼすおそれがある場合に限ります）。

なお、「同一の規定に違反する行為」とは、項が同一である違反行為を指すものであること（例えば、労働基準法第24条第1項違反と同条第2項違反は、それぞれ別の条項の違反とみなされます）。

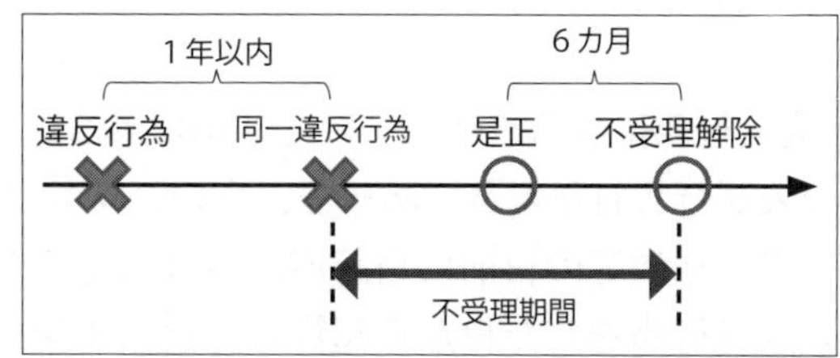

「その他当該違反行為が求職者の職場への定着に重大な影響を及ぼすおそれがある場合」とは、次に掲げる場合です。

① 求人不受理の対象条項に係る違反行為をした日から起算して1年以内に、同一条項に係る違反行為をした場合であって、その是正が行われた日から起算して6カ月以内に、再度同一条項に係る違反行為をし、その是正が行われた日から起算して6カ月が経過していない場合

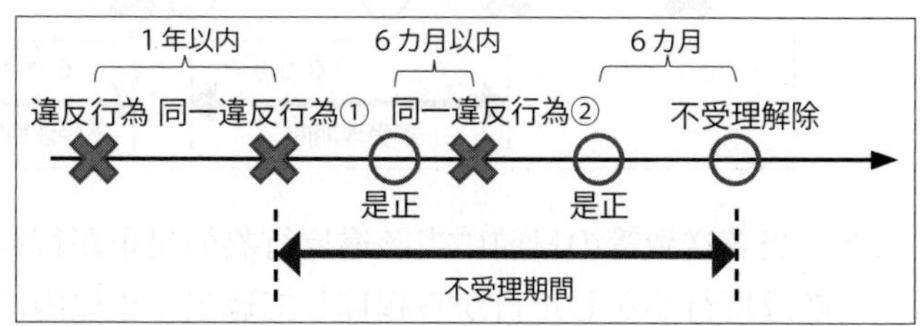

② 「違法な長時間労働や過労死等が複数の事業場で認められた企業の経営トップに対する都道府県労働局長等による指導の実施及び企業名の公表について」（平成 29 年 1 月 20 日付け基発 0120 第 1 号）に基づき公表され、是正が行われた日から起算して 6 カ月が経過していない場合

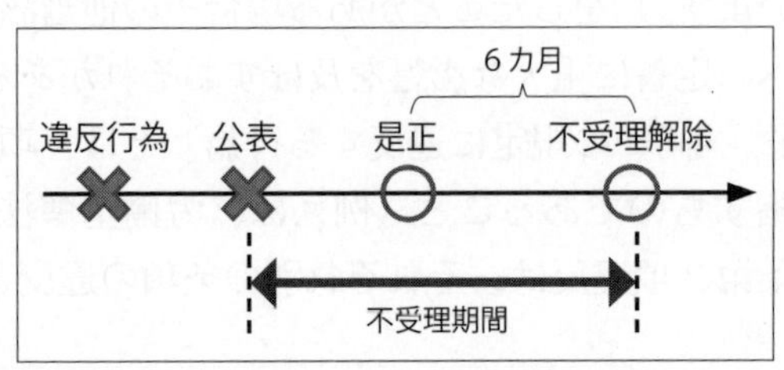

(b) 当該違反行為に係る事件について刑法による送致等が行われ、その旨の公表が行われた場合であって、次のいずれかに該当すること。

① 当該送致等の日前に当該違反行為の是正が行われた場合（当該違反行為をした日から起算して過去 1 年以内において同一違反行為をしたことがある場合であって、当該違反行為の是正が行われた日から当該送致等の日までの期間（以下（イ）(b) ②において「経過期間」といいます。）が 6 カ月を超えるときに限ります。）であって、求人の申込みの時において、当該送致等の日から起算して 6 カ月を経過していないこと。

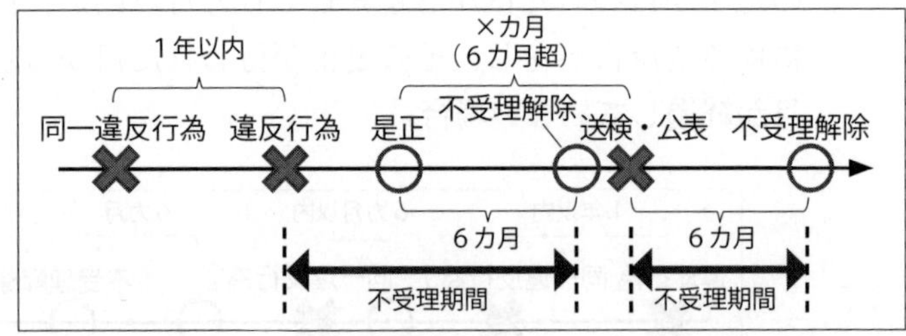

② 当該送致等の日前に当該違反行為の是正が行われた場合（当該違反行為をした日から起算して過去 1 年以内において同一違反行為をしたことがある場合であって、経過期間が 6 カ月を超

えないときに限ります。）であって、求人の申込みの時において、当該送致等の日から起算して１年から経過期間を減じた期間が経過していないこと。

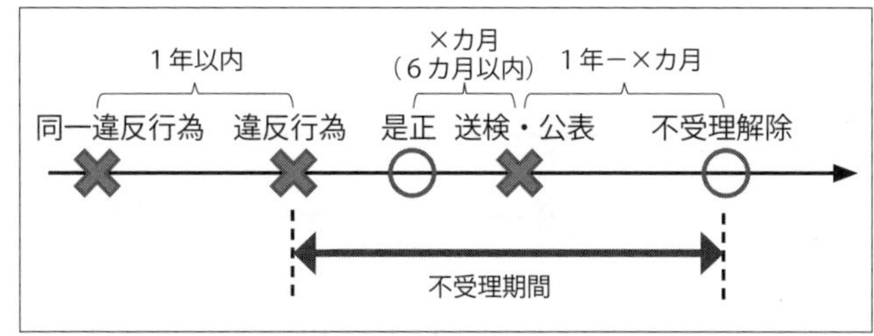

③　当該送致等の日前に当該違反行為の是正が行われた場合（当該違反行為をした日から起算して過去１年以内において同一違反行為をしたことがある場合を除きます。）または当該送致等の日前に当該違反行為の是正が行われていない場合であって、求人の申込みの時において、当該送致等の日から起算して１年を経過していないこと、当該違反行為の是正が行われていないこと、または是正が行われた日から起算して６カ月が経過していないこと。

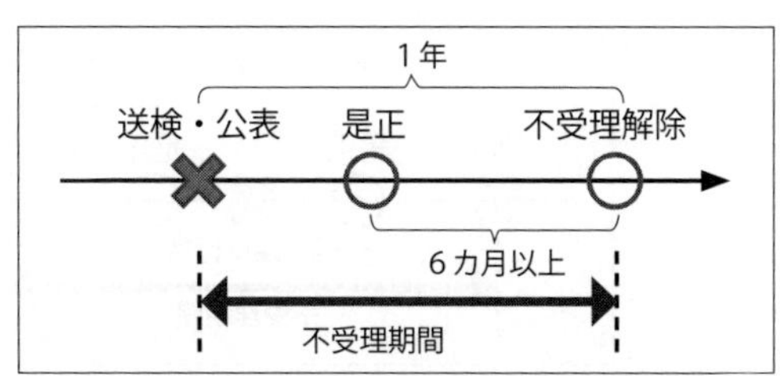

（※）送検後１年経過した時点で、是正後６カ月未満の場合には、是正後６カ月経過時点まで不受理期間延長

(ロ) 求人者が職業安定法、労働施策総合推進法、男女雇用機会均等法または育児・介護休業法の規定に違反する行為（以下「違反行為」といいます。）をし、公表された場合、報告の求めにより、次のいずれかに該当することが確認された場合

(a) 求人の申込みの時において、当該違反行為の是正が行われていないこと、または是正が行われた日から起算して６カ月を経過していないこと。

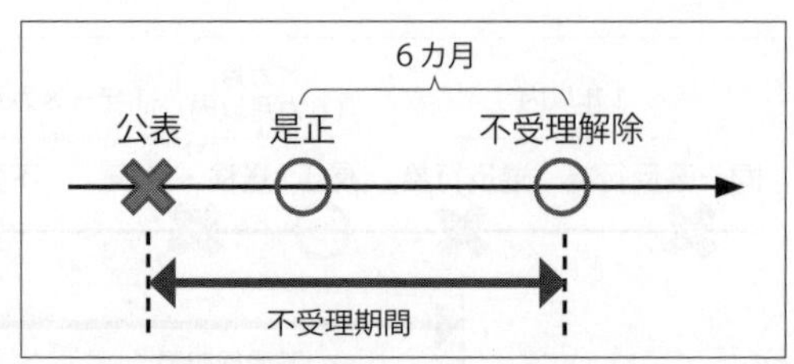

(b) 当該違反行為の是正が行われた日から起算して６カ月を経過する前に同一違反行為を行った場合であって、求人の申込みの時において、当該同一違反行為の是正が行われていないこと、または是正が行われた日から起算して６カ月を経過していないこと、その他当該同一違反行為が求職者の職場への定着に重大な影響を及ぼすおそれがあること。

なお、「その他当該同一違反行為が求職者の職場への定着に重大な影響を及ぼすおそれがあること」とは、同一違反行為の是正後６カ月を経過する前に再度同一違反行為をした場合が該当します。

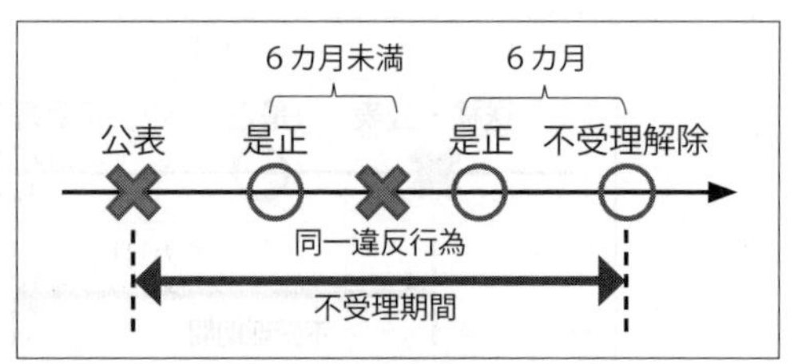

ハ　不受理の対象となる単位

求人の申込みが不受理の対象となる範囲は、原則として事業所単位としますが、法に基づく措置等により、以下のとおり事業主単位で処理することもあります。

(イ) 労働基準法および最低賃金法違反の場合については、個別の事業所が行った違反行為に基づき事業所単位で不受理とします。また、当該事業所が属する企業の名称が労働基準局長通知に基づき公表されている場合は、当該公表が事業主に対して行われることを踏まえ、事業主単位で不受理の対象とします。

また、本社等が事業主単位の求人を一括して申し込む場合や、個別の事業所に係る求人の申込みを行う場合であって、当該求人の就業の場所に是正勧告を受けたことにより不受理の要件に該当することとなった事業所が含まれる場合は、当該求人も不受理の対象とします。

(ロ) 職業安定法、男女雇用機会均等法および育児・介護休業法違反の場合については、これらの法律の規定による公表が事業主に対して行われることから、事業主単位で不受理の対象とします。

2　求職の申込み（法第５条の７第１項）

職業紹介事業者は、法第５条の７第１項において、求職の申込みは全て受理しなければならないこととされています。ただし、その申込みの内容が法令に違反するときは、これを受理しないことができます。なお、この原則は、次の３から５までの取扱職業の範囲および取扱職種の範囲等の範囲内で適用されます。

職業紹介事業者は、求職の申込みを受理しないときは、求職者に対し、その理由を説明しなければなりません（則第４条の６）。

3　有料職業紹介事業の取扱職業の範囲

（1）取扱職業の範囲（法第 32 条の 11）

取扱職業の範囲に関しては、港湾運送業務（港湾労働法（昭和 63 年法律第 40 号）第２条第２号に規定する港湾運送の業務または同条第１号に規定する港湾以外の港湾において行われる当該業務に相当する業務として厚生労働省令で定める業務をいいます。）に就く職業、建設業務（土木、建築その他工作物の建設、改造、保存、修理、変更、破壊もしくは解体の作業またはこれらの作業の準備の作業に係る業務をいいます。）に就く職業その他有料の職業紹介事業においてその職業のあっせんを行うことが当該職業に就く労働者の保護に支障を及ぼすおそれがあるものとして厚生労働省令で定める職業を求職者に紹介してはならないこととされています。「有料の職業紹介事業においてその職業のあっせんを行うことが当該職業に就く労働者の保護に支障を及ぼすおそれがあるものとして厚生労働省令で定める職業」について、現在は特段の職業が定められていません。

なお、建設労働者の雇用の改善等に関する法律（昭和 51 年法律第 33 号）第 18 条第 1 項の規定に基づき厚生労働大臣の許可を受けた認定団体は、同法に基づき建設業務有料職業紹介事業を行うことができます。

（2）港湾労働法第２条第１号に規定する港湾（東京、横浜、名古屋、大阪、神戸および関門）における同条第２号に規定する港湾運送業務

イ　港湾労働法第２条第２号に規定する港湾運送業務の範囲

（1）の港湾労働法第２条第２号に規定する港湾運送の業務とは、次に掲げる行為をいいます。

(イ) 港湾運送事業法（昭和 26 年法律第 161 号）第２条第１項第２号から第５号までに規定する、船内荷役、はしけ運送、沿岸荷役およびいかだ運送の各行為（港湾労働法第２条第２号イ）

(ロ) (イ) の行為と本質的機能を同じくするとともに、港湾運送の波動性の影響を受ける等労働の態様が港湾運送と類似し、実際に港湾運送との間に労働者の相互の流動が見られる行為である次に掲げる行為であって、他人の需要に応じて行うもの（港湾労働法第２条第２号ロ、同法施行令第２条）

a　船舶に積み込まれた貨物の位置の固定もしくは積載場所の区画または船積貨物の荷造りもしくは荷直し

b　(イ) の行為に先行し、または後続する船倉の清掃

c　船舶もしくははしけによりもしくはいかだに組んで運送された貨物の港湾の水域の沿岸からおおむね 500 m（東京および大阪の港湾にあっては 200 m）の範囲内において厚生労働大臣が指定した区域内にある倉庫（船舶もしくははしけによりまたはいかだに組んでする運送に係る貨物以外の貨物のみを通常取り扱うものを除きます。以下「港湾倉庫」といいます。）への搬入（上屋その他の荷さばき場から搬出された貨物の搬入であって、港湾運送事業法第２条第３項に規定する港湾運送関連事業のうち同項第１号に掲げる行為に係るものもしくは同法第３条第１号から第４号までに掲げる事業または倉庫業法第２条第２項に規定する倉庫業のうち港湾倉庫に係るもの

を営む者（以下「港湾運送関係事業者」といいます。）以外の者が行うものを除きます。）、船舶もしくははしけによりもしくはいかだに組んで運送されるべき貨物の港湾倉庫からの搬出（上屋その他の荷さばき場に搬入すべき貨物の搬出であって、港湾運送関係事業者以外の者が行うものを除きます。）または貨物の港湾倉庫における荷さばき。ただし、冷蔵倉庫の場合にあっては、貨物の当該倉庫に附属する荷さばき場から冷蔵室への搬入、冷蔵室から当該倉庫に附属する荷さばき場への搬出および冷蔵室における荷さばきを除きます。

d　道路運送車両法（昭和 26 年法律第 185 号）第２条第１項に規定する道路運送車両もしくは鉄道（軌道を含みます。）（以下「車両等」といいます。）により運送された貨物の港湾倉庫もしくは上屋その他の荷さばき場への搬入（港湾運送関係事業者以外の者が行う当該貨物の搬入を除きます。）。または車両等により運送されるべき貨物の港湾倉庫もしくは上屋その他の荷さばき場からの搬出（港湾運送関係の事業者以外の者が行う当該貨物の搬出を除きます。）。ただし、冷蔵倉庫の場合にあっては、貨物の当該倉庫に附属する荷さばき場から冷蔵室への搬入および冷蔵室から当該倉庫に附属する荷さばき場への搬出を除きます。

ロ　イの（ロ）のａの「船舶に積み込まれた貨物の位置の固定もしくは積載場所の区画」とは、船舶に積み込まれた貨物の移動または荷くずれ等を防止するために行う支持または固縛の行為であって、通常ラッシングまたはショアリングと呼ばれているものをいい、「船積貨物の荷造りもしくは荷直し」とは、船内、岸壁または上屋等の荷さばき場において行われる船積貨物の梱包、袋詰め等の荷造りもしくは荷の詰めかえまたは包装の修理等の荷直しの行為をいいます。

ハ　イの（ロ）のｂの「（イ）の行為に先行し、または後続する船倉の清掃」とは、船倉（タンクを含みます。）の清掃をいい、船員の居住区域、機関区域、燃料タンク、飲料水タンク等直接港湾運送事業の業務と関連のない区域の清掃の行為は含みません。

ニ　イの（ロ）のｃおよびｄにおける「港湾倉庫」については、港湾労働法施行令第２条第３号の規定に基づき厚生労働大臣が指定する区域を定める告示（昭和 63 年労働省告示第 101 号）により定められた区域にある倉庫のうち、船舶もしくははしけによりまたはいかだを組んでする運送に係る貨物以外の貨物のみを通常取り扱う以外のものではありません。

ホ　イの（ロ）のｃのいわゆる倉庫海側荷役については、次のとおりとします。

(イ)「船舶もしくははしけによりもしくはいかだに組んで運送された貨物の港湾倉庫への搬入」には、単に港湾倉庫に運び入れる作業だけでなく、港湾倉庫にはいつける作業まで含まれます。

(ロ)「船舶もしくははしけによりもしくはいかだに組んで運送された貨物の港湾倉庫への搬出」には、単に港湾倉庫から運び出す作業だけでなく、港湾倉庫にはいくずす作業まで含まれます。

(ハ)「上屋その他の荷さばき場から搬出された貨物の搬入」および「上屋その他の荷さばき場へ搬入すべき貨物の搬出」については、港湾運送関係事業者が行う場合に限り対象となりますが、港湾運送関係事業者であることの判断は、港湾労働法施行通達により判断された事業者をもって港湾運送関係事業者とします。

(ニ)「貨物の港湾倉庫における荷さばき」とは、はい替え、仕訳け（特殊仕訳けを除きます。）、看貫および庫移しの作業を指します。

この場合において「貨物」とは、船舶もしくははしけによりまたはいかだに組んでする運送に係る貨物だけではなく、当該倉庫にあるすべての貨物をいいます。

(ホ) 冷蔵倉庫に係る海側倉庫荷役については、冷蔵倉庫に附属する荷さばき場（冷蔵倉庫にプラットホーム等冷蔵室における作業に従事する労働者がその作業の一環として従事する場所をいいます。以下同じ。）と冷蔵室との間における荷役作業および冷蔵室における荷さばきの作業に限り港湾運送の業務に入らないのであって、いわゆる水切りをした貨物をプラットホームに搬入する作業、冷蔵室外における荷さばき等それ以外の作業については、港湾運送の業務となります。

(ヘ) 港湾倉庫以外の倉庫に係る寄託契約による貨物についてのはしけへの積込みまたははしけからの取卸し（いわゆる水切り作業）については、当該倉庫に係る倉庫荷役として取り扱います。

ヘ　イの（ロ）のｄのいわゆる山側倉庫荷役については、次のとおりとします。

(イ)「貨物の港湾倉庫または上屋その他の荷さばき場への搬入」には、単に港湾倉庫または上屋その他の荷さばき場に運び入れる作業だけでなく、はいつける作業まで含まれます。

(ロ)「貨物の港湾倉庫または上屋その他の荷さばき場への搬出」には、単に港湾倉庫または上屋その他の荷さばき場から運び出す作業だけでなく、はいくずす作業まで含まれます。

(ハ) 冷蔵倉庫に係る山側倉庫荷役については、ホの（ホ）と同様です。

ト　港湾運送事業法第２条第１項に規定する港湾運送の中には、検数（同項第６号)、鑑定（同項第７号）および検量（同項第８号）の各行為が含まれていますが、これらについては法第32条の11第１項に規定する港湾運送の業務には含まれませんので留意してください。また、元請（港湾運送事業法第２条第１号）の行為のうち、港湾運送事業法第２条第１項第２号から第５号までに掲げる行為については、法第32条の11第１項に規定する港湾運送業務に含まれます。

（３）港湾労働法第２条第１号に規定する港湾以外の港湾における港湾運送業務

イ　港湾労働法第２条第１号に規定する港湾以外の港湾における港湾運送の業務に相当する業務の範囲

（１）の港湾労働法第２条第１号に規定する港湾以外の港湾における港湾運送の業務とは、次に掲げる行為に係る業務とします。

(イ) 港湾運送事業法第２条第１項第２号から第５号までに規定する、船内荷役、はしけ運送、沿岸荷役およびいかだ運送の各行為

(ロ)（イ）の行為と本質的機能を同じくするとともに、港湾運送の波動性の影響を受ける等労働の態様が港湾運送と類似し、実際に港湾運送との間に労働者の相互の流動が見られる行為である次に掲げる行為であって、他人の需要に応じて行うもの

a　船舶に積み込まれた貨物の位置の固定もしくは積載場所の区画または船積貨物の荷造りもしくは荷直し

b　（２）のイの（イ）の行為に先行し、または後続する船倉の清掃

c　船舶もしくははしけによりもしくはいかだに組んで運送された貨物の特定港湾の水域の沿岸から500 m（水島港にあっては1,000 m、

鹿児島港にあっては1,500 m）の範囲内において厚生労働大臣が指定した区域内にある倉庫（船舶もしくははしけによりまたはいかだに組んでする運送に係る貨物以外の貨物のみを通常取り扱うものを除きます。以下「特定港湾倉庫」といいます。）への搬入（上屋その他の荷さばき場から搬出された貨物の搬入であって、港湾運送事業法第２条第３項に規定する港湾運送関連事業のうち同項第１号に掲げる行為に係るものもしくは同法第３条第１号から第４号までに掲げる事業または倉庫業法第２条第２項に規定する倉庫業のうち特定港湾倉庫に係るものを営む者（以下「特定港湾運送関係事業者」といいます。）以外の者が行うものを除きます。）、船舶もしくははしけによりもしくはいかだに組んで運送されるべき貨物の港湾倉庫からの搬出（上屋その他の荷さばき場に搬入すべき貨物の搬出であって、特定港湾運送関係事業者以外の者が行うものを除きます。）または貨物の特定港湾倉庫における荷さばき。ただし、冷蔵倉庫の場合にあっては、貨物の当該倉庫に附属する荷さばき場から冷蔵室への搬入、冷蔵室から当該倉庫に附属する荷さばき場への搬出および冷蔵室における荷さばきを除きます。

d　道路運送車両法第２条第１項に規定する道路運送車両もしくは鉄道（軌道を含みます。以下「車両等」といいます。）により運送された貨物の特定港湾倉庫もしくは上屋その他の荷さばき場への搬入（特定港湾運送関係事業者以外の者が行う当該貨物の搬入を除きます。）または車両等により運送されるべき貨物の特定港湾倉庫もしくは上屋その他の荷さばき場からの搬出（特定港湾運送関係事業者以外の者が行う当該貨物の搬出を除きます。）。ただし、冷蔵倉庫の場合にあっては、貨物の当該倉庫に附属する荷さばき場から冷蔵室への搬入および冷蔵室から当該倉庫に附属する荷さばき場への搬出を除きます。

ロ　各語の定義は（２）のロ以下と同様とします。

（４）建設業務

イ　（１）の建設業務は、「土木、建築その他工作物の建設、改造、保存、修理、変更、破壊もしくは解体の作業またはこれらの準備の作業に係る業務」

をいいますが、この業務は建設工事の現場において、直接にこれらの作業に従事するものに限られます。したがって、例えば、建設現場の事務職員が行う業務に就く職業は、上記建設業務に従事するものに該当せず、取扱職業の範囲から除外されるものではありません。

ロ　土木建設等の工事についての施工計画を作成し、それに基づいて、工事の工程管理（スケジュール、施工順序、施工手段等の管理）、品質管理（強度、材料、構造等が設計図書どおりとなっているかの管理）、安全管理（従業員の災害防止、公害防止等）等工事の施工の管理を行ういわゆる施工管理業務は、建設業務に該当せず、有料職業紹介事業の対象となります。

ハ　林業の業務は、造林作業（①地ごしらえ、②植栽、③下刈り、④つる切り、⑤除伐、⑥枝打、⑦間伐）および素材（丸太）生産作業（①伐採（伐倒）、②枝払い、③集材、④玉切り（造材））に分けることができますが、このうち造林作業の①地ごしらえの業務については建設現場における整地業務と作業内容が類似していること、②植栽の業務については土地の改変が行われることから、いずれも職業安定法上は建設業務に該当します。一方、造林作業の③下刈り、④つる切り、⑤除伐、⑥枝打および⑦間伐の各業務については、いずれも建設業務と類似する点は認められないため、建設業務に該当せず、有料職業紹介事業の対象となります。ただし、同一の労働者が同時に、造林作業のうちの①または②の業務と、③から⑦までの業務のうちのいずれかの業務を併せて行う求人の場合のように、当該求人に取扱職業以外の職業が一部含まれているときは、全体として違法な職業紹介となります。

4　無料職業紹介事業の取扱職業の範囲

法第33条の規定による厚生労働大臣の許可を受けた無料職業紹介事業者および法第33条の3の届出をした無料職業紹介事業者は、原則としてすべての無料職業紹介事業を行うことができます。

5　職業紹介事業の取扱職種の範囲等

（1）概要

有料職業紹介事業者および無料職業紹介事業者は、法第32条の12第

1項の規定に基づき職業紹介事業において取り扱う職種の範囲その他業務の範囲（以下「取扱職種の範囲等」といいます。）を定め、これを厚生労働大臣に届け出た場合には、求人および求職の申込みをすべて受理しなければならないという原則は取扱職種の範囲等の範囲内に限り適用されます（法第32条の12第2項）。この届出を行っていない場合には、**1**および**2**に則してすべての求人および求職の申込みを受理しなければなりませんので、職業紹介事業を行おうとする者または職業紹介事業者は、これを踏まえたうえで取扱職種の範囲等を定めるか否かを判断しなければなりません。

（2）届出の手続き

イ　職業紹介事業を行おうとする者または職業紹介事業者は、取扱職種の範囲を定めたときおよびこれを変更したときは、当該職業紹介事業者の主たる事務所の所在地を管轄する労働局（以下「事業主管轄労働局」といいます。）を経て厚生労働大臣へ届け出なければなりません（法第32条の12第1項（法第33条第4項および法第33条の3第2項において準用する場合を含みます。）および則第24の4）。

ただし、一事業所について届出を行うときは、当該事業所の所在地を管轄する労働局（以下「事業所管轄労働局」といいます。）へ届け出ても差し支えありません。

当該届出を行う場合における取扱職種名については、原則として厚生労働省編職業分類の中分類(巻末資料参照)によるものとします。ただし、求職者の受付手数料や求職者手数料を徴収する職業のみに範囲を定める場合については、従来の区分によることが適当であり、これらの手数料の徴収が可能とされる職種であることが明確となるように記載します。

日本国内で取扱い地域の範囲を限定する場合には、原則として都道府県名または都道府県名および市町村名を用いることとし、国外にわたる職業紹介を行う場合の相手先国名については、原則として、ニによることとします。

ロ　届出は、有料・無料職業紹介事業取扱職種範囲等届出書（様式第6号）（以下「取扱職種範囲等届出書」といいます。）3部（正本1部、写し2部）

を作成し、事業主管轄労働局（一事業所の場合にあっては、事業主管轄労働局または事業所管轄労働局）に提出することにより行います。

ハ　この届出については、新規許可または許可更新の申請を行う際に取扱職種の範囲等を定めたときは、許可申請書の提出に併せて取扱職種範囲等届出書に取扱職種の範囲等を記載して届け出ることが必要です。

ニ　国外にわたる職業紹介を行う場合の相手先国を定めたときは、取扱職種範囲等届出書に、上記イからハまでにより取扱職種の範囲等を定めるとともに、相手先国名については、外務省が作成している各国・地域情勢に記載された名称を用いることとします。

（3）許可証記載事項の書換

既に許可を受けている事業者の場合は、取扱職種範囲等届出書の内容に基づき、許可証を書き換えるものとします。

書換後の許可証を従前の許可証と引き替えに取扱職種範囲等届出書を受理した事業主管轄労働局または事業所管轄労働局を経由して交付するものとします。

（4）許可証の取扱い

届出者は、書換後の許可証の交付を受ける場合は、現に受けている許可証を返納します。

なお、返納された許可証は、**第5節**の**7**の（2）により取り扱います。

（5）取扱職種の範囲等の届出等に係る留意事項

イ　取扱職種の範囲等の限定が認められるものの例

不当な差別的取扱いに当たらず、取扱職種の範囲等の限定が認められる例として、以下のものがあげられます。

a　職業

事務的職業、会社・団体の役員、飲食物調理の職業、林業の職業など

b　地域

国内、大阪府、中部地方など

c　賃金

時給 1,000 円以上の求人、月給 30 万円以上の求人など

d　その他

紹介予定派遣に関するもの、母子家庭の母等、中高年齢者、障害者、合法的に在留する外国人、本校所定の課程を修了した者など

ロ　変更命令通知書

取扱職種の範囲等の届出について、厚生労働大臣は合理的な理由なく特定の属性（国籍等）を持つ者を求職者とすることを業務の範囲から除外する等の不当な差別的取扱いをするものであると認めるときは、期限を定めて、取扱職種範囲等命令通知書（等式第６号の２）により、その変更を命じます。

（6）変更の手続き

取扱職種の範囲等を変更しようするときは、（2）から（5）までに準じて取り扱われます。

（7）取扱職種の範囲等の明示との関係（法第 32 条の 13 および則第 24 条の5）

職業紹介事業者は、原則として求人の申込みまたは求職の申込みを受理した後、速やかに書面の交付の方法、ファクシミリを利用する方法または電子メールその他のその受信する者を特定して情報を伝達するために用いられる電気通信（電気通信事業法（昭和 59 年法律第 86 号）第２条第１号に規定する電気通信をいいます。以下「電子メール等」といいます。）を利用する方法により、取扱職種の範囲等を明示しなければならないこととされています（**第９節**の**7**の（3）参照）。

第3節　許可基準

1　許可基準の趣旨および運用

（1）許可基準

イ　有料職業紹介事業の許可基準を**2**のとおり、法第 33 条第１項にもとづき許可を受けて行う無料職業紹介事業の許可基準を**4**のとおりとしま

す。

ロ　許可基準は、厚生労働大臣が有料および無料の職業紹介事業の許可、許可の有効期間の更新を行うに当たって、法の趣旨に則し、適正な許可を行うための基準として運用されるものです。

（2）許可基準の適用

職業紹介事業の許可は、原則として職業紹介事業を行う事業主に対して行われるものですので、許可基準の適用については、事業主単位ですが、許可後に変更届出により新設される職業紹介事業を行う事業所においても、**2**または**4**に示す許可基準において定められた要件を満たすことにより、適正な事業運営を確保する必要があることから、当該事業所においても許可基準の所定の要件を満たしていなければなりません。

（3）付帯業務のみを行う事業所の取扱い等

イ　職業紹介に該当しない業務（自ら求人・求職を受理せず、求人・求職の申込みを勧誘する業務、職業紹介事業者に求人・求職を全数送付する業務のみを行うこと。また、職業紹介事業者に対し、求人申込みの意向を持つ求人者がある旨の情報提供を行うこと。）のみを行う事業所については、職業紹介事業の許可または事業所の新設に係る変更届出は不要です。

ただし、当該事業所で求人・求職の受理等職業紹介の全部または一部が行われた場合には、許可を受けず、または事業所の新設に係る変更届出を行うことなく当該事業所で職業紹介事業を行ったこととなり、法第30条第1項、第33条第1項または第32条の7第1項（第33条第4項において準用する場合を含みます。）違反となります。

ロ　職業紹介事業者は、次のいずれにも該当する場合には、事業所以外の場所（以下「事業所外」といいます。）で職業紹介事業を実施することができます。ただし、一定の場所で恒常的に職業紹介事業を行う場合は、当該場所について、職業紹介事業を実施する事業所として届出を行わなければなりません。

(イ)　職業紹介責任者が、当該事業所外にいる場合または当該事業所外に速やかに到着できる体制が構築されていること

(ロ) 当該事業所外が、有料職業紹介事業許可基準の３（3）（事業所に関する要件）を満たす場所であること

ハ　全国的または広域的に組織を構成する公益法人および労働組合等に係る留意事項

全国的または広域的に組織を構成する公益法人または労働組合等であって、個々の支部等地方組織単位では職業紹介を常態として行うまでの実態がないと見込まれる等の場合には、当該地方組織単独では事業所に当たらないものとして、本部中央組織に含めて許可して差し支えありません。

（4）許可基準審査の簡略

職業紹介事業の許可申請に当たり、労働者派遣事業の許可を受けた者（以下「派遣元事業主」といいます。）もしくは労働者派遣事業の許可の申請を現にしている者が、職業紹介事業の許可の申請を行う場合、または職業紹介事業の許可申請と同時に労働者派遣事業の許可申請を行う場合においては、則第 18 条第８項の規定に基づき、添付書類を省略できることから、次のとおり許可基準の審査を簡略できることとします。ただし、申請書に記入されている情報が需給システムに登録されている情報と一致していない場合は、通常の審査を行うこととします。

イ　申請者が法人である場合

(イ) 代表者、役員、事業所住所等の情報

a　既に労働者派遣事業の許可を取得している場合

申請書に記入されている情報が需給調整システムに登録されている情報と一致している場合は、既に労働者派遣事業の許可申請時に確認していることから、代表者（氏名、住所および賞罰の有無）、役員（氏名、住所および賞罰の有無）、事業所住所、法人として職業紹介事業を行うことおよび法人の事業年度（以下「事業所情報等」といいます。）については審査不要とします。

b　労働者派遣事業と同時申請の場合

労働者派遣事業の申請書の内容と同じである場合は、職業紹介事業の事業所情報等の審査は不要とします。

(ロ) 資産に関する情報

a　既に労働者派遣事業の許可を取得している場合

職業紹介事業の資産に関する許可要件は、労働者派遣事業の資産に関する許可要件の範囲内であり、既に労働者派遣事業の許可を得ていることから、審査は不要とします。

b　労働者派遣事業と同時申請の場合

職業紹介事業の資産に関する許可要件は、労働者派遣事業の資産に関する許可要件の範囲内であるため、原則審査は不要とします。

ただし、労働者派遣事業の資産の審査において、許可要件を満たしていない場合は、職業紹介事業の許可要件を満たしているか確認すること。

ロ　申請者が個人である場合

(イ) 代表者、法定代理人、事業所住所等の情報

a　既に労働者派遣事業の許可を取得している場合

申請所に記入されている情報が需給調整システムに登録されている情報と一致している場合は、既に労働者派遣事業の許可申請時に確認していることから、代表者（氏名、住所および賞罰の有無）、法定代理人（氏名、住所および賞罰の有無）、事業所住所（以下「個人事業所情報等」といいます。）については審査不要とします。

b　労働者派遣事業と同時申請の場合

労働者派遣事業の申請書の内容と同じである場合は、職業紹介事業の個人事業所情報等の審査は不要とします。

(ロ) 資産に関する情報

a　既に労働者派遣事業の許可を取得している場合

職業紹介事業の資産に関する許可要件は、労働者派遣事業の資産に関する許可要件の範囲内であり、既に労働者派遣事業の許可を得ていることから、審査は不要とします。

b　労働者派遣事業と同時申請の場合

職業紹介事業の資産に関する許可要件は、労働者派遣事業の資産に関する許可要件の範囲内であるため、原則審査は不要とします。

ただし、労働者派遣事業の資産の審査において、許可要件を満たしていない場合は、職業紹介事業の許可要件を満たしているか確認すること。

2　有料職業紹介事業の許可基準

有料職業紹介事業許可基準

次のいずれにも該当する者について、有料職業紹介業者の許可をするものとします。

1　法第31条第1項第1号の要件（申請者が、当該事業を健全に遂行するに足りる財産的基礎を有すること）

次のいずれにも該当し、有料職業紹介事業を的確、安定的に遂行するに足りる財産的基礎を有すること。

(1) 資産（繰延資産および営業権を除きます。）の総額から負債の総額を控除した額（以下「基準資産額」といいます。）が500万円に申請者が有料職業紹介業を行おうとする事業所の数を乗じて得た額以上であること。

(2) 事業資金として自己名義の現金・預貯金の額が、150万円に申請者が有料職業紹介事業を行おうとする事業所の数から1を減じた数に60万円を乗じた額を加えて得た額以上となること。

2　法第31条第1項第2号の要件（個人情報を適正に管理し、および求人者、求職者等の秘密を守るために必要な措置が講じられていること）

次のいずれにも該当し、業務の過程で得た求職者等の個人情報を適正に管理し、求人者、求職者等の秘密を守るために必要な措置が講じられていること。

(1) 個人情報管理体制に関する要件（指針第5参照）

イ　求職者等の個人情報を適正に管理するため、事業運営体制が、次のいずれにも該当し、これを内容に含む個人情報適正管理規程を定めていること。

(ｲ) 求職者等の個人情報を取り扱う事業所内の職員の範囲が明確にされていること。

(ﾛ) 業務上知り得た求人者、求職者等に関する個人情報を業務以外の目的で使用したり、他に漏らしたりしないことについて、職員への教育が実施されていること。

(ハ) 本人から求められた場合の個人情報の開示または訂正（削除を含みます。以下同じ。）の取扱いに関する事項についての規定があり、かつ当該規定について求職者等への周知がなされていること。

(ニ) 個人情報の取扱いに関する苦情の処理に関する職業紹介責任者等による事業所内の体制が明確にされ、苦情を迅速かつ適切に処理することとされていること。

ロ 「適正管理」については、以下の点について留意するものとします。

(イ) 有料職業紹介事業者は、イの（イ）から（ニ）までに掲げる事項を含む個人情報適正管理規程について自らこれを遵守し、かつ、その従業者にこれを遵守させなければならないものとします。

(ロ) 有料職業紹介事業者は、本人が個人情報の開示または訂正の求めをしたことを理由として、当該本人に対して、不利益な取扱いをしてはならないものとします。

ハ 「個人情報の収集、保管および使用」については、以下の点に留意するものとします。

(イ) 有料職業紹介事業者は、法第５条の５第１項の規定により業務の目的を明らかにするに当たっては、求職者の個人情報がどのような目的で収集され、保管され、または使用されるのか、求職者が一般的かつ合理的に想定できる程度に具体的に明示すること。

(ロ) 有料職業紹介事業者は、求職を受理する際には、当該求職者の能力に応じた職業を紹介するため必要な範囲で、目的を明らかにして求職者の個人情報を収集することとし、次に掲げる個人情報を収集してはならないものとします。ただし、特別な業務上の必要性が存在することその他業務の目的の達成に必要不可欠であって、収集目的を示して本人から収集する場合はこの限りではありません。

(a) 人種、民族、社会的身分、門地、本籍、出生地、その他社会的差別の原因となるおそれのある事項 (b) 思想および信条

(c) 労働組合の加入状況

(a) から (c) までについては、具体的には、例えば次に掲げる事項等が該当します。

(a) 関係

a 家族の職業、収入、本人の資産等の情報（税金、社会保険の取扱い等労務管理を適切に実施するために必要なものを除きます。）

b 容姿、スリーサイズ等差別的評価に繋がる情報

(b) 関係

人生観、生活信条、支持政党、購読新聞・雑誌、愛読書

(c) 関係

労働運動、学生運動、消費者運動その他社会運動に関する情報

(ハ) 有料職業紹介事業者は、個人情報を収集する際には、本人から直接収集し、本人の同意の下で本人以外の者から収集し、または本人により公開されている個人情報を収集する等の手段であって、適法かつ公正なものによらなければならないものとします。

(ニ) 有料職業紹介事業者は、高等学校もしくは中等教育学校または中学校もしくは義務教育学校の新規卒業予定者から応募書類の提出を求めるときは、職業安定局長の定める書類（全国高等学校統一応募用紙または職業相談表（乙））により提出を求めるものとします。

(ホ) 個人情報の保管または使用は、収集目的の範囲に限られます。ただし、他の保管もしくは使用の目的を示して本人の同意を得た場合または他の法律に定めのある場合は、この限りではありません。

(ヘ) 法第5条の5第1項または (ロ)、(ハ) もしくは (ホ) の求職

者本人の同意を得る際には、次に掲げるところによらなければなりません。

(a) 同意を求める事項について、求職者が適切な判断を行うことができるよう、可能な限り具体的かつ詳細に明示すること。

(b) 業務の目的の達成に必要な範囲を超えて個人情報を収集し、保管し、または使用することに対する同意を、職業紹介の条件としないこと。

(c) 求職者の自由な意思に基づき、本人により明確に表示された同意であること。

(2) 個人情報管理の措置に関する要件

次のいずれにも該当し、求職者等の個人情報を適正に管理するための措置が講じられていること。

イ　当該要件を満たすためには、次のいずれにも該当することが必要です。

(イ) 個人情報を目的に応じ必要な範囲において正確かつ最新のものに保つための措置が講じられていること。

(ロ) 個人情報の漏えい、滅失または毀損を防止するための措置が講じられていること。

(ハ) 求職者等の個人情報を取り扱う事業所内の職員以外の者が求職者等の個人情報へのアクセスを防止するための措置が講じられていること。

(ニ) 職業紹介の目的に照らして必要がなくなった個人情報を破棄または削除するための措置が講じられていること。

ロ　「適正管理」については以下の点に留意するものとします。

(イ) 有料職業紹介事業者は、その保管または使用に係る個人情報に関し適切な措置（イの（イ）から（ニ）まで）を講ずるとともに、求職者等からの求めに応じ、当該措置の内容を説明しなければならないものとします。

(ロ) 有料職業紹介事業者が、求職者等の秘密に該当する個人情報を知り得た場合には、当該個人情報が正当な理由なく他人に知らされることのないよう、厳重な管理を行わなければならないものとします。

「個人情報」とは、個人を識別できるあらゆる情報をいいますが、このうち「秘密」とは、一般に知られていない事実であって（非公知性）、他人に知られないことにつき本人が相当の利益を有すると客観的に認められる事実（要保護性）をいうものです。具体的には、本籍地、出身地、支持・加入政党、政治運動歴、借入金額、保証人となっている事実等が秘密にあたりえます。

3　法第31条第1項第3号の要件（1および2のほか、申請者が当該事業を適正に遂行することができる能力を有すること）

次のいずれにも該当し、当該事業を適正に遂行することができる能力を有すること。

(1) 代表者および役員（法人の場合に限ります。）に関する要件

代表者および役員（法人の場合に限ります。）は、次のいずれにも該当し、欠格事由に該当する者その他適正な事業遂行を期待し得ない者でないこと。

イ　法第32条に規定する欠格事由に該当する者でないこと。

ロ　貸金業法（昭和58年法律第32号）第2条第1項に規定する貸金業を営む者にあっては同法第3条の登録、質屋営業法（昭和25年法律第158号）第1条に規定する質屋営業を営む者にあっては同法第2条の許可を、それぞれ受け、適正に業務を運営している者であること。

ハ　風俗営業等の規制および適正化等に関する法律（昭和23年法律第122号。以下「風営適正化法」といいます。）第2条第1項に規定する風俗営業、同条第5項に規定する性風俗関連特殊営業、同条第13項に規定する接客業務受託営業その他職業紹介事業との関係において不適当な営業の名義人または実質的な営業を行う者でないこと。

ニ　外国人にあっては、原則として、出入国管理及び難民認定法（昭和26年政令第319号。以下「入管法」といいます。）別表第1

の１の表および２の表並びに別表第２のいずれかの在留資格を有する者であること。

ホ　住所および居所が一定しないなど生活根拠が不安定な者でないこと。

ヘ　不当に他人の精神、身体および自由を拘束するおそれのない者であること。

ト　公衆衛生または公衆道徳上有害な業務に就かせる行為を行うおそれのない者であること。

チ　虚偽の事実を告げ、もしくは不正な方法で許可申請を行った者または許可の審査に必要な調査を拒み、妨げ、もしくは忌避した者でないこと。

リ　国外にわたる職業紹介を行う場合にあっては、相手先国の労働市場の状況および法制度について把握し、並びに求人者および求職者と的確な意思の疎通を図るに足る能力を有する者であること。

(2) 職業紹介責任者に関する要件

職業紹介責任者は、次のいずれにも該当し、欠格事由に該当せず、また業務を適正に遂行する能力を有する者であること。

イ　法第 32 条の 14 の規定により、未成年者ではなく、法第 32 条第１号、第２号および第４号から第９号までに掲げる欠格事由のいずれにも該当しないこと。

ロ　(1) のロからリのいずれにも該当すること。

ハ　次のいずれにも該当し、労働関係法令に関する知識および職業紹介事業に関連する経験を有する者であること。

(イ) 職業安定法施行規則第 24 条の６第２項第１号の規定に基づき厚生労働大臣が定める講習を定める告示（平成 29 年厚生労働省告示第 233 号）第２項に定める職業紹介責任者講習を修了（許可の場合は申請の受理の日、許可の有効期間の更新の場合は許可の有効期間が満了する日の前５年以内の修了に限ります。）した者であること。

(ロ) 民法第４条に規定する成年に達した後３年以上の職業経験を

有するものであること。

(ハ) 精神の機能の障害により職業紹介責任者の業務を適正に行うに当たって必要な認知、判断および意思疎通を適切に行うことができない者でないこと。

(3) 事業所に関する要件

有料職業紹介事業を行う事業所は、次のいずれにも該当し、その位置、構造、設備、面積からみて職業紹介事業を行うに適切であること。

イ　位置が適切であること

風営適正化法で規制する風俗営業や性風俗関連特殊営業等が密集するなど職業紹介事業の運営に好ましくない場所にないこと。

ロ　事業所として適切であること

次のいずれにも該当し、事業所として適切であること。

(イ) プライバシーを保護しつつ求人者または求職者に対応することが可能であること。

具体的には、個室の設置、パーティション等での区分により、プライバシーを保護しつつ求人者または求職者に対応することが可能である構造を有する必要があります。

ただし、上記の構造を有することに代えて、以下の（a）または（b）のいずれかによっても、この（イ）の要件を満たしているものと認めます。また、当分の間、以下の（c）によることも認めます。

(a) 予約制、近隣の貸部屋の確保等により、他の求人者または求職者等と同室にならずに対面の職業紹介を行うことができるような措置を講じること。この場合において、当該措置を講じない運営がなされた場合には、許可の取消し対象となる旨の許可条件を付するものとすること。

(b) 専らインターネットを利用すること等により、対面を伴わない職業紹介を行うこと。この場合において、対面を伴う職業紹介事業の運営がなされたときは、許可の取消し対象となる旨の許可条件を付するものとすること。

(c) 事業所の面積がおおむね20㎡以上であること。

(ロ) 事業所名(愛称等も含みます。)は、利用者にとって、職業安定機関その他公的機関であるとの誤認を生ずるものでないこと。

(4) 適正な事業運営に関する要件

イ 申請者および申請者の行う他の事業との関係に関する要件

次のいずれにも該当し、申請者および申請者の行う他の事業との関係で、職業紹介事業の適正な運営に支障がないこと。

(イ) 申請者が国または地方公共団体でないこと。

(ロ) 有料職業紹介事業を会員の獲得、組織の拡大、宣伝等他の目的の手段として利用するものでないこと。

(ハ) 事業主の利益に偏った職業紹介が行われるおそれのある者でないこと。

(ニ) その紹介により就職した者のうち、労働者災害補償保険法施行規則第46条の18第5号の作業に従事する者が、労働者災害補償保険法第35条第1項の規定により労働者災害補償保険の適用を受けることを希望する場合に、同項に規定する団体の代表者として所定の申請を行うものであること。

(ホ) 労働者派遣事業と兼業する場合にあっては、求職者に係る個人情報と派遣労働者に係る個人情報について、職業紹介事業または労働者派遣事業の業務の目的の達成に必要な範囲でこれを収集し、当該収集の目的の範囲内でこれを保管および使用するよう、事業運営につき明確な区分がなされていること。

当該要件を満たすには、次のいずれにも該当することが必要であること。

(a) 労働者の希望に基づき個別の申込みがある場合を除き、同一の者について労働者派遣に係る登録と求職の申込みを重複して行わず、かつ、相互に入れ換えないこと。

(b) 派遣の依頼者または求人者の希望に基づき個別の申込みがある場合を除き、派遣の依頼と求人の申込みを重複して行わず、かつ、相互に入れ換えないこと。

(c) 派遣労働者に係る個人情報について、職業紹介事業または労働者派遣事業のいずれの業務に使用することを目的として収集されたものであるかを明確にして管理されること。

(d) 派遣先に係る情報と求人者に係る情報について、職業紹介事業または労働者派遣事業のいずれの業務に使用することを目的として収集されたものであるかを明確にして管理されること。

(e) 労働者派遣の登録のみをしている派遣労働者に対して職業紹介を行わないこと。また、求職申込みのみをしている求職者について労働者派遣を行わないこと。

(f) 派遣の依頼のみをしている者に対して職業紹介を行わないこと。また、求人申込みのみをしている求人者に対して労働者派遣を行わないこと。

ロ　業務の運営に関する規程の要件

法の次の各条文の内容を含む業務の運営に関する規程を有し、これに従って適正に運営されること（様式例第１号参照)。

法第２条(職業選択の自由)、第３条(均等待遇)、第５条の３（労働条件等の明示)、第５条の４（求人等に関する情報の的確な表示)、第５条の５（求職者等の個人情報の取扱い)、第５条の６（求人の申込み)、第５条の７（求職の申込み)、第５条の８（求職者の能力に適合する職業の紹介等)、第32条の３（手数料)、第32条の12（取扱職種の範囲等の届出等)、第34条において準用する第20条（労働争議に対する不介入)。

なお、この規程は２に定める個人情報適正管理規程と一体のものとしても差し支えないこと。

ハ　手数料に関する要件

(ｲ) 適法な手数料以外に職業紹介に関し、いかなる名目であっても金品を徴収しないこと。

(ﾛ) 徴収する手数料を明らかにした手数料表を有すること。

ニ　名義貸しに関する要件

他に名義を貸与するために、または職業紹介責任者となり得る者の名義を借用して許可を得るものではないこと。

ホ　国外にわたる職業紹介に関する要件

(イ) 国外における職業紹介を実施するに当たっては、法第32条の12第1項の規定により取扱職種の範囲等として届け出た国以外を相手先国として職業紹介を行うものでないこと。

(ロ) 国外にわたる職業紹介を行うに当たっては、入管法その他の出入国関係法令および相手先国の法令を遵守して行うものであること。

(ハ) 国外にわたる職業紹介を行うに当たっては、求職者に対して渡航費用その他を貸し付け、または求人者がそれらの費用を貸し付けた求職者に対して職業紹介を行うものでないこと。

(ニ) 国外にわたる職業紹介を行うに当たり、取次機関を利用するときは、次に該当する取次機関を利用するものでないこと。

(a) 相手先国において活動を認められていないもの。

(b) 職業紹介に関し、保証金の徴収その他名目のいかんを問わず、求職者の金銭その他の財産を管理し、求職者との間で職業紹介に係る契約の不履行について違約金を定める契約その他の不当に金銭その他の財産の移転を予定する契約を締結し、または求職者に対して渡航費用その他の金銭を貸し付けるもの。

(ホ) 職業紹介に関し、求職者が他者に保証金の徴収その他名目のいかんを問わず、金銭その他の財産を管理され、または他者が求職者との間で職業紹介に係る契約の不履行について違約金を定める契約その他の不当に金銭その他の財産の移転を予定する契約を締結していることを認識して、当該求職者に対して職業紹介を行うものでないこと。

3　有料職業紹介事業の許可基準に関する留意事項

(1) 法第31条第1項第1号の要件について

イ　許可基準の1の (1) の「資産」の確認について

(イ) 法人における基準資産額等の確認

a　bの連結納税制度以外における確認の場合

次の（a）～（c）の書類が添付され、納税証明書の「所得金額」と納税申告書の別表第1の1欄「所得金額又は欠損金額」および当該納税申告書の別表第4の48欄「所得金額又は欠損金額」、同表1欄「当期利益又は当期欠損の額」と貸借対照表の「当期利益（損失）」と損益計算書の「当期利益（損失）」とをそれぞれ照合し、いずれも一致する場合にあっては、当該貸借対照表を用いて基準資産額（「負債総額」および「現金・預金の額」を含みます。）を算定します。

なお、賃借対照表に「当期利益（損失）」が記載されていない場合は、同表1欄「所得金額又は当期欠損の額」と損益計算書の「当期利益（損失）」と株主資本等変動計算書（持分会社にあっては、社員資本等変動計算書。以下、「株主資本変動計算書等」といいます。）の「当該純利益（損失）」、株主資本変動計算書等の「利益剰余金（当期末残高）」と貸借対照表の「利益剰余金」とをそれぞれ照合させます。

(a) 最近の事業年度における貸借対照表、損益計算書および株主資本等変動計算書等（税務署に提出したものの写しに限ります。）

ただし、最近の事業年度における決算が終了しているが、株主総会の承認を得られていないため未だ税務署に提出していない場合については、当該決算に係る貸借対照表、損益計算書および株主資本等変動計算書が確実に税務署に提出される場合には、当該貸借対照表、損益計算書および株主資本等変動計算書等であっても差し支えありません。また、この場合は、(b) および (c) の提出を要しません。設立後最初の決算期を終了していない法人の申請に係る場合は、会社法（平成17年法律第86号）第435条第1項に規定する会社成立時の貸借対照表、一般社団法人及び一般財団法人に関する法律（平成18年法律第48号）第123条第1項（同法第199条において準用する場合を含みます。）に規定する法人成立時の貸借対照表等のみでよいことになっています。

(b) 最近の事業年度における法人税の納税申告書の写し（税務署の受付印のあるもの（電子申請の場合にあっては、税務署に受付けられた旨が確認できるもの。以下同じ。）に限ります。法人税法施行規則別表第1および4のみでよいことになっています。）

（c）納税証明書（国税通則法施行令第41条第1項第3号ロに係る国税通則法施行規則別紙第9号様式（その2）による法人の最近の事業年度における所得金額に関するもの。）

b　連結納税制度における基準資産額等の確認

次の（a）～（d）の書類が添付され、納税証明書の「所得金額」と、納税申告書の別表1の2の1欄「連結所得金額又は連結決損金額」を照合します。納税申告書の別表1の2の13欄「差引連結所得に対する法人税額」と、個別帰属額等の一覧表の「連結親法人及び連結子法人の個別帰属額等の合計額」を照合します。ただし、個別帰属額等の一覧表の「連結親法人及び連結子法人の個別帰属額等の合計額」がマイナスの場合には、納税申告書の別表1の2の16欄「所得税額等の還付金額」または19欄と照合します。個別帰属額等の一覧表の申請法人の「個別帰属額」と、申請法人にかかる各連結事業年度の連結法人税の個別帰属額の届出書の14欄「連結法人税個別帰属額」を照合します。

ただし、14欄「連結法人税個別帰属額」に記載がない場合には、個別帰属額等の一覧表の申請法人の「個別帰属額」と、12欄「差引連結所得に対する連結法人税個別帰属額」とを照合します。

なお、事業年度中途で暫定的に納税を既に行っている場合は個別帰属額等の一覧表の申請法人の「個別帰属額」の絶対額と12欄「差引連結所得に対する連結法人税個別帰属額」または14欄「連結法人税個別帰属額」とを合計し、暫定的に納税した金額についての領収証書と照合します。申請法人にかかる連結法人税の個別帰属額届出書の1欄「個別所得金額又は個別欠損金額」と、別表4の2付表の52欄①「個別所得金額又は個別欠損金額」を照合します。別表7の2付表2が提出されている場合には、別表4の2付表56欄①と別表7の2付表2の27欄「連結欠損金額個別帰属発生額」を合計し、個別帰属額届出書1欄「個別所得金額又は個別欠損金額」と照合します。別表4の2付表の1欄①「当期利益又は当期欠損の額」、貸借対照表における「当期利益（損失）」および損益計算書の「当期利益（損失）」とを照合します。

なお、貸借対照表に「当期利益（損失）」が記載されていない場合は、同表１欄①「当期利益又は当期欠損の額」と損益計算書の「当期利益（損失）」と株主資本等変動計算書の「当期利益（損失）」、株主資本変動等計算書の「利益剰余金（当期末残高）」と貸借対照表の「利益剰余金」とをそれぞれ照合します。

以上により真正なものと判断された貸借対照表を用いて基準資産額（「負債総額」および「現金・預金の額」を含みます。）を確定します。

(a) 最近の連結事業年度における申請法人に係る貸借対照表、損益計算書および株主資本等変動計算書

(b) 最近の連結事業年度における連結法人税の納税申告書の写し（連結親法人の所轄税務署の受付印のあるものに限ります。法人税法施行規則別表１の２「各連結事業年度分の連結所得に係る申告書」の写しおよび同申告書添付書類「個別帰属額等の一覧表」の写しのみでよいことになっています。ただし、別表７の２付表２「連結欠損金個別帰属額に関する明細書」が提出される場合には、その写しを併せて提出することになっています。）

(c) 最近の連結事業年度の連結法人税の個別帰属額の届出書（申請法人に係るものに限ります。）の写し（税務署に提出したもの。ただし当該届出書の別表にあっては別表４の２付表「個別所得の金額の計算に関する明細書」の写しのみでもよいことになっています。）

(d) 納税証明書（国税通則法施行令第41条第１項第３号ロに係る国税通則法施行規則別紙第９号様式（その２）による最近の連結事業年度における連結所得金額に関するもの）

(ロ) 個人における基準資産額等の確認

ａ　青色申告の場合（白色申告または簡易な記載事項の損益計算書のみ作成する場合を除きます。）

次の（a）～（c）の書類が添付され、ⅰ～ⅲにより納税証明書の「所得金額」と納税申告書第１表の⑨欄「（所得金額）合計」を照合します。

(a) 最近の納税期における所得税の納税申告書の写し（税務署の受付印のあるもの）

(b) 納税証明書（国税通則法施行令第41条第１項第３号イに係る国税通則法施行規則別紙第９号様式（その２）による最近の納税期に

おける金額に関するもの）

(c) 青色申告の場合（簡易な記載事項の損益計算書のみ作成する場合を除きます。）は、最近の納税期における所得税法施行規則第 65 条第 1 項第 1 号の貸借対照表および損益計算書（所得税青色申告決算書（一般用、不動産所得および農業所得用）（税務署の受付印のあるもの））

i　事業所得に係る確認について

納税申告書第 1 表の「所得金額」の欄の①の事業・営業等と所得税青色申告決算書（一般用）損益計算書の㊺欄「所得金額」を照合します。所得税青色申告決算書（一般用）損益計算書の㊸欄「青色申告特別控除前の所得金額」とこれに対応する貸借対照表（資産負債調）の「青色申告特別控除前の所得金額」を照合します。いずれも一致する場合に、貸借対照表（資産負債調、一般用）の資産に相当する科目の合計と負債に相当する科目の合計を算出します。

ii　不動産所得および農業所得に係る確認について

上記、貸借対照表では不動産所得または農業所得分が計上されていない場合があることから、青色申告決算書（不動産所得用または農業所得用）、貸借対照表も使用し、納税申告書第 1 表の「所得金額」の欄の②事業・農業または③不動産と所得税青色申告決算書（不動産所得用または農業所得用）の㉓欄「所得金額」を照合します。所得税青色申告決算書（不動産所得用または農業所得用）㉑欄「青色申告特別控除前の所得金額」とこれに対応する貸借対照表（資産負債調）の「青色申告特別控除前の所得金額」を照合します。貸借対照表（資産負債調、不動産所得用または農業所得用）の資産に相当する科目の合計と負債に相当する科目の合計を算出します。

iii　以上により算出した資産と負債について、それぞれの金額を合計し資産と負債の全体額を確定させ、資産（全体）から負債（全体）を控除し基準資産額を算出します。

b　それ以外の場合

有料職業紹介事業計画書（様式第 2 号）の「資産等の状況」の「資産」

欄（白色申告または簡易な記載事項の損益計算書のみ作成する場合は、直前の納税期末日における資産等の状況につき記載します。また、納税申告以外の場合は、近接する適当な日の状況につき記載します。）に記載された土地・建物に係る不動産の登記事項証明書および固定資産税評価額証明書並びに現金・預金に係る預金残高証明書等の金額の総額から、同「資産等の状況」の「負債」欄（「資産」欄と同日付けの状況を記載します。）に記載された金融機関の貸付金残高証明書等、負債金額の総額を差し引いた額が所要の資産額以上あることを要します。

(ハ) 基準資産の確認の基準日

資産は、「常時」基準資産以上あることを必要とするものではなく、新規の許可申請時または許可の有効期間更新申請時においてこれを満たせば足ります。

(ニ) 繰延資産等

「繰延資産」とは、会社計算規則第74条第1項第3号に規定する繰延資産をいい、「営業権」とは、無形固定資産の一つである会社計算規則第2編第2章第2節の「のれん」をいいます。

(ホ) 基準資産の増額

上記により算定される基準資産額が増加する旨の申立てがあったときは、公認会計士または監査法人による監査証明（許可の有効期間更新申請に限っては、「合意された手続実施結果報告書」も可）を受けた中間決算または月次決算に限り、資産の総額、負債の総額および自己名義の現金・預金の額のいずれについても当該中間決算または月次決算により確認するものとします。

ただし、個人の場合に限り、基準資産額または自己名義の現金・預金の額が増加する旨の申し立てがあったときは、①市場性のある資産の再販売価格の評価額が、基礎価額を上回る旨の証明があった場合（例えば、固定資産税の評価額証明書等によります。）、②提出された預金残高証明書により普通預金、定期預金等の残高を確認できた場合（複数の預金残高証明書を用いる場合は、同一日付のものに限ります。）に限り、当該増加後の額を基準資産額または自己名義の現金・預金の額とします。

ロ　許可基準の1の（2）の「事業資金」の確認について

(イ) 事業資金は、事業開始後３カ月程度の間の運営を賄うためのものであり、許可基準の１の（1）の資産の一部となるものであり、現金または預貯金として所持するものに限られます。

(ロ) 貸借対照表等の現金および預貯金の欄により判断します。

(ハ) 自己名義の預貯金の額が増加する旨の申立てがあったときは、公認会計士または監査法人による監査証明を受けた中間決算または月次決算に限り、資産の総額、負債の総額および自己名義の現金・預金の額のいずれについても当該中間決算または月次決算により確認するものとします。

（2）法第31条第1項第2号の要件（個人情報を適正に管理し、および求人者、求職者等の秘密を守るために必要な措置が講じられていることについて）

イ 「個人情報適正管理規程」については、以下の点について留意しなければなりません。

(イ) 有料職業紹介事業者は、許可基準２の（1）のイ（イ）～（ニ）に掲げる事項を含む個人情報適正管理規程について自らこれを遵守し、かつ、その従業者にこれを遵守させるよう指導すること。

(ロ) 有料職業紹介事業者は、本人が個人情報の開示または訂正の求めをしたことを理由として、当該本人に対して、不利益な取扱いを行わないよう指導すること。

ロ 「個人情報の収集、保管および使用」については、以下の点に留意しなければなりません。

(イ) 有料職業紹介事業者は、法第５条の５第１項の規定により業務の目的を明らかにするに当たっては、求職者の個人情報がどのような目的で収集され、保管され、または使用されるのか、求職者が一般的かつ合理的に想定できる程度に具体的に明示すること。

(ロ) 有料職業紹介事業者は、求職を受理する際には、当該求職者の能力に応じた職業を紹介するため必要な範囲で、求職者の個人情報（以下「個人情報」といいます。）を収集することとし、次に掲げる個人情報を収集してはなりません。

ただし、特別な業務上の必要性が存在することその他業務の目的の達成に必要不可欠であって、収集目的を示して本人から収集する場合はこの限りではありません。

(a) 人種、民族、社会的身分、門地、本籍、出生地、その他社会的差別の原因となるおそれのある事項

(b) 思想および信条

(c) 労働組合の加入状況

(a) から (c) については、具体的には、例えば次に掲げる事項等が該当します。

(a) 関係

a　家族の職業、収入、本人の資産等の情報（税金、社会保険の取扱い等労務管理を適切に実施するために必要なものを除きます。）

b　容姿、スリーサイズ等差別的評価に繋がる情報

(b) 関係

人生観、生活信条、支持政党、購読新聞・雑誌、愛読書

(c) 関係

労働運動、学生運動、消費者運動その他社会運動に関する情報

(ハ) 有料職業紹介事業者は、個人情報を収集する際には、本人から直接収集し、本人の同意の下で本人以外の者から収集し、または本人により公開されている個人情報を収集する等の手段であって、適法かつ公正なものによらなければなりません。

(ニ) 有料職業紹介事業者は、高等学校もしくは中等教育学校または中学校もしくは義務教育学校の新規卒業予定者から応募書類の提出を求めるときは、職業安定局長の定める書類（全国高等学校統一応募用紙または職業相談票（乙））により提出を求めるものとします。

(ホ) 個人情報の保管または使用は、収集目的の範囲に限られます。ただし、他の保管もしくは使用の目的を示して本人の同意を得た場合または他の法律に定めのある場合は、この限りではありません。

(ヘ) 法第5条の5第1項または (ロ)、(ハ) もしくは (ホ) の求職者本人の同意を得る際には、次に掲げるところによらなければなりません。

(a) 同意を求める事項について、求職者が適切な判断を行うことができるよう、可能な限り具体的かつ詳細に明示すること。

(b) 業務の目的の達成に必要な範囲を超えて個人情報を収集し、保管し、または使用することに対する同意を、職業紹介の条件としないこと。

(c) 求職者の自由な意思に基づき、本人により明確に表示された同意であること。

ハ　求職申込みの際の個人確認について

求職の申込みに関して履歴書の提出や免許の提示を求めることは差し支えありませんが、戸籍抄本等身元調査に通じる書類の提出を求めることのないよう指導してください。

ニ　求人者に身元確認を勧めるような文言を含むことのないよう指導してください。

ホ　上記ハまたはニのような事項が記載されている場合は、その削除と考え方を十分指導してください。

ヘ　業務提携における取扱い

適法な職業紹介事業者間の業務提携は禁止されるものではありませんが、当該業務提携について求職者・求人者に明示されない場合には、個人情報が本人の予期しない者に提供されることとなり個人情報の保護に欠けることとなります。このため、職業紹介事業者間の業務提携に際しては、求人・求職受理時に当該業務提携について求人者・求職者に明示し、提携先に個人情報を提供することを希望しない求人者・求職者の情報は業務提携先に提供しないようにする必要があります。

なお、同一企業内の異なる職業紹介事業所間の求人・求職情報のやり取りは許可事業者としての法第 31 条第 1 項第 2 号の個人情報の保護のためのルールを遵守していれば差し支えありません。

（3）法第 31 条第 1 項第 3 号の要件について

イ　許可基準の 3 の (1) および (2) のイに係る欠格事由について

(ｲ) 法第 32 条に定める欠格事由は、次のとおりです。

a　禁錮以上の刑に処せられ、またはこの法律の規定その他労働に関する法律の規定（b に規定する規定を除きます。）であって政令で定めるものもしくは暴力団員による不当な行為の防止等に関する法律の規定（同法第 50 条（第 2 号に係る部分に限ります。）および第 52 条の規定を除きます。）により、もしくは刑法（明治 40 年法律第 45 号）第 204 条、第 206 条、第 208 条、第 208 条の 2、第 222 条もしくは第 247 条の罪、暴力行為等処罰に関する法律（大正 15 年法律第 60 号）の罪もしくは入管法第 73 条の 2 第 1 項の罪を犯したことにより、罰金の刑に処せられ、その執行を終わり、または執行を受けることがなくなった日から起算して 5 年を経過しない者

b　健康保険法（大正 11 年法律第 70 号）第 208 条、第 213 条の 2 もしくは第 214 条第 1 項、船員保険法（昭和 14 年法律第 73 号）第 156 条、第 159 条もしくは第 160 条第 1 項、労働者災害補償保険法（昭和 22 年法律第 50 号）第 51 条前段もしくは第 54 条第 1 項（同法第 51 条前段の規定に係る部分に限ります。）、厚生年金保険法（昭和 29 年法律第 115 号）第 102 条、第 103 条の 2 もしくは第 104 条第 1 項（同法第 102 条または第 103 条の 2 の規定に係る部分に限ります。）、労働保険の保険料の徴収等に関する法律（昭和 44 年法律第 84 号）第 46 条前段もしくは第 48 条第 1 項（同法第 46 条前段の規定に係る部分に限ります。）または雇用保険法（昭和 49 年法律第 116 号）第 83 条もしくは第 86 条（同法第 83 条の規定に係る部分に限ります。）の規定により罰金の刑に処せられ、その執行を終わり、または執行を受けることがなくなった日から起算して 5 年を経過しない者

c　心身の故障により有料の職業紹介事業を適正に行うことができない者として厚生労働省令で定めるもの

d　破産手続開始の決定を受けて復権を得ない者

e　法第 32 条の 9 第 1 項（第 1 号を除き、第 33 条第 4 項において準用する場合を含みます。）の規定により職業紹介事業の許可を取り消され、または第 33 条の 3 第 2 項において準用する第 32 条の 9 第 1 項（第 1 号を除きます。）の規定により無料の職業紹介事業の廃止を命じられ、当該取消しまたは命令の日から起算して 5 年を経過しない者

f　法第 32 条の 9 第 1 項（第 33 条第 4 項において準用する場合を含

みます。）の規定により職業紹介事業の許可を取り消された者が法人である場合（第32条の9第1項（第1号に限ります。）（第33条第4項において準用する場合を含みます。）の規定により許可を取り消された場合については、当該法人がａまたはｂに規定する者に該当することとなったことによる場合に限ります。）または第33条の3第2項において準用する第32条の9第1項の規定により無料の職業紹介事業の廃止を命じられた者が法人である場合（第33条の3第2項において準用する第32条の9第1項（第1号に限ります。）の規定により廃止を命じられた場合については、当該法人がａまたはｂに規定する者に該当することとなったことによる場合に限ります。）において、当該取消しまたは命令の処分を受ける原因となった事項が発生した当時現に当該法人の役員であった者で、当該取消しまたは命令の日から起算して5年を経過しないもの

ｇ　法第32条の9第1項（第33条第4項において準用する場合を含みます。）の規定による職業紹介事業の許可の取消しまたは第33条の3第2項において準用する第32条の9第1項の規定による無料の職業紹介事業の廃止の命令の処分に係る行政手続法（平成5年法律第88号）第15条の規定による通知があった日から当該処分をする日または処分をしないことを決定する日までの間に法第32条の8第1項（第33条第4項および第33条の3第2項において準用する場合を含みます。）の規定による職業紹介事業の廃止の届出をした者（当該事業の廃止について相当の理由がある者を除きます。）で、当該届出の日から起算して5年を経過しないもの

ｈ　ｇに規定する期間内に法第32条の8第1項（第33条第4項および第33条の3第2項において準用する場合を含みます。）の規定による職業紹介事業の廃止の届出をした者が法人である場合において、同号の通知の日前60日以内に当該法人（当該事業の廃止について相当の理由がある法人を除きます。）の役員であった者で、当該届出の日から起算して5年を経過しないもの

ｉ　暴力団員または暴力団員でなくなった日から5年を経過しない者（以下（暴力団員等）といいます。）

ｊ　営業に関し成年者と同一の行為能力を有しない未成年者であっ

て、その法定代理人がａからｉまでまたはｋのいずれかに該当するもの

ｋ　法人であって、その役員のうちにａからｊまでのいずれかに該当する者があるもの

ｌ　暴力団員等がその事業活動を支配する者

ｍ　暴力団員等をその業務に従事させ、またはその業務の補助者として使用するおそれのある者

なお、ａの「政令で定めるもの」は次のとおりです。

(a) 労働基準法第117条および第118条第1項（同法第6条および第56条に係る部分に限ります。）の規定並びにこれらの規定に係る同法第121条の規定（これらの規定が労働者派遣法第44条（第4項を除きます。）の規定により適用される場合を含みます。）

(b) 労働者派遣法第58条から法第62条までの規定

(c) 港湾労働法第48条、第49条（第1号を除きます。）および第51条（第2号および第3号に係る部分に限ります。）の規定並びにこれらの規定に係る同法第52条の規定

(d) 建設労働者の雇用の改善等に関する法律第49条、第50条および第51条（第2号および第3号を除きます。）の規定並びにこれらの規定に係る同法第52条の規定

(e) 中小企業における労働力の確保及び良好な雇用の機会の創出のための雇用管理の改善の促進に関する法律（平成3年法律第57号）第19条、第20条および第21条（第3号を除きます。）の規定並びにこれらの規定に係る同法第22条の規定

(f) 育児・介護休業法第62条から第65条までの規定

(g) 林業労働力の確保の促進に関する法律（平成8年法律第45号）第32条、第33条および第34条（第3号を除きます。）の規定並びにこれらの規定に係る同法第35条の規定

(h) 外国人の技能実習の適正な実施及び技能実習生の保護に関する法律（平成28年法律第89号）第108条、第109条、第110条（同法第44条に係る部分に限ります。）、第111条（第1号を除きます。）および第112条（第1号（同法第35条第1項に係る部分に限ります。）および第6号から第11号までに係る部分に限ります。）の規

定並びにこれらの規定に係る同法第113条の規定

また、cの「厚生労働省令で定めるもの」は、「精神の機能の障害により有料の職業紹介事業を適正に行うに当たって必要な認知、判断及び意思疎通を適切に行うことができない者」です（則第19条）。

この場合における「認知」は外界を認識すること、「判断」は物事の是非善悪を考え定めること、「意思疎通」は自らの考えを的確に相手に伝えることをいいます。

(ロ) なお、刑の執行猶予の言渡を受けた後、その言渡を取り消されることなく猶予の期間を経過した者は、刑の「執行を終わり、又は執行を受けることがなくなった日から起算して5年を経過していない場合」には該当せず、猶予期間を無事経過することによって直ちに欠格事由を離脱します。大赦または特赦により刑の言渡の効力を失った者についても同様です。

なお、刑の時効の完成、仮出獄を許された者の刑の残余期間の満了その他の事由により、刑の執行の免除を得たものは、「執行を受けることがなくなった」に該当し、当該欠格事由につき判断する必要があります。

ロ　許可基準3の（1）のロに係る「質屋営業」について

質屋営業については、質屋営業法第1条に規定する質屋営業を行うものをいいます。

注）質屋営業法（昭和25年法律第158号）（抄）

第1条　この法律において「質屋営業」とは、物品（有価証券を含む。第22条を除き、以下同じ。）を質に取り、流質期限までに当該質物で担保される債権の弁済を受けないときは、当該質物をもつてその弁済に充てる約款を附して、金銭を貸し付ける営業をいう。

2　この法律において「質屋」とは、質屋営業を営む者で第2条第1項の規定による許可を受けたものをいう。

第2条　質屋になろうとする者は、内閣府令で定める手続により、営業所ごとに、その所在地を管轄する都道府県公安委員会（以下「公安委員会」という。）の許可を受けなければならない。

2　前項の場合において、質屋になろうとする者は、自ら管理しないで営業所を設けるときは、その営業所の管理者を定めなければならない。

ハ　許可基準の3の（1）のハに係る「風俗営業」について

風俗営業等とは、風営適正化法第2条第1項、第5項および第13項に規定する営業をいいます。

具体的には、おおむね次の営業が該当します。

(イ) 風俗営業関係

a　料飲関係営業（キャバレー営業等、料理店営業等、ナイトクラブ営業等、低照度飲食店営業、区画席飲食店営業）

b　マージャン屋営業・パチンコ屋営業

c　ゲーム機設置営業

d　ダンスホール

(ロ) 性風俗関連特殊営業等

a　個室付浴場業

b　ヌードスタジオ、のぞき劇場、ストリップ劇場など

c　ラブホテル、モーテル、モーテル類似、レンタルルーム等

d　アダルトショップ、大人のおもちゃ店

e　個室マッサージ類

f　ホテトル

g　テレクラ

h　ビデオ観賞

(ハ) 接客業務受託営業関係

主として上記に掲げる営業（(イ) のbおよびcを除きます。）を営む者から委託を受けて当該営業の営業所において客に接する業務の一部を行うこと（当該業務の一部に従事する者が委託を受けた者および当該営業を営む者の指揮命令を受ける場合を含みます。）を内容とする営業をいいます。また、探偵業、信用調査等であって、法第3条、第5条の5、第51条の規定からみて不適当なものが許可基準3の（1）のハに掲げる「その他職業紹介事業との関係において不適当な営業の名

義人又は実質的な営業を行う者」に該当するものであること。

なお、名義人とは、本人が直接業務に従事経営することを要せず、単に禁止兼業の名義上の経営者または代表者をいいます。

また、実質的に営業を行う者とは、例えばこの種の営業について多額の金銭的援助を与え、またはその営業を行う者と血縁関係その他、社会生活上密接な関係のある場合で、その営業を支配し得る地位にあり、実質的に行う者と認められるものをいいます。

二　許可基準の3の(1)「役員」について

(イ) 法人の「役員」とは、おおむね次に掲げる者をいいます。

a　合名会社および合同会社については、総社員（定款をもって業務を執行する社員を定めた場合は、当該社員）

b　合資会社については、総無限責任社員（定款をもって業務を執行する無限責任社員を定めた場合は、当該無限責任社員）

c　株式会社については、代表取締役、取締役（会計参与設置会社である場合は会計参与、監査役設置会社である場合は監査役、委員会設置会社である場合は執行役）

d　特例有限会社（会社法の施行に伴う関係法律の整備等に関する法律（平成17年法律第87号）第3条第2項に規定する特例有限会社をいいます。）については、取締役、監査役を置いた場合は監査役

e　一般財団法人および一般社団法人については、理事および監事

f　特殊法人および独立行政法人については、総裁、理事長、副総裁、副理事長、専務理事、理事、監事等法令により役員として定められている者

g　農業協同組合については、理事、監事および経営監理委員

h　漁業協同組合および水産加工業協同組合については、理事、監事および経営監理委員

i　商工会議所については、会頭、副会頭、専務理事、常議員、監事および理事

j　商工会については、会長、副会長、理事および監事

k　森林組合については、理事および監事

l　事業協同組合および商工組合については、理事および監事

m　中小企業団体中央会については、会長、理事および監事

n　外国の法令に準拠して設立された会社（以下「外国会社」といいます。）については、代表取締役、取締役、監査役（これに相当する者を含みます。）、および会社法第 817 条に基づき定めた日本における代表者

(ロ) 会社法等の規定により、法人の会計参与は同一の法人またはその子会社の取締役、監査役、執行役または従業員を兼ねることはできず、監査役は同一の法人またはその子会社の取締役もしくは従業員または当該子会社の会計参与（会計参与が法人であるときは、その職務を行うべき社員）もしくは執行役を兼ねることはできないので、注意する必要があります（会社法第 333 条第３項、第 335 条第２項）。

(ハ) 外国人について

a　市町村（区）長の発行する住民票の写し（行政手続きにおける特定の個人を識別するための番号の利用等に関する法律（平成 25 年法律第 27 号。以下「番号法」といいます。）第２条の規定に基づく個人番号の記載のないものに限ります。）等によって確認します。

b　入管法別表第１の１の表において外交、公用、教授、芸術、宗教および報道、２の表において高度専門職、経営・管理、法律・会計業務、医療、研究、教育、技術・人文知識・国際業務、企業内転勤、興行、技能および技能実習、別表第２において永住者、日本人の配偶者等、永住者の配偶者等および定住者の在留資格について規定されています。

(ニ) 住所については、履歴書および住民票の写し（番号法第２条の規定に基づく個人番号の記載のないものに限ります。）によって確認します。形式的に住所だけを移していると考えられる場合には、その理由を聞き、事業運営に支障がないか確認します。

ホ　許可基準の３の（2)「職業紹介責任者」について

(イ) 職業紹介責任者の行う業務

職業紹介責任者は職業紹介に関し、労働関係法令等に関する最新の情報を把握しつつ、以下の事項について統括管理するとともに、従業者に対する職業紹介の適正な遂行に必要な教育を行います（法第 32 条の 14)。

a　求人者または求職者から申出を受けた苦情の処理に当たること。

b　求人者の情報（職業紹介に係るものに限ります。）および求職者の個人情報の管理に関すること（指針第５参照）。

c　求人および求職の申込みの受理、求人者および求職者に対する助言および指導その他有料の職業紹介事業の業務の運営および改善に関すること。

d　職業安定機関との連絡調整に関すること。

(ロ) 職業紹介責任者の選任

職業紹介責任者の選任は、法第 32 条第１号、第２号および第４号から第９号までに掲げる欠格事由に該当しない者（未成年者および精神の機能の障害により職業紹介責任者の業務を適正に行うに当たって必要な認知、判断および意思疎通を適切に行うことができない者を除き、過去５年以内に、職業紹介事業の業務の適正な遂行のために必要な知識を習得させるための講習として厚生労働大臣が定めるもの（**第７節**の**８**参照）を修了している者に限ります。）のうちから、以下に定めるところにより、行わなければなりません（則第 24 条の６）。

a　事業所ごとに当該事業所に専属の職業紹介責任者として自己の雇用する労働者の中から選任します。ただし、有料職業紹介事業者（法人である場合は、その役員）を職業紹介責任者とすることは、差し支えありません。

b　当該事業所において職業紹介に係る業務に従事する者の数が 50 人以下のときは１人以上の者を、50 人を超え 100 人以下のときは２人以上の者を、100 人を超えるときは、当該職業紹介に係る業務に従事する者の数が 50 人を超える 50 人ごとに１人を２人に加えた数以上の者を選任しなければなりません。

c　既に許可を受けて職業紹介事業を行っている事業所の職業紹介責任者の変更届または既に許可を受けて職業紹介事業を行っていた事業所で代表者兼職業紹介責任者であった者が死亡し、それを継承して事業を行う場合等の新規の届出に際して、新たに職業紹介責任者となる者が、やむなく許可申請前に職業紹介責任者講習の受講ができない場合は、その後可及的速やかに受講すること（具体的には受講する職業紹介責任者講習を決めていること。）を条件として申請を受理することとして差し支えありません。

ヘ　許可基準の３の（3）の「事業所」について

(イ) 位置について

a　借用の場合は、事業所の賃貸借契約書等により、事業所の所有者から正当に貸与を受けているものかどうか、また、転貸の場合は、その同意があるかどうかについて同意書等により確認します。

b　事業所の設置場所として当初適切であったものが、その後の環境の変化により職業紹介事業に適さなくなった場合は、事業所の移転が望ましいですが、移転ができない間は、分かりやすい看板の掲示や入り口の明示等を工夫し、求人者、求職者が安心して利用できるような対処を指導します。

(ロ) 名称について

a　求人者、求職者の混乱を招くおそれがあるため、

(a) 職業安定機関その他公的機関と関係を有しない者は、利用者に、これと誤認させる名称（例えば「ハローワーク○○」、「○○県無料職業紹介所」、「ジョブ・カフェ」、等）を用いてはなりません。

(b) 同一労働市場圏内にある既設事業所の名称と同一または類似の名称については、利用者に誤認を生じない名称とするよう指導します。

b　職業紹介事業以外の事業を行う場合には、兼業に係る事業について、厚生労働大臣許可名義を使用してはなりません。

c　地方公共団体の行う無料職業紹介事業の運営の全部または一部を委託され、当該職業紹介事業を行う場合は、当該委託を受けた職業紹介事業者が行うものであることを明確にする必要があります。

d　他の法律において資格に係る名称の使用制限が規定されているもの（いわゆる士業）が、当該資格の名称の下に職業紹介事業を行うこと（例：○○法律事務所、○○社会保険労務士事務所など）は、利用者に誤解を生じさせるおそれがあるため、当該名称を使用せず区別するなどにより、利用者に誤解を生じさせないよう助言・指導する必要があります。

ト　許可基準の３の（4）「適正な事業運営」について

(イ) 申請者および申請者の行う他の事業との関係に関する要件

a　申請者が国または地方公共団体でないこと。

b　有料職業紹介事業を会員獲得、組織拡大、宣伝等他の目的の手段として利用するものでないこと。

(a) 会員の獲得、組織の拡大、宣伝等とは、その手段の諸形態を例示したものにすぎないので、その目的が布教の手段、名声の獲得、選挙運動等のために利用するものであってはなりません。

(b) 厚生労働大臣の許可を兼業部門（例えば、請負、経営コンサルタント業の広告、芸能家、モデル等の養成所の生徒の募集等）その他の紹介事業以外の目的に利用することはできません。したがって、「厚生労働大臣許可」を許可を受けた職業紹介事業以外の事業（養成所等）の宣伝に用いてはなりません。

(c) 許可申請関係書類として提出された定款または寄附行為および登記事項証明書については、その目的の中に「有料職業紹介事業を行う」旨の記載が必要ですが、当該事業主の行う事業の目的中の他の項目において有料職業紹介事業を行うと解釈される場合においては、有料職業紹介事業を行う旨の明示的な記載は要しません。なお、定款または寄附行為および登記事項証明書の目的の中に取扱職業の範囲以外の職業について当該事業を行う旨の記載がある場合については、そのままでは許可ができないので留意してください。

c　事業主の利益に偏った職業紹介が行われるおそれがある者でないこと。

(a)「事業主の利益に偏った紹介」としては、例えば能力・適性により適格紹介を行うのでなく若年者優先の紹介をしたり、専ら会員企業の離職予定者の受け皿探しを行いリストラを支援するための紹介等が考えられます。

(b) 予定する求人・求職の範囲を許可の際に審査し、求人者が会員企業主体となっている場合や求職者が会員企業の離職予定者主体となっている場合等、形式的には広く求人・求職を取り扱うこととなっていますが、広告・営業等の実態から判断すると会員主体となっている場合等については、実態としては会員サービスとして紹介を行うものと見ることができ、そのような場合は「事業主の利益に偏った紹介」が行われるおそれが高いと判断できます。

d　労災保険の特別加入に係る取扱いについては、次のとおりとすること。

有料職業紹介事業者の紹介により労災保険の特別加入の対象となる作業（注）に該当する作業に従事する者または従事する予定の者が特別加入を希望する場合、当該事業者は労働者災害補償保険法施行規則（以下「労災則」といいます。）第46条の23等に基づき必要な下記の書類を管轄の労働基準監督署に提出しなければなりません。

(a) 特別加入申請書（労災則様式第34号の10）

(b) 名簿（労災則様式第34号の10別紙）

(c) 団体の目的、組織、運営等を明らかにする書類（労災特別加入団体規程）

(d) 業務災害の防止に関する措置の内容を記載した書類（業務災害防止規則（団体用・家政婦用））

(e) 法第32条の4第1項に規定する許可証の写し

なお、既に特別加入団体として承認を受けている団体の代表者である有料職業紹介事業者については、当該対象となる者に係る変更届（労災則様式第34号の8）を提出する必要があります。

（注）労災保険の特別加入の対象となる作業は、次のいずれかに該当するものである。

① 介護労働者の雇用管理改善に関する法律第2条第1項に規定する介護関係業務に係る作業であって、入浴、排せつ、食事等の介護その他の日常生活上の世話、機能訓練または看護に係るものである。この入浴、排せつ、食事等の介護その他日常生活上の世話とは、身体上または精神上の障害があることにより日常生活に支障がある者に対する、入浴、排せつ、食事等の介護、調理、洗濯、掃除、買い物等の家事その他の当該者本人に必要な日常生活上の世話である。

② 炊事、洗濯、掃除、買物、児童の日常生活上の世話および必要な保護その他家庭において日常生活を営むのに必要な行為。

(ロ) 業務の運営に関する規程の要件

法第2条（職業選択の自由）、第3条（均等待遇）、第5条の3（労働条件等の明示）、第5条の4（求人等に関する情報の的確な表示）、第5条の5（求職者等の個人情報の取扱い）、第5条の6（求人の申込み）、第5条の7（求職の申込み）、第5条の8（求職者の能力に適合する職業の紹介等）、第32条の3（手数料）、第32条の12（取扱職種の範囲等の届出等）、第34条において準用する第20条（労働争議に対する不介入）について、その具体的内容を含んだ業務の運営に関する規程を有している必要があります（様式例第1号参照）。

なお、法第32条の13の規定により明示すべき事項（苦情の処理に関する事項並びに求人者の情報（職業紹介に係るものに限ります。）および求職者の個人情報の取扱いに関する事項）は確実に盛り込まれていることが必要です。

(ハ) 手数料に関する要件

手数料については金品の名目を問わないものであるので、一定の「会費」を納める会員のみを求人者とする場合や、職業紹介サービスを利用する「会員」の「会費」が他の「会員」に比して高くなっているといった場合は、手数料を徴収しているものと解されます。

(ニ) 名義貸しに関する要件

職業紹介事業の適正な運営を確保するために、経験、徳性等からみて職業紹介事業を行うにふさわしい者に許可をしているものであり、名義の貸与や借用は認められません。このため代表者および職業紹介責任者が実際に事業を行うものであるかどうか確認するとともに、許可後においてもその点に留意する必要があります。

(ホ) 国外にわたる職業紹介に関する要件

職業紹介事業の取扱職種の範囲等の届出を行っていない場合、または職業紹介事業の取扱職種の範囲等の届出を行っているが、職業紹介事業を行う地域について定めていない場合において、相手先国に関する書類および取次機関に関する書類を提出していないときは、申請者においては、国内の求人・求職のみを取り扱うものとして取り扱います。

取次機関が（4）ホ（ニ）（b）の基準を満たすことについては、例えば、取次機関および事業者の業務分担について記載した契約書において定めることや取次機関からその旨証明した書類を提出させること等により確認する必要があります。

なお、「保証金の徴収その他名目のいかんを問わず、求職者の金銭その他の財産を管理」するとは、職業紹介を行うに当たり、求職者が一定期間日本で就労すること等を契約し、その契約が履行されなければ返金しないことを約した金銭等をあらかじめ求職者から預かり、事業者の管理の下におくものであり、名目に関わりません。

また、「求職者との間で職業紹介に係る契約の不履行について違約金を定める契約その他の不当に金銭その他の財産の移転を予定する契約を締結」するとは、職業紹介を行うに当たり、求職者が一定期間日本で就労すること等を契約し、その契約が履行されなければ損害発生の有無にかかわらず求職者から金銭等を徴収することについて、あらかじめ定めるものであり、名目に関わりません（例えば、求職者が賠償すべき損害額について、実害額のいかんにかかわらず一定の金額を定めるものについても含まれます。）。法の規定に基づき徴収される手数料や相手先国において、相手先国の法令に基づき徴収される上記以外の手数料、職業紹介とは直接関連しないサービス（セミナー・講演の受講や渡航のための事務手続の代行等）の料金については、これらに該当しません。

（4）その他

許可日以前に、職業紹介事業を行おうとする者のホームページ等において、職業紹介事業の許可を受けているかのような表示等がなされていないか確認を行うとともに、当該表示等が確認された場合には必要な指導を行うこと。

4　無料職業紹介事業の許可基準

無料職業紹介事業の許可基準

次のいずれにも該当する者について、無料職業紹介事業の許可をするものとします。

1　法第33条第4項において準用する法第31条第1項第1号の要件（申請者が、当該事業を健全に遂行するに足りる財産的基礎を有すること）

事業を維持運営していくに足る資産または財政的裏付けを有すること。

2　法第33条第4項において準用する法第31条第1項第2号の要件（個人情報を適正に管理し、および求人者、求職者等の秘密を守るために必要な措置が講じられていること）

次のいずれにも該当し、業務の過程で得た求職者等の個人情報を適正に管理し、求人者、求職者等の秘密を守るために必要な措置が講じられていること。

(1) 個人情報管理体制に関する判断（指針第5参照）

イ　求職者等の個人情報を適正に管理するため、事業運営体制が次のいずれにも該当し、これを内容に含む個人情報適正管理規程を定めていること。

(イ) 求職者等の個人情報を取り扱う事業所内の職員の範囲が明確にされていること。

(ロ) 業務上知り得た求人者、求職者等に関する個人情報を業務以外の目的で使用したり、他に漏らしたりしないことについて、職員への教育が実施されていること。

(ハ) 本人から求められた場合の個人情報の開示または訂正（削除を含みます。以下同じ。）の取扱いに関する事項についての規定があり、かつ当該規定について求職者等への周知がなされていること。

(ニ) 個人情報の取扱いに関する苦情の処理に関する職業紹介責任者等による事業所内の体制が明確にされ、苦情を迅速かつ適切に処理することとされていること。

ロ「適正管理」については、以下の点について留意するものとします。

(イ) 無料職業紹介事業者は、イの（イ）から（ニ）までに掲げる事項を含む個人情報適正管理規程について自らこれを遵守し、かつ、その従業者にこれを遵守させなければならないものとします。

(ロ) 無料職業紹介事業者は、本人が個人情報の開示または訂正の求めをしたことを理由として、当該本人に対して、不利益な取扱いをしてはならないものとします。

ハ 「個人情報の収集、保管および使用」については、以下の点に留意するものとします。

(イ) 無料職業紹介事業者は、法第5条の5第1項の規定により業務の目的を明らかにするに当たっては、求職者の個人情報がどのような目的で収集され、保管され、または使用されるのか、求職者が一般的かつ合理的に想定できる程度に具体的に明示すること。

(ロ) 無料職業紹介事業者は、求職を受理する際には、当該求職者の能力に応じた職業を紹介するため必要な範囲で、目的を明らかにして求職者の個人情報を収集することとし、次に掲げる個人情報を収集してはならないものとします。ただし、特別な業務上の必要性が存在することその他業務の目的の達成に必要不可欠であって、収集目的を示して本人から収集する場合はこの限りではありません。

(a) 人種、民族、社会的身分、門地、本籍、出生地、その他社会的差別の原因となるおそれのある事項

(b) 思想および信条

(c) 労働組合の加入状況

(a) から (c) については、具体的には、例えば次に掲げる事項等が該当します。

(a) 関係

a 家族の職業、収入、本人の資産等の情報（税金、社会保険の取扱い等労務管理を適切に実施するために必要なものを除きます。）

b 容姿、スリーサイズ等差別的評価に繋がる情報

(b) 関係

人生観、生活信条、支持政党、購読新聞・雑誌、愛読書

(c) 関係

労働運動、学生運動、消費者運動その他社会運動に関する情報

(ハ) 無料職業紹介事業者は、個人情報を収集する際には、本人から直接収集し、本人の同意の下で本人以外の者から収集し、または本人により公開されている個人情報を収集する等の手段であって、適法かつ公正なものによらなければならないものとします。

(ニ) 無料職業紹介事業者は、高等学校もしくは中等教育学校または中学校もしくは義務教育学校の新規卒業予定者から応募書類の提出を求めるときは、職業安定局長の定める書類（全国高等学校統一応募用紙または職業相談表（乙））により提出を求めるものとします。

(ホ) 個人情報の保管または使用は、収集目的の範囲に限られます。ただし、他の保管もしくは使用の目的を示して本人の同意を得た場合または他の法律に定めのある場合は、この限りではありません。

(ヘ) 法第5条の5第1項または（ロ)、(ハ）もしくは（ホ）の求職者本人の同意を得る際には、次に掲げるところによらなければなりません。

(a) 同意を求める事項について、求職者が適切な判断を行うことができるよう、可能な限り具体的かつ詳細に明示すること。

(b) 業務の目的の達成に必要な範囲を超えて個人情報を収集し、保管し、または使用することに対する同意を、職業紹介の条件としないこと。

(c) 求職者の自由な意思に基づき、本人により明確に表示された同意であること。

(2) 個人情報管理の措置に関する要件

次のいずれにも該当し、求職者等の個人情報を適正に管理する

ための措置が講じられていること。

イ　当該要件を満たすためには、次のいずれにも該当することが必要です。

(イ) 個人情報を目的に応じ必要な範囲において正確かつ最新のものに保つための措置が講じられていること。

(ロ) 個人情報の漏えい、滅失または毀損を防止するための措置が講じられていること。

(ハ) 求職者等の個人情報を取り扱う事業所内の職員以外の者が求職者等の個人情報へのアクセスを防止するための措置が講じられていること。

(ニ) 職業紹介の目的に照らして必要がなくなった個人情報を破棄または削除するための措置が講じられていること。

ロ　「適正管理」については以下の点に留意するものとします。

(イ) 無料職業紹介事業者は、その保管または使用に係る個人情報に関し適切な措置（イの(イ)から(ニ)まで）を講ずるとともに、求職者等からの求めに応じ、当該措置の内容を説明しなければならないものとします。

(ロ) 無料職業紹介事業者が、求職者等の秘密に該当する個人情報を知り得た場合には、当該個人情報が正当な理由なく他人に知らされることのないよう、厳重な管理を行わなければならないものとします。

「個人情報」とは、個人を識別できるあらゆる情報をいいますが、このうち「秘密」とは、一般に知られていない事実であって（非公知性）、他人に知られないことにつき本人が相当の利益を有すると客観的に認められる事実（要保護性）をいうものです。具体的には、本籍地、出身地、支持・加入政党、政治運動歴、借入金額、保証人となっている事実等が秘密にあたりえます。

3　法第33条第4項において準用する法第31条第1項第3号の要件（1および2のほか、申請者が当該事業を適正に遂行することができる能力を有すること）

次のいずれにも該当し、当該事業を適正に遂行することができる能力を有すること。

(1) 代表者および役員（法人の場合に限ります。）に関する要件

代表者および役員（法人の場合に限ります。）が、次のいずれにも該当し、欠格事由に該当する者その他適正な事業遂行を期待し得ない者でないこと。

イ　法第32条に規定する欠格事由に該当する者でないこと。

ロ　貸金業法第2条第1項に規定する貸金業を営む者にあっては同法第3条の登録、質屋営業法第1条に規定する質屋営業を営む者にあっては同法第2条の許可を、それぞれ受け、適正に業務を運営している者であること。

ハ　風営適正化法第2条第1項に規定する風俗営業、同条第5項に規定する性風俗関連特殊営業、同条第13項に規定する接客業務受託営業その他職業紹介事業との関係において不適当な営業の名義人または実質的な営業を行う者でないこと。

ニ　外国人にあっては、原則として、入管法別表第1の1の表および2の表並びに別表第2のいずれかの在留資格を有する者であること。

ホ　住所および居所が一定しないなど生活根拠が不安定な者でないこと。

ヘ　不当に他人の精神、身体および自由を拘束するおそれのない者であること。

ト　公衆衛生または公衆道徳上有害な業務に就かせる行為を行うおそれのない者であること。

チ　虚偽の事実を告げ、もしくは不正な方法で許可申請を行った者または許可の審査に必要な調査を拒み、妨げ、もしくは忌避した者でないこと。

リ　国外にわたる職業紹介を行う場合にあっては、相手先国の労働市場の状況および法制度について把握し、並びに求人者および求職者と的確な意思の疎通を図るに足る能力を有する者であること。

(2) 職業紹介責任者に関する要件

職業紹介責任者は、次のいずれにも該当し、欠格事由に該当せず、また業務を適正に遂行する能力を有する者であること。

イ　法第 32 条の 14 の規定により、未成年者ではなく、法第 32 条第 1 号、第 2 号および第 4 号から第 9 号までに掲げる欠格事由のいずれにも該当しないこと。

ロ　(1) のロからリのいずれにも該当すること。

ハ　次のいずれにも該当し、労働関係法令に関する知識および職業紹介事業に関連する経験を有する者であること。

(イ) 職業安定法施行規則第 24 条の 6 第 2 項第 1 号の規定に基づき厚生労働大臣が定める講習を定める告示第 2 項に定める職業紹介責任者講習を修了（許可の場合は申請の受理の日、許可の有効期間の更新の場合は許可の有効期間が満了する日の前 5 年以内の修了に限ります。）した者であること。

(ロ) 精神の機能の障害により職業紹介責任者の業務を適正に行うに当たって必要な認知、判断および意思疎通を適切に行うことができない者でないこと。

(3) 事業所に関する要件

無料職業紹介事業を行う事業所は、次のいずれにも該当し、その位置、構造、設備、面積からみて職業紹介事業を行うに適切であること。

イ　位置が適切であること

風営適正化法で規制する風俗営業や性風俗関連特殊営業等が密集するなど職業紹介事業の運営に好ましくない場所にないこと。

ロ　事業所として適切であること

次のいずれにも該当し、事業所として適切であること。

(イ) プライバシーを保護しつつ求人者または求職者に対応することが可能であること。

具体的には、個室の設置、パーティション等での区分により、プライバシーを保護しつつ求人者または求職者に対応することが可能である構造を有すること。

ただし、上記の構造を有することに代えて、以下の（a）または（b）のいずれかによっても、この（イ）の要件を満たしているものと認めること。また、当分の間、以下の（c）によることも認めること。

(a) 予約制、近隣の貸部屋の確保等により、他の求人者または求職者等と同室にならずに対面の職業紹介を行うことができるような措置を講じること。この場合において、当該措置を講じない運営がなされた場合には、許可の取消し対象となる旨の許可条件を付するものとすること。

(b) 専らインターネットを利用すること等により、対面を伴わない職業紹介を行うこと。

この場合において、対面を伴う職業紹介事業の運営がなされたときは、許可の取消し対象となる旨の許可条件を付するものとすること。

(c) 事業所の面積がおおむね20㎡以上であること。

(ロ) 事業所名は、利用者にとっての業務の範囲が分かりやすいもので、かつ、「無料職業紹介」の文字を入れたものとし、また、当該事業所名（愛称等も含みます。）は、職業安定機関その他公的機関であるとの誤認を生ずるものでないこと。

（4） 適正な事業運営に関する要件

イ 申請者および申請者の行う他の事業との関係に関する要件

次のいずれにも該当し、申請者および申請者の行う他の事業との関係で、職業紹介事業の適正な運営に支障がないこと。なお、労働者派遣事業を兼業する場合にあっては、有料職業紹介事業許可基準の3の（4）のイの（ホ）に準じて判断すること。

(イ) 申請者が国または地方公共団体でないこと。

(ロ) 学校教育法に基づく各種学校にあっては、修業年限1年以上の生徒の定員数が40人以上、その専任教員の定員数が3人以上であり、かつ、設立許可後1年を経過したものであること。

(ハ) 営利法人にあっては、無料職業紹介事業を本来の営利活動に資する目的で行おうとするものでないこと。

(ニ) 申請者の存立目的、形態、規約等から認められる範囲の職業紹介を行うものであること。ただし、各種学校にあっては、当該各種学校の修業年限6カ月以上の課程に係る卒業予定者、卒業生（卒業後3年以内に限ります。）および修業年限1年以上の課程に係る在学生のアルバイトの職業紹介を行うものであること。

(ホ) 無料職業紹介事業を会員の獲得、組織の拡大、宣伝等他の目的の手段として利用するものでないこと。

(ヘ) 事業主の利益に偏った職業紹介が行われるおそれのある者でないこと。

ロ　業務の運営に関する規程の要件

法の次の各条文の内容を含む業務の運営に関する規程を有し、これに従って適正に運営されること（様式例第1号参照）。

法第2条（職業選択の自由）、第3条（均等待遇）、第5条の3（労働条件等の明示）、第5条の4（求人等に関する情報の的確な表示）、第5条の5（求職者等の個人情報の取扱い）、第5条の6（求人の申込み）、第5条の7（求職の申込み）、第5条の8（求職者の能力に適合する職業の紹介等）、第33条第4項において準用する第32条の12（取扱職種の範囲等の届出等）および第34条において準用する第20条（労働争議に対する不介入）。

なお、この規程は2に定める個人情報適正管理規程と一体のものとしても差し支えないこと。

ハ　名義貸しに関する要件

他に名義を貸与するために、または職業紹介責任者となり得る者の名義を借用して許可を得るものではないこと。

ニ　国外にわたる職業紹介に関する要件

(イ) 国外にわたる職業紹介を行うに当たっては、法第33条第4項で準用する法第32条の12第1項の規定により取扱職種の範囲等として届け出た国以外を相手先国として職業紹介を行うものでないこと。

(ロ) 国外にわたる職業紹介を行うに当たっては、入管法その他の出入国関係法令および相手先国の法令を遵守して行うものであること。

(ハ) 国外にわたる職業紹介を行うに当たっては、求職者に対して渡航費用その他を貸し付け、または求人者がそれらの費用を貸し付けた求職者に対して職業紹介を行うものでないこと。

(ニ) 国外にわたる職業紹介を行うに当たり、取次機関を利用するときは、次に該当する取次機関を利用するものでないこと。

(a) 相手先国において活動を認められていないもの。

(b) 職業紹介に関し、保証金の徴収その他名目のいかんを問わず、求職者の金銭その他の財産を管理し、求職者との間で職業紹介に係る契約の不履行について違約金を定める契約その他不当に金銭その他の財産の移転を予定する契約を締結し、または求職者に対して渡航費用その他の金銭を貸し付けるもの。

(ホ) 職業紹介に関し、求職者が他者に保証金の徴収その他名目のいかんを問わず、金銭その他の財産を管理され、または他者が求職者との間で職業紹介に係る契約の不履行について違約金を定める契約その他の不当に金銭その他の財産の移転を予定する契約を締結していることを認識して、当該求職者に対して職業紹介を行うものでないこと。

5　無料職業紹介事業の許可基準に関する留意事項

有料職業紹介事業の許可基準に関する留意事項に準じて確認等を行うものとします。なお、無料職業紹介事業の許可基準１の「事業を維持運営していくに足りる資産または財産的裏付けを有すること」についての判断は、有料職業紹介事業の許可基準１に準ずるものとします。また、有料職業紹介事業の許可基準３の（1）イに係るもののうち、「**3**」留意事項（3）イ(イ) c で規定する欠格事由については、心身の故障により無料の職業紹介事業を適正に行うことができない者として厚生労働省令で定めるものであり、「厚生労働省令で定めるもの」は、「精神の機能の障害により無料の職業紹介事業を適正に行うに当たって必要な認知、判断および意思疎通を適切に行うことができない者」です（則第25条第1項で読替後の則第19条）。

6　許可の有効期間の更新基準

（1）有料職業紹介事業の許可の有効期間の更新基準

有料職業紹介事業の許可基準と同様です。ただし、同許可基準の1の（1）の500万円とあるのは、350万円と読み替えて適用し、また、同許可基準の1の（2）は適用されません。

（2）無料職業紹介事業の許可の有効期間の更新基準

（1）に準ずるものとします。

7　許可の条件の意義

（1）法第32条の5第1項による許可条件

職業紹介事業の許可には、条件を付し、およびこれを変更することができます（法第32条の5第1項）が、当該条件は、当該許可の趣旨に照らして、または当該許可に係る事項の確実な実施を図るために必要な最小限度のものに限り、かつ、当該許可を受けようとする者に不当な義務を課すこととなってはなりません（同条第2項）。

（2）許可の条件を付す場合

職業紹介事業の運営に当たり、労働力需給の適正な調整を図る観点から、許可をした後においても一定の条件の下に当該事業を行わせることが必要であると考えられる場合に付されるものです。

具体的には、以下の事項です。

イ　児童の紹介禁止関係

労働基準法第56条の規定により使用を禁止される児童の紹介を行わないこと。

（理由）ＩＬＯ第181号条約第9条の趣旨によります。

ロ　兼業の場合の紹介関係

貸金業または質屋業と兼業する場合（代表者または役員が他の法人等で行う場合も含みます。）は、当該兼業する事業における債務者について紹介を行わないこと。また、金銭を貸し付けている者等の自己の債務者を求職者としないこと。

（理由）
貸金業または質屋業を営む者が当該営業における債務者を紹介することにより、強制労働や中間搾取等の求職者保護に欠ける事態が発生することを防止する必要があるためです。

ハ　変更の届出により有料職業紹介事業を行う事業所を新設する場合、当該事業所においても許可基準の所定の要件の条件を満たすこと。

（理由）
許可後に届出により新設される有料職業紹介事業を行う事業所においても、有料職業紹介事業許可基準において定められた要件を満たすことにより、適正な事業運営を確保する必要があるためです。

ニ　合理的な理由なく特定の求人者に限って職業紹介を行うものでないこと。

（理由）
合理的な理由なく求人者を限定することは、求人者の利益に偏った職業紹介が行われる可能性があり、違法・不当な職業紹介につながるおそれがあるためです。

ホ　職業紹介事業者間の業務提携関係（業務提携に係る留意事項は**第９節の７**参照）

(ｲ) 業務提携による職業紹介を実施しうる職業紹介事業者は、法の規定により適法に許可等を受けている職業紹介事業者に限られるものであること。

(ﾛ) 求職者に対する労働条件等の明示に係る職業紹介事業者の義務（法第５条の３第１項）は、求職の申込みを求職者から直接受理した職業紹介事業者が履行すること。ただし、当該職業紹介事業者が事業を廃止したこと等により、労働条件等の明示義務を履行できない場合には、業務提携を行う他の職業紹介事業者が履行すること。また、求人求職管理簿（職業紹介の取扱状況に関する事項および離職の状況に関する事項に限ります。）の備付に関する義務（法第32条の15）並びに職業紹介事業報告および職業紹介の実績等に係る人材サービス総合サイトを利用した情報提供の義務（法第32条の16）は、業務提携を行う職業紹介事業者の間で取り決めた一者が履行すること。

(ハ) 業務提携に際して求人または求職を他の職業紹介事業者に提供しようとする場合には、あらかじめ求人者または求職者に、業務提携の内容として提供先の職業紹介事業者に関する次の事項を明示し、求人者または求職者が求人または求職の提供に同意する職業紹介事業者に限って行うこととし、求人者または求職者が求人または求職の提供に同意しない場合には業務提携の対象としてはならないこと。この場合において、求人者または求職者が提携先ごとに同意または不同意の意思を示すことができるような方法であれば、一度に複数の提携先について、同意または不同意の意思を確認することとしても差し支えありません。ただし、当面、一度に意思を確認する提携先は10以内とすること。

a　事業所の名称および所在地、許可番号等

b　法第32条の13および則第24条の5に規定する次の明示事項
- 取扱職種の範囲等
- 手数料に関する事項
- 苦情の処理に関する事項
- 個人情報の取扱いに関する事項
- 返戻金制度に関する事項

c　法第32条の16および則第24条の8第3項に規定する次の事項
- 就職者の数および就職者の数のうち無期雇用の者の数
- 無期雇用の就職者のうち就職後6カ月以内に離職した者の数
- 無期雇用の就職者のうち就職後6カ月以内に離職した者に該当するかどうか明らかでない者の数

d　必要に応じて職業紹介事業の実施地域、就職件数の多い職種、年齢、賃金および雇用形態等

(ニ) 職業紹介事業者が業務提携について明示し、その上で求人者または求職者が求人または求職の提携先への提供に同意した場合には、当該提携先は、法の規定により当該求人または求職を受理しないことが認められる場合を除き、当該求人または求職を受理するものとすること。

(ホ) 提携先への提供に同意する求人または求職とそれ以外の求人または求職を分離して管理するとともに、個人情報の適正な管理(正確かつ最新のものに保つための措置、紛失、破壊、改ざんを防止するための措置等)について、より一層、的確に対応すること。

(ヘ) 求職者に対しその能力に適合する職業を紹介し、求人者に対してはその雇用条件に適合する求職者を紹介するように努めること。

(ト) 手数料はあっせんを行う職業紹介事業者による手数料の定めの範囲内で当該職業紹介事業者が徴収するものとすること。

(理由)

業務提携を行うことにより、求人者および求職者の保護に欠ける事態が発生することを防止する必要があるためです。

ヘ　国外にわたる職業紹介関係

(イ) 国外にわたる職業紹介を行うに当たっては、法第32条の12第1項等の規定により取扱職種の範囲等として届け出た国以外を相手先国として職業紹介を行わないこと。

(ロ) 国外にわたる職業紹介を行うに当たっては、入管法その他の出入国関係法令および相手先国の法令を遵守して職業紹介を行うこと。

(ハ) 国外にわたる職業紹介を行うに当たっては、求職者に渡航費用その他の金銭を貸し付け、または求人者がそれらの金銭を貸し付けた求職者に対して職業紹介を行わないこと。

(ニ) 国外にわたる職業紹介を行うに当たり、取次機関を利用するときは、次に該当する取次機関を利用しないこと。

(a) 相手先国において活動を認められていないもの。

(b) 職業紹介に関し、保証金の徴収その他名目のいかんを問わず、求職者の金銭その他の財産を管理し、求職者との間で職業紹介に係る契約の不履行について違約金を定める契約その他の不当に金銭その他の財産の移転を予定する契約を締結し、または求職者に対して渡航費用その他の金銭を貸し付けるもの。

(ホ) 職業紹介に関し、求職者が他者に保証金の徴収その他名目のいかんを問わず金銭その他の財産を管理され、または他者が求職者との間で職業紹介に係る契約の不履行について違約金を定める契約その他の不当に金銭その他の財産の移転を予定する契約を締結していることを認識して、当該求職者に対して職業紹介を行わないこと。

(理由)

国外にわたる職業紹介については、求職者が、国外の仲介事業者または求人者等から借り入れや保証金・違約金等を徴収する契約を締結して入国すること等により国外の仲介事業者または求人者等に対して弱い立場に置かれ、自由な職業選択が妨げられる可能性があるためです。

ト 法第33条の6の規定による勧告関係

法第33条の6の規定による勧告を遵守すること。

(理由)

労働力の需要供給を調整するため特に必要がある場合にとられる法第33条の6の規定に基づく措置のうち最もその程度の高いものであるためです。

チ その他

その他個別の許可ごとに必要な事項がある場合には当該事項

(3) 許可条件通知書の作成

許可の条件を付す場合は、有料・無料職業紹介事業許可証（様式第5号）とは別に、有料職業紹介事業許可条件通知書（通達様式第11号）または無料職業紹介事業許可条件通知書（通達様式第12号）による許可条件通知書を作成し、当該事業主の所在地（法人にあっては職業紹介事業を行う者の主たる事務所の所在地）を管轄する都道府県労働局（以下「事業主管轄労働局」といいます。）または当該事業所を管轄する都道府県労働局（以下「事業所管轄労働局」といいます。）を経由して、申請者に交付します。

第4節　職業紹介事業に関する手続き

1　職業紹介事業の許可に関する申請手続等

（特別の法人の行う無料職業紹介事業に関する届出手続等は**第8節**参照）

（1）申請前の相談、指導

職業紹介事業を行おうとする者に対しては、許可申請に不備のないよう事前に事業主管轄労働局（**第3節**の**7**の（3）参照）と十分相談することを勧めます。

事前に相談があったときは、許可要件等を満たしているかどうか等について説明、指導します。

（2）職業紹介責任者講習の受講

職業紹介責任者は、申請前に、則第24条の6第2項の規定に基づき厚生労働大臣が定める講習を定める告示（以下「講習告示」といいます。）に定める職業紹介責任者講習（以下「講習」といいます。）を受講しなければなりません。受講する講習は、職業安定局長に開催を申し出て、その実施団体としての要件を満たしていることが確認された者が実施するものとします（**第7節**の**8**参照）。

また、講習の受講は、過去5年以内のものに限られます。

（3）許可申請書の作成、提出

イ　職業紹介事業を行おうとする者は、事業主管轄労働局を経て厚生労働大臣に対して許可を申請しなければなりません。

ロ　申請は、職業紹介事業許可申請書（様式第1号）および事業計画書（様式第2号）を3部（正本1部、写し2部）、所要の添付書類を2部（正本1部、写し1部）作成し、事業主管轄労働局に提出することにより行います。

2　職業紹介事業に関する手続の種類

職業紹介事業に関し、申請者、許可を受けて職業紹介事業を行う者（以下「事業者」といいます）の行う手続は、次に掲げるとおりです。

事項	申請・届出等の別	提出書類（添付書類を除く）	条項
有料職業紹介事業および法第33条第１項の規定により許可を受けて行う無料職業紹介事業			
①許可	申請	有料・無料職業紹介事業許可申請書（様式第１号）	法第30条第１項 法第33条第１項 則第18条第１項 則第25条第１項
②届出制手数料（変更を含む。）	事前届出	届出制手数料届出書（届出制手数料変更届出書）（様式第３号）	法第32条の３第１項第２号 則第20条第５項および第６項
③許可証の再交付	申請	有料・無料職業紹介事業許可証再交付申請書（様式第６号）	法第32条の４第３項 法第33条第４項 則第21条第２項 則第25条第１項
④有効期間の更新	申請	有料・無料職業紹介事業許可有効期間更新申請書（様式第１号）	法第32条の６第２項 法第33条第４項 則第22条第１項 則第25条第１項
⑤許可申請書記載事項に係る事項の変更	事後届出	有料・無料職業紹介事業変更届出書（様式第６号）	法第32条の７第１項 法第33条第４項 則第23条第２項 則第25条第１項
⑥事業所の新設（事業所における事業の開始）	事後届出	有料・無料職業紹介事業変更届出書（様式第６号）	法第32条の７第１項 法第33条第４項 則第23条第３項 則第25条第１項
⑦職業紹介事業の廃止	事後届出	有料・無料職業紹介事業廃止届出書（様式第７号）	法第32条の８第１項 法第33条第４項 則第24条 則第25条第１項
⑧事業所の廃止（事業所における事業の廃止）	事後届出	有料・無料職業紹介事業変更届出書（様式第６号）	法第32条の７第１項 法第33条第４項 則第23条第４項 則第25条第１項

⑨許可証の書換	申請	有料・無料職業紹介事業許可証書換申請書（様式第６号）	法第32条の7第4項 法第33条第4項 則第23条第2項 則第25条第1項
⑩取扱職種範囲等の届出（変更を含む。）	事後届出	有料・無料職業紹介事業取扱職種範囲等届出書（様式第６号）	法第32条の12第1項 法第33条第4項 則第24条の4第1項 則第25条第1項
⑪職業紹介事業報告	書面提出	有料・無料職業紹介事業報告書（様式８号）	法第32条の16第1項および第2項 法第33条第4項 則第24条の8第2項 則第25条第1項
⑫個人事業の代表者の死亡	事後届出	職業紹介事業代表者等死亡届（通達様式第13号）	

3　法令違反の場合の効果

（1）無許可事業

厚生労働大臣の許可を受けず職業紹介事業を行った者は、法第64条第1号または5号に該当し、1年以下の懲役または100万円以下の罰金に処せられる場合があります。

偽りその他不正の行為により職業紹介事業の許可を受けた者は、法第64条第1号の2に該当し、1年以下の懲役または100万円以下の罰金に処せられる場合があります。

（2）取扱禁止職業

法第32条の11に掲げる職業については、そもそも有料職業紹介事業の許可がなされないものであり、当該職業について有料職業紹介事業を行った者も法第64条第4号に該当し、1年以下の懲役または100万円以下の罰金に処せられる場合があります。

4　許可の有効期間の更新に関する申請手続等

（1）許可の有効期間の更新に関する申請手続等

イ　申請者の手続等

(イ) 有効期間満了後引き続き職業紹介事業を行おうとする者は、事業主管轄労働局を経由して、厚生労働大臣に対して、有効期間の更新を申請しなければなりません。

(ロ) 有効期間の更新の申請は、職業紹介事業許可有効期間更新申請書（様式第1号）および事業計画書を3部（正本1部、写し2部）、所要の添付書類を2部（正本1部、写し1部）作成し、有効期間が満了する日の3カ月前までに事業主管轄労働局に提出することにより行います。

(ハ) 許可の有効期間の更新とは、更新時前と許可内容の同一性を存続させつつ、その有効期間のみを延長するものです。したがって、許可の有効期間の更新時に変更届を提出すべき事実が生じた場合には、許可の有効期間の更新の手続と併せて、変更届出等の手続を行う必要があります。

ロ　職業紹介責任者講習の受講

1の（2）参照

（2）法令違反の場合の効果

イ　有効期間の更新を受けず職業紹介事業を行った者は、法第64条第1号または第5号に該当し、1年以下の懲役または100万円以下の罰金に処せられる場合があります。

ロ　偽りその他の不正の行為により職業紹介事業の許可の有効期間の更新を受けた者は、法第64条第1号の2に該当し、1年以下の懲役または100万円以下の罰金に処せられる場合があります。

ハ　**第3節**の**7**の（2）の条件に違反した場合は、許可の取消しまたは事業停止の対象となります（法第32条の9第1項および2項）。

5　変更届および廃止届に関する手続等

（1）変更の届出（法第32条の7）

イ　変更の届出を要する事項

変更の届出を要する事項（併せて許可証の書換を要する事項を除きま

す。）は、次のとおりです。

(イ) 法人の代表者の氏名の変更

(ロ) 法人の代表者の住所の変更

(ハ) 法人の役員の氏名の変更

(ニ) 法人の役員の住所の変更

(ホ) 職業紹介事業を行う職業紹介責任者の氏名の変更

(ヘ) 職業紹介事業を行う職業紹介責任者の住所の変更

(ト) 職業紹介事業を行う事業所の新設（事業所における職業紹介事業の開始）

(チ) 職業紹介事業を行う事業所の廃止

(リ) 他に事業を行っている場合の事業の種類および内容の変更

(ヌ) 取次機関の変更

ロ　変更の届出および許可証の書換を要する事項

変更の届出および許可証の書換を要する事項は、次のとおりです。

(イ) 事業主の氏名または名称および住所（個人の場合はその個人の住所、法人の場合はその法人の所在地）の変更

(ロ) 職業紹介事業を行う事業所の名称の変更

(ハ) 職業紹介事業を行う事業所の所在地の変更

ハ　届出者の手続

(イ) イ（(ホ) および (ヘ) を除きます。）およびロの事実が発生した場合は、当該事実のあった日の翌日から起算して 10 日以内（登記事項証明書の添付を要する変更の届出の場合は 30 日以内）に、イの (ホ) および (ヘ) の変更の届出は、当該変更に係る事項のあった日の翌日から起算して 30 日以内に、事業主管轄労働局を経由して厚生労働大臣に届け出なければなりません（添付書類については**第 5 節**の **2** の（1）のニおよび**第 5 節**の **2** の（2）のハ参照）。

ただし、一事業所におけるイの（ホ）から（チ）までおよびロの（ロ）、(ハ) に掲げる事項の変更のみを届け出るときは、当該変更に係る事業所管轄労働局へ届け出ることも差し支えありません。

(ロ) 届出は、職業紹介事業変更届出書（様式第６号）を３部（正本１部、写し２部）作成し、事業主管轄労働局または事業所管轄労働局（(イ) のただし書き参照。）に提出することにより行います。

なお、ロに係る事項については、職業紹介事業変更届出書および職業紹介事業許可証書換申請書（様式第６号）により行う必要があります。

なお、ロの（イ）および（ハ）の変更（同一労働局の管轄区域の変更を除きます。）の場合は、管轄労働局とは変更後の住所の労働局をいうものです。

（ハ）変更の届出については、（１）のイおよびロに掲げる事項のうち複数の事項の変更を１枚の届出書により行うことができます（この場合、変更届出関係書類のうち重複するものにつき省略することができます。）。

（ニ）上記イの（ト）の事業所の新設の変更を届け出る職業紹介事業者に対しては、届出に不備がないよう事前に事業主管轄労働局または事業所管轄労働局と十分相談することを勧めます。

ニ　許可証の書換えおよび許可証の返納

（イ）本省においては、書換申請書に基づき、新たに許可証を作成し、当該変更の届出を受理した事業主管轄労働局または事業所管轄労働局を経由して申請者に交付します。

なお、ロの（イ）および（ハ）に掲げる事項の変更の届出と併せて許可証の書換え申請を行ったときは、職業紹介事業所の数に応じた職業紹介事業許可証を新たに作成し、当該事業主が所持していた許可証と引き換えに交付します。

（ロ）届出者は、許可証の交付を受ける場合は、現に受けている許可証を返納します。

なお、返納された許可証は、**第５節**の**７**の（２）により取り扱います。

ホ　イの（ロ）、（ニ）または（ヘ）、およびロの（イ）または（ハ）に係る変更届の事項について単に市町村合併や住居番号の変更により住所または所在地に変更が生じた場合には、当該変更に係る変更届出書または変更届および許可証書換申請書を提出することを要しません。なお、単に市町村合併や住居番号の変更による許可証書換申請が行われた場合には、各自治体から無料で交付される住所（所在地）表示変更証明書を添付してください。

（2）廃止の届出

イ　廃止の届出

職業紹介事業者は、有効期間内に事業を廃止したときは、当該廃止の日の翌日から起算して10日以内に事業主管轄労働局に届け出なければなりません。

ロ　廃止の手続

上記イの届出は、職業紹介事業廃止届（様式第７号）を２部（正本１部、写し１部）作成し、職業紹介事業を行う全ての事業所に係る許可証を添えて事業主管轄労働局に提出することにより行います。

ハ　廃止届の受理

事業主管轄労働局は、ロにより職業紹介事業の廃止届を受理したときは、有料・無料職業紹介事業廃止届の写し１部を届出者に控えとして交付することとします。

第５節　申請、届出等の手続の原則

1　申請、届出等の手続の原則

（1）真正な申請内容の確保

イ　申請者に対する説明

職業紹介事業を行おうとする者は、相談、審査等に当たって、真正な内容により申請すべきです。偽りその他不正の行為により許可または許可の有効期間（以下「有効期間」といいます。）の更新を受けた場合は、罰則（**第12節**参照）の適用があります。

ロ　偽りその他不正の行為があった場合の効果

(イ) 許可または有効期間の更新を受けた場合

偽りその他不正の行為により許可または有効期間の更新を受けた者は、１年以下の懲役または100万円以下の罰金に処せられる場合があります。また、法違反として、許可の取消し、事業停止命令、改善命令の対象となります。

(ロ) 事前に発見された場合

許可または有効期間の更新の処分を行う前に偽りその他不正の行為があることを発見した場合は、申請者に対し、不許可または不更新となります。

(2) 手続の単位等

イ　職業紹介事業に関する手続は、原則として、事業主管轄労働局を経て厚生労働大臣に対して行います（則第38条第2項前段）。

ロ　事業主が複数の事業所において職業紹介事業を行おうとする場合（例えば、既に許可を受けている事業主が支社を設け職業紹介事業を行う場合等）においては当該事業主管轄労働局または事業所管轄労働局を経て所要の手続を行う必要があります（則第38条第2項ただし書き）。

(3) 添付書類の省略

職業紹介事業の許可申請の添付書類については則第18条第5項、第7項および第8項、職業紹介事業の許可有効期間更新申請の添付書類については則第22条第5項、職業紹介事業の変更届申請の添付書類については則第23条第6項の規定に基づき、無料または有料職業紹介事業者が有料または無料職業紹介事業の許可申請を行う場合、派遣元事業主もしくは労働者派遣事業の許可申請を現にしている者が職業紹介事業の許可申請を行う場合または労働者派遣事業の許可申請と同時に職業紹介事業の許可申請を行う場合は、該当する以下の書類を省略することができるものとします。ただし、派遣元事業主が職業紹介事業の許可申請を行う場合にあっては、省略することができる書類の事項の内容が需給調整システムに入力されている内容と異なる場合は、その異なる内容が確認できる書類は必要であること。

イ　申請者が法人である場合

(イ) 法人に関する書類

a　定款または寄附行為

b　法人の登記事項証明書

(ロ) 代表者、役員に関する書類

a　住民票の写し（番号法第2条の規定に基づく個人番号の記載のな

いものであり、本籍地の記載のあるものに限ります。）

b　履歴書

c　精神の機能の障害に関する医師の診断書（代表者または役員が精神の機能の障害により認知、判断または意思疎通を適切に行うことができない者である場合に限ります。）＊

＊派遣元事業主が職業紹介事業の許可申請を行う場合または労働者派遣事業の許可申請と同時に職業紹介事業の許可申請を行う場合に限ります。以下この「1」において同じ。

d　代表者、役員（以下この（ロ）において「役員甲」といいます。）が未成年者で職業紹介事業に関し法定代理人から営業の許可を受けていない場合は、(a)・(b）の区分に応じ、それぞれ（a)・(b）の書類（ただし、役員甲が法定代理人から営業の許可を受けている場合は、その法定代理人の許可を受けたことを証する書面（未成年者に係る登記事項証明書））

(a) 役員甲の法定代理人が個人である場合

役員甲の法定代理人の住民票の写し（番号法第２条の規定に基づく個人番号の記載のないものであり、本籍地の記載のあるものに限ります。)、履歴書および精神の機能の障害に関する医師の診断書（当該法定代理人が精神の機能の障害により認知、判断または意思疎通を適切に行うことができないおそれがある者である場合に限ります。)（医師の診断書については＊）

(b) 役員甲の法定代理人が法人である場合

役員甲の法定代理人に係る（イ）aおよびb並びに（ロ）a、bおよびcの書類

(b）の場合であって、役員甲の法定代理人の役員（以下この（ロ）において「役員乙」とします。）が未成年者で職業紹介事業に関し法定代理人から営業の許可を受けていない場合は、ｉ・iiの区分に応じ、それぞれｉ・iiの書類を含みます（ただし、役員乙が法定代理人から営業の許可を受けている場合は、その法定代理人の許可を受けたことを証する書面（未成年者に係る登記事項証明書）を含みます。)。なお、さらに、法定代理人の役員について、同様の事例が続く限り、当該役員の法定代理人または当該役員につい

て同様の書類を含みます。

i　役員乙の法定代理人が個人である場合

役員乙の法定代理人の住民票の写し（番号法第２条の規定に基づく個人番号の記載のないものであり、本籍地の記載のあるものに限ります。）、履歴書および精神の機能の障害に関する医師の診断書（当該法定代理人が精神の機能の障害により認知、判断または意思疎通を適切に行うことができないおそれがある者である場合に限ります。）（医師の診断書については＊）

ii　役員乙の法定代理人が法人である場合

役員乙の法定代理人に係る（イ）ａおよびｂ並びに（ロ）ａ、ｂおよびｃの書類

(ハ) 資産および資金に関する書類（＊）

ａ　最近の事業年度における貸借対照表および損益計算書（税務署に提出したもの。）

ｂ　職業紹介事業に関する資産の内容およびその権利関係を証明する次の書類

(a) 最近の事業年度における法人税の納税申告書の写し（税務署の受付印のあるものに限ります。法人税法施行規則別表１および４は、必ず提出。）

(b) 納税証明書（国税通則法施行令第41条第１項第３号ロに係る同施行規則別紙第８号様式（その２）による法人の最近の事業年度における所得金額に関するもの。）

(c) 最近の事業年度における株主資本等変動計算書

ｃ　所有している資金の額を証明する預貯金の残高証明書および貸付金残高証明書

ロ　申請者が個人である場合

(イ) 代表者、役員に関する書類

ａ　住民票の写し（番号法第２条の規定に基づく個人番号の記載のないものであり、本籍地の記載のあるものに限ります。）

ｂ　履歴書

ｃ　申請者の精神の機能の障害に関する医師の診断書（当該申請者が精神の機能の障害により認知、判断または意思疎通を適切に行うこ

とができないおそれがある者である場合に限ります。）（＊）

d　代表者、役員（以下この（イ）において「役員甲」といいます。）が未成年者で職業紹介事業に関し法定代理人から営業の許可を受けていない場合は、(a)・(b) の区分に応じ、それぞれ (a)・(b) の書類（ただし、役員甲が法定代理人から営業の許可を受けている場合は、その法定代理人の許可を受けたことを証する書面（未成年者に係る登記事項証明書））

(a) 役員甲の法定代理人が個人である場合

役員甲の法定代理人の住民票の写し（番号法第２条の規定に基づく個人番号の記載のないものであり、本籍地の記載のあるものに限ります。）、履歴書および精神の機能の障害に関する医師の診断書（当該法定代理人が精神の機能の障害により認知、判断または意思疎通を適切に行うことができないおそれがある者である場合に限ります。）（医師の診断書については＊）

(b) 役員甲の法定代理人が法人である場合

役員甲の法定代理人に係る（イ）ａおよびｂ並びに（ロ）ａおよびｂの書類

(b) の場合であって、役員甲の法定代理人の役員（以下この（イ）において「役員乙」とします。）が未成年者で職業紹介事業に関し法定代理人から営業の許可を受けていない場合は、ⅰ・ⅱの区分に応じ、それぞれⅰ・ⅱの書類を含みます（ただし、役員乙が法定代理人から営業の許可を受けている場合は、その法定代理人の許可を受けたことを証する書面（未成年者に係る登記事項証明書）を含みます。）。なお、さらに、法定代理人の役員について、同様の事例が続く限り、当該役員の法定代理人または当該役員について同様の書類を含みます。

ⅰ　役員乙の法定代理人が個人である場合

役員乙の法定代理人の住民票の写し（番号法第２条の規定に基づく個人番号の記載のないものであり、本籍地の記載のあるものに限ります。）、履歴書および精神の機能の障害に関する医師の診断書（当該法定代理人が精神の機能の障害により認知、判断または意思疎通を適切に行うことができないおそれがある

者である場合に限ります。)(医師の診断書については＊)

ii　役員乙の法定代理人が法人である場合

役員乙の法定代理人に係る(イ)aおよびb並びに(ロ)a、bおよびcの書類

(ロ) 資産および資金に関する書類(＊)

a　最近の事業年度における貸借対照表および損益計算書(税務署に提出したもの。)

b　職業紹介事業に関する資産の内容およびその権利関係を証明する次の書類

(a) 最近の納税期における所得税の納税申告書の写し(税務署の受付印のあるものに限ります。納税申告書第1表。)

(b) 納税証明書(国税通則法施行令第41条第1項第3号イに係る同施行規則別紙第8号様式(その2)による個人の最近の事業年度における所得金額に関するもの。)

(c) 預貯金の残高証明書(預貯金を資産とする場合)

(d) 登記事項証明書(不動産を資産とする場合)

(e) 公的機関による不動産の評価額証明書の写し(例えば固定資産税の評価額証明書)(不動産を資産とする場合)等

c　所有している資金の額を証明する預貯金の残高証明書および貸付金残高証明書

2　申請、届出等の添付書類

(1) 有料職業紹介事業に係る主な申請、届出等の添付書類

イ　有料職業紹介事業許可申請書の添付書類

有料職業紹介事業許可申請書に添付すべき書類は次のとおりです。なお、届出により無料職業紹介事業を行っている特別の法人が許可申請を行う場合は、(2)のうち従前の届出において添付している書類、(4)および(6)から(10)の書類について、従前の届出の内容から変更がなければ添付を省略できます。また、事業主管轄労働局が登記情報連携システムを利用することにより登記事項証明書を入手できる場合は、(2)②、(5)②ロ(ニ)(建物を資産とする場合に限ります。)および(8)①

の書類について、添付を省略できます。

事　項	書　類
(1) 事業計画に関する書類	有料職業紹介事業を行う事業所ごとの当該事業に係る有料職業紹介事業計画書（様式第２号）
(2) 法人に関する書類	①定款または寄付行為 ②法人の登記事項証明書
(3) 代表者、役員に関する書類	①住民票の写し（番号法第２条の規定に基づく個人番号の記載のないものであり、本籍地の記載のあるものに限る。） ②履歴書 ③精神の機能の障害に関する医師の診断書（代表者または役員が精神の機能の障害により認知、判断または意思疎通を適切に行うことができない者である場合に限る。） ④代表者、役員（以下この（3）において「役員甲」という。）が未成年者で職業紹介事業に関し法定代理人から営業の許可を受けていない場合は、(a)・(b）の区分に応じ、それぞれ（a)・(b）の書類（ただし、役員甲が法定代理人から営業の許可を受けている場合は、その法定代理人の許可を受けたことを証する書面（未成年者に係る登記事項証明書）） (a) 役員甲の法定代理人が個人である場合 役員甲の法定代理人の住民票の写し（番号法第２条の規定に基づく個人番号の記載のないものであり、本籍地の記載のあるものに限る。)、履歴書および精神の機能の障害に関する医師の診断書（当該法定代理人ががが精神の機能の障害により認知、判断または意思疎通を適切に行うことができないおそれがある者である場合に限る。） (b) 役員甲の法定代理人が法人である場合 役員甲の法定代理人に係る（2）①②および（3）①②③の書類 (b）の場合であって、役員甲の法定代理人の役員（以下この（3）において「役員乙」とする。）が未成年者で職業紹介事業に関し法定代理人から営業の許可を受けていない場合は、ｉ・iiの区分に応じ、それぞれｉ・iiの書類を含む（ただし、役員乙が法定代理人から営業の許可を受けている場合は、その法定代理人の許可を受けたことを証する書面（未成年者に係る登記事項証明書）を含む。)。なお、さらに、法定代理人の役員について、同様の事例が続く限り、当該役員の法定代理人または当該役員について同様の書類を含む。

	i　役員乙の法定代理人が個人である場合 役員乙の法定代理人の住民票の写し（番号法第２条の規定に基づく個人番号の記載のないものであり、本籍地の記載のあるものに限る。）、履歴書および精神の機能の障害に関する医師の診断書（当該法定代理人が精神の機能の障害により認知、判断または意思疎通を適切に行うことができないおそれがある者である場合に限る。） ii　役員乙の法定代理人が法人である場合 役員乙の法定代理人に係る（2）①②および（3）①②③の書類
（4）職業紹介責任者に関する書類	職業紹介事業を行う事業所ごとの職業紹介責任者の住民票の写し（番号法第２条の規定に基づく個人番号の記載のないものであり、本籍地の記載のあるものに限る。）、履歴書、受講証明書の写しおよび精神の機能の障害に関する医師の診断書（当該職業紹介責任者が精神の機能の障害により認知、判断または意思疎通を適切に行うことができないおそれがある者である場合に限る。）。 ※職業紹介責任者が役員と同一である場合においては、住民票の写し、履歴書および医師の診断書の提出を要しない。 ただし、無料職業紹介事業者が有料職業紹介事業の許可を申請する場合であって無料の職業紹介事業を行っている事業所の職業紹介責任者を、当該申請に係る事業所の職業紹介責任者として引き続き選任するときは、住民票の写し（番号法第２条の規定に基づく個人番号の記載のないものであり、本籍地の記載のあるものに限る。住所に変更がある場合を除く。）、履歴書および受講証明書の写しおよび精神の機能の障害に関する医師の診断書を添付することを要しない。
（5）資産および資金に関する書類	①最近の事業年度における貸借対照表および損益計算書（税務署に提出したもの。） ②職業紹介事業に関する資産の内容およびその権利関係を証明する次の書類 イ　法人の場合 (ｲ) 最近の事業年度における法人税の納税申告書の写し（税務署の受付印のあるものに限る。法人税法施行規則別表１および４は、必ず提出させること。） (ﾛ) 納税証明書（国税通則法施行令第 41 条第１項第３号ロに係る同施行規則別紙第８号様式（その２）による法人の最近の事業年度における所得金額に関するもの。）

	(ハ) 最近の事業年度における株主資本等変動計算書 ロ 個人の場合 (イ) 最近の納税期における所得税の納税申告書の写し（税務署の受付印のあるものに限る。納税申告書第1表。） (ロ) 納税証明書（国税通則法施行令第41条第1項第3号イに係る同施行規則別紙第8号様式（その2）による個人の最近の事業年度における所得金額に関するもの。） (ハ) 預貯金の残高証明書（預貯金を資産とする場合） (ニ) 登記事項証明書（不動産を資産とする場合） (ホ) 公的機関による不動産の評価額証明書の写し（例えば固定資産税の評価額証明書）（不動産を資産とする場合）等 ③所有している資金の額を証明する預貯金の残高証明書および貸付金残高証明書
(6) 個人情報の適正管理に関する書類	有料職業紹介事業を行う事業所ごとの当該事業に係る個人情報適正管理規程
(7) 業務の運営に関する書類	有料職業紹介事業を行う事業所ごとの当該事業に係る業務の運営に関する規程
(8) 事業所施設に関する書類	①有料職業紹介事業を行う事業所ごとの当該事業に係る建物の登記事項証明書（申請者の所有に係る場合のみ） ②有料職業紹介事業を行う事業所ごとの当該事業に係る建物の賃貸借または使用貸借契約書（他人の所有に係る場合のみ）
(9) 相手先国に関する書類	①相手先国の関係法令およびその日本語訳 ※相手先国において職業紹介の実施が認められている根拠となる規定に係る部分のみを添付することとし、その他の部分は添付することを要しない。 ②相手先国において、国外にわたる職業紹介について事業者の活動が認められていることを証明する書類（相手先国で許可等を受けている場合にあってはその許可証等の写し）および当該書類が外国語で記載されている場合にあっては、その日本語訳（取次機関を利用しない場合に限る。） ※相手先国において事業者の活動が認められていることを証明する部分のみ添付することとし、その他の部分は添付することを要しない。

(10) 取扱機関に関する書類（取次機関を利用する場合に限る）	①取次機関および事業者の業務分担について記載した契約書その他事業の運営に関する書類および当該書類が外国語で記載されている場合にあってはその日本語訳 ※業務分担が分かる部分のみを添付することとし、その他の部分は添付することを要しない。 ②相手先国において、当該取次機関の活動が認められていることを証明する書類（相手先国で許可等を受けている場合にあってはその許可証等の写し）および当該書類が外国語で記載されている場合にあってはその日本語訳 ※相手先国において当該取次機関の活動が認められていることを証明する部分のみ添付することとし、その他の部分は添付することを要しない。 ※特定技能の在留資格について、相手先国によっては政府が取次機関を認証する等、遵守すべき手続が定められている場合があるので、出入国在留管理庁ホームページを確認すること。 ③取次機関に関する申告書（通達様式第 10 号）

ロ　届出制手数料の届出（変更を含みます。）の添付書類

届出制手数料の届出書（変更を含みます。）に添付すべき書類は次のとおりです。

事　項	書　類
手数料に関する書類	有料職業紹介事業を行う事業所ごとに異なる手数料表を作成した場合は事業所ごとの（変更後の）手数料表（届出制手数料に関するもの）

ハ　有料職業紹介事業許可有効期間更新申請書の添付書類

有料職業紹介事業許可有効期間更新申請書に添付すべき書類は次のとおりです。

事　項	書　類
(1) 事業計画に関する書類	有料職業紹介事業を行う事業所ごとの有料職業紹介事業計画書（様式第２号）
(2) 法人に関する書類	有料職業紹介事業の許可申請書の添付書類のうち（2）の書類（変更があった場合に限る。）

(3) 代表者、役員に関する書類	有料職業紹介事業の許可申請書の添付書類のうち (3) の①(従前の届出等において提出がなかった場合に限る。)、③および④の書類 (変更があった場合に限る。)
(4) 職業紹介責任者に関する書類	有料職業紹介事業の許可申請書類のうち (4) の住民票の写し (従前の届出等において提出がなかった場合に限る。) および受講証明書の写し、精神の機能の障害に関する医師の診断書 (当該職業紹介責任者が精神の機能の障害により認知、判断または意思疎通を適切に行うことができないおそれがある者である場合に限る。)
(5) 資産に関する書類	許可申請書の添付書類のうち、(5) の書類 ただし、資金に関する書類を除く。

ニ　職業紹介事業変更届出書の添付書類

有料職業紹介事業変更届出書に添付すべき書類は次のとおりです。

また、事業主管轄労働局が登記情報連携システムを利用することにより登記事項証明書を入手できる場合は、有料職業紹介事業の許可申請書の添付書類のうち (2) ②および (5) ②ロ (ニ) (建物を資産とする場合に限ります。) の書類について、添付を省略することができます。

事　項	書　類
(1) 法人の名称、住所の変更に関する書類	有料職業紹介事業の許可申請書の添付書類のうち (2) の書類
(2) 代表者、役員の氏名の変更に関する書類	有料職業紹介事業の許可申請書の添付書類のうち (2) の②および (3) の書類
(3) 代表者、役員の住所の変更に関する書類	有料職業紹介事業の許可申請書の添付書類のうち (2) の②(法人の代表者で記載が有る場合のみ) および (3) の①の書類
(4) 職業紹介責任者の変更に関する書類	有料職業紹介事業の許可申請書の添付書類のうち (4) の書類
(5) 職業紹介事業を行う事業所の名称の変更に関する書類	有料職業紹介事業の許可申請書の添付書類のうち (2)(事業所の名称の変更に伴い変更が加えられた場合に限る。) の書類

(6) 職業紹介事業を行う事業所の所在地の変更に関する書類	有料職業紹介事業の許可申請書の添付書類のうち (2)(事業所の所在地の変更に伴い変更が加えられた場合に限る。)および (8) の書類
(7) 職業紹介を行う事業所の新設(事業所における有料職業紹介事業の開始)	有料職業紹介事業の許可申請書の添付書類のうち (1)、(4)(有料・無料の職業紹介事業を行う事業所の職業紹介責任者を当該申請に係る事業所の責任者として引き続き選任したときは、履歴書および受講証明書の写し(選任した職業紹介責任者の住所に変更がないときは、住民票の写し(番号法第2条の規定に基づく個人番号の記載のないものであり、本籍地の記載のあるものに限る。)、履歴書および受講証明書の写し)を添付することを要しない。)、(5)(許可条件通知書に記載された資産要件(事業所数の上限)を超えて事業所を新設する場合に限る。)、(6)、(7)、(8)、(9)および(10)の書類((9) および (10) にあっては、海外にわたる職業紹介を行う場合に限る。)
(8) 職業紹介を行う事業所の廃止(事業所における有料職業紹介事業の廃止)	廃止する事業所ごとの許可証
(9) 兼業の変更に関する書類	有料職業紹介事業の許可申請書の添付書類のうち (2) の書類
(10) 取次機関の変更に関する書類	取次機関に関する申告書(通達様式第 10 号) 有料職業紹介事業の許可申請書の添付書類のうち (10) の書類

(2) 無料職業紹介事業に係る主な申請、届出等の添付書類

イ　職業紹介事業許可申請書の添付書類

無料職業紹介事業許可申請書等に添付すべき書類は次のとおりです。なお、届出により無料職業紹介事業を行っている特別の法人が許可申請を行う場合は、(2) のうち従前の届出において添付している書類、(4) および (6) から (10) の書類について、従前の届出の内容から変更が無ければ添付を省略することができます。

また、事業主管轄労働局が登記情報連携システムを利用することにより登記事項証明書を入手できる場合は、(2) ①ロ、有料職業紹介事業の

許可申請書の添付書類のうち（5）②ロ（ニ）（建物を資産とする場合に限る。）および（8）①の書類について、添付を省略することができます。

事　項	書　類
（1）事業計画に関する書類	無料職業紹介事業を行う事業所ごとの無料職業紹介事業計画書（様式第２号）
（2）法人に関する書類	①法人に関する書類 イ　定款または寄附行為 ロ　法人の登記事項証明書 ②労働組合等または各種学校に該当するときはそれぞれ次に掲げる書類 イ　労働組合等に関する書類 (イ) 労働組合等であることを証明する書類 (ロ) 組合規約 (ハ) 組合員数、組合の組織、上部団体等を明らかにする書類 ロ　各種学校に関する書類 (イ) 各種学校であることを証明する書類 (ロ) 学校の沿革を明らかにする書類 (ハ) 学則 (ニ) 学生、生徒の定員数、現員数、職員数等学校の規模を明らかにする書類
（3）代表者、役員に関する書類	①住民票の写し（番号法第２条の規定に基づく個人番号の記載のないものであり、本籍地の記載のあるものに限る。） ②履歴書 ③精神の機能の障害に関する医師の診断書（代表者または役員が精神の機能の障害により認知、判断または意思疎通を適切に行うことができないおそれがある者である場合に限る。） ④代表者、役員（以下この（3）において「役員甲」とする。）が未成年者で職業紹介事業に関し法定代理人から営業の許可を受けていない場合は、(a)・(b) の区分に応じ、それぞれ (a)・(b) の書類（ただし、役員甲が法定代理人から営業の許可を受けている場合は、その法定代理人の許可を受けたことを証する書面（未成年者に係る登記事項証明書）） (a) 役員甲の法定代理人が個人である場合 役員甲の法定代理人の住民票の写し（番号法第２条の規定に基づく個人番号の記載のないものであり、本籍地の記載のあるものに限る。）、履歴書および医師の診断書（当該法定代理人が精神の機能の障害により認知、判断または意思疎通を適切に行うことができない

	おそれがある者である場合に限る。) (b) 役員甲の法定代理人が法人である場合 役員甲の法定代理人に係る(2)①②および(3)①②③の書類 (b)の場合であって、役員甲の法定代理人の役員(以下この(3)において「役員乙」とする。)が未成年者で職業紹介事業に関し法定代理人から営業の許可を受けていない場合は、i・iiの区分に応じ、それぞれi・iiの書類を含む(ただし、役員乙が法定代理人から営業の許可を受けている場合は、その法定代理人の許可を受けたことを証する書面(未成年者に係る登記事項証明書)を含む。)。なお、さらに、法定代理人の役員について、同様の事例が続く限り、当該役員の法定代理人または当該役員について同様の書類を含む。 i 役員乙の法定代理人が個人である場合 役員乙の法定代理人の住民票の写し(番号法第2条の規定に基づく個人番号の記載のないものであり、本籍地の記載のあるものに限る。)、履歴書および精神の機能の障害に関する医師の診断書(当該法定代理人が精神の機能の障害により認知、判断または意思疎通を適切に行うことができないおそれがある者である場合に限る。) ii 役員乙の法定代理人が法人である場合 役員乙の法定代理人に係る(2)①②および(3)①②の書類
(4) 職業紹介責任者に関する書類	職業紹介事業を行う事業所ごとの職業紹介責任者の住民票の写し(番号法第2条の規定に基づく個人番号の記載のないものであり、本籍地の記載のあるものに限る。)、履歴書、受講証明書の写しおよび精神の機能の障害に関する医師の診断書(当該職業紹介責任者が精神の機能の障害により認知、判断または意思疎通を適切に行うことができないおそれがある者である場合に限る。) ※職業紹介責任者が役員と同一である場合には提出を要しない。 ただし、有料職業紹介事業者が無料職業紹介事業の許可を申請する場合であって、有料の職業紹介事業を行っている事業所の職業紹介責任者として当該申請に係る事業所の職業紹介責任者として引き続き選任するときは、住民票の写し(番号法第2条の規定に基づく個人番号の記載のないものであり、本籍地の記載のあるものに限る。住所に変更がある場合を除く。)、履歴書、受講証明書の写しおよび精神の機能の障害に関する医師の診断書を添付することを要しない。

(5) 資産および資金に関する書類	有料職業紹介事業の許可申請書の添付書類のうち (5) の書類
(6) 個人情報の適正管理に関する書類	有料職業紹介事業の許可申請書の添付書類のうち (6) の書類
(7) 業務の運営に関する書類	有料職業紹介事業の許可申請書の添付書類のうち (7) の書類
(8) 事業所施設に関する書類	有料職業紹介事業の許可申請書の添付書類のうち (8) の書類
(9) 相手先国に関する書類	有料職業紹介事業の許可申請書の添付書類のうち (9) の書類
(10) 取次機関に関する書類(取次機関を利用する場合に限る)	有料職業紹介事業の許可申請書の添付書類のうち (10) の書類

ロ　無料職業紹介事業許可有効期間更新申請書の添付書類

無料職業紹介事業許可有効期間更新申請書に添付すべき書類は次のとおりです。

また、事業主管轄労働局が登記情報連携システムを利用することにより登記事項証明書を入手できる場合は、有料職業紹介事業の許可申請書の添付書類のうち (2) ②および (5) ②ロ (ニ) (建物を資産とする場合に限る。) の書類について、添付を省略することができます。

事　項	書　類
(1) 事業計画に関する書類	無料職業紹介事業を行う事業所ごとの無料職業紹介事業計画書 (様式第2号)
(2) 法人に関する書類	有料職業紹介事業の許可申請書の添付書類のうち (2) の書類 (変更があった場合に限る。)
(3) 代表者、役員に関する書類	有料職業紹介事業の許可申請書の添付書類のうち (3) の① (従前の届出等において提出がなかった場合に限る)、③および④の書類 (変更しようとする場合に限る。)

(4) 職業紹介責任者に関する書類	有料職業紹介事業の許可申請書の添付書類のうち(4)の住民票の写し(従前の届出等において提出がなかった場合に限る。)および受講証明書の写し
(5) 資産に関する書類	有料職業職業紹介事業の許可申請書の添付書類のうち(5)の書類。ただし、資金に関する書類を除く。

ハ　無料職業紹介事業変更届出書の添付書類

無料職業紹介事業変更届出書に添付すべき書類は次のとおりです。

また、事業主管轄労働局が登記情報連携システムを利用することにより登記事項証明書を入手できる場合は、有料職業紹介事業の許可申請書の添付書類のうち(2)②、(5)②ロ(ニ)(建物を資産とする場合に限る。)および(8)①の書類について、添付を省略することができます。

事　項	書　類
(1) 法人の名称、住所に関する書類	有料職業紹介事業の許可申請書の添付書類のうち(2)の書類
(2) 代表者、役員に関する書類	有料職業紹介事業の許可申請書の添付書類のうち(2)の②および(3)の書類
(3) 職業紹介責任者の変更に関する書類	有料職業紹介事業の許可申請書の添付書類のうち(4)の書類
(4) 職業紹介事業を行う事業所の名称の変更に関する書類	有料職業紹介事業の許可申請書の添付書類のうち(2)(事業所の名称の変更に伴い変更が加えられた場合に限る。)の書類
(5) 職業紹介事業を行う事業所所在地に関する書類	有料職業紹介事業の許可申請書の添付書類のうち(2)および(事業所の所在地の変更に伴い変更が加えられた場合に限る。)(8)の書類
(6) 職業紹介を行う事業所の新設(事業所における無料職業紹介事業の開始)	有料職業紹介事業の許可申請書の添付書類のうち(1)、(4)(有料・無料の職業紹介事業を行う事業所の職業紹介責任者を当該申請に係る事業所の責任者として引き続き選任したときは、履歴書および受講証明書の写し(選任した職業紹介責任者の住所に変更がないときは、住民票の写し(番号法第2条の規定に基づく個人番号の記載のないものであり、本籍地の記載のあるものに限る。)、履歴書および受講証明書の写し)を添付することを要しない。)、(5)(許可条件通知書に記載された資産要件(事

	業所数の上限）を超えて事業所を新設する場合に限る。）、（6）、（7）、（8）、（9）および（10）（（9）および（10）にあっては海外にわたる職業紹介事業を行う場合に限る。）
（7）職業紹介を行う事業所の廃止（事業所における無料職業紹介事業の廃止）	廃止する事業所ごとの許可証
（8）兼業の変更に関する書類	有料職業紹介事業の許可申請書の添付書類のうち（2）の①の書類
（9）取次機関の変更に関する書類	有料職業紹介事業の許可申請書の添付書類のうち（10）の書類

（3）特別の法人の無料職業紹介事業に係る主な届出の添付書類

イ　特別の法人無料職業紹介事業届出書の添付書類

特別の法人無料職業紹介事業届出書に添付すべき書類は次のとおりです。

また、事業主管轄労働局が登記情報連携システムを利用することにより登記事項証明書を入手できる場合は、有料職業紹介事業の許可申請書の添付書類のうち（2）②および（8）①の書類について、添付を省略することができます。

事　項	書　類
（1）事業計画に関する書類	無料職業紹介事業を行う事業所ごとの特別の法人無料職業紹介事業計画書（様式第２号）
（2）法人に関する書類	有料職業紹介事業許可申請書の添付書類のうち（2）①または②の書類
（3）職業紹介責任者に関する書類	有料職業紹介事業の許可申請書の添付書類のうち（4）の書類
（4）個人情報の適正管理に関する書類	有料職業紹介事業許可申請書の添付書類のうち（6）の書類
（5）業務の運営に関する書類	有料職業紹介事業許可申請書の添付書類のうち（7）の書類

(6) 事業所施設に関する書類	有料職業紹介事業許可申請書の添付書類のうち（8）の書類
(7) 相手先国に関する書類	有料職業紹介事業許可申請書の添付書類のうち（9）の書類
(8) 取次機関に関する書類	有料職業紹介事業許可申請書の添付書類のうち（10）の書類

ロ　特別の法人無料職業紹介事業変更届出書の添付書類

特別の法人無料職業紹介事業変更届出書に添付すべき書類は次のとおりです。

また、事業主管轄労働局が登記情報連携システムを利用することにより登記事項証明書を入手できる場合は、有料職業紹介事業の許可申請書の添付書類のうち（2）②および（8）①の書類について、添付を省略することができます。

事　項	書　類
(1) 法人の名称、住所に関する書類	有料職業紹介事業許可申請書の添付書類のうち（2）①または②の書類
(2) 代表者、役員に関する書類	有料職業紹介事業許可申請書の添付書類のうち（2）の②の書類
(3) 職業紹介責任者の変更に関する書類	有料職業紹介事業の許可申請書の添付書類のうち（4）の書類
(4) 職業紹介事業を行う事業所所在地に関する書類	有料職業紹介事業許可申請書の添付書類のうち（2）（事業所の所在地の変更に伴い変更された場合に限る。）および（8）の書類
(5) 職業紹介事業を行う事業所の名称に関する書類	有料職業紹介事業許可申請書の添付書類のうち（2）（事業所の名称の変更に伴い変更された場合に限る。）
(6) 職業紹介を行う事業所の新設（事業所における無料職業紹介事業の開始）	有料職業紹介事業許可申請書の添付書類のうち（1）、（4）、（6）、（7）、（8）

(7) 求人者の範囲および数並びに求職者の範囲および数	任意（変更内容が確認できるもの）の書類
(8) 取次機関の変更に関する書類	取次機関に関する書類（通達様式第10号） 有料職業紹介事業許可申請書の添付書類のうち（10）の書類

3　申請、届出等の添付書類に関する留意事項

（1）提出部数

添付書類は、正本1部、写し1部とし、正本は本省、写しは事業主管轄労働局（変更届にあっては事業主管轄労働局または事業所管轄労働局）で保管します。

（2）事業計画に関する書類

職業紹介事業計画書については、有効求職者の見込み数等記載もれがないものでなければなりません。

（3）代表者、役員および職業紹介責任者に関する書類

イ　履歴書

(イ) 職歴、賞罰および役職員への就任、解任状況を明らかにしたものであること。また、写真の貼付は不要です。

なお、代表者および役員が外国人である場合で、履歴書が外国語で記載されている場合にあってはその日本語訳も添付してください。

ロ　住民票の写し（番号法第2条の規定に基づく個人番号の記載のないものであり、本籍地の記載のあるものに限ります。）

(イ) 当該者に係る部分についてのみの証明（抄本）でよいこと。

(ロ) 日本に在留する外国人の場合であって、入管法第19条の3に規定する中長期在留者にあっては住民票の写し（番号法第2条の規定に基づく個人番号の記載のないものおよび国籍等（住民基本台帳法（昭和42年法律第81号）第30条の45に規定する国籍等をいいます。以下同じ。）および在留資格（入管法第2条の2第1項に規定する在留資

格をいいます。）を記載したものに限ります。）、日本国との平和条約に基づき日本の国籍を離脱した者等の出入国管理に関する特例法（平成3年法律第71号）に定める特別永住者にあっては、住民票の写し（番号法第2条の規定に基づく個人番号の記載のないものおよび国籍等および特別永住者である旨を記載したものに限ります。）、入管法第19条の3第1号に掲げる者にあっては、旅券その他の身分を証する書類の写しを添付すること。

(ハ) 代表者および役員（以下「役員等」といいます。）が外国に所在する外国人の場合は、当該役員等の国における住民票（番号法第2条の規定に基づく個人番号に相当する記載のないものに限ります。）とし、当該役員等の国に住民登録制度がない場合については当該役員等による証明によっても差し支えありません。

なお、役員等の提出する住民票が外国語で記載されている場合にあってはその日本語訳も添付させること。

ハ　履歴書、住民票に関する例外

(イ) 職業紹介事業を行う事業主が複数の事業所において職業紹介事業を新たに開始する場合において、当該有料職業紹介事業者が有料の職業紹介事業または無料の職業紹介事業を行っている他の事業所の職業紹介責任者を当該新たに開始する事業所の職業紹介責任者として選任したとき（なお、当該他の事業所においても、法令を満たす職業紹介責任者を選任していることが必要。）は、住民票の写し（番号法第2条の規定に基づく個人番号の記載のないものに限ります。住所に変更がある場合を除きます。）、履歴書、受講証明書の写しおよび精神の機能の障害に関する医師の診断書を添付することを要しません。

(ロ) 職業紹介責任者に変更があった場合において、当該有料職業紹介事業者が有料の職業紹介事業または無料の職業紹介事業を行っている他の事業所の職業紹介責任者を当該変更後の職業紹介責任者として引き続き選任したときは、上記（イ）に準じます。

ニ　精神の機能の障害に関する医師の診断書

申請者（法人の場合の役員を含みます。）または職業紹介責任者が精神の機能の障害により認知、判断または意思疎通を適切に行うことができないおそれがある場合に限り、提出させること。なお、様式例第8号を適宜利用して差し支えありません。

（4）定款、寄附行為または規約

イ　営利法人、社団法人の場合は定款、財団法人の場合は寄附行為、その他の団体にあってはこれらに準ずる定めとします。

ロ　定款等には、申請時において既に職業紹介事業を行う旨の記載があることが望ましいですが、職業紹介事業を行うことについての総会その他の意思決定機関の書類（議事録等）が添付されていれば、記載がなくても差し支えありません。

なお、当該総会等の書類については、必ずしも職業紹介事業を行うことができるように定款等を変更することを内容とするものである必要はなく、定款等の一の条項に基づき職業紹介事業を行う旨の確認が行えれば足りるものであること。定款等が行政庁の許認可を要するものであるときは、当該行政庁の確認が行えるものであること。

また、意思決定機関とは、総会、取締役会、理事会等のことをいいます。

ハ　外国会社における定款（これに相当するものを含みます。）が外国語で記載されている場合にあっては、その日本語訳を添付してください。

なお、登記事項証明書については、会社法第 818 条に基づき、当該外国会社が日本国内で継続して取引をする際に、日本の法務局において登記した登記事項証明書とします。

（5）労働組合等に関する書類

イ　労働組合等であることを証明する書類

(ｲ) 労働組合法上の労働組合であるときは、労働委員会による労働組合法の規定適合する労働組合であることの証明書の写しとすること。

(ﾛ) 国家公務員法（昭和 22 年法律第 120 号）第 108 条の 2 第 1 項（裁判所職員臨時措置法において準用する場合を含む。）に規定する職員団体、地方公務員法（昭和 25 年法律第 261 号）第 52 条第 1 項に規定する職員団体または国会職員法第 18 条の 2 第 1 項に規定する国会職員の組合に該当するものであるときは、この証明書類は不要とすること。

(ﾊ) (ﾛ) に掲げる団体または労働組合法（昭和 24 年法律第 174 号）第

２条および第５条第２項の規定に該当する労働組合が主体となって構成され、自主的に労働条件の維持改善その他経済的地位の向上を図ることを主たる目的とする団体（団体に準ずる組織を含む。）であって、一つの都道府県の区域内において組織されているものに該当するものであるときは、地方労働委員会による労働組合法の規定に適合することの証明書の写しとすること。

ロ　組合員数、組合（団体）の組織、上部団体等を明らかにする書類

それぞれの事項が明らかであれば任意に作成した書類で差し支えありません。

（6）各種学校に関する書類

イ　各種学校であることを証明する書類

都道府県知事の発行した各種学校の認可書の写しとします。

ロ　学校の沿革および学生、生徒の定員数、現員数、職員数等学校の規模を明らかにする書類

それぞれの事項が明らかであれば任意に作成した書類で差し支えありません。

（7）資産および資金に関する書類

イ　法人の場合

(ｲ) 最近の事業年度における貸借対照表および損益計算書（許可条件通知書に記載された資産要件（事業所数の上限）の範囲内で事業所を新設する場合を除く。）（税務署に提出したもの。）

(ﾛ) 職業紹介事業に関する資産の内容およびその権利関係を証する書類

ａ　最近の事業年度における法人税の納税申告書の写し（許可条件通知書に記載された資産要件）（事業所数の上限）の範囲内で事業所を新設する場合を除く。）（税務署の受付印のあるものに限る。法人税法施行規則別表１および４は、必ず提出させること。）

［連結納税制度を採用している法人については次に掲げる書類］

・最近の連結事業年度における連結法人税の納税申告書の写し（許可条件通知書に記載された資産要件（事業所数の上限）の範囲内で事業所を新設する場合を除きます。）（連結親法人の所轄税

務署の受付印のあるものに限ります。法人税法施行規則別表1の2「各連結事業年度分の連結所得に係る申告書」の写しおよび同申告書添付書類「個別帰属額等の一覧表」の写しのみで結構です。ただし、別表7の2付表2「連結欠損金個別帰属額に関する明細書」が提出される場合には、その写しを併せて提出させてください。）

・最近の連結事業年度の連結法人税の個別帰属額の届出（許可条件通知書に記載された資産要件（事業所数の上限）の範囲内で事業所を新設する場合を除きます。）書（申請法人に係るものに限ります。）の写し（税務署に提出したもの。ただし当該届出書の別表にあっては別表4の2付表「個別所得の金額の計算に関する明細書」の写しのみで結構です。）

b　納税証明書（国税通則法施行令第41条第1項第3号ロに係る同施行規則別紙第8号様式（その2）による法人の最近の事業年度における所得金額に関するもの（許可条件通知書に記載された資産要件（事業所数の上限）の範囲内で事業所を新設する場合を除きます。））

［連結納税制度を採用している法人については納税証明書（許可条件通知書に記載された資産要件（事業所数の上限）の範囲内で事業所を新設する場合を除きます。）（国税通則法施行令第41条第1項第3号ロに係る同施行規則別紙第8号様式（その2）による最近の連結事業年度における連結所得金額に関するもの）］

c　最近の事業年度における株主資本等変動計算書（許可条件通知書に記載された資産要件（事業所数の上限）の範囲内で事業所を新設する場合を除きます。）（持分会社にあっては社員資本等変動計算書を提出させること。）

(ハ) 法人設立後最初の決算期を終了していない法人にあっては、設立時の貸借対照表または財産目録等でよいこと。

ロ　個人の場合

(イ) 最近の事業年度における貸借対照表および損益計算書（許可条件通知書に記載された資産要件（事業所数の上限）の範囲内で事業所を新設する場合を除く。）（税務署に提出したもの。）

(ロ) 職業紹介事業に関する資産の内容およびその権利関係を証する書類

a　青色申告等の場合

(a) 最近の納税期における所得税の納税申告書の写し（許可条件通知書に記載された資産要件（事業所数の上限）の範囲内で事業所を新設する場合を除く。）（税務署の受付印のあるもの）

(b) 納税証明書（許可条件通知書に記載された資産要件（事業所数の上限）の範囲内で事業所を新設する場合を除く。）（国税通則法施行令第41条第1項第3号イに係る同施行規則別紙第8号様式（その2）による最近の納税期における金額に関するもの）

(c) 次のいずれかの書類

・青色申告の場合（簡易な記載事項の損益計算書のみ作成する場合を除く。）は、最近の納税期における所得税法施行規則第65条第1項第1号の貸借対照表および損益計算書（所得税青色申告決算書（一般用および不動産所得がある場合には、不動産用）の写し（許可条件通知書に記載された資産要件（事業所数の上限）の範囲内で事業所を新設する場合を除く（税務署の受付印のあるもの））。

・白色申告または青色申告で簡易な記載事項の損益計算書のみ作成する場合は、備考欄に記載された資産等の状況のうち、土地・建物に係る不動産の登記事項証明書および固定資産税評価証明書（許可条件通知書に記載された資産要件（事業所数の上限）を超えて事業所を新設する場合を除く。）

b　その他の場合

(a) 預金残高証明書（許可条件通知書に記載された資産要件（事業所数の上限）の範囲内で事業所を新設する場合を除く。）（期日については、**第3節**の**3**の（1）のイの（ロ）のｂ参照）

(b) 貸付金残高証明書（許可条件通知書に記載された資産要件（事業所数の上限）の範囲内で事業所を新設する場合を除く。）（期日については、**第3節**の**3**の（1）のイの（ロ）のｂ参照）

(c) 預貯金の場合は、その残高証明書とすること。

この場合は、申請者（法人または団体の場合は法人または団体）が所有している預貯金および有価証券（例えば、国公債、社債、その他これに準ずるものであって、資産たるに価する程度の確実性のあるもの）の種類、金額を証明する書類であること。

なお、資産、資金額の証明書として残高証明書が２以上になる場合は同一日付けのものであること。

不動産の場合は、登記事項証明書および公的機関による不動産の評価額証明書（例えば、固定資産課税台帳登録証明書）とすること。

この場合、申請者個人が所有している不動産の登記事項証明書については、不動産の所有状況および抵当権設定状況のわかるものであれば抄本であっても差し支えないこと。

また、公的機関による不動産の評価額が著しく時価を下回る場合は、不動産鑑定士による不動産評価額を証明する書類を併せて添付することは差し支えありません。

(ハ) 事業資金の額を証明する書類

申請者個人が所有している預貯金（その種類は問わない。）の種類および額を証明する残高証明書とすること。

（8）個人情報の適正管理に関する書類

指針第５の２の（3）に掲げる事項が規程に盛り込まれている必要があります（様式例第４号参照)。

（9）業務の運営に関する規程

法第２条（職業選択の自由)、第３条（均等待遇)、第５条の３（労働条件等の明示)、第５条の４（求人等に関する情報の的確な表示)、第５条の５（個人情報の保護)、第５条の６（求人の申込み)、第５条の７（求職の申込み)、第５条の８（求職者の能力に適合する職業の紹介等)、第32条の３（手数料)、第32条の12第２項（取扱職種の範囲等の届出）および第34条において準用する第20条（労働争議に対する不介入）についてその具体的内容を含む業務の運営に関する規程を有している必要があります(様式例第１号参照)。

なお、法第32条の13の規定により明示すべき事項は確実に盛り込まれていることが必要です。

4　国外にわたる職業紹介を行う場合の申請、届出等の添付書類に関する留意事項

（1）相手先国に関する書類

「相手先国において、国外にわたる職業紹介について事業者の活動が認められていることを証明する書類（相手先国で許可等を受けている場合にあってはその許可証等の写し）および当該書類が外国語で記載されている場合にあってはその日本語訳（取次機関を利用しない場合に限る。）」については、当該国もしくは日本における法律専門家（海外の労働法規等に精通している者）の証明する書類または当該国の法令により許可等を受ける等により事業を行うことが認められる場合にはその許可証等その他の事業の実施が認められていることを証明する書類の写しの添付によるものとします。

（2）取次機関に関する書類

イ「取次機関および事業者の業務分担について記載した契約書その他事業の運営に関する書類および当該書類が外国語で記載されている場合にあってはその日本語訳」については、申請者と取次機関とのそれぞれの役割範囲を記載した書類であって、申請者と取次機関の業務分担による総体としての職業紹介について法に適合するものであるものとします。

ロ「相手先国において、当該取次機関の活動が認められていることを証明する書類（相手先国で許可を受けている場合にあってはその許可証等の写し）および当該書類が外国語で記載されている場合にあってはその日本語訳」については、当該国もしくは日本における法律専門家の証明する書類または当該国の法令により許可等を受ける等により事業を行うことが認められる場合にはその許可証等その他の事業の実施が認められていることを証明する書類の写しの添付によるものとします。

ハ　特定技能の在留資格について、相手先国によっては取次機関（送出し機関）を相手国政府が認証することとしている等、遵守すべき手続が定められている場合がありますが、その情報については、出入国在留管理庁ホームページにおいて公表されるので確認してください。

5　有料職業紹介事業の許可手数料および更新手数料

（1）概要

イ　許可手数料および更新手数料は、有料職業紹介事業の許可に関する事務に要する費用として徴収する性格を有するものであり、職員の人件費および物件費等事務処理経費をもとに算出されます。

ロ　許可手数料および更新手数料は、許可に要する事務処理経費という性格から、許可もしくは不許可または更新もしくは不更新にかかわらず徴収するものです。

ハ　無料職業紹介事業に関しては、許可手数料および更新手数料は不要です。

（2）許可手数料および更新手数料の額

イ　許可手数料の額

有料職業紹介事業の許可手数料の額は、50,000円（許可に伴い複数の事業所において有料職業紹介事業を開始する場合にあっては、50,000円＋（18,000円×（有料職業紹介事業を行う事業所の数から1を減じて得た数））です（則第18条第9項）。

ロ　更新手数料の額

有料職業紹介事業の更新手数料の額は、18,000円×（有料職業紹介事業を行う事業所の数）です（則第22条第2項）。

（3）手数料の納付方法

手数料は、申請書に当該手数料の額に相当する収入印紙をはって納付しなければなりません（則第18条第10項）。

（4）手数料の還付

手数料は、申請書を受理し、受理印を押印し当該収入印紙に消印した後は返還されません（則第18条第11項）。

6　登録免許税の課税

（1）概要

第4節の2に掲げる手続のうち、有料職業紹介事業の許可申請を行おうとする者は登録免許税を納付しなければなりません（登録免許税法（昭和42年法律第35号）第3条）。ただし、登録免許税法別表第2に掲げる者については、登録免許税が課されません（登録免許税法第4条第1項）。

（2）納税額

納税額は、許可1件当たり90,000円です（登録免許税法別表第1第81号）。

（3）登録免許税の納付方法

登録免許税については、登録免許税の納付に係る領収証書を申請書に貼って提出しなければなりません（登録免許税法第21条）。納付方法は、現金納付が原則であり、国税の収納機関である日本銀行、日本銀行歳入代理店（銀行等や郵便局）または都道府県労働局の所在地を管轄する税務署において、登録免許税の相当額を現金で納付するものです（国税通則法（昭和37年法律第66号）第34条）。

（4）納期限について

登録免許税の納期限は、許可日ですが（登録免許税法第27条）、許可しうる申請と判断し、申請書を改めて持参させる際に、登録免許税の納付に係る領収証書を申請書に貼り付けて提出させること。

納期限までに領収証書の提出がなく、納付の確認ができない場合には、許可を受けた者の当該登録免許税に係る同法第8条第2項の規定による納税地の所轄税務署長に対し、その旨を次の様式例により通知します。

年　月　日

○○税務署長　殿

労働局需給調整事業担当部長

登録免許税の納付不足額の通知について

登録免許税法第28条第1項の規定により、下記のとおり通知します。

記

1　区分　有料職業紹介事業の許可
2　登録免許税の額　90,000 円
3　未納額　　　　　円
4　納期限　　　　　年　月　日
5　申請者の氏名または名称

（5）還付について

登録免許税の納付をして許可の申請をした者につき当該申請が却下された場合および当該申請の取り下げがあった場合には、納付された登録免許税の額および登録免許税法施行令第 31 条に規定する事項を許可の申請をした者の当該登録免許税に係る登録免許税法第 8 条第 2 項の規定による所轄税務署長に対し、次の様式例により通知します。

年　月　日

○○税務署長　殿

労働局需給調整事業担当部長

登録免許税の過誤納の通知について

登録免許税法第 31 条第 1 項の規定により、下記のとおり通知します。

記

1　納付額　　　　　円
2　過誤納の理由　　登録免許税法第 31 条第　項に該当
　　および該当することとなった日　　年　月　日
3　申請者の氏名または名称

7　有料・無料職業紹介事業許可証の交付等

（1）有料・無料職業紹介事業許可証の交付

職業紹介事業を許可した場合および有効期間を更新した場合、有料・無料職業紹介事業許可証（様式第５号）を発行し、事業主管轄労働局を経由して申請者に交付します。

（2）有料・無料職業紹介事業許可証の返納

事業主管轄労働局は、次のいずれかに該当するときは当該事実のあった日から起算して10日以内に許可証を返納させた後破棄します。

なお、一事業所においてのみ次のホに該当する事実があった場合には、当該事実に係る事業所管轄労働局への返納でも差し支えありません。

イ　職業紹介事業を廃止したとき

ロ　許可の有効期間が満了したとき

ハ　許可証を更新したとき

ニ　亡失した許可証を発見し、または回復したとき

ホ　許可証記載事項を変更したことにより許可証を交付したとき

ヘ　許可が取り消されたとき

ト　職業紹介事業を行う事業所を廃止したとき（事業所における職業紹介事業を終了したとき）

チ　個人事業主が死亡したとき

リ　法人が合併により消滅したとき

（3）有料・無料職業紹介事業許可証の書換

許可証の記載事項の変更を行った場合は、新たに許可証を作成し、当該書換申請書を受理した事業所管轄労働局を経由して申請者に交付されます。

なお、この場合は、許可証の書換申請を行わせるものとします。

（4）職業紹介事業制度に係る周知

事業主管轄労働局においては、（1）により許可証を交付する際、当該事業主に対し、以下の内容により適正な職業紹介事業の運営に係る講習を実施するものとします。

イ　職業紹介事業の適正な運営について
ロ　その他特に周知啓発が必要な事項

第6節　手数料

1　制度の概要

（1）原則

有料職業紹介事業を行う者は、法第 32 条の 3 第 1 項第 1 号（受付手数料、上限制手数料および第二種特別加入保険料に充てるべき手数料）および第 2 号（届出制手数料）並びに第 2 項（求職者手数料）並びに則第 20 条第 4 項（第二種特別加入保険料に充てるべき手数料）並びに則附則第 4 項（経過措置による求職受付手数料）に係る手数料のほか、いかなる名義でも、実費その他の手数料または報酬を受けてはなりません。

なお、一の事業者が取扱分野に応じて上限制手数料と届出制手数料とを併用することは差し支えありません（ただし、同一の者に対して併用して徴収することはできません。）。

（2）受付手数料

イ　求人受付手数料

求人の申込みを受理した場合は、1 件につき 710 円を限度として、求人者から受付手数料を徴収することができます。これについては、手数料表の届出は不要であり、（3）の上限制手数料と組み合わせて徴収する考え方です。したがって、この求人受付手数料と、（4）の届出制手数料を組み合わせることは、法第 32 条の 3 第 1 項において想定されていないことに留意してください。

なお、消費税法第 9 条第 1 項本文適用事業者（以下「免税事業者」といいます。）は、1 件につき 660 円が限度です。

ロ　求職受付手数料（経過措置）

芸能家、家政婦（夫）、配ぜん人、調理士、モデルまたはマネキンの職業に係る求職者から求職の申し込みを受理した場合は、当分の間1件につき710円（免税事業者は660円）を限度として、求職者から受付手数料を徴収することができます（法第32条の3第2項ただし書、則附則第4項）。

ただし、同一の求職者に係る求職の申込みの受理が、1カ月間に3件を超える場合にあっては、1カ月につき3件分に相当する額を限度とします。

（注1）取扱職種の範囲等の定めとの関連

取扱職種の範囲等の定めとの関連で、求職受付手数料については、「求職受付時点におけるもの」とされており、複数の職業を扱う事業所の場合、当該手数料を徴収できる6職業の限定的受付であることを特定しておく必要があります。

例えば、「家政婦（夫）の職業」と「販売の職業」を扱う場合にあっては、前者の求職者を特定する必要があり、例えば求職票について「家政婦（夫）の職業」と「販売の職業」といったような限定を行わない場合求職受付手数料は徴収できません。

（注2）芸能家等の定義

芸能家、家政婦（夫）、配ぜん人、調理士、モデル、マネキンの定義は次のとおりです。（則附則第4項参照）

芸能家…………放送番組（広告放送を含みます。以下同じ。）、映画、寄席、劇場等において音楽、演芸その他の芸能の提供を行う者

家政婦（夫）…家政一般の業務（個人の家庭または寄宿舎その他これに準ずる施設において行われるものに限ります。）、患者、病弱者等の付添いの業務または看護の補助の業務（病院等の施設において行われるものに限ります。）を行う者

配ぜん人………正式の献立による食事を提供するホテル、料理店、会館等において、正式の作法による食卓の布設、配ぜん、給仕等の業務（これらの業務に付随した飲食器等の器具の整理および保管に必要な業務を含みます。）を行う者

調理士…………調理、栄養および衛生に関する専門的な知識および技能を有し、調理の業務を行う者

モデル…………商品展示等のため、ファッションショーその他の催事に出演し、もしくは新聞、雑誌等に用いられる写真等の製作の題材となる者または絵画、彫刻その他の美術品の創作題材となる者

マネキン………専門的な商品知識および宣伝技能を有し、店頭、展示会等において相対する顧客の購買意欲をそそり、販売の促進に資するために各種商品の説明、実演等の宣伝の業務（この業務に付随した販売の業務を含みます。）を行う者

（3）上限制手数料

イ　徴収手続等

(イ) 徴収の基礎となる賃金が支払われた日以降、求人者または関係雇用主（求職者の再就職を援助しようとする当該求職者の雇用主または雇用主であった者。以下同じ。）から徴収するものとします。

(ロ) 手数料を支払う者に対し、必要な清算の措置を講ずることを約して徴収する場合にあっては、求人の申込み受理以降または関係雇用主が雇用しており、もしくは雇用していた者の求職の申込み受理以降徴収することができるものとします。

(ハ) 手数料の最高額は、求人者および関係雇用主の双方から徴収しようとする場合にあっては、その合計について適用するものとします。

ロ　手数料の最高額

次の額を限度として徴収することができます。

(イ) 支払われた賃金額の 11 ／ 100（免税事業者は 10.3 ／ 100）に相当する額（次の (ロ) および (ハ) の場合を除きます。）

(ロ) 同一の者に引き続き 6 カ月を超えて雇用された場合（次の (ハ) の場合を除きます。）にあっては、6 カ月間の雇用に係る賃金について支払われた賃金額の 11 ／ 100（免税事業者は 10.3 ／ 100）に相当する額

(ハ) 期間の定めのない雇用契約に基づき同一の者に引き続き 6 カ月を超えて雇用された場合にあっては、次の a および b のうちいずれか大き

い額

a　6カ月間の雇用に係る賃金について支払われた賃金額の 11／100（免税事業者は 10.3／100）に相当する額

b　6カ月間の雇用について支払われた賃金額から、臨時に支払われる賃金および3カ月を超える期間ごとに支払われる賃金を除いた額の 14.8／100（免税事業者は 13.9／100）に相当する額

（4）届出制手数料

イ　徴収手続等

(イ) 求人の申込みまたは関係雇用主が雇用しており、もしくは雇用していた者の求職の申込みを受理した時以降、手数料表に基づく者から徴収することができます。

(ロ) 手数料の額は、手数料表に基づく複数の者から徴収しようとする場合にあっては、その合計について適用します。

ロ　手数料の額

厚生労働大臣に届け出た手数料表の額を徴収することができます。

ハ　手数料表の変更命令

届け出られた手数料表に基づく手数料が、①「手数料の種類、額その他手数料に関する事項が明確に定められていないことにより、当該手数料が著しく不当であると認められるとき」、または②「特定の者に対し不当な差別的取扱いをするものであるとき」には、当該手数料表を変更すべきことを命ずることができます（法第 32 条の3第4項）。

この手数料の額の種類、額その他手数料に関する事項が「明確に定められていないことにより、当該手数料が著しく不当である。」と認められるとの判断については、①求人者、求職者の人種、国籍等により、手数料額に高低を設ける場合、②「その他付加的なサービス」のような包括的な区分が設けられる等、手数料の有無または額が明確でなく、提供されるサービスの種類・内容と当該サービスを受けた場合の手数料額との対応関係が不明確である場合に、求職者からの申出等を契機として、手数料の水準等に関し、必要な調査等を行い、これに基づき判断するものであること。

ニ　権限の委任

法第32条の3第4項の規定による手数料表の変更命令に関する権限は、当該職業紹介事業を行う者の主たる事務所および当該職業紹介事業を行う事業の所在地を管轄する都道府県労働局長が行うものとします。

ただし、厚生労働大臣が自らその権限を行うことがあります。

（5）求職者手数料

イ　徴収の対象となる役務

「芸能家」および「モデル」の職業並びに「経営管理者」、「科学技術者」および「熟練技能者」の職業について、その求職者より徴収できます。

ただし、「経営管理者」、「科学技術者」および「熟練技能者」の職業に係る求職者については、紹介により就職したこれらの職業に係る賃金の額が、年収700万円またはこれに相当する額（具体的には、例えば、短期の労働契約が締結された場合でいえば、月収が（700万円÷12月）の額である場合がこれに該当します。）を超える場合に限られるものです。

なお、科学技術者、経営管理者および熟練技能者の定義およびその留意事項は、次表のとおりです（「芸能家」、「モデル」の定義については、（2）の（注2）参照）。

職　業	内　容	留意事項
経営管理者	会社その他の団体の経営に関する高度の専門的知識および経験を有し、会社その他の団体の経営のための管理的職務を行う者	一般的に、部長以上の職にある者、例えば、役員、部長のほか、企画室長、社長室長、エグゼクティブ・バイスプレジデント、ゼネラルマネージャー等部長以上の職に相当するものがこれに該当する。 なお、幹部候補社員など、現に経営のための管理を行わない者は、これに含まれない。
科学技術者	高度の科学的、専門的な知識および手段を応用し、研究を行い、または生産その他の事業活動に関する技術的事項の企画、管理、指導等を行う者	科学技術者といい得るためには、学校教育法の規定による大学（短大を除き、以下単に「大学」という。）の課程を修了し、またはこれと同等以上の自然科学、社会科学、人文科学等についての専門的知識を持ち、その後5年以上の経験を有することを必要とする。した

		がって、本社における技術スタッフ、現場における技術指導者、生産管理者、研究施設（シンクタンク等を含む。）における研究員等がこれに該当し、現場における課長、組長、研究施設における研究補助者等は、一般的にはこれに含まれない。 なお、システム･エンジニア、システム･アナリストなど情報処理技術者もこれに含まれるが、電子計算機・数値制御工作機械の操作に付随して軽易なプログラムの作成・修正の業務に従事するもの、電子計算機オペレータなどは含まれない。 ※大学院の課程進学（入学）者については、それ以前の大学の課程修了後に係る経験と大学院の課程修了後に係る経験を通算して５年以上の経験を有することを原則必要とし、大学院の課程の在籍をもって経験とはしないことを原則とする。 なお、職業を継続しながら大学院の課程に在籍する者については、当該職業に係る経験が通算される。
熟練技能者	厚生労働大臣の行う技能検定における特級もしくは１級の技能またはこれに相当する技能を有し、生産その他の事業活動において当該技能を活用した業務を行う者	「これに相当する技能」とは、①厚生労働大臣の行う技能検定のうち、単一等級の技能、②当該技能に係る認定・資格等を有し、当該技能を活用した業務について10年以上の実務の経験を有する者に係る技能が該当する。

ロ　徴収手続等

上記（３）の求人者等に対する上限制手数料と同様の手続により、また上記（３）のロの(ｲ)、(ﾛ) および (ﾊ)（ｂの額を徴収することはできません。）と同じ限度額の範囲内で徴収できます。

また、「経営管理者」、「科学技術者」および「熟練技能者」の職業に係る求職者から手数料を徴収するに当たっては、次の点に留意してください。

(ｲ)「経営管理者」等の職業への就職については、一般的には、期間の定めのない（あるいは長期の）労働契約が締結される場合が多いものと考えられます。また、こうした長期・安定的な職業への紹介に係る求人者からの手数料徴収について、紹介に係る就職から一定の期間を経過した後に徴収する等の配慮がなされることが多いと考えられます。

このため、「経営管理者」等の職業に係る求職者からの手数料徴収については、求職者と職業紹介事業者との間の契約（手数料徴収に関する定め）によるものではありますが、紹介に係る就職から一定の期間（6カ月程度）を経過した後に徴収することが適当であり、そのために必要な指導等を行ってください。

(ﾛ) なお、上記の一定期間を下回る期間の労働契約が締結される場合については、上記（ｲ）にかかわらず、当該労働契約期間の終了時以降に手数料徴収することが適当です。

（6）第二種特別加入保険料に充てるべき額として徴収する手数料

イ　徴収手続等

(ｲ) 法第32条の3第1項第1号に基づき則別表に定められた手数料を徴収する家政婦（夫）紹介所は、家政婦（夫）紹介所の紹介により個人家庭で家事、育児または介護等の作業に従事する者（以下「家政婦(夫)」といいます。）に係る職業紹介について紹介手数料（支払われた賃金の額の11／100（免税事業者の場合は10.3／100）に相当する額を上限とします。）に第二種特別加入保険料に充てるべきものとして徴収する額（支払われた賃金の額の5.5／1000に相当する額以下とします。以下同じ。）を上乗せして徴収することができます。

(ﾛ) 法第32条の3第1項第2号に基づき厚生労働大臣に届け出た手数料表に基づき手数料を徴収する家政婦（夫）紹介所は、家政婦（夫）に係る職業紹介について当該手数料表に第二種特別加入保険料に充てるべきものとして徴収する旨を定め、当該第二種特別加入保険料額に充てるべきものとして徴収する額を上乗せして徴収することができます。

なお、この場合において、法第32条の3第1項第2号に基づき厚生労働大臣に届け出た手数料表に基づき、第二種特別加入保険料額に充てるべきものとして徴収する額を上乗せして徴収することができるので、当該手数料表に徴収する旨の定めがない場合は、同条第４項第２号により手数料の種類、額その他手数料に関する事項が明確に定められていないことに該当することとなり、同項に規定する厚生労働大臣の変更命令の対象となることから、手数料の届出を受理する際に、その旨周知する必要があります。

ロ　確定保険料としての納入額が第二種特別加入保険料に充てるべきものとして徴収した手数料額を下回る場合の取扱い

(ｲ) 一の年度において、一の特別加入団体として承認を受けた家政婦（夫）紹介所に係る確定保険料の額が第二種概算保険料に充てるべきものとして徴収した手数料額の合計額を下回る場合は、翌年度の概算保険料等に充当するものとします。

(ﾛ) しかしながら、(ｲ) のように充当したにもかかわらず、なお剰余が生じる場合については、当該剰余額を翌々年度における (ｲ) に掲げる費用に充当するときを除き、当該家政婦（夫）紹介所に求職登録している家政婦（夫）に係る次のような福祉の増進に要する費用に用いるものとします。

a　家政婦（夫）に係る健康診断の実施、家政婦（夫）が受診した健康診断に要する費用の助成

b　家政婦（夫）の感染予防のため貸与する手袋、予防衣等の購入、洗浄液等の購入

c　家政婦（夫）の腰痛予防のため貸与する腰部保護ベルト、腹帯等の購入

ハ　区分管理の方法

第二種特別加入保険料額に充てるべきものとして徴収する手数料については、手数料管理簿において一般の手数料とは区分して記載、管理しなければなりません。また、当該保険料に充てるべき額の徴収と当該保険料額の納付については、経理上も他の収支とは区分して計上するものとします。

そのため、これら適正な管理を行うためには、求職票等求職者が希望する職務の内容が明らかとなる書類により特別加入者であるか否かを常時的確に把握しておく必要があります。

また、上記ロの（ロ）に該当し、第二種特別加入保険料に充てるべきものとして徴収した手数料額の剰余を使用した場合は、これら支出の状況を領収書等を添付した上で記録し、手数料管理簿の別紙として管理してください。

なお、第二種特別加入保険料に充てるべき手数料を徴収した場合には、手数料管理簿の写し（第二種特別加入保険料に充てるべきものとして徴収した手数料額の剰余を福祉の増進に要する費用に用いた場合において支出の状況の記録となる領収書等の証明書類を添付しているもの）を法第32条の16第1項の事業報告書に添えて厚生労働大臣に提出しなければなりません。

2　届出制手数料に関する手続

（1）厚生労働大臣への届出

届出制手数料の額を定めて徴収しようとする者は、事業主管轄労働局を経て厚生労働大臣へ届け出なければなりません。

（2）届出様式

届出は、届出制手数料届出書（様式第3号。以下**第6節**の**2**において「届出書」といいます。）を届出制手数料に係る料金表とともに3部（正本1部、写し2部）作成し、事業主管轄労働局に提出することにより行います。

（3）提出時期

新規許可の場合は、できる限り許可申請と同時に提出するよう指導します。

（4）事業所別の手数料表

有料職業紹介事業者が複数の事業所で異なる届出制手数料に係る手数料表に基づき徴収する場合にあっては、事業所ごとの手数料表を作成し、事業主管轄労働局に提出するものとします。

（5）事業所所在労働局への連絡

届出書を受理した事業主管轄労働局は、当該届出書を複写して事業所の所在する労働局へ送付する等により連絡するものとします。

（6）第二種特別加入保険料額の扱い

当該有料職業紹介事業者が、第二種特別加入保険料額に充てるべきものとして手数料を徴収することとなり、従来届出書により届け出ていた手数料額を超えて手数料を徴収する場合には、届出制手数料変更届出書（様式第3号）を提出しなければなりません。

この場合において、変更届出書には、第二種特別加入保険料額に充てるべき手数料を徴収する旨および当該手数料額を記載する必要があります。

3　取扱い職種の範囲等の明示との関係（法第32条の13）

有料職業紹介事業者は、原則として求人の申込みまたは求職の申込みを受理した後、速やかに、求人者および求職者双方に対し、書面の交付の方法、ファクシミリを使用する方法または電子メール等を使用する方法により、手数料に関する事項および返戻金制度に関する事項について、明示しなければならないこととされています。手数料に関する事項とは、求職者から徴収する手数料に関する事項および求人者から徴収する手数料に関する事項であり、求職者に対しては、求職者から徴収する手数料のみならず、求人者から徴収する手数料についても明示しなければならず、求人者に対しても同様に、求職者から徴収する手数料についても明示しなければならないことに留意する必要があります（手数料および返戻金制度以外の事項も含めた取扱職種の範囲等の明示に関しては、**第9節**の**7**の（3）参照）。

具体的には、各事業所で徴収することとしている上限制手数料等を含む手数料表を明示することとなりますが、このなかに求職受付手数料を徴収する事業所にあっては、当該手数料を徴収することとなる職業（芸能家、家政婦（夫）、配ぜん人、調理士、モデル、マネキンのいずれか）および当該手数料を徴収する旨および手数料額が記載されていることが必要です。

また、芸能家もしくはモデルまたは経営管理者、科学技術者もしくは熟練技能者について求職者紹介手数料を徴収する事業所についても同様の取扱いを行う必要があります。

さらに、第二種特別加入保険料額に充てるべき手数料を徴収する事業者にあっては、当該手数料を徴収する旨および当該手数料額が記載されていることが必要です。

なお、この場合における則附則第３項にある「家政婦」とは男性たる家政夫を含むものであり、男女雇用機会均等法の趣旨に反しないようにするためにも手数料表に記載する時には「家政婦・家政夫」または「家政婦（夫）」としてください。

４　法令違反の場合の効果

届出をせずに届出制手数料を徴収した者は、法第 65 条第１項第２号に該当し、６カ月以下の懲役または 30 万円以下の罰金に処せられる場合があります。

５　第二種特別加入保険料に充てるべき手数料の管理の方法等について

則第 20 条第８項に規定された職業安定局長が定める「第二種特別加入保険料に充てるべき手数料」の管理の方法その他当該手数料に関し必要な事項は以下のとおりとします。

職業安定局長が定める第二種特別加入保険料に充てるべき手数料の管理の方法その他当該手数料に関し必要な事項

１　第二種特別加入保険料に充てるべき額の徴収方法

（１）法第 32 条の３第１項第１号に基づき則別表に定められた手数料を徴収する家政婦（夫）紹介所は、個人家庭で家事、育児または介護等の作業に従事し、特別加入している家政婦（夫）（以下「特別加入している家政婦（夫）」といいます。）に係る職業紹介について紹介手数料（支払われた賃金の額の 11 ／ 100（免税事業者の場合は 10.3 ／ 100）に相当する額を上限とします。）に第二種特別加入保険料に充てるべきものとして徴収する額（支払われた賃金の額の 5.5 ／ 1000 に相当する額以下とします。以下同じ。）を上乗せして徴収することができます。

（２）法第 32 条の３第１項第２号に基づき厚生労働大臣に届け出た手

数料表に基づき手数料を徴収する家政婦（夫）紹介所は、団体の構成員たる家政婦（夫）に係る職業紹介について当該手数料表に第二種特別加入保険料に充てるべきものとして徴収する旨を定め、当該第二種特別加入保険料額に充てるべきものとして徴収する額を上乗せして徴収することができます。

この第二種特別加入保険料額に充てるべきものとして徴収する額の徴収については、手数料管理簿において一般の手数料とは区分して記載、管理しなければなりません。また、当該保険料に充てるべき額の徴収と当該保険料額の納付については、経理上も他の収支とは区分して計上するものとします。

なお、この場合において、法第32条の3第1項第2号に基づき厚生労働大臣に届け出た手数料表に基づき、第二種特別加入保険料額に充てるべきものとして徴収する額を上乗せして徴収することができるので、当該手数料表に徴収する旨の定めがない場合は、同条第4項第2号により手数料の種類、額その他手数料に関する事項が明確に定められていないことに該当することとなり、同項に規定する厚生労働大臣の変更命令の対象となることから手数料の届出を受理する際に、その旨周知する必要があります。

2　第二種特別加入保険料の納入の取扱い

第二種特別加入保険料については、特別加入団体として承認を受けた家政婦（夫）団体が、各保険年度の開始に当たり、概算保険料を納付し、確定保険料の申告により、これを精算することとなります。また、この保険料には、第二種特別加入保険料に充てるべきものとして徴収した金額を充てることとなります。

なお、保険年度の途中で新たに特別加入者として加入承認を受けた者または特別加入者の脱退承認を受けた者については、年間の保険料額を12で除した金額に、当該者が当該保険年度中に特別加入者とされた期間の月数（1カ月未満の端数がある時はこれを1カ月とします。）を乗じて得た額で確定精算します。

3　確定保険料としての納入額が第二種特別加入保険料に充てるべきものとして徴収した手数料額を下回る場合の取扱い

（1）一の年度において、一の特別加入団体として承認を受けた家政婦（夫）紹介所に係る確定保険料の額が第二種概算保険料に充てるべきものとして徴収した手数料額の合計額を下回る場合は、翌年度の概算保険料等に充当するものとします。

（2）しかしながら、（1）のように充当したにもかかわらず、なお剰余が生じる場合については、当該剰余額を翌々年度における（1）に掲げる費用に充当するときを除き、当該家政婦（夫）団体に求職登録している特別加入している家政婦（夫）に係る次のような福祉の増進に要する費用に用いるものとします。

① 特別加入している家政婦（夫）に係る健康診断の実施、家政婦が受診した健康診断に要する費用の助成

② 特別加入している家政婦（夫）の感染予防のため貸与する手袋、予防衣等の購入、洗浄液等の購入

③ 特別加入している家政婦（夫）の腰痛予防のため貸与する腰部保護ベルト、腹帯等の購入

なお、家政婦紹介所は、上記①～③までに係る費用に第二種特別保険料に充てるべきものとして徴収した手数料額の合計額の剰余額を使用した場合は、これら支出の状況を領収書等証明書類を添付した上で記録するとともに、法第32条の16第1項に基づく事業報告書により報告しなければなりません。

※以上の徴収方法に違反した有料職業紹介事業者は、法第32条の3に違反するものとして、許可の取消しおよび事業停止命令（法第32条の9）および改善命令（法第48条の3）の対象となるとともに罰則（法第65条第2号）の対象となります。。

6　常用目的紹介にかかる手数料の取扱い

当初求人者と求職者との間で期間の定めのある雇用契約（以下「有期雇用契約」といいます。）を締結させ、その契約の終了後引き続き、両当事者間で期間の定めのない雇用契約（以下「常用雇用契約」といいます。）を締結させることを目的とする職業紹介（以下「常用目的紹介」といいます。）

が行われ、常用雇用契約が締結された場合において、それぞれの契約に係る手数料は、次のとおりです（常用目的紹介に関し、手数料の取扱い以外の留意点については、**第９節**の**２**の（５）参照)。

イ　有料職業紹介事業者が上限制手数料を採用している場合は、手数料の最高額の範囲内の手数料とすることができます。

ロ　有料職業紹介事業者が届出制手数料を採用している場合は、届出を行った手数料表に基づく手数料とすることができます。

なお、この場合において、有期雇用契約に係る雇用期間が６カ月であるときの手数料表としては、例えば、次のようなものが考えられます。

①　当初の有期雇用契約については、支払われた賃金の一定割合（例えば 10 ／ 100）に相当する額とします。

②　常用雇用契約については、当初の職業紹介から６カ月経過後１年経過時点までの間に支払われた賃金の一定割合（例えば 30 ／ 100）に相当する額とします。

なお、常用雇用契約に係る手数料は、有期雇用契約終了後に常用雇用契約が締結される場合について設定されるものです。

第7節　その他の手続等

1　事業組織の変更に関する手続等

（1）許可を要する事業組織の変更

イ　現に許可を受けている個人事業主が法人化する場合は、新たな事業組織による新規の許可申請が必要です。

ロ　許可後は直ちに従前の事業を廃止する必要があります。

（2）許可を要しない事業組織の変更

有料職業紹介事業を行っている特例有限会社の株式会社への商号変更、持分会社の種類の変更（合名会社・合資会社・合同会社間での変更）、持分会社から株式会社への組織変更が行われる場合で、変更に伴い許可の要件を欠くことがない場合には、事業者の名称、事業所の名称等に係る変更届によることとして差し支えありません。

2　個人事業の代表者が死亡した場合の手続等

（1）職業紹介責任者でない代表者が死亡した場合

個人事業の代表者が死亡した場合には、職業紹介事業の許可は自然消滅します。

ただし、死亡の日から10日以内に死亡の届出がなされた場合は、死亡の日から1カ月間職業紹介責任者の責任において事業の継続が認められます。

この1カ月のうちに引き続き事業を行おうとする者から新規の許可申請が行われた場合には、許可処分が通知される日まで職業紹介責任者の責任において事業の継続が認められます。

なお、死亡の届出は、職業紹介事業代表者死亡届（通達様式第13号。以下「死亡届」といいます。）を事業主管轄労働局に提出することにより行います。

（2）職業紹介責任者を兼ねている代表者が死亡した場合

死亡の日から 10 日以内に死亡の届出がなされた場合は、死亡の日から 1 カ月間届出者（当該代表者の家族、従事者または有効求職登録者）の責任において事業の継続が認められます。

この 1 カ月のうちに引き続き事業を行おうとする者から新規の許可申請が行われた場合には、許可処分が通知される日まで届出者の責任において事業の継続が認められます。

（3）代表者が死亡し、職業紹介責任者等が職業紹介事業を継続しない場合

代表者が死亡し、職業紹介責任者等が職業紹介事業を継続しない場合は、死亡届を提出する必要はありません。

3　法人の合併等の手続

法人の合併等に際し、消滅する法人が職業紹介事業の許可を有しており、合併後存続する法人または合併により新たに設立される法人が、その事業所において、引き続き職業紹介事業を行おうとする場合等には、許可申請等の手続を行う必要があります。

（1）吸収合併の場合の取扱い

イ　合併後存続する法人においては、合併後に職業紹介事業を行う場合、消滅する法人において有料職業紹介事業の許可を有していたが、存続する法人で許可を有していないのであれば、新規許可申請が必要です。

この場合、職業紹介事業の許可の期間に空白を生じることを避けるため、合併の日付と同日付けで許可することが可能となるよう、合併を議決した株主総会議事録等合併が確実に行われることを確認できる書類を添付して、存続法人において事前に許可申請を行います。この際、合併により事業開始予定日までまたは事業開始予定日付で法人の名称、住所、代表者、役員、紹介責任者が変更するときであって、これらについて許可申請時に合併を議決した株主総会議事録等により当該変更が確認できるときは有料・無料職業紹介事業許可申請書（様式第 1 号）においては、変更後のものを記載し、変更後直ちにその申請内容に相違がなかったこ

とを報告する必要があります。

ロ　合併後に職業紹介事業を行う場合であって、存続法人が職業紹介事業の許可を有していたときについては、新規許可申請を行う必要はありませんが、合併により法人の名称等に変更がある場合には、変更の届出を行います。

ハ　合併するすべての法人が職業紹介事業を行っている事業所を有している場合は合併後消滅する法人であっても新規許可申請を行う必要はありませんが、合併により法人の名称等に変更がある場合には、変更の届出を行います。

なお、許可条件通知書に記載された資産要件（事業所数の上限）については、合併する全ての法人の職業紹介事業所数を足し合わせた事業所数を記載した職業紹介事業許可条件通知書を新たに作成し、申請者に交付するものとしますが、合併に際し、新たに職業紹介事業を行う事業所を新設する場合には、**第４節**の**５**の（１）のイの（ト）の届出を行わせることが必要です。

（２）新設合併の場合の取扱い

イ　新設合併の場合（合併する法人がすべて解散し、それと同時に新法人が設立される場合）には、合併後に職業紹介事業を行う場合は、新規許可申請が必要です。

この場合、（１）のイと同様の手続により事前に許可申請を行うこととなりますが、申請時には新法人の主体がないため、特例的に合併後の予定に基づいて申請書等を記載するものとし、新法人設立後、予定どおり設立された旨を報告する必要があります。

ロ　なお、新設合併する法人がすべて職業紹介事業の許可を有している場合は、（１）のハに準じた取扱いとなります。

（３）労働者派遣事業を行う法人と合併する場合の取扱い

職業紹介事業の許可を有する法人と労働者派遣事業の許可を有する法人が合併するときであって、職業紹介事業の許可を有する法人が消滅する場合は、合併後当該事業所において新規許可申請が必要となります。職業紹介事業の許可を有する法人が存続する場合は、合併後、当該法人において新規許可申請を行う必要はありませんが、合併により法人の名称等が変更したときは、変更の届出を行わせることが必要です。

（4）営業譲渡、譲受の場合の取扱い

（1）に準じた取扱いとなります。

4　会社分割の場合の取扱い

（1）新設分割の場合

分割により新たに創設した法人（以下「分割新設法人」といいます。）に、分割する法人の営業を承継させる新設分割（会社法第2条第30号）の場合には、分割する法人が職業紹介事業の許可を有している場合であっても、分割新設法人が職業紹介事業を行う場合は新規許可申請が必要となり、**3**の（2）のイに準じて取り扱うものとします。

（2）吸収分割の場合

既に存在する他の法人に、分割する法人の営業を承継させる吸収分割の場合には、（1）に準じて取り扱うものとします。

5　権利能力のない社団が行う無料職業紹介事業の代表者交代に伴う許可手続等

権利能力のない社団については、職業紹介事業を行おうとする場合は、その代表者が職業紹介事業の許可を受けなければなりません。

権利能力のない社団において、代表者の交代に伴い、新たな代表者が許可申請を行おうとする場合は、無料職業紹介事業の許可の期間に空白を生じることを避けるため、代表者を新たな代表者に交代する旨を決議した総会等の議事録等交代を確認できる書類を添付することにより、現に許可を受けている代表者名義の資産、資金および事業所の所有権等を新たな代表者の名義に変更する前にその者において事前に許可申請を行うことも可能です。この際、交代の手続が完了した時点でその旨報告する必要があります。

6　帳簿書類の備付け

（1）有料職業紹介事業者が備え付けるべき帳簿書類

有料職業紹介事業を行う者は、有料職業紹介事業を行う事業所ごとに次に掲げる書類を備え付けておかなければなりません(則24条の7第1項)。

なお、企業説明会等において求人者または求職者の情報を収集した場合であっても、求人・求職の申込みに至らない場合には、次のイの書類に（3）に定める事項の記載は不要であること。ただし、企業説明会等の終了後に当該求人者または求職者に係る職業紹介を行う場合には、改めて求人または求職の申込みを受理するとともに、イの書類に（3）で定める事項を記載すること。また、収集した求職者の情報に個人情報が含まれる場合には、法第5条の5に基づき、適切に取り扱うこと。

イ　求人求職管理簿

ロ　手数料管理簿

（2）無料職業紹介事業者が備え付けるべき帳簿書類

無料職業紹介事業を行う者は、無料職業紹介事業を行う事業所ごとに求人求職管理簿を備え付けておかなければなりません（則第25条)。

なお、企業説明会等において求人者または求職者の情報を収集した場合であっても、求人・求職の申込みに至らない場合には、求人求職管理簿に（3）に定める事項の記載は不要であること。ただし、企業説明会等の終了後に当該求人者または求職者に係る職業紹介を行う場合には、改めて求人または求職の申込みを受理するとともに、求人求職管理簿に（3）で定める事項を記載すること。また、収集した求職者の情報に個人情報が含まれる場合には、法第5条の5に基づき、適切に取り扱うこと。

（3）帳簿書類の様式

（1）および（2）の帳簿書類には次の事項を記載しておかなければなりません。ただし、様式については任意のものを使用して差し支えありません。

イ　求人求職管理簿

(ｲ) 求人に関する事項

①　求人者の氏名または名称

求人者が個人の場合は氏名を、法人の場合は名称を記載すること。この場合、求人者が複数の事業所を有するときは、求人の申込みおよび採用選考の主体となっている事業所の名称を記載すること。

② 求人者の所在地

求人者の所在地を記載すること。

③ 求人に係る連絡先

求人者において、求人および採用選考に関し必要な連絡を行う際の担当者の氏名および連絡先電話番号等を記載すること。

④ 求人受付年月日

求人を受け付けた年月日を記載すること。

なお、同一の求人者から、複数の求人を同一の日に受け付ける場合で、受付が同時ではない場合は、その旨記載すること。

⑤ 求人の有効期間

求人の取扱に当たって、有効期間がある場合は、当該有効期間を記載するとともに、有効期間が終了した都度、その旨記載すること。

なお、有効期間については、事前に求人者に説明しておくこと。

⑥ 求人数

当該求人として、募集する労働者の人数を記載すること。

⑦ 求人に係る職種

当該求人により雇い入れようとする労働者が従事する業務の職種を記載すること。

⑧ 求人に係る就業場所

当該求人により雇い入れようとする労働者が業務に従事する場所を記載すること。

⑨ 求人に係る雇用期間

当該求人により雇い入れようとする労働者の雇用期間を記載すること。

⑩ 求人に係る賃金

当該求人により雇い入れようとする労働者の賃金を記載すること。

求人管理簿上に記載された賃金が、求人によって支払単位が異なるときには、時給、日給、月給等が判別できるように記載すること。

なお、雇用する労働者の能力等によって、賃金額が異なる場合については、下限額および上限額を記載することでも差し支えありません。

賃金額が都道府県ごとに設定されている最低賃金額を満たしているか留意すること。

⑪　職業紹介の取扱状況

当該求人に求職者をあっせんした場合は、職業紹介を行った時期、求職者の氏名、採用・不採用の別を記載することとし、採用された場合は採用年月日、期間の定めのない労働契約を締結した者（以下「無期雇用就職者」といいます。）である場合はその旨、転職勧奨が禁止される期間（採用年月日から、採用年月日の２年後の応当日の前日までの間）および無期雇用就職者の離職状況も記載すること。

無期雇用就職者の離職状況については、以下の（a）または（b）のいずれかについて記載すること。

（a）６カ月以内に離職（解雇を除く。）したか否か、または離職状況の確認のための調査により離職状況が判明しなかった場合にはその旨、並びに調査を行った日および調査方法

（b）６カ月以内の離職により返戻金制度に基づき返金が行われたか否か

なお、求人者、求職者とのトラブル防止の観点から、採用・不採用に至るまでの経緯を記載することは差し支えありません。

(ロ) 求職に関する事項

①　求職者の氏名

求職者の氏名を記載すること。

②　求職者の住所

求職者の住所を記載すること。

③　求職者の生年月日

求職者の生年月日を記載すること。

年齢によっては、労働基準法上、就業に関する制限があるので留意すること。

④　求職者の希望職種

求職者の希望する職種を記載すること。

求職者の希望職種によっては、受付手数料を徴収することも可能であること。

⑤　求職受付年月日

求職を受け付けた年月日を記載すること。

⑥　求職の有効期間

求職の取扱に当たって、有効期間がある場合は、当該有効期間を記載するとともに、有効期間が終了した都度、その旨記載すること。

なお、有効期間については、事前に求職者に説明しておくこと。

⑦　職業紹介の取扱状況

当該求職者に求人をあっせんした場合は、職業紹介を行った時期、求人者の氏名または名称（当該求人者からの求人が複数ある場合は、求人が特定できるようにしておくこと。）、採用・不採用の別を記載することとし、採用された場合は採用年月日、無期雇用就職者である場合はその旨、転職勧奨が禁止される期間（採用年月日から、採用年月日の２年後の応当日の前日までの間）および無期雇用就職者の離職状況も記載すること。

無期雇用就職者の離職状況については、以下の（a）または（b）のいずれかについて記載すること。

（a）６カ月以内に離職（解雇を除く。）したか否か、または離職状況の確認のための調査により離職状況が判明しなかった場合にはその旨、並びに調査を行った日および調査方法

（b）６カ月以内の離職により返戻金制度に基づき返金が行われたか否か

なお、求人者、求職者とのトラブル防止の観点から、採用・不採用に至るまでの経緯を記載することは差し支えありません。

ロ　手数料管理簿

①　手数料を支払う者の氏名または名称

求人者、関係雇用主または求職者のうちの手数料の支払いを行う者について、個人の場合は氏名を、法人の場合は名称を記載すること。

なお、求人者または関係雇用主が複数の事業所を有するときは、求人申込み等の主体となっている事業所の名称を記載すること。

②　徴収年月日

手数料の支払いが行われた年月日を記載すること。

③　手数料の種類

求人受付手数料、求職受付手数料、求職者手数料、紹介手数料等の種類を記載すること。

④　手数料の額

徴収した手数料の額を記載すること。第二種特別加入保険料を徴収している場合はその額がわかるように記載すること。

⑤　手数料の算出の根拠

手数料の算出根拠となった賃金、割合等をわかるように記載すること。

なお、書面によらず電磁的記録により帳簿書類の作成を行う場合は、電子計算機に備えられたファイルに記録する方法または磁気ディスク、ＣＤ－ＲＯＭその他これらに準ずる方法により一定の事項を確実に記録しておくことができる物（以下「磁気ディスク等」といいます。）をもって調製する方法により作成を行わなければなりません。

また、書面によらず電磁的記録により帳簿書類の備付けを行う場合は、次のいずれかの方法によって行った上で、必要に応じ電磁的記録に記録された事項を出力することにより、直ちに明瞭かつ整然とした形式で使用に係る電子計算機その他の機器に表示し、および書面を作成できるようにしなければなりません。

イ　作成された電磁的記録を電子計算機に備えられたファイルまたは磁気ディスク等をもって調製するファイルにより保存する方法

ロ　書面に記載されている事項をスキャナ（これに準ずる画像読取装置を含みます。）により読み取ってできた電磁的記録を電子計算機に備えられたファイルまたは磁気ディスク等をもって調製するファイルにより保存する方法

（4）帳簿書類の保存期間

保存期間は、求人求職管理簿については求人または求職の有効期間の終了後、手数料管理簿については手数料の徴収完了後、２年間とします。

（5）法違反の場合の効果

法第32条の15に違反した場合は、30万円以下の罰金に処せられる場合があります（法第66条6号）。また、許可の取消しまたは事業の停止処分の対象となります（法第32条の9第1項および第2項（法第33条第4項において準用する場合を含みます。））。

7　職業紹介事業報告

（1）報告方法

職業紹介事業者は、毎年4月30日までに、その年の前年の4月1日からその年の3月31日までの間における職業紹介事業を行う全ての事業所ごとの職業紹介事業の状況（ただし、無期雇用就職者の離職状況については、その年の前々年の4月1日からその年の前年の3月31日までに就職した者に関する状況（※））を報告書にまとめ、正本1部およびその写し2部を作成し、事業主管轄労働局に提出します（法第32条の16（法第33条第4項、法第33条の3第2項において準用する場合を含みます。）、則第24条の8（則第25条または則第25条の3第2項において準用する場合を含みます。））。

※無期雇用就職者の離職状況については、当該無期雇用就職者に係る雇用主に対し調査したうえで、離職した人数を報告する必要があります。ただし、職業紹介事業者が返戻金制度を設けている場合は、これに代えて、返戻金制度に基づき手数料を返金した人数を報告することができます。

（2）報告様式

職業紹介事業報告の様式は、有料・無料職業紹介事業報告書（様式第8号）および特別の法人無料職業紹介事業報告書（様式第8号の2）とします。

（3）職業紹介従事者

職業紹介業務に従事する者とは、職業紹介責任者の業務が法第32条の14に規定するとおり、求人者等からの苦情の処理等の事項を統括管理するとともに、従業者に対する職業紹介の適正な遂行に必要な教育を行うことであり、選任に係る人数の要件のベースとなる業務については、職業紹介責任者が管理すべき以下の業務に従事する者はこれに該当します。

イ　求人者または求職者から申し出を受けた苦情の処理の業務に従事する者

ロ　求人者の個人情報（職業紹介に係るものに限ります。）および求職者の個人情報の管理の業務に従事する者

ハ　求人および求職の申込みの受理、求人者および求職者に対する助言および指導その他職業紹介事業の運営および改善の業務に従事する者

ニ　職業安定機関との連絡調整の業務に従事する者

（4）取扱業務等の区分

取扱業務等の区分は、厚生労働省編職業分類における001から099の中分類の区分により記載してください（巻末の参考資料「厚生労働省編職業分類表令和4年4月14日通達」参照）。

ただし、家政婦（夫）、マネキン、調理士、芸能家、配ぜん人、モデル、医師（歯科医師・獣医師は除きます）、看護師（准看護師を含みます）、保育士の職業、技能実習生および特定技能については中分類とは別にそれぞれ記載してください。なお、求職欄について、一人の求職者の希望業務が複数ある場合には、求職者の希望順位が最も高い業務が属する「取扱業務等の区分」のみに計上してください。

なお、特定技能については、特定技能1号または特定技能2号の在留資格により就労している者またはこれから就労しようとしている者に係る職業紹介が該当します。

（5）その他留意事項

①　同一事業主の複数事業所における求人の受理

一の求人について、複数の事業所を有する事業主で受理した場合、複数の事業所においてその求人を取り扱ったとしても、求人数は一とします。

②　業務提携を結んだ場合の取扱

職業紹介事業者間の業務提携を行っている場合、職業紹介行為を一貫して行うのはあっせんを行う職業紹介事業者のみであるため、就職件数は実際にあっせんを行った職業紹介事業者が報告し、自らあっせんを行わず、当該求人または求職を他の職業紹介事業者に提供した職業紹介事

業者は報告を行わないこと。また、これによる手数料収入の報告も同様とし、現にあっせんを行った職業紹介事業者のみがその総額を報告することとし、情報の提供を行った職業紹介事業者は報告を行わないこと。

8　職業紹介責任者講習

（1）目的

法第32条の14により選任を義務づけられている職業紹介責任者等に対し、法の趣旨、職業紹介責任者の職務、必要な事務手続等について講習を実施することにより、職業紹介事業所における事業運営の適正化に資することを目的とします。

（2）受講対象者

原則として新たに職業紹介事業を行おうとする者および既に許可を受けて職業紹介事業を営む者により職業紹介責任者として選任されることが予定されている者および職業紹介責任者に選任されている者を対象として実施されます。

（3）講習の実施機関

講習は、以下のイおよびロの事項を満たし、講習告示により、厚生労働大臣が、職業紹介事業の運営を適正に行うに足る能力を養成する講習を実施できる機関（以下「講習機関」といいます。）として定めた者が実施するものとします。

イ　講習告示に定める講習機関は、以下のすべてを満たすものと厚生労働大臣が確認できた機関とします。

(イ) 申出の日の属する年度またはその前年度を含む３年において、少なくとも各年度１回以上、職業紹介事業に関わる講習または研修等（以下「講習等」といいます。）の事業実績を有する法人であること。

なお、講習等とは、職業紹介責任者講習の講義課目の５課目のうち３課目以上の内容を網羅しているものであり、申出者自らの法人もしくは同法人のグループ企業に在籍する者や特定の法人の従業員等に対して実施されたものではなく、広く一般に受講者を募集して開催された講習等であること。

(ロ) 法人およびその役員が、法第32条各号に規定する欠格事由のいずれにも該当しないものであること。

(ハ) 資産について、債務超過の状況にないこと。

(ニ) 職業紹介事業および労働者派遣事業のいずれについても、自ら営むものでないこと。

(ホ) その他不適当であると判断するに足る理由がないこと。

ロ　講習機関は、申出の際に確認を受けた事項の内容に変更があった場合は、改めて該当する事項について要件を満たすと確認を受けなければなりません。

（4）講習開催に係る申出手続

イ　講習実施の申出

新規に講習の開催を行おうとする者は、次の書類を厚生労働大臣（厚生労働省職業安定局需給調整事業課を経由。）に提出する必要があります。

なお、厚生労働大臣が講習機関と認めるまで２カ月程度を要することから、期間に余裕を持って関係書類を提出してください。なお、講習機関となることを希望する場合、事前に需給調整事業課に提出等の相談をするようにしてください。

(イ) 職業紹介責任者講習実施申出書（通達様式第14号－１）

(ロ) 定款または寄附行為および法人登記事項証明書

(ハ) 職業紹介事業に関わる講習等の事業実績を証する書類（具体的には、①講習日時、場所、受講対象者等が記載された受講者募集案内、②講習等のテキスト・資料、③受講者氏名（所属法人名等を含みます。）および講師氏名を記載した書類）

(ニ) 代表者および役員の履歴書

(ホ) 資産に関する書類（**第５節**の**２**の（１）のイの（5）の書類）

(ヘ) 開催日時、開催場所（非対面方式（オンライン等の集合型ではない方法）により開催する場合は、具体的な実施方法）、受講定員、受講料、講師氏名（予定者）、受講者募集開始日時、募集締切日時、応募窓口、問合わせ先を記載した書類（通達様式第14号－２および同15号）

(ト) 職業紹介責任者講習において配布するテキストおよび資料等

(チ) 試験問題取扱担当者の氏名を記載した書類

（3）のイ（イ）から（ホ）までの確認および上記の（イ）から（チ）までの書類提出の結果、開催の申出を認めた場合には、厚生労働大臣により告示された日以降に、厚生労働省ホームページにその開催日時等を掲載します。また、職業安定局需給調整事業課長（以下「需給調整事業課長」といいます。）より、当該年度の講習実施団体として登録された旨を通知し、講習における理解度確認試験に係る資料を交付します。

ロ 告示後の手続等

(イ) 開催者番号の振り出し

厚生労働大臣は、（3）の要件を満たすと確認した講習機関に対して、開催者番号を振り出します。開催者番号を振り出した講習機関については、厚生労働大臣の告示をもって公表されます。開催者番号の振り出しを受けた講習機関による受講者の募集は、告示後であって、かつ厚生労働省のホームページ掲載日以降に開始できるものとします。

(ロ) 名称または所在地に係る変更

講習機関の名称または所在地が変更となった場合、職業紹介責任者講習会実施申出書（通達様式第 14 号－1）に変更後の名称または所在地を記載し申し出るものとし、厚生労働大臣は、申出書および変更後の内容を確認できる書類を確認の上、講習告示に規定された講習機関の名称または所在地を変更します 。

(ハ) 講習の廃止

厚生労働大臣の確認を受け、告示された講習機関が、今後講習を実施する見込みがなくなった場合または（3）の要件を満たさなくなった場合、講習機関は職業紹介責任者講習廃止申出書（通達様式第 18 号）により厚生労働大臣（厚生労働省職業安定局需給調整事業課を経由。）に申し出てください。厚生労働大臣は、申出書を確認の上、告示から講習機関を削除します。

講習機関は、理解度確認試験に係る資料を厚生労働省に返却するとともに、残存データ（（9）への情報を除きます。）を破棄しなければなりません。

ハ 厚生労働省ホームページへの講習日程等の掲載依頼および受講者の募

集開始等

開催が予定される講習の日程等については、その開催予定日の前々月の末日までに厚生労働省ホームページに掲載することとなっています。このため、講習の開催を予定する者は、当該ホームページへの講習日程等の掲載を希望する日の２週間前までにその掲載を申し出るものとし、上記イ（ヘ）を厚生労働大臣（厚生労働省職業安定局需給調整事業課を経由。）あてに提出（通達様式第 15 号についてはその電子データのメール送信を含みます。）することにより行うものとします。

また、講習開催予定者は、厚生労働省ホームページにその開催日程等が掲載された日以降、当該講習の受講者募集を開始するものとします。

（5）受講者名簿の作成等

講習機関は、次の事項を行うものとします。

イ　開催者番号、講習会場番号、受講者番号、受講年月日、受講者氏名、理解度確認試験の得点を記載した受講者名簿（通達様式第 16 号）を作成すること。

ロ　講習終了後、速やかに受講修了者に対し、受講証明書（通達様式第 17 号）を交付すること。

ハ　受講者名簿は、講習終了後２週間以内に職業安定局長に提出すること。

ニ　講習に係る課目ごとの講義時間および講師の氏名、肩書きを記載した実施報告書を上記ハと併せて提出すること。

ホ　上記ハおよびニの書類（厚生労働大臣に提出したものの原本）については、当該講習終了後５年間保存すること。

（6）講習の内容

講習は下表の内容により行わなければなりません。

その際、対象者が初めて受講する者か既に職業紹介責任者としての職務経験を有する者かにかかわらず、講習下表の講義課目の１から６までをすべて実施するものとします。また、理解度を確認するための試験を実施することとします。

なお、各講義課目の時間数が減少しない限り、講義内容を充実させることは差し支えありません。

講義課目	時間	講義内容
1　民営職業紹介事業制度の概要について	30分	(イ) 労働力需給システムについて (ロ) 民営職業紹介事業の意義・役割について
2　職業安定法および関係法令について ※最近（過去5年間、以下同じ）の民間職業紹介事業制度および労働関係法令等の改正等の動向に触れること。	1時間30分	(イ) 職業安定法、関係政省令、指針等について (ロ) 労働施策総合推進策法、年齢制限の禁止について (ハ) 男女雇用機会均等法等について (ニ) 労働基準法について（第1章～第4章、第6章の2、第8章、その他必要な事項）（※） (ホ) 最低賃金、労災補償について (ヘ) 青少年の雇用の促進等に関する法律（以下「若者雇用促進法」といいます。）等について (ト) 障害者等に対する差別の禁止について
3　職業紹介責任者の責務、職務遂行上の留意点および具体的な事業運営について	2時間20分	(イ) 職業紹介責任者の責務（従事者教育等）、職務遂行上の留意点 (ロ) 職業紹介サービスのあり方について (ハ) 紹介あっせんの方法について (ニ) 有料職業紹介事業の手数料について (ホ) 苦情処理の対応について (ヘ) その他事業運営に関することについて
4　個人情報の保護の取扱いに係る職業安定法の遵守と公正な採用選考の推進について	40分	(イ) 職業安定法における個人情報の取扱い (ロ) 公正な採用選考の推進について
5　理解度確認試験	15分	上記内容について、受講者の理解度の確認（正味最大10分）を行う。
6　民営職業紹介事業の運営状況	45分	(イ) 最近の民営職業紹介事業の運営上状況（国外にわたる職業紹介の状況含む。） (ロ) 最近の指導監督における事業運営上の問題点

（※）労働基準法については、平成31年4月1日から第41条の2の規定（高度プロフェッショナル制度）が施行されていることにも留意し、講習を行ってください。

（7）テキスト・資料の内容

講習で使用するテキスト等については、講習機関において定めるものとしますが、下表に掲げる資料を必ず含めてください。

資料の項目	配布する部分等
①職業安定法	第１条～第５条の８、第15条および第16条、第20条、第29条～第32条、第32条の３～第36条、第43条の２、第44条および第45条、第47条の２～第51条の３、第61条～第67条
②職業安定法施行規則	第４条の２、第11条、第18条、第20条～第24条、第24条の３～第24条の８、第25条の３、第26条、第33条および第34条、第38条
③職業紹介事業者、求人者、労働者の募集を行う者、募集受託者、募集情報等提供事業を行う者、労働者供給事業者、労働者供給を受けようとする者等がその責務等に関して適切に対処するための指針	全部
④労働基準法	第１条～第７条、第９条～第28条、第32条～第32条の５、第34条～第39条、第56条～第61条、第65条～第69条、第117条～第120条
⑤労働基準法施行規則	第５条、第24条の２
⑥男女雇用機会均等法	第１条および第２条、第５条～第10条第１項
⑦若者雇用促進法	第４条、第６条、第７条、第13条、第14条、第28条
⑧若者雇用促進法施行規則	第２条～第５条
⑨青少年の雇用機会の確保及び職場への定着に関して事業主、職業紹介事業者等その他の関係者が適切に対処するための指針	全部

⑩障害者の雇用の促進等に関する法律	第1条、第3条、第34条～第36条第1項、第36条の2～第36条の5第1項、第36条の6
⑪「公正な採用選考をめざして」	全部の写し
⑫その他厚生労働省から指示するもの	理解度確認試験の試験問題については、厚生労働省から配布される試験問題の中から、10問選択したうえで実施する。

（8）その他留意事項

イ　受講希望者の募集および登録

(イ) 募集締切日時については、

①　特定の日時を定める方法

②　あらかじめ定めた定員に達した時点とする方法

③　①または②のいずれか早いものとする方法

のいずれかの方法をもって定めるものとします。募集締切日時を経過後に空き定員が生じた場合には、厚生労働省ホームページに掲載した募集締切日時にかかわらず、引き続き受講者の募集を行って差し支えありません。

(ロ) 受講希望者の登録は、応募順または募集締切日時後の抽選とし、これ以外の方法により、例えば、募集開始日時前等に一部の受講希望者を対象として優先的な登録等を行ってはならないものとします。

ただし、開催日の翌月または翌々月に職業紹介責任者に就任することを予定する者のみに限定した募集枠を設けることは差し支えありません。この場合、限定募集枠に係る募集締切日時および受講定員を上記（4）のイの（ヘ）の書類に記載してください。

(ハ) 講習機関においては、あらかじめ定めた受講定員に達した後、キャンセル待ちでの応募を受け付けることができるものとします。キャンセル待ちの受付を行う場合には、あらかじめその方法について定め、明示するとともに、キャンセル待ちの対象となっている受講希望者にその旨を通知してください。

ロ　講習の追加・削減、変更等

講講習の追加・削除および上記（4）のイの（ﾍ）の項目については、当該追加・削除、変更に係る講習の開催日の前々月の末日の2週間前まで申し出ることができるものとします。

その他やむを得ない変更がある場合については、随時、申し出ることができることとしますが、厚生労働省のホームページへの反映は2週間後となり、開催までに反映されない場合があります。

ハ　受講対象者の限定

上記イの（ﾛ）のただし書による場合を除き、講習機関の従業員、構成員等の関係者、講習機関の営む事業の利用者等特定の者に対象を限定しまたは募集枠を設けて講習を実施するものではありません。

ニ　受講料の設定

受講料は、初めて講習を受講する者、職業紹介責任者としての職務経験を有する者等、対象者別に金額を定めることができるものとします。ただし、この場合は、上記（4）のイの（ﾍ）においてその内容を具体的に記載してください。

ホ　受講証明書の交付

遅刻または離席があった者、受講の態度が良好でないものと講習機関が判断した者、理解度確認試験を受験しなかった者、理解度確認試験において正答6割未満の者、試験中にカンニング等の不正行為をした者に対しては、受講証明書を交付してはなりません。ただし、遅刻または離席の場合にあっては、その理由が講習機関において真にやむを得ないものと認めるときは、この限りではありません。

特に、オンライン等の非対面方式の場合であっても、受講者が遅刻または自由に離席することを認めるものではないことに留意してください。

ヘ　欠席、遅刻等に係る受講料の取扱い

受講者が欠席、遅刻等した場合における受講料の取扱いについては、あらかじめ実施機関において定め、明示するものとします。

ト　講習における休憩時間の確保

講習の実施に当たっては、所定の講義時間とは別に、概ね2時間に10分以上の休憩時間を設けることとします。

チ　障害者等に対する配慮

受講者が障害者である等、通常の受講環境では支障があり、特別の配慮を受けたい旨の要望がある場合、当該者の態様に応じて配慮するよう努めるべきです。

（9）理解度確認試験の実施について

イ　厚生労働省から交付された理解度確認試験に係る資料および試験問題は、試験問題の作成および試験の実施のためにのみ利用することとし、他の目的のために利用してはなりません。

ロ　講習機関は、試験問題を取り扱う範囲を（4）のイの(チ)により届け出た者および当日の講師に限定し、その内容を他に漏らしてはなりません。また、試験問題は試験終了後回収するものとします。

ハ　講習機関は、実施機関において理解度確認試験に係る資料または試験問題の紛失、漏えい等が判明した場合は、直ちに、その日時、場所、内容、対処措置その他必要な事項を厚生労働省に報告しなければなりません。

ニ　試験内容は講習ごとに変更することとし、同一内容の試験を連続して行わないようにします。また、各講義課目から満遍なく出題するものとします。

ホ　講習機関は、各講習において実施した試験問題の内容および問題ごとの正答率について、講習終了後２週間以内に厚生労働省に報告しなければなりません。

ヘ　講習において実施した試験問題および受講者の答案については、当該講習終了後５年間保存します。

ト　上記のほか、職業安定局需給調整事業課が定める「職業紹介責任者講習における理解度確認試験事務手引き」を遵守するものとします。

（10）講習および試験の適正な実施等について

イ　講習機関は、講習を受講した者から後日実施者に対して質問や試験における得点の照会等が寄せられた際には、その質問等に対して回答できるような組織体制としておくこと。

ロ　講習機関は、講習の実施にあたり、講師の不慮の事故等により講習が中止となるような事態とならないよう、十分配慮した講師の配置を行うこと。

ハ　講習機関は、講習の講義時間および講習で使用するテキスト・資料を、当該講習以外の宣伝等他の目的の手段として活用してはならないものとします。

ニ　講習の適正な実施等の観点から必要があると認められるときは、厚生労働省は講習機関に対して報告を求め、または調査を行うことができるものとします。報告を求められ、または調査の対象となった講習機関は、これに応じるものとすること。

ホ　講習機関が適正に講習・試験を実施していないと認められる場合、講習機関がニの報告または調査に正当な理由なく応じなかった場合には、厚生労働大臣は、講習・試験の実施内容の改善または講習の一部停止を指示し、または上記（3）の確認を撤回することがあること。この場合において、講習・試験の実施内容の改善の指示を受けた講習機関は、指示に対する改善計画を厚生労働大臣に提出するとともに、誠実に改善計画を履行するものとします。

ヘ　ホにより上記（3）の確認を撤回された者については、撤回された日から3年の間、講習の実施について確認を受けることはできないものであること。

ト　講習の受講および受講証明書の発行に際して、なりすまし受講を防止するため、受講者の本人確認の徹底をすること。本人確認は、運転免許証、パスポート、個人番号カード等、顔写真付きの公的証明書にて確認を行うこと（顔写真付きの公的証明書を持っていない場合には、国民健康保険証等の公的証明書と顔写真付きの社員証とを組み合わせること等により本人確認を行うこと）が望ましいです。

9　厚生労働大臣の指導等

（1）意義

厚生労働大臣は、労働力の需要供給を調整するため特に必要があるときは、書面により、職業紹介事業者に対し、職業紹介の範囲、時期、手段、件数その他職業紹介を行う方法に関し必要な指導、助言および勧告をすることができます（法第33条の6、則第26条）。

（2）具体的事例

具体的には、次のような場合に厚生労働大臣が行うものです。

イ　経済変動や災害により一時に大量の離職者または労働需要が発生し、特定の地域や産業に著しい雇用過剰や労働力不足が生じた場合に、労働市場の混乱を防ぐため（例えば、当該地域および産業において確立された良好な雇用慣行や雇用状態の急激な変化を回避または緩和する為）、特定地域や産業に関する職業紹介についてその範囲、時期、手段、件数その他の職業紹介の方法に関して、必要な指示をする場合（障害者、高齢者、外国人等の就職困難者の就業状態の悪化等が考えられます）。

ロ　特定地域に、または全国的に、国外からの労働力流入が増加し、労働条件が著しく低下する恐れがある場合（国外からの流入求職者に関する紹介の制限または紹介状況の届出の指示等）。

ハ　労働力需給調整に関して社会的に成立している特別な秩序についてこれを維持することが必要である場合（新規学卒の職業紹介の時期、手段（学校経由等）等の指示、出稼ぎ労働者の職業紹介の時期、件数等の指示）。

ニ　雇用に関する重要な政策遂行のために職業紹介事業者に対し一定の行為を求める必要がある場合（例えば、明白な差別的取扱の禁止違反等労働力需給調整の確保の観点から見て看過できない法違反を含む内容の求人が提出された場合において、民間の職業紹介事業者が、求人者に対し必要な是正指導や求人受理拒否を行うことについての指示）。

第8節　特別の法人の行う無料職業紹介事業

1　届出手続

（1）特別の法人の行う無料職業紹介事業の届出

イ　特別の法律により設立された法人であって厚生労働省令で定めるものは、事業主管轄労働局を経て、厚生労働大臣に対して特別の法人無料職業紹介事業届出書（様式第1号の2）を提出することにより、当該法人の直接もしくは間接の構成員（以下「構成員」といいます。）を求人者とし、または当該法人の構成員もしくは構成員に雇用されている者を求職者として無料職業紹介事業を行うことができます（法第33条の3第1項）。

特別の法人については、具体的には以下に掲げるものであって、その直接または間接の構成員の数が10以上のものが該当します。

- 農業協同組合法（昭和22年法律第132号）の規定により設立された農業協同組合
- 水産業協同組合法（昭和23年法律第242号）の規定により設立された漁業協同組合または水産加工業協同組合
- 中小企業等協同組合法（昭和24年法律第181号）の規定により設立された事業協同組合または中小企業団体中央会
- 商工会議所法（昭和28年法律第143号）の規定により設立された商工会議所
- 中小企業団体の組織に関する法律（昭和32年法律第185号）の規定により設立された商工組合
- 商工会法（昭和35年法律第89号）の規定により設立された商工会
- 森林組合法（昭和53年法律第36号）の規定により設立された森林組合
- その他これらに準ずる者として、厚生労働大臣が定めるもの

なお、「厚生労働大臣が定める者」については、以下の者が該当します。

- 農業協同組合法の規定により設立された農業協同組合連合会
- 水産業協同組合法の規定により設立された漁業協同組合連合会または水産加工業協同組合連合会
- 中小企業等協同組合法の規定により設立された協同組合連合会
- 商工会議所法の規定により設立された日本商工会議所
- 中小企業団体の組織に関する法律の規定により設立された商工組合連合会
- 商工会法の規定により設立された商工会連合会
- 森林組合法の規定により設立された森林組合連合会

ロ　イの届出書の提出は、（２）に掲げる届出関係書類を、事業主管轄労働局を経由して厚生労働大臣に提出することにより行います。

なお、届出は事業主が行うものですが、事業主の届出に際しては、無料職業紹介事業を行おうとする事業所ごとに特別の法人無料職業紹介事業届出書（様式第１号の２）または特別の法人無料職業紹介事業変更届

（様式第６号）に記載するとともに、事業所ごとに特別の法人無料職業紹介事業計画書（様式第２号）等の書類を提出することが必要です（法第33条の３、則第25条の３第２項）。

ハ　特別の法人については、構成員を求人者としてまたは当該法人の構成員もしくは構成員に雇用されている者を求職者として無料職業紹介事業を行う場合は、厚生労働大臣に届け出て行うことができますが、求人者・求職者を限定せずに広く無料職業紹介事業を行う場合は、厚生労働大臣の許可が必要です。

ニ　無料職業紹介事業については、許可基準において事業所の位置、広さ、構造等に係る一定の基準を満たすことおよび事業所名称は利用者にとって業務の範囲が分かりやすいもので、かつ、「無料職業紹介所」の文字を入れたものであることを要件としています。特別の法人の行う無料職業紹介事業については、事業所について許可基準はありませんが、無料職業紹介事業を行うものであることが明確となるよう、また、職業安定機関その他の公的機関と誤認を生ずるものでないよう、周知徹底・指導を図ることとされています。

（2）届出関係書類

特別の法人の無料職業紹介事業の届出関係書類は**第５節**の**２**の（３）のイに掲げるとおりとします（法第33条の３、則第25条の３第３項）が、派遣元事業主が職業紹介事業の届出を行う場合または労働者派遣事業の許可申請と同時に職業紹介事業の届出を行う場合は、**第５節**の**１**の（３）に掲げるとおり、添付書類を省略することができます。ただし、派遣元事業主が職業紹介事業の届出を行う場合にあっては、省略することができる書類の事項の内容が需給調整システムに入力されている内容と異なる場合は、その異なる内容が確認できる書類は必要であること。

なお、特別の法人無料職業紹介事業届出書（様式第１号の２）、特別の法人無料職業紹介事業計画書（様式第２号）は、正本１部およびその写し２部を提出することを要しますが、**第５節**の**２**の（３）のイの（2）から（8）に掲げる書類については、正本１部およびその写し１部で足ります（則第38条第３項）。

（3）法人の役員の意義等

第3節の**3**の（3）の二によります。

（4）事業開始の欠格事由

イ　概要

事業開始の欠格事由に該当する者は、新たに無料職業紹介事業の事業所を設けて当該無料職業紹介事業を行ってはなりません（法第33条の3第2項において準用する法第32条）。

ロ　意義

(イ) 特別の法人の行う無料職業紹介事業については、届出書を厚生労働大臣に提出すれば行うことができるものです。

(ロ) しかしながら、有料・無料職業紹介事業に係る許可と同様、欠格事由に該当する者は、法を遵守し、求職者の保護と雇用の安定および労働力需給調整システムとしての当該事業の適正な運営が期待し得ないことから、欠格事由に該当する者は、無料職業紹介事業を行うことができないものとしたものです。

(ハ)「新たに無料職業紹介事業の事業所を設けて当該無料職業紹介事業を行ってはなりません。」とは、届出書を提出して無料職業紹介事業を開始することを禁止するものであり、従来から一定の事業所で何らかの事業を行っていた者が、欠格事由に該当するにもかかわらず、事業所を新設せず、当該一定の事業所で無料職業紹介事業を開始することを許容するものではないので留意してください。

(ニ) また、無料職業紹介事業の届出書が提出されても、当該届出者が事業開始の欠格事由に該当していれば当該届出は、法第33条の3第2項において準用する法第32条に違反するものであり、無料職業紹介事業を行うことはできないものです。

ハ　事業開始の欠格事由

事業開始の欠格事由は、法第32条に規定する欠格事由です（**第3節**の**3**の（3）のイの(イ)参照)。

（5）職業紹介責任者の選任等

職業紹介責任者については、欠格事由（法第33条の3第2項において準用する第32条）に該当することなく、および業務を適正に遂行する能力を有する者のうちから選任すること（則第25条の3第2項において準用する則第24条の6）。職業紹介責任者講習を修了していることその他を選任の要件としています（**第3節の3の（3）のホ参照**）。

（6）届出の受理

イ　届出書を受理したときは、特別の法人無料職業紹介事業届出書の写しに届出受理番号および届出受理年月日を記載するとともに、当該写しに次の記載例により特別の法人無料職業紹介事業届出書が受理された旨を記載し、当該写しおよび特別の法人無料職業紹介事業計画書の写しそれぞれ一通を届出者に対して控として交付します。

〔記載例〕

職業安定法第33条の3第1項の規定による、　年　月　日付けの特別の法人の無料職業紹介事業に係る届出書については上記、届出受理番号、届出受理年月日により受理した。

ロ　構成員を求人者とし、または構成員もしくは構成員に雇用されている者を求職者としていないこと、または届出者が事業開始の欠格事由に該当していることにより、当該届出者に係る届出書を受理できない場合は次の様式により、無料職業紹介事業の届出が受理できない旨および該当しない理由を削除する等を行い書面を作成し、当該届出者に対して交付します。

（日本産業規格Ａ列４）

年　　月　　日

殿

厚生労働大臣　　印

年　月　日付けの無料職業紹介事業に係る届出者については、事業開始の欠格事由（法第32条第　号）に該当すること、構成員を求人者とし、または構成員もしくは構成員に雇用されている者を求職者としていないため、法第33条の3第2項において準用する法第32条にまたは法第33条の3第1項に違反するため、受理できない。
　このため、法第33条の3に基づく無料職業紹介事業を行うためには、届出を受理することができない事由が解消された後、改めて届出を行うことが必要である。

（7）違反の場合の効果

イ　（1）のイに違反して、届出書を提出しないで無料職業紹介事業を行った者は、法第65条第3号に該当し、6カ月以下の懲役または30万円以下の罰金に処せられる場合があります。

ロ　（1）のイまたはロの届出書または届出関係書類に虚偽の記載をして提出した者は、法第66条第1号に該当し、30万円以下の罰金に処せられる場合があります。

ハ　また、上記イまたはロの場合、法に違反するものとして、事業停止命令（法第33条の3第2項において準用する法第32条の9第2項）の対象となり、イまたはロの司法処分を受けた場合は事業廃止命令（法第33条の3第2項において準用する法第32条の9第1項）の対象となります。

（8）書類の備付け等

イ　概要

　届出書を提出した者は、当該届出書を提出した旨その他の事項を記載した書類を、無料職業紹介事業を行う事業所ごとに備え付けるとともに、関係者から請求があったときは提示しなければなりません（法第33条の3第2項において準用する法第32条の4第2項）。

ロ　意義

　当該書類の備付けおよび提示は、有料・無料職業紹介事業の許可証と同様に、無料職業紹介事業を行う者が適法に事業活動を行っていることを関係者に知らせるための措置です。

ハ　届出書を提出した旨その他の事項を記載した書類

(イ)「届出書を提出した旨」とは、届出書を提出した場合に交付される届出受理番号を記載させることにより確実に示すこととします。

(ロ)「その他の事項」とは次に掲げるものとします(則第25条の3第5項)。

a　名称およびその代表者の氏名

b　事業所の名称および所在地

(ハ) 当該書類については新たに作成したものであることを要件としているわけではなく、所定の事項が記載されていればいかなる様式によっても、また複数の書類によってもその要件を満たすものであれば足りるものです。このため、当該書類の備付けおよび提示について、特別の法人無料職業紹介事業届出書の写しおよび法第33条の3第2項において準用する法第32条の7の規定による変更の届出を行った場合には、当該届出により交付される書類の複写によって行っても差し支えありません。

(ニ) 書面によらず電磁的記録により当該書類の作成を行う場合は、電子計算機に備えられたファイルに記録する方法または磁気ディスク等をもって調製する方法により作成を行わなければなりません。

また、書面によらず電磁的記録により当該書類の備付けを行う場合は、次のいずれかの方法によって行った上で、必要に応じ電磁的記録に記録された事項を出力することにより、直ちに明瞭かつ整然とした形式で使用に係る電子計算機その他の機器に表示し、および書面を作成できるようにしなければなりません。

a　作成された電磁的記録を電子計算機に備えられたファイルまたは磁気ディスク等をもって調製するファイルにより保存する方法

b　書面に記載されている事項をスキャナ(これに準ずる画像読取装置を含みます。)により読み取ってできた電磁的記録を電子計算機に備えられたファイルまたは磁気ディスク等をもって調製するファイルにより保存する方法

さらに、電磁的記録により当該書類の備付けをしている場合において、当該書類の提示を行うときは、当該事業所に備え置く電子計算機の映像面における表示または当該電磁的記録に記録された事項を出力した書類により行わなければなりません。

ニ　違反の場合の効果

イに違反して当該書類を事業所に備え付けず、または関係者からの請求があったときにこれを提示しなかった場合、事業廃止命令または事業

停止命令（法第 33 条の３第２項において準用する法第 32 条の９第１項および第２項）の対象となります。

2　変更の届出手続

（1）無料職業紹介事業の変更の届出

無料職業紹介事業の変更の届出手続きについては、**第４節**の**５**の（1）により行うものとします。

（2）変更届出関係書類

無料職業紹介事業の変更届出関係書類は特別の法人無料職業紹介事業変更届出書（様式第６号）に、**第５節**の２の（３）のロに掲げるものを添付するものとします（則第 25 条の３第３項）。

なお、特別の法人無料職業紹介事業変更届出書（様式第６号）および**第５節**の**２**の（３）のロに掲げる書類のうち特別の法人無料職業紹介事業計画書（様式第２号）については、正本１部およびその写し２部を提出することを要しますが、それ以外の書類については、正本１部およびその写し１部を提出することで足ります（則第 38 条第３項）。

ただし、**第５節**の**１**の（３）に該当する場合または労働者派遣事業の変更の届出と同時に特別の法人無料職業紹介事業変更届出書（様式第６号）の届出を行う場合は、その省略できる添付書類は要しません。

（3）違反の場合の効果

イ　無料職業紹介事業の変更の届出をせず、または虚偽の届出をした者は、法第 66 条第３号に該当し、30 万円以下の罰金に処せられる場合があります。

ロ　また、法に違反するものとして、事業停止命令（法第 33 条の３第２項において準用する法第 32 条の９第２項）の対象となり、イの司法処分を受けた場合は、事業廃止命令（法第 33 条の３第２項において準用する法第 32 条の９第１項）の対象となります。

3　事業廃止届出手続

（1）無料職業紹介事業の廃止の届出

無料職業紹介事業の廃止の届出については、**第4節**の**5**の（2）により行うものとします。

（2）届出の効力

（1）の届出により、無料職業紹介事業は行えなくなるので、当該廃止の届出の後、再び無料職業紹介事業を行おうとするときは、新たに無料職業紹介事業の届出書を厚生労働大臣に提出する必要があります。

（3）違反の場合の効果

イ　無料職業紹介事業の廃止の届出をせず、または虚偽の届出をした者は法第66条第4号に該当し、30万円以下の罰金に処せられる場合があります。

ロ　また、法に違反するものとして、事業停止命令（法第33条の3第2項において準用する法第32条の9第2項）の対象となり、イの司法処分を受けた場合は、事業廃止命令（法第33条の3第2項において準用する法第32条の9第1項）の対象となります。

4　名義貸しの禁止

（1）名義貸し禁止の意義

名義貸しの禁止の意義については、**第3節**の**3**の（3）のトの（ニ）によるものです（法第33条の3第2項において準用する法第32条の10)。

（2）違反の場合の効果

イ　無料職業紹介事業につき名義貸しを行った者は、法第64条第3号に該当し、6カ月以下の懲役または30万円以下の罰金に処せられる場合があります。

ロ　また、法に違反するものとして、事業停止命令（法第33条の3第2項において準用する法第32条の9第2項）の対象となり、イの司法処分を受けた場合は、事業廃止命令（法第33条の3第2項において準用する法第32条の9第1項）の対象となります。

5　職業紹介事業の取扱職種の範囲等

職業紹介事業の取扱職種の範囲等の手続については、**第2節**の**4**により行うものとします。

6　その他

法人の合併等に際しての取扱いについては、**第7節**の**3**に準じて行うものとします。

第9節　職業紹介事業の運営

職業紹介事業者は、後掲の「職業紹介事業者、求人者、労働者の募集を行う者、募集受託者、募集情報等提供事業を行う者、労働者供給事業者、労働者供給を受けようとする者等が均等待遇、労働条件等の明示、求職者等の個人情報の取扱い、職業紹介事業者の責務、募集内容の適切な表示、労働者の募集を行う者等の責務、労働者供給事業者の責務等に関して適切に対処するための指針（平成11年労働省告示第141号）（以下「指針」といいます。）」に留意しながら次の事項を遵守しなければなりません。

1　均等待遇に関する事項（法第3条）

（1）差別的な取扱いの禁止

職業紹介事業者は、すべての利用者に対し、その申込みの受理、面接、指導、紹介等の業務について人種、国籍、信条、性別、社会的身分、門地、従前の職業、労働組合の組合員であること等を理由として、差別的な取扱いをしてはなりません。

なお、この差別的取扱いの禁止の対象には障害者であることが含まれるものであり障害者であることを理由として不合理な差別的取扱を行ってはならないものであることに留意してください。

また、職業紹介事業者は、求職者が法第48条の4第1項に基づく厚生労働大臣に対する申告を行ったことを理由として、差別的な取扱いをしてはなりません。

この場合における差別的な取扱いとしては、申告を行った者に対し、本人が希望しない職場ばかり紹介するようなケースが考えられます。

また、法第３条の趣旨にかんがみ年齢による不合理な差別的職業紹介は不適当である旨、周知および指導に努めてください。

なお、このような差別的取扱は、厚生労働大臣が法第 48 条の２に基づいて行う指導および助言の対象となるので留意してください。

（2）募集に関する男女の均等な機会の確保

職業紹介事業者が、男女雇用機会均等法第５条の規定に違反する内容の求人申込みを受理して当該求人に対して職業紹介を行うことは法第３条の趣旨に反します。

2　労働条件の明示に関する事項（法第５条の３）

（1）労働条件の明示の内容

法第５条の３の規定に基づき、職業紹介事業者が求職者に対して行う労働条件等の明示および求人者が職業紹介事業者に対して行う労働条件等の明示は、いずれも次に掲げる事項が明らかとなる書面の交付の方法、ファクシミリを利用する方法または電子メール等を利用する方法により行う必要があります。ただし、リについては、労働者を派遣労働者（労働者派遣法第２条第２号に規定する派遣労働者をいいます。以下同じ。）として雇用しようとする者に限ります。

ただし、職業紹介の実施について緊急の必要があるためあらかじめこれらの方法により明示することができない場合において、当該明示すべき事項をあらかじめこれらの方法以外の方法により明示したときは、この限りではありません（則第４条の２第３項）。

イ　労働者が従事すべき業務の内容に関する事項

ロ　労働契約の期間に関する事項（期間の定めの有無、期間の定めがあるときはその期間）

ハ　試みの使用期間（以下「試用期間」といいます。）に関する事項（試

用期間の有無、試用期間があるときはその期間）

ニ　就業の場所に関する事項

ホ　始業および終業の時刻、所定労働時間を超える労働の有無、休憩時間および休日に関する事項

ヘ　賃金（臨時に支払われる賃金、賞与および労働基準法施行規則第８条各号に掲げる賃金を除きます。）の額に関する事項

ト　健康保険法による健康保険、厚生年金保険法による厚生年金、労働者災害補償保険法による労働者災害補償保険および雇用保険法による雇用保険の適用に関する事項

チ　労働者を雇用しようとする者の氏名または名称に関する事項

リ　労働者を派遣労働者として雇用しようとする旨

ヌ　就業の場所における受動喫煙を防止するための措置に関する事項

この場合の「書面」とは、直接書面を交付する方法や郵送により交付する方法をいい、ファクシミリや電子メール等は該当しません。

また、ファクシミリを利用する方法または電子メール等を利用する方法が認められるのは、書面の交付を受けるべき者が、ファクシミリを利用する方法または電子メール等を利用する方法（ファクシミリまたは電子メール等の受信者がその記録を出力することにより書面を作成することができるものに限ります。以下同じ。）を希望した場合に限られます。

ファクシミリを利用する方法についてはファクシミリ装置により受信したときに、電子メール等を利用する方法については明示を受けるべき者の使用に係る通信端末機器に備えられたファイルに記録されたときに到達したものとみなされます。

また、書面の交付を受けるべき者が、ファクシミリを利用する方法または電子メール等を利用する方法を希望するときは、当該方法を希望する旨および希望する電子メール等の方式（電子メール・SNSメッセージ等の電気通信の方式、添付ファイルを使用する場合の使用ソフトウェアの形式およびバージョン等）を書面の交付を行うべき者に対して明示しなければなりません。

(注)「電子メール等」とは

「電子メール等」とは、「電子メールその他のその受信をする者を特定して情報を伝達するために用いられる電気通信」をいう。

この「その他のその受信をする者を特定して情報を伝達するために用いられる電気通信」とは、具体的には、LINE や Facebook 等の SNS（ソーシャル・ネットワーク・サービス）メッセージ機能等を利用した電気通信が該当すること。

また、電子メール等により行う労働条件等の求職者への明示については、当該明示事項を求職者がいつでも確認することができるよう、当該求職者が保管することのできる方法により明示する必要がある。このため、電子メール等については、当該求職者が当該電子メール等の記録を出力することにより書面を作成できるものに限ることとしている。この場合において、「出力することにより書面を作成することができる」とは、当該電子メール等の本文または当該電子メール等に添付されたファイルについて、紙による出力が可能であることをいうが、労働条件等の明示等を巡る紛争の未然防止および書類管理の徹底の観点から、書面等に記入し、電子メール等に添付し送信する等、可能な限り紛争を防止しつつ、書類の管理がしやすい方法とすることが望ましい。

なお、これらのサービスによっては、情報の保存期間が一定期間に限られている場合があることから、求職者が内容を確認しようと考えた際に情報の閲覧ができない可能性があるため、職業紹介事業者は、当該明示を行うにあたっては、求職者に対し、当該明示の内容を確認した上でその内容を適切に保管するよう伝えることが望ましい。また、仮に保存期間が経過するなど、求職者が内容を確認することなく必要な情報が削除されてしまった場合には、職業紹介事業者は、求職者の求めに応じて、再度その情報を送信するなど適切に対応することが望ましい。

（2）労働条件等明示にあたっての留意点

イ　職業紹介事業者は、求職者に対して、従事すべき業務の内容および賃金、労働時間その他の労働条件（以下「従事すべき業務の内容等」といいます。）を可能な限り速やかに明示するとともに、次に掲げるところによらなければなりません（指針第３参照）。

(イ) 明示する従事すべき業務の内容等は、虚偽または誇大な内容としないこと。

(ロ) 労働時間に関しては、始業および終業の時刻、所定労働時間を超える労働の有無、休憩時間、休日等について明示すること。また、労働基準法に基づき、裁量労働制が適用されることとなる場合（労働基準法第 38 条の 3 第 1 項の規定により同項第 2 号に掲げる時間労働したものとみなす場合または労働基準法第 38 条の 4 第 1 項の規定により同項第 3 号に掲げる時間労働したものとみなす場合）には、その旨を明示すること。また、同法第 41 条の 2 第 1 項の同意をした場合に、同項の規定により労働する労働者として業務に従事することとなるとき（高度プロフェッショナル制度が適用され、労働基準法第 4 章で定める労働時間、休憩、休日および深夜の割増賃金に関する規定が適用されないこととなるとき）は、その旨を明示すること。

（※ 1 ）所定労働時間を超える時間外労働については、労働基準法においてその上限が原則として月 45 時間、年 360 時間と規定されており、所定労働時間を超える労働としてこれを超える時間数が記載されていた場合には、求人者に対して労使協定の提出を求めること等により、当該求人の内容が法令に違反していないかについて確認すること。確認の結果、法令に違反する場合には当該求人内容の訂正・見直しを依頼する等、適切に対応すること。なお、労使協定が締結されている場合であっても、 2 カ月から 6 カ月の時間外労働と休日労働の合計の平均は 80 時間、 1 カ月の時間外労働と休日労働の合計は 100 時間を超えることはできないとされていることに留意すること。

（※ 2 ）裁量労働制による就労が予定される求人（裁量労働制求人）、同意した場合に高度プロフェッショナル制度が適用される求人（高度プロフェッショナル制度求人）に係る取扱いについては、（ 4 ）参照。

(ハ) 賃金に関しては、賃金形態（月給、日給、時給等の区分）、基本給、定額的に支払われる手当、通勤手当、昇給に関する事項等について明示すること。また、一定時間分の時間外労働、休日労働および深夜労働に対する割増賃金を定額で支払うこととする労働契約を締結する仕組みを採用する場合は、名称のいかんにかかわらず、一定時間分の時間外労働、休日労働および深夜労働に対して定額で支払われる割増賃金（以下この (ハ) において「固定残業代」といいます。）に係る計算方法（固定残業代の算定の基礎として設定する労働時間数（以下この(ハ)において「固定残業時間」といいます。）および金額を明らかにするものに限ります。）、固定残業代を除外した基本給の額、固定残業時間を超える時間外労働、休日労働および深夜労働分についての割増賃金を追加で支払うこと等を明示すること。なお、固定残業時間が所定労働時間の上限を超えていた場合には、ただちに法令に違反することとなるものではないが、求職者が実際に当該時間数の時間外労働を行った場合に法令に違反することとなる旨求人者に伝える等、適切に対応すること。

(ニ) 期間の定めのある労働契約を締結しようとする場合は、当該契約が試用期間の性質を有するものであっても、当該試用期間の終了後の従事すべき業務の内容等ではなく、当該試用期間に係る従事すべき業務の内容等を明示すること。

ロ　職業紹介事業者は、従事すべき業務の内容等を明示するにあたっては、次に掲げるところによります。

(イ) 原則として、求職者と最初に接触する時点までに従事すべき業務の内容等を明示すること。なお、イの(ロ)後段の裁量労働制およびイの(ハ)後段の固定残業代に係る内容の明示については、特に留意すること。

「最初に接触する時点」とは、面接、メール、電話などにより、職業紹介事業者と求職者との間で意思疎通（面接の日程調整に関する連絡等を除きます。）が発生する時点をいいます。

(ロ) 従事すべき業務の内容等の事項の一部をやむを得ず別途明示することとするときは、その旨を併せて明示すること。

ハ　職業紹介事業者は、従事すべき業務の内容等を明示するにあたっては、次に掲げる事項に配慮してください。

(イ) 求職者に具体的に理解されるものとなるよう、従事すべき業務の内容等の水準、範囲等を可能な限り限定すること。

(ロ) 求職者が従事すべき業務の内容に関しては、職場環境を含め、可能な限り具体的かつ詳細に明示すること。

(ハ) 明示する従事すべき業務の内容等が労働契約締結時の従事すべき業務の内容等と異なることとなる可能性がある場合は、その旨を併せて明示するとともに、従事すべき業務の内容等が既に明示した内容と異なることとなった場合には、当該明示を受けた求職者に速やかに知らせること。

（3）求人者による労働条件等の変更等に係る明示

イ　求人者は、求人の申込みをした職業紹介事業者の紹介による求職者（以下「紹介求職者」といいます。）と労働契約を締結しようとする場合であって、当該求職者に対して法第5条の3第1項の規定により明示された従事すべき業務の内容等（以下「第1項明示」といいます。）を変更し、特定し、削除し、または追加する場合には、当該契約の相手方となろうとする者に対し、当該変更し、特定し、削除し、または追加する従事すべき業務の内容等（以下「変更内容等」といいます。）を明示（以下「変更等明示」といいます。）しなければなりません。明示の方法は、書面の交付の方法、ファクシミリを利用する方法または電子メール等を利用する方法により行う必要があります（詳細については、**2**の（1）参照）。

従事すべき業務の内容等の「特定」とは、第1項明示を一定の範囲を示すことにより行っていた場合に、労働契約を締結しようとする際に内容を確定させることをいうものです。

例えば、第1項明示において、「月給20万円～25万円」と示し、労働契約を締結しようとする際に「20万円」に確定する場合などが「特定」に該当します。

また、第1項明示において、複数の選択肢や制度適用の可能性がある旨示していた場合（例：就業場所はA事業所またはB事業所、A事業所の場合には裁量労働制の対象業務）において、労働契約を締結しようとする際に内容を確定した場合（就業場所はA事業所、裁量労働制の対象業務）などについても「特定」に該当します。

なお、法第5条の3第1項の規定に基づく明示について、やむを得ず、従事すべき業務の内容等の事項の一部（以下このイにおいて、「当初明示事項」といいます。）が明示され、別途、当初明示事項以外の従事すべき業務の内容等の事項が明示された場合は、当初明示事項を第1項明示として取り扱うこと。

ロ　求人者は、変更等明示を行うに当たっては、紹介求職者が変更内容等を十分に理解することができるよう、適切な明示方法をとらなければなりません。その際、次の（イ）の方法によることが望ましいものですが、次の（ロ）などの方法によることも可能です。

（イ）第１項明示と変更内容等とを対照することができる書面を交付すること。

（ロ）労働基準法第15条第１項の規定に基づき交付される書面において、変更内容等に下線を引き、もしくは着色し、または変更内容等を注記すること。なお、第１項明示の一部の事項を削除する場合にあっては、削除される前の当該従事すべき業務の内容等も併せて記載すること。

ハ　求人者は、締結しようとする労働契約に係る従事すべき業務の内容等の調整が終了した後、当該労働契約を締結するかどうか紹介求職者が考える時間が確保されるよう、可能な限り速やかに変更等明示を行うこととされています。また、変更等明示を受けた紹介求職者から、第１項明示を変更し、特定し、削除し、または第１項明示に含まれない従事すべき業務の内容等を追加する理由等について質問された場合には、適切に説明する必要があります。

ニ　第１項明示は、そのまま労働契約の内容となることが期待されているものです。また、第１項明示を安易に変更し、削除し、または第１項明示に含まれない従事すべき業務の内容等を追加してはなりません。

ホ　学校卒業見込者等（若者雇用促進法第13条に規定する学校卒業見込者等をいいます。以下このホにおいて同じ。）については、特に配慮が必要であることから、第１項明示を変更し、削除し、または第１項明示に含まれない従事すべき業務の内容等を追加すること（（２）のロの（ロ）により、従事すべき業務の内容等の一部をやむを得ず別途明示することとした場合において、当該別途明示することとされた事項を追加することを除きます。）は不適切です。また、原則として、学校卒業見込者等については、採用内定時に労働契約が成立する場合には、採用内定時までに、法第５条の３第１項の明示および変更等明示が書面により行うべきです。

ヘ　法第５条の３第１項の規定に基づく明示が法の規定に抵触するものであった場合、変更等明示を行ったとしても、同項の規定に基づく明示が適切であったとみなされるものではありません。

ト　求人者は、第１項明示を変更し、削除し、または第１項明示に含まれない従事すべき業務の内容等を追加した場合において、当該変更し、削除し、または追加した従事すべき業務の内容等により、引き続き職業紹介を受けようとする場合は、求人票の内容を検証し、その内容の修正、求人票の出し直し等を行ってください。

（4）裁量労働制求人、高度プロフェッショナル制度求人に係る留意点

イ　裁量労働制求人の申込みがあった場合は、裁量労働制求人であること、適用される制度（専門業務型裁量労働制か企画業務型裁量労働制）および何時間分働いたものとみなすかについても明示を求め、求職者に対してそれを明示することが必要です。

(イ) 具体的には、就業時間を明示するに当たって、例えば、「裁量労働制（○○業務型）」により、出退社の時刻は自由であり、○時間勤務したものとみなす」などと記入するよう求めること。

(ロ) 裁量労働制においては、労使協定または労使委員会の決議（以下「労使協定等」といいます。）を所管労働基準監督署長に届け出ることが必要とされているため、求人者より裁量労働制の求人申込みがあった場合は、求人者に対し、労使協定等の内容が申込み内容と一致していることおよび労働基準監督署に届出済であることの確認を行うこと。なお、確認の方法としては、例えば、労働基準監督署に提出した労使協定等の写しの提出を依頼することや、労働基準監督署に届出済であること、届出内容と相違ないことおよび協定の届出年月日について自己申告を依頼すること等が考えられます。

確認の結果、労使協定等と申込み内容との間に不一致が生じている場合は、申込み内容に関する疑義や不明点等について求人者に十分に確認を行い、訂正が必要な場合には求人者に対し申込み内容の見直しを求める等適切な対応を行うこと。

(ハ) 裁量労働制を適用するに当たっては、専門業務型裁量労働制または企画業務型裁量労働制それぞれの要件を満たしていることが必要であり、求人申込みに記載された業務が法律上の裁量労働制の対象業務として認められているものであるかどうかについても確認すること。

(ニ) 裁量労働制においては、時間配分決定等に関し使用者が具体的な指示をしないこととされており、始業・終業時刻を指定し、当該始業・終業時刻での労働を義務付けている場合には、労働時間の配分等を労

働者に委ねているとはいえず、裁量労働制の適用として不適切です。そのため、始業・終業時刻が記載されている場合は、求人者にその内容を確認し、募集内容の訂正、見直しを依頼する等適切な対応を行うこと。

ただし、始業・終業時刻が記載されている場合であっても、裁量労働制適用者の実態を参考として記載している場合や、出退社の時刻の目安を記載している場合等、使用者が始業・終業時刻を指定していない場合は、裁量労働制募集情報として問題がないこと。

ロ　同意した場合に高度プロフェッショナル制度が適用される求人の申込みがあった場合は、その旨を求職者に対して明示することが必要です。

(イ) 具体的には、就業時間等を明示するに当たって、高度プロフェッショナル制度が適用されない場合の就業時間等を明示するとともに、例えば、「高度プロフェッショナル制度の適用について同意した場合には本人の決定に委ねられ、労働時間、休憩、休日および深夜の割増賃金の規定は適用されない」などと記入するよう求めること。

(ロ) 高度プロフェッショナル制度が労働者に適用されるに当たっては、労使委員会の決議を所管の労働基準監督署長に届け出ることが必要とされているため、求人者から該当する求人の申込みがあった場合は、求人者に対し、労使委員会の決議を労働基準監督署に届出済であることの確認を行うこと。なお、確認の方法としては、例えば、労働基準監督署に提出した決議の写しの提出を依頼することや、労働基準監督署に届出済であること、届出を行った対象業務であること等について自己申告を依頼すること等が考えられます。確認の結果に応じて、申込み内容に関する疑義や不明点等について求人者に十分に確認を行い、訂正が必要な場合には求人者に対し訂正、見直しを求める等適切な対応を行うこと。

(ハ) 高度プロフェッショナル制度が適用されるに当たっては、業務の内容や賃金が労働基準法等において定められた要件を満たしていることが必要であり、求人の申込みに記載された業務が対象業務として認められているものであるかどうか等についても確認すること。

(ニ) 求人の申込みの際、同意した場合に高度プロフェッショナル制度が適用される旨の明示が行われた場合であっても、実際に制度が適用されるためには、労働基準法の規定により本人の同意を得なければならず、明示されたことをもって求職者が同意したと解されるものではないこと。なお、高度プロフェッショナル制度の適用について同意をしなかったことまたは同意を撤回したことに対する不利益取扱いは行ってはならないとされていることに留意すること。

（5）試用期間中の従事すべき業務の内容等と当該期間終了後の従事すべき業務の内容等が異なる場合の取扱い

（1）および（3）において、試用期間中と試用期間終了後の従事すべき業務の内容等が異なるときは、それぞれの従事すべき業務の内容等を示すことにより行わなければなりません。

（6）常用目的紹介に係る留意事項

イ　常用目的紹介（**第6節**の**6**参照）に当たっての法第５条の３に基づく労働条件の明示については、求職者に係る労働条件が最初に設定されることとなる有期雇用契約について行わなければなりません。

ロ　求職者が有期雇用契約後の常用雇用契約において予定される求人条件（以下「予定求人条件」といいます。）の提示を希望する場合には、当事者の計画的対応を可能にするとともに、トラブル発生の未然防止に資することとなることから、予定求人条件について、以下の事項を記載した書面を交付して提示すべきです。

①予定求人条件は法第５条の３に基づき明示するものではないこと

②予定求人条件はあくまで予定であり、常用雇用契約が締結されないことがあり、かつ、締結された場合でも、その内容が異なるものになる可能性があること

③予定求人条件の内容（例えば、当該企業における同種の労働者に係る労働条件等、中途採用者の初年度の労働条件等が考えられます。）

ハ　常用雇用契約はあくまで有期雇用契約後に締結されるものであることから、試用期間を設けることは適当ではありません。

ニ　雇用主（求人者）が有期雇用契約の終了後の常用雇用契約の締結を拒否する場合は、その理由を労働者（求職者）に明示することが適当です。

（7）受動喫煙を防止するための措置に係る明示の例

健康増進法（平成14年法律第103号。以下「健増法」といいます。）においては、多数の者が利用する施設等について、その区分に応じ、当該施設等の一定の場所を除き禁煙とされ、施設の出入口への標識掲示等、施設等の管理権原者が講ずべき措置等が定められています。則第4条の2第3項第9号に規定する「就業の場所における受動喫煙を防止するための措置に関する事項」としては、健増法に規定する施設類型を参考とし、例えば、以下のような明示を行うことが考えられます。なお、例として示したもののほか、就業の場所の実態に即した明示を行うことは差し支えありません。

イ　学校、病院、児童福祉施設等

(イ) 健増法上の規定

多数の者が利用する施設（2人以上の者が同時に、または入れ替わり利用する施設をいいます。以下同じ。）のうち、学校、病院、児童福祉施設その他の受動喫煙により健康を損なうおそれが高い者が主として利用する施設として健増法施行令（平成14年政令第361号）で定めるもの、および国および地方公共団体の行政機関の庁舎等は第一種施設（健増法第28条第5号）とされ、原則敷地内禁煙、特定屋外喫煙場所（健増法第28条第13号）を設置した場合は、その場所に限り、喫煙が可能とされています。

(ロ) 明示の例

①「敷地内禁煙」としている場合（特定屋外喫煙場所を設置していない場合）

「敷地内禁煙」

②「敷地内禁煙」としているが、特定屋外喫煙場所がある場合

「敷地内禁煙（特定屋外喫煙場所設置）」「敷地内禁煙（屋外に喫煙場所設置）」

ロ　一般的な事業所、飲食店、ホテル・旅館等

(イ) 健増法上の規定

多数の者が利用する施設のうち、事業所、飲食店、ホテル・旅館等、第一種施設および喫煙目的施設（健増法第28条第7号）以外の施設は第二種施設（健増法第28条第6号）とされ、原則屋内禁煙、施設の一部に喫煙専用室（健増法第33条第3項第1号）等を設置した場

合には、その場所に限り、喫煙が可能とされています。

※経営規模の小さな飲食店についてはハも参照。また、ホテル・旅館の客室等については、適用除外の場所とされています。

(ロ) 明示の例

①「屋内禁煙」としている場合（喫煙専用室等を設置していない場合）

「屋内禁煙」

②喫煙専用室を設置している場合

「屋内原則禁煙（喫煙専用室あり）」

③加熱式たばこ専用喫煙室を設置している場合

「屋内原則禁煙（加熱式たばこ専用喫煙室あり）」

④施設内に適用除外（健増法第 40 条）の場所（宿泊室等）がある場合

「屋内原則禁煙（喫煙可の宿泊室あり）」

ハ　既存の営業規模の小さな飲食店等

(イ) 健増法上の規定

健康増進法の一部を改正する法律附則第２条に基づく経過措置として、令和２年４月１日時点で現に存する飲食店等のうち、以下①および②を満たすものは、既存特定飲食提供施設とされ、喫煙専用室等に加えて、当分の間、施設の全部または一部を喫煙可能室として定めた場合にも、喫煙が可能とされています。

①資本金の額または出資の総額が 5,000 万円以下の会社が経営しているものであること（一の大規模会社が発行済株式の総数の１／２以上を有する場合等を除きます。）。

②客席面積が 100 平方メートル以下であること。

(ロ) 明示の例

①屋内に喫煙可能室を設置していない場合

「屋内禁煙」

②屋内の一部を喫煙可能室と定めている場合

「屋内喫煙可（喫煙可能室内に限ります。）」

③屋内の全部を喫煙可能室としている場合

「屋内喫煙可」

ニ　バー・スナックやたばこ販売店等

(イ) 健増法上の規定

バー・スナックやたばこ販売店等、多数の者が利用する施設のうち、施設を利用する者に対して、喫煙をする場所を提供することを主たる目的とする施設（公衆喫煙所のほか、以下①および②に掲げる施設）は、喫煙目的施設（健増法第28条第7号）とされ、施設の全部または一部を喫煙目的室（健増法第35条第3項第1号）として定めた場合は、喫煙が可能とされています。

①喫煙を主たる目的とするバー、スナック等

たばこの対面販売（出張販売を含みます。）をしており、施設の屋内の場所において喫煙をする場所を提供することを主たる目的とし、併せて設備を設けて客に飲食をさせる営業（「通常主食と認められる食事」を主として提供するものを除きます。）を行うもの。

②店内で喫煙可能なたばこ販売店

たばこ、または専ら喫煙の用に供するための器具の販売（たばこの販売については、対面販売をしている場合に限ります。）をし、施設の屋内の場所において喫煙をする場所を提供することを主たる目的とするもの。

(ロ) 明示の例

①屋内の一部を喫煙目的室として定めている場合

「屋内喫煙可（喫煙目的室内に限ります。）」

②屋内の全部を喫煙目的室としている場合

「屋内喫煙可」

ホ　バス・タクシー、旅客機、電車・新幹線、フェリー等

(イ) 健増法上の規定

バス、タクシー等は旅客運送事業自動車（健増法第28条第9号）、旅客機等は旅客運送事業航空機（健増法第28条第10号）とされ、その内部の場所は禁煙とされています。また、電車、新幹線等は旅客運送事業鉄道等車両（健増法第28条第11号）、フェリー、高速船等は旅客運送事業船舶（健増法第28条第12号）とされ、その内部における禁煙の措置については、ロに規定する第二種施設と同様とされています。

(ロ) 明示の例

①バス・タクシー、旅客機等

「車内禁煙」または「機内禁煙」

②電車・新幹線、フェリー等

ロ(ロ)に規定する第二種施設と同様の明示を行うことが考えられます。

ヘ　第一種施設以外の施設の屋外

(イ) 健増法上の規定

第一種施設以外の施設等の屋外の場所については、健増法上、受動喫煙を防止するための措置は規定されていません。

(ロ) 明示の例

「屋外喫煙可（屋外で就業）」

ト　明示に当たっての留意点

(イ) 求人または労働者の募集を行う事業所と就業の場所が異なる場合の取扱い

求人または労働者の募集を行う事業所と就業の場所が異なる場合は、実際の就業の場所における状況を明示すること。

なお、求人の申込みや労働者の募集を行う時点で「就業の場所」として複数の場所が予定されている場合には、それぞれの場所における状況を明示することとするが、「予定されている場合」とは、主な就業の場所として予定されている場合であり、就業の可能性があるにすぎないものを含まないこと。例えば、出張や営業等において就業する可能性がある場所や、将来的に就業する可能性がある場所の状況について、あらかじめ網羅して明示を行うことが必要とされるものではないこと。

※航空会社の乗務員や鉄道・バスの運転手等、移動が前提の業務である場合には、恒常的に立ち寄る所属事業所等（空港のターミナルビルや鉄道の駅を含みます。）および業務に従事する場所（バス・鉄道・飛行機の内部の状況）における状況を明示することが必要ですが、移動先それぞれの状況について網羅的に明示することは必要とされません。

(ロ) 労働者派遣に係る求人の取扱い

労働者の募集や求人の申込みの内容が、労働者を派遣労働者として雇用しようとするものである場合には、予定している派遣先の事業所における状況を明示すること。

(ハ) 喫煙可能な場所での就業が予定される求人に係る取扱い

健増法においては、施設の管理権原者は、喫煙専用室等の喫煙可能スペースに、20 歳未満の者を立ち入らせてはならいこととされています。このため、就業の場所における受動喫煙を防止するための措置として、「屋内喫煙可」「屋内原則禁煙（喫煙専用室あり）」等の明示がされている求人については、その内容を確認の上、喫煙可能スペースでの就業が予定される場合には、求人要件を 20 歳以上とするよう求人者に依頼するなど、適切に対応すること。

※この場合には、労働施策の総合的な推進並びに労働者の雇用の安定及び職業生活の充実等に関する法律施行規則（昭和 41 年労働省令第 23 号。以下「労働施策総合推進法施行規則」といいます。）第 1 条の 3 に規定する例外事由に該当するものとして、下限を 20 歳とすることが認められます。

(ニ) 明示に当たっての標識（ピクトグラム）の利用

求職者にとって分かりやすいものとなるよう、イからヘまでに記載した明示の例と併せて、ピクトグラムを利用して明示を行うことも差し支えありません。ピクトグラムを用いた標識例については、「なくそう！望まない受動喫煙。」Web サイト（https://jyudokitsuen.mhlw.go.jp/sign/）等を参照してください。

(ホ) その他の留意事項

求職者の就職後の望まない受動喫煙を防止するという趣旨を踏まえ、健増法に規定する施設等の類型を参考とした明示と併せて、イ (ロ) ②、ロ (ロ) ②③④、ハ (ロ) ②、ニ (ロ) ①のように、就業の場所の一部で喫煙が認められている場合は、実際に喫煙可能な区域での業務があるか否か（受動喫煙の可能性があるか否か）についても、可能な限り、付加的に明示することが望ましいとされます。

また、地方公共団体の条例により受動喫煙を防止するための措置が定められている場合には、募集や求人申込みの内容も条例に適合したものとなるよう留意すること。

（8）その他

求人者は、求職者に対して法第5条の3第1項の規定により明示された従事すべき業務の内容等に関する記録を、当該明示に係る職業紹介が終了する日（当該明示に係る職業紹介が終了する日以降に当該明示に係る労働契約を締結しようとする者にあっては、当該明示に係る労働契約を締結する日）までの間保存しなければなりません。

3　求人等に関する情報の的確な表示に関する事項（法第5条の4）

（1）求人等に関する情報の的確な表示

職業紹介事業者が、求人に関する情報、求職者に関する情報、自らもしくは求人者に関する情報または法に基づく職業紹介事業等の業務の実績に関する情報（以下「求人等に関する情報」）を、以下のいずれかに掲げる方法（以下「広告等」といいます。）により提供するに当たっては、この**3**に記載のとおり求人等に関する情報の的確な表示の義務があります（法第5条の4第1項および第3項）。

イ　新聞、雑誌その他の刊行物に掲載する広告

ロ　文書の掲出または頒布

ハ　書面の交付の方法

　事業者間で直接書面を交付する方法や郵送により交付する方法が該当します。

ニ　ファクシミリを利用する方法

ホ　電子メール等の送信の方法

　「電子メール等」とは、「電子メールその他のその受信する者を特定して情報を伝達するために用いられる電気通信」をいい、この「その他のその受信する者を特定して情報を伝達するために用いられる電気通信」とは、具体的にはLINEやFacebook等のSNS（ソーシャル・ネットワーク・サービス）メッセージ機能等を利用した電気通信が該当します。

ヘ　著作権法（昭和45年法律第48号）第2条第1項第8号に規定する放送、同項第9号の2に規定する有線放送または同項第9号の5イに規定する自動公衆送信装置その他電子計算機と電気通信回線を接続してする

方法

テレビやラジオ、YouTube等のインターネット上のオンデマンド放送等が該当します。

（2）虚偽の表示または誤解を生じさせる表示の禁止

職業紹介事業者は広告等により求人等に関する情報を提供するに当たっては、虚偽の表示または誤解を生じさせる表示をしてはならないこと（法第5条の4第1項）。

イ　虚偽の表示とは、事実と異ならせた表示のことをいい、求人の内容と実際の労働条件を意図的に異ならせた場合や、受理していない求人を紹介できるかのように広告した場合、全く根拠なく顧客満足度が高い旨を表示する場合等には、虚偽の表示に該当します。

求人者と求職者の合意に基づき、求人の内容と実際の労働条件が異なることとなった場合にまで、虚偽の表示となるものではありません。

ロ　虚偽の表示でなくとも、一般的・客観的に誤解を生じさせるような表示は、誤解を生じさせる表示に該当します。

誤解を生じさせる表示をしないよう、例えば以下のような点に留意する必要があります（指針第4の2）。

(イ) 関係会社・グループ企業が存在している企業が募集を行う場合に、実際に雇用する予定の企業を明確にし、関係会社・グループ企業が混同されることのないように表示しなければならないこと。

(ロ) 雇用契約を前提とした労働者の募集と、フリーランス等の請負契約の受注者の募集が混同されることのないよう表示しなければならないこと。

(ハ) 月給・時間給等の賃金形態、基本給、定額の手当、通勤手当、昇給、固定残業代等の賃金等について、実際よりも高額であるかのように表示してはならないこと。

(ニ) 職種や業種について、実際の業務の内容と著しく乖離する名称を用いてはならないこと。

（3）正確かつ最新の内容に保つ措置を講じる義務

職業紹介事業者は広告等により求人等に関する情報を提供するに当たっ

ては、次に掲げる措置を講じなければなりません（法第５条の４第３項）。

イ　当該情報の提供を依頼した者から、当該情報の提供の中止または内容の訂正の求めがあったときは、遅滞なく、当該情報の提供の中止または内容の訂正をしなければなりません。

ロ　当該情報が正確でない、または最新でないことを確認したときは、遅滞なく、当該情報の提供を依頼した者にその内容の訂正の有無を確認し、または当該情報の提供を中止しなければなりません。

ハ 次のいずれかの措置。なお、職業紹介事業者は（ｲ）および（ﾛ）の措置を可能な限りいずれも講ずることが望ましいです。

(ｲ) 求人者または求職者に対し、定期的に求人または求職者に関する情報が最新かどうか確認すること。

(ﾛ) 求人または求職者に関する情報の時点を明らかにすること。

　時点を明らかにするに当たっては、求人または求職の申込みを受理した日を示す他にも、求人や求職の申込みの内容に変更があった場合に当該変更の時点を示すことや、求人や求職に関する情報が最新かどうか求人者や求職者に確認ができた場合に当該確認ができた時点を示すことも認められます。

（4）求人等に関する情報の的確な表示の留意点

イ　職業紹介事業者は、求人等に関する情報を提供するに当たっては、法第５条の３の規定に基づいて労働条件等として求職者に明示すべき事項（**2**（１）並びに（２）のイ（ﾛ）および（ﾊ））を可能な限り当該求人等に関する情報に含めることが望ましいです（指針第４の１）。

ロ　職業紹介事業者が、求職者に関する情報について正確かつ最新の内容に保つ措置には、求職者に対して行う身元調査等は含まれません。

ハ　職業紹介事業者は、特に法に基づく業務の実績に関する情報として、求人件数や就職件数、手数料等に関する事項等を提供するに当たっては、不当景品類及び不当表示防止法（昭和37年法律第134号）の趣旨に鑑みて、不当に利用者を誘引し、合理的な選択を阻害するおそれのある不当な表示をしてはいけません（指針第６の９の (2))。

4　求職者等の個人情報の取扱いに関する事項（法第5条の5）

（1）個人情報の収集、保管および使用

イ　職業紹介事業者は、法第５条の５第１項の規定により業務の目的を明らかにするに当たっては、収集された求職者等の個人情報がどのように保管され、または使用されるのか、求職者が一般的かつ合理的に想定できる程度に具体的に明示しなければなりません。

漠然と「職業紹介事業のために使用します。」と示すだけでは足りず、例えば、「職業紹介で応募を希望する求人先に応募情報を提供する際に使用するため」や「求人情報に関するメールマガジンを配信するため」、「職業紹介で求職者に開示の許諾を得た業務提携先に提供する際に使用するため」と示すといったことが考えられます。個人情報の使用や保管に係る技術的な詳細を明示することは求められませんが、業務上、通常想定されない第三者に個人情報を提供する場合や、第三者に保管を依頼する場合はその旨を明示する必要があります。

明示に当たっては、インターネットの利用その他の適切な方法により行うこととします。自社のホームページ等に掲載するほか、対面での職業紹介を行っている場合には、書面の交付・掲示等により業務の目的を明示する方法、メールなどの利用により業務の目的を明示する方法等が認められますが、いずれの方法による場合でも求職者に理解される方法を選択する必要があります。

ロ　職業紹介事業者は、その業務の目的の範囲内で、当該目的を明らかにして求職者の個人情報（（1）および（2）において単に「個人情報」といいます。）を収集することとし、次に掲げる個人情報を収集してはなりません。

ただし、特別な職業上の必要性が存在することその他業務の目的の達成に必要不可欠であって、収集目的を示して本人から収集する場合はこの限りではありません。

(ｲ) 人種、民族、社会的身分、門地、本籍、出生地その他社会的差別の原因となるおそれのある事項

(ﾛ) 思想および信条

(ﾊ) 労働組合への加入状況

(ｲ) から (ﾊ) については、具体的には、例えば次に掲げる事項等が該当します。

(イ) 関係

① 家族の職業、収入、本人の資産等の情報（税金、社会保険の取扱い等労務管理を適切に実施するために必要なものを除きます。）

② 容姿、スリーサイズ等差別的評価に繋がる情報

(ロ) 関係

人生観、生活信条、支持政党、購読新聞・雑誌、愛読書

(ハ) 関係

労働運動、学生運動、消費者運動その他社会運動に関する情報

ハ 職業紹介事業者は、個人情報を収集する際には、本人から直接収集し、本人の同意の下で本人以外の者から収集し、または本人により公開されている個人情報を収集する等の手段であって、適法かつ公正なものによらなければなりません。

ニ 職業紹介事業者は、高等学校もしくは中等教育学校または中学校もしくは義務教育学校の新規卒業予定者から応募書類の提出を求めるときは、職業安定局長の定める書類（全国高等学校統一応募用紙または職業相談票（乙））により提出を求めることが必要です。

ホ 個人情報の保管または使用は、収集目的の範囲に限られます。ただし、他の保管もしくは使用の目的を示して本人の同意を得た場合または他の法律に定めのある場合は、この限りではありません。

なお、法および指針においては、法第5条の5第1項ただし書および指針第5の1の(5)のただし書に該当する場合は、職業紹介事業の実施に伴い収集等される求職者の個人情報の職業紹介業務以外の目的での利用も可能となっていますが、この場合にあっても、その利用目的をできる限り特定する必要があります。

「求職申込書」等により直接当該本人から個人情報を取得する場合については、当該個人情報が職業紹介業務に利用されることが明らかであることから、個人情報の保護に関する法律（平成15年法律第57号。以下「個人情報保護法」といいます。）第21条第4項に規定する「取得の状況からみて利用目的が明らかであると認められる場合」に該当するものとして、同条第1項および第2項の利用目的の通知等の対象となるものではありません。一方、アンケート調査票等に記載された個人情報を職業紹

介業務に利用する場合にあっては、「取得の状況からみて利用目的が明らかであると認められる場合」に該当するものではなく、利用目的の通知等が必要となります。

ただし、トラブル防止等の観点からは、求職申込書、アンケート調査票等本人から直接個人情報を取得する書面には、当該書面により取得される個人情報の利用目的を併せて記載する等により、当該利用目的が明示されるようにしておくことが望ましいとされています。

求人者に対して求職者の個人データを示す行為は、個人情報保護法第27条第1項の「第三者提供」に該当するものであることから、例えば、求職申込書に、求人者に提供されることとなる個人データが求人者に提供されることに関する同意欄を設けること等により、必ず求職者から同意をあらかじめ得るようにすることが必要です。なお、この「同意」の取得の方法は、特段の要式行為とされているものではありませんが、トラブル防止等の観点からも、書面による取得など事後に「同意」の事実を確認できるような形で行うことが望ましいとされています。

ヘ　職業紹介事業者は、法第5条の5第1項または指針第5の1の(2)、(3)もしくは(5)に基づいて求職者本人の同意を得る際には、次に掲げるところによらなければなりません。

(イ) 同意を求める事項について、求職者が適切な判断を行うことができるよう、可能な限り具体的かつ詳細に明示すること。

(ロ) 業務の目的の達成に必要な範囲を超えて個人情報を収集し、保管し、または使用することに対する同意を、職業紹介の条件としないこと。

職業紹介のために収集した個人情報を、職業紹介と関係ない商品販売等のために使用することについて同意しないと、当該職業紹介事業のサービスを受けることができない場合等がこれに該当します。

(ハ) 求職者の自由な意思に基づき、本人により明確に表示された同意であること。

インターネットサイトにおいて、求職者等の同意を取得する方法として個人情報の利用規約を示した上で、それらの事項を示した上でインターネットサイト上のボタンのクリックを求める方法によって同意と扱うことも認められます。ただし、トラブル防止等の観点からも、書面による取得や電子メール等の受領等など事後に「同意」の事実を確認できるような形で行うことが望ましいとされています。一方で、単に利用規約を示した上で、求職者がサービスの利用を開始するのみでは本人の同意の意思が明確に表示されたとまではいえません。

利用規約等を変更し、同意が必要となった場合の取扱いも同様ですが、その際は、利用者に対して十分な周知期間を設け、同意しない場合の選択肢を示すとともに、求職者に不利益が生じないよう配慮することが望ましいとされています。

（2）個人情報の適正管理

イ　職業紹介事業者は、その保管または使用に係る個人情報に関し、次の事項に係る適切な措置を講ずるとともに、求職者からの求めに応じ、当該措置の内容を説明しなければなりません。

(イ) 個人情報を目的に応じ必要な範囲において正確かつ最新のものに保つための措置

(ロ) 個人情報の漏えい、滅失または毀損を防止するための措置

(ハ) 正当な権限を有しない者による個人情報へのアクセスを防止するための措置

(ニ) 収集目的に照らして保管する必要がなくなった個人情報を破棄または削除するための措置

ロ　職業紹介事業者が、求職者等の秘密に該当する個人情報を知り得た場合には、当該個人情報が正当な理由なく他人に知らされることのないよう、厳重な管理を行わなければなりません。

※「個人情報」とは、個人を識別できるあらゆる情報をいいますが、このうち「秘密」とは、一般に知られていない事実であって（非公知性）、他人に知られないことにつき本人が相当の利益を有すると客観的に認められる事実（要保護性）をいうものです。具体的には、本籍地、出身地、支持・加入政党、政治運動歴、借入金額、保証人となっている事実等が秘密に当たりえます。

ハ　職業紹介事業者は、次に掲げる事項を含む個人情報の適正管理に関する規程を作成し、自らこれを遵守し、かつ、その従業者にこれを遵守させなければなりません。

(イ) 個人情報を取り扱うことができる者の範囲に関する事項

(ロ) 個人情報を取り扱う者に対する研修等教育訓練に関する事項

(ハ) 本人から求められた場合の個人情報の開示または訂正（削除を含みます。以下同じ）の取扱いに関する事項

a 「個人情報の開示または訂正」については、「利用の停止等」および「第三者への提供の停止」が明示的に規定されているものではないが、概念上、「利用の停止等」および「第三者への提供の停止」が排除されているものではないこと。

b 職業紹介事業者は、個人情報適正管理規程について、個人情報保護法第 37 条を踏まえた内容として所要の改正等を行うことが望ましいこと。

(ニ) 個人情報の取扱いに関する苦情の処理に関する事項

ニ 職業紹介事業者は、本人が個人情報の開示または訂正の求めをしたことを理由として、当該本人に対して不利益な取扱いをしてはなりません。

（3）個人情報保護法の遵守等

職業紹介事業者は、個人情報保護法第 2 条第 11 項に規定する行政機関等または同法第 16 条第 2 項に規定する個人情報取扱事業者（以下「個人情報取扱事業者」といいます。）に該当する場合には、同法第 5 章第 2 節から第 4 節までまたは同法第 4 章第 2 節に規定する義務を遵守しなければなりません。

なお、個人情報保護法を踏まえて職業紹介事業者が講ずべき措置等は、**第 10 節**によります。

5 職業紹介事業者の責務等に関する事項（法第 33 条の 5）

（1）職業安定機関等との連携

イ 職業安定機関との連携

職業紹介事業者は、求人、求職等の内容がその業務の範囲外にあると認めるときは、安定所の利用を勧奨する等適切に対応してください。

また、職業紹介事業者は、労働力の需要供給の適正かつ円滑な調整を図るため、職業安定機関の行う雇用情報の収集、標準職業名の普及等に協力するよう努めなければなりません。

ロ　学校との連携

職業紹介事業者（法第33条の2第1項の規定による届出をして職業紹介事業を行う学校を除きます）は、高等学校、中等教育学校、中学校または義務教育学校の新規卒業予定者に対する職業紹介を行うに当たっては、学校との連携に関し、次に掲げる事項に留意してください。

(イ) 生徒に対して求人情報の提供等を行う際には、当該生徒が在籍する学校を通じて行うようにすること。

(ロ) 職業紹介事業者が行う職業紹介が、安定所および学校が行う新規学校卒業予定者に対する職業紹介の日程に沿ったものになるようにし、生徒の職業選択について必要な配慮を行うこと。

(ハ) その他学校教育の円滑な実施に支障がないよう必要な配慮を行うこと。

（2）求職者の能力に適合する職業の紹介の推進

職業紹介事業者は、求職者の能力に適合した職業紹介を行うことができるよう、求職者の能力の的確な把握に努めるとともに、その業務の範囲内において、可能な限り幅広い求人の確保に努めなければなりません。

（3）求職者または求職者からの適切な苦情処理

職業紹介事業者は職業安定機関および他の職業紹介事業者と連携を図りつつ、当該事業に係る求職者または求人者からの苦情（あっせんを行った後の苦情を含みます。）に迅速、適切に対応することとし、そのための体制の整備および改善向上に努めなければなりません。また、苦情に対応した場合には、守秘義務等に配慮をした上で、苦情を申し出た者に対して、適切に結果についての報告等を行う必要があります。

なお、専らインターネットを利用すること等により、対面を伴わない職業紹介を行う職業紹介事業者に対しては、苦情処理等が適切に実施されるよう、指導等において特に留意が必要です。

（4）職業紹介により就職した者の早期離職等に関する事項

イ　職業紹介事業者は、その紹介により就職した者（期間の定めのない労働契約を締結した者に限ります。）に対し、当該就職した日から2年間、転職の勧奨を行ってはなりません。

ロ　有料職業紹介事業者は、返戻金制度（則第24条の5第1項第2号に規定する返戻金制度をいいます。以下同じ。）を設けることが望ましいとされています。

ハ　有料職業紹介事業者は、法第32条の13の規定に基づき求職者に対して手数料に関する事項を明示する場合、求職者から徴収する手数料に関する事項および求人者から徴収する手数料に関する事項を明示しなければなりません。また、職業紹介事業者は、同条の規定に基づき、返戻金制度に関する事項について、求人者および求職者に対し、明示しなければなりません。

（5）職業紹介事業に係る適正な許可の取得

イ　求人者に紹介するため求職者を探索した上、当該求職者に就職するよう勧奨し、これに応じて求職の申込みをした者をあっせんするいわゆるスカウト行為を事業として行う場合は、職業紹介事業の許可等が必要です。

　また、いわゆるアウトプレースメント業のうち、教育訓練、相談、助言等のみならず、職業紹介を行う事業は職業紹介事業に該当するものであり、当該事業を行うためには、職業紹介事業の許可等が必要です。

ロ　次のいずれかに該当する行為を事業として行う場合は、当該者の判断が電子情報処理組織により自動的に行われているかどうかにかかわらず、職業紹介事業の許可等が必要です。また、宣伝広告の内容、求人者または求職者との間の契約内容等の実態から判断して、求人者に求職者を、または求職者に求人者をあっせんする行為を事業として行うものであり、募集情報等提供事業はその一部として行われているものである場合には、全体として職業紹介事業に該当するものであり、当該事業を行うためには、職業紹介事業の許可等が必要です。

(イ) 求職者に関する情報または求人に関する情報について、当該者の判断により選別した提供相手に対してのみ提供を行い、または当該者の判断により選別した情報のみ提供を行うこと。

(ロ) 求職者に関する情報または求人に関する情報について、当該者の判断により提供相手となる求人者または求職者に応じて加工し、提供を行うこと。

(ハ) 求職者と求人者との間の意思疎通を当該者を介して中継する場合に、当該者の判断により当該意思疎通に加工を行うこと。

(6) 再就職支援を行う職業紹介事業者に関する事項

再就職支援を行う職業紹介事業者は、リストラにより離職を余儀なくされる労働者などの円滑な再就職を支援することが使命であり、積極的に退職者を作り出すようなことは職業紹介事業の趣旨に反します。

企業が行う退職勧奨については、全体として被勧奨者の自由な意思決定が妨げられる状況であった場合には、当該退職勧奨行為は違法な権利侵害となる旨の裁判例があります。

ついては、次の点に留意が必要です。

イ 事業主の依頼に応じて、その雇用する労働者に対し再就職支援を行う職業紹介事業者(以下「再就職支援事業者」といいます。)が、直接当該労働者の権利を違法に侵害し、または当該事業主による当該労働者の権利の違法な侵害を助長し、もしくは誘発する次に掲げる行為を行うことは許されません。

(イ) 当該労働者に対して、退職の強要(勧奨を受ける者の自由な意思決定を妨げる退職の勧奨であって、民事訴訟において違法とされるものをいいます。以下同じ。)となり得る行為を直接行うこと。

【参考】被勧奨者の自由な意思決定を妨げる退職勧奨は違法な権利侵害に当たるとされた事案

ことさらに多数回、長期にわたる退職勧奨は、いたずらに被勧奨者の不安感を増し、不当に退職を強要する結果となる可能性が高く、退職勧奨は、被勧奨者の家庭の状況、名誉感情等に十分配慮すべきであり、勧奨者の数、優遇措置の有無等を総合的に勘案し、全体として被勧奨者の自由な意思決定が妨げられる状況であった場合には、当該退職勧奨行為は違法な権利侵害となる。(最高裁第一小法廷昭和55年7月10日判決)

(ロ) 退職の強要を助長し、または誘発するマニュアル等を作成し事業主に提供する等、退職の強要を助長し、または誘発する物または役務を事業主に提供すること。

ロ 再就職支援事業者が次に掲げる行為を行うことは不適切とされていま

す。

(イ) 当該労働者に対して、退職の勧奨（退職の強要を除きます。）を直接行うこと。

(ロ) 事業主に対して、その雇用する労働者に退職の勧奨を行うよう積極的に提案すること。

なお、「退職の勧奨を行うよう積極的に提案」には、次の行為が該当することに留意が必要です。

- 退職の勧奨の実施を決定していない企業に対して、当該企業からの依頼の有無にかかわらず、退職の勧奨の実施を提案すること
- 退職の勧奨の実施を決定していても当該決定が対外的に明らかとなっていない企業に対して、当該企業からの依頼なく退職の勧奨の実施を提案すること

おって、「退職の勧奨の実施を決定」した企業に対して、退職者の予定数を増やす提案をすることは、決定済の退職者の予定数を超える部分について「退職の勧奨の実施を決定していない」と解すべきことに留意が必要です。

（7）助成金の支給に関する条件に同意した職業紹介事業者に関する事項

雇用保険法施行規則（昭和50年労働省令第3号）第102条の5第2項第1号イ（4）、第110条第2項第1号イ、第7項第1号イ、第9項第1号イ、第11項第1号イおよび第12項第1号イ、第110条の3第2項第1号イおよび第3項第1号ならびに第112条第2項第1号ハ、第2号ハ、第3号イ（3）および第4号ハ、附則第15条の5第2項第1号イおよび第6項第1号イならびに附則第15条の6第2項第1号イの規定に基づき助成金の支給に関し職業安定局長が定めることとされている条件に同意した職業紹介事業者は、当該同意した条件を遵守する必要があります。

（8）適正な宣伝広告等に関する事項

イ　職業安定機関その他公的機関と関係を有しない職業紹介事業者は、これと誤認させる名称を用いてはいけません。

ロ　職業紹介事業に関する宣伝広告の実施に当たっては、法第5条の4第1項および第3項ならびに不当景品類及び不当表示防止法の趣旨に鑑み

て、不当に求人者または求職者を誘引し、合理的な選択を阻害するおそれがある不当な表示をしてはいけません。

ハ　求職の申込みの勧奨については、求職者が希望する地域においてその能力に適合する職業に就くことができるよう、職業紹介事業の質を向上させ、これを訴求することによって行うべきものであり、職業紹介事業者が求職者に金銭等を提供することによって行うことは好ましくなく、お祝い金その他これに類する名目で社会通念上相当と認められる程度を超えて金銭等を提供することによって行ってはいけません。

（9）国外にわたる職業紹介を行う職業紹介事業者に関する事項

イ　国外にわたる職業紹介を行うに当たっては、法第 32 条の 12 第 1 項（法第 33 条第 4 項および第 33 条の 3 第 2 項において準用する場合を含みます。）の規定により、その職業紹介事業において取り扱う職種の範囲その他業務の範囲を届け出た場合には、その相手先国をはじめ、その範囲内で職業紹介を行わなければいけません。

ロ　国外にわたる職業紹介を行うに当たっては、入管法その他の出入国に関する法令および相手先国の法令を遵守して職業紹介を行わなければいけません。求職の申込みに当たり、可能な範囲で在留カード等の提示を求め、在留資格や在留期間を確認する等、不法就労をあっせんすることがないよう留意する必要があります。

※国内で就労している外国籍の者を対象に職業紹介を行う場合、在留カード等により在留資格や在留期間を確認することができます。在留カード等に以下の記載等がある場合には、適法に国内で就労することが可能ですので、職業紹介に当たり、当該求職者が国内での就労を認められているか確認するとともに、就労可能な職種の制限等、出入国管理行政における取扱いに留意する必要があります（在留カードの記載については、出入国在留管理庁ホームページ等において、最新の情報を確認するようにしてください。）。なお、確認に際して在留カード等の写しを求めてはいけません。

①在留カード表面の「就労制限の有無」欄において、「就労制限なし」、「在留資格に基づく就労活動のみ可」、「指定書記載機関での在留資格に基づく就労活動のみ可」、「指定書により指定された就労活動のみ

可」のいずれかの記載がある場合。なお、特定技能については、在留カードの在留資格の欄に「特定技能１号」または「特定技能２号」と記載され、旅券に添付されている指定書に就労する分野が記載されることとなります。

②在留カード表面の「就労制限の有無」欄において「就労不可」の記載があっても、裏面の「資格外活動許可欄」に「許可（原則週28時間以内・風俗営業等の従事を除く）」、「許可（資格外活動許可書に記載された範囲内の活動）」との記載が有る場合（留学生等）

ハ　国外にわたる職業紹介を行うに当たっては、求職者に渡航費用その他の金銭を貸し付け、または求人者がそれらの金銭を貸し付けた求職者に対して職業紹介を行ってはいけません。

ニ　国外にわたる職業紹介を行うに当たり、取次機関を利用するときは、次に該当するものを利用してはいけません。

(イ) 相手先国において活動を認められていない取次機関

(ロ) 職業紹介に関し、保証金の徴収その他名目のいかんを問わず、求職者の金銭その他の財産を管理し、求職者との間で職業紹介に係る契約の不履行について違約金を定める契約その他の不当に金銭その他の財産の移転を予定する契約を締結し、または求職者に対して渡航費用その他の金銭を貸し付ける取次機関

取次機関が上記に該当しないことについて、例えば、取次機関および事業者の業務分担について記載した契約書において定めることや取次機関からその旨証明した書類等を提出させることにより確認するとともに、取次機関が上記に該当することが事後的に判明した場合には、速やかに利用する取次機関を変更する等、適切な対応を行わなければなりません。

ホ　職業紹介に関し、求職者が他者に保証金の徴収その他名目のいかんを問わず金銭その他の財産を管理され、または他者が求職者との間で職業紹介に係る契約の不履行について違約金を定める契約その他の不当に金銭その他の財産の移転を予定する契約を締結していることを認識して、当該求職者に対して職業紹介を行ってはいけません。

具体的には、国外にわたる職業紹介を行う際は、求職の申込みの受理等に当たり、求職者が国内外で他者から保証金等を徴収されたり他者と

の間で違約金を定める契約等を締結していないか確認する等、適切に対応しなければなりません（**第３節**の**３**も参照）。

ヘ　国外にわたる職業紹介については、雇用関係が成立した場合であっても、求職者が実際に日本国内において就労できるかどうかは、その後、在留資格が取得できるかどうかによることとなります。このため、事前に求人者との間で手数料の金額や支払いのタイミング等を明確にする等、手数料支払い等に関してトラブルが発生しないよう留意する必要があります。

(10)　労働者の募集および採用における年齢制限の禁止に関する取組

イ　労働施策総合推進法第９条により、労働者の募集および採用について年齢制限を禁止することが義務化されていますが、同法施行規則第１条の３第１項により、合理的な理由があって例外的に年齢制限が認められる場合が規定されています。

ロ　職業紹介事業者は、高年齢者等の雇用の安定等に関する法律施行規則（昭和 46 年労働省令第 24 号。以下「高齢法規則」といいます。）第６条の６第２項各号に掲げる書面または電磁的記録により、高年齢者等の雇用の安定等に関する法律（昭和 46 年法律第 68 号。以下「高齢法」といいます。）第 20 条第１項に規定する理由の提示を受けたときは、当該理由を求職者に対して、適切に提示しなければなりません（指針第３の３）。

この場合の「適切に提示する」とは、高齢法施行規則第６条の６第１項の規定に準じて、求職者に対して提示する求人の内容を記載または記録した書面または電磁的記録（求人票等）に、当該理由を併せて記載または記録する方法により提示することを原則とするものです。

ただし、職業紹介事業者が、事業主からの年齢制限を行う求人の申込みについて、刊行物に掲載する広告その他これに類する方法により求職の申込みの募集を行う場合等において、あらかじめ当該広告等に当該理由を提示することが困難なときは、高齢法施行規則第６条の６第３項の規定に準じて、当該職業紹介事業者は、求職者の求めに応じて、遅滞なく書面の交付、電子メールまたはＦＡＸの送信、ホームページへの掲示等により当該理由を提示することができます。また、求職者に対して提示する求人の内容を記載または記録した書面または電磁的記録がない場合においても、同様です。

ハ　イおよびロの趣旨に沿った事業運営を行うため、職業紹介事業者は、以下に掲げる措置を講ずる必要があります。

(イ) 求人票、求人申込書等の整備

職業紹介事業者が用いる求人票、求人申込書等について、年齢制限の理由を記載することが可能な欄を設ける等所要の整備を図ること（特記事項欄等の活用でも差し支えありません。）。

(ロ) 求人の申込みへの対応

年齢制限を行う求人の申込みがあった場合は、次に掲げる措置を講じてください。

a　内容の確認等

当該求人の申込みの内容が労働施策総合推進法第９条および高齢法第20条第１項に違反するものでないか必要な確認をすること。

なお、年齢制限を行う理由については、労働施策総合推進法施行規則第１条の３第１項各号において定められた例外事由であることが必要であること。

また、高齢法第20条の趣旨にかんがみ、求人事業主は、労働施策総合推進法施行規則第１条の３第１項各号に列挙されたいずれかの場合に該当することを単に示す（対応する条文を記載する等）だけではなく、当該労働者の募集および採用にあたって年齢制限を行う具体的な理由を示す必要があることに留意すること。このため職業紹介事業者にあっては、年齢制限を行う事業主に対し具体的な理由を示すよう求めること。

求人事業主が提示した理由が労働施策総合推進法施行規則第１条の３第１項各号に該当するか否か不明である場合は、管轄の安定所に対して照会すること。

b　労働施策総合推進法第９条または高齢法第20条第１項に違反する求人の申込みへの対応

(a) 求人の申込みの内容が労働施策総合推進法第９条もしくは高齢法第20条第１項に違反するものであることが疑われる場合または違反するものであると認められる場合には、受理を行わず、当該事業主に対して、労働施策総合推進法第９条および高齢法第20

条の趣旨等を説明し、当該求人の申込みの内容を是正するよう働きかけを行うこと。

(b)（a）の働きかけにもかかわらず、労働施策総合推進法第９条または高齢法第 20 条第１項に違反する求人内容が是正されない場合には、受理を行わず、通達様式第 19「年齢制限求人に係る情報提供」により管轄の安定所に対して情報提供を行うこと。

なお、この場合における職業紹介事業者から安定所に対する情報提供は、労働施策総合推進法第９条または高齢法第 20 条の趣旨を確保するために行うものであることから、法第 51 条第１項の正当な理由がある場合に該当し、また、同条第２項または同法第 51 条の２のみだりに他人に知らせることには該当しないものであること。

また、個人情報保護法第 27 条第１項第４号の「国の機関若しくは地方公共団体又はその委託を受けた者が法令の定める事務を遂行することに対して協力する必要がある場合であって、本人の同意を得ることにより当該事務の遂行に支障を及ぼすおそれがあるとき。」にも該当するものであること。

(c) 上記（b）の情報提供を行った場合、安定所から「勧告等結果報告書」もしくは「是正結果報告書」の提供が行われるので、これに基づいて適切に対応すること。

c　労働施策総合推進法施行規則第１条の３第２項への対応

労働施策総合推進法施行規則第１条の３第２項の趣旨に基づき、募集および採用に係る職務の内容、当該職務を遂行するために必要とされる労働者の適性、能力、経験、技能の程度など、労働者が応募するにあたり求められる事項を出来る限り明示すること。

(ハ) 職業安定法に基づく職業紹介事業者に対する指導等

求人の申込みについて、職業紹介事業者が（ロ）の措置等を適切に講ずることなく、当該求人の申込みを受理し、職業紹介を行っている場合には、法第 48 条の２の指導および助言の対象となり得ます。

また、事業主が労働施策総合推進法第９条および高齢法第 20 条第１項に基づく求人の申込みをしているにもかかわらず、職業紹介事業者が当該年齢制限の理由を求職者に対して適切に提示していない場合や、これらの規定に違反する内容の求人の申込みについて、職業紹介事業者が、年齢制限の理由の提示を行わない事業主の求人について繰り返し申込みを受理し、職業紹介を行う等悪質な場合については、法第48条の2の指導および助言、法第48条の3の改善命令、法第32条の9（法第33条第4項、第33条の2第7項および第33条の3第2項の規定により準用する場合を含みます。）の許可の取消しもしくは事業廃止命令または事業停止命令の対象となり得ます。

以上の内容については、周知、指導の徹底を図ること。

6　法第32条の16第3項に関する事項（情報提供）

（1）情報提供の内容および方法

職業紹介事業者は、次表に掲げる事項（ニおよびホについては、有料職業紹介事業者に限ります。）について、厚生労働省が運営する「人材サービス総合サイト」へ掲載することにより情報の提供を行わなければなりません。また、必要に応じ、職業紹介事業者のホームページへの掲載等、インターネットと接続してする方法により情報提供を行うべきとされています（人材サービス総合サイトへの掲載方法については、人材サービス総合サイトのホームページおよび厚生労働省ホームページを参照のこと）。

また、次表に掲げる事項に加えて、求職者、求人者等が職業紹介事業者等を選択する際に参考となる情報（職種ごと、地域ごと等の就職の状況、離職の理由等）も提供することが望ましいとされています。

なお、インターネットへの接続環境がない職業紹介事業者にあっては、職業紹介事業者で構成する団体等に「人材サービス総合サイト」への掲載を依頼し、当該団体等が掲載することをもって代えることとしても差し支えありません。

内容	範囲
イ　当該職業紹介事業者の紹介により就職した者（以下「就職者」という。）の数および就職者のうち期間の定めのない労働契約	前年度の総数および当該年度の前年度（以下「前々年度」という。）の総数（4月1日から9月30日までの間は前年度の

を締結した者（以下「無期雇用就職者」という。）の数	総数、前々年度の総数および当該年度の前年度（以下「前々々年度」という。）の総数）
ロ　無期雇用就職者のうち、離職した者（解雇により離職した者および就職した日から6カ月経過後に離職した者を除く。）の数	前年度の総数および前々年度の総数（4月1日から9月30日までの間は前々年度の総数および前々々年度の総数）
ハ　無期雇用就職者のうち、ロに該当するかどうか明らかでない者の数	前年度の総数および前々年度の総数（4月1日から9月30日までの間は前々年度の総数および前々々年度の総数）
ニ　手数料に関する事項	その時点における情報
ホ　返戻金に関する事項	その時点における情報

※イに掲げる情報については、4月1日から4月30日までの間は前々年度の総数および前々々年度の総数に関する情報と、ロおよびハに掲げる情報については、10月1日から12月31日までの間は前々年度の総数および前々々年度の総数に関する情報とすることができます。

（2）情報提供に関する留意事項

イ　職業紹介事業者は、（1）の情報の提供を行うに当たり、無期雇用就職者が（1）のロに掲げる者に該当するかどうかを確認するため、当該無期雇用就職者に係る雇用主に対し、必要な調査を行わなければなりません（様式例第6号参照）。ただし、有料職業紹介事業者が、返戻金制度を設けている場合であって、無期雇用就職者のうち返戻金制度に基づき手数料を免除する事由に該当したものの数を集計する方法により（1）のロに掲げる者の数を集計する場合は、調査を行うことを要しません。

ロ　求人者は、無期雇用就職者を雇用した場合には、可能な限り、当該無期雇用就職者を紹介した職業紹介事業者が行うイの調査に協力する必要があります。

7　職業紹介事業者間の業務提携

（1）基本的な考え方

イ　概念

職業紹介事業者等間の業務提携とは、職業紹介事業者（法の規定による許可等を受けて職業紹介事業を行う者をいいます。以下同じ。）または特定地方公共団体（以下この**7**において「職業紹介事業者等」といいます。）が自ら受理した求人または求職を、あらかじめ特定された他の一または複数の職業紹介事業者等に提供し、当該他の職業紹介事業者等が当該求人または求職についてあっせんを行うことをいう（概念図参照）。

なお、これは異なる職業紹介事業者等間の問題であり、一の職業紹介事業者等の異なる事業所間における求人・求職の提供は通常の事業活動に含まれるものです。

（概念図）※本図は例であり、業務提携が本図の形態に限られるものではありません。

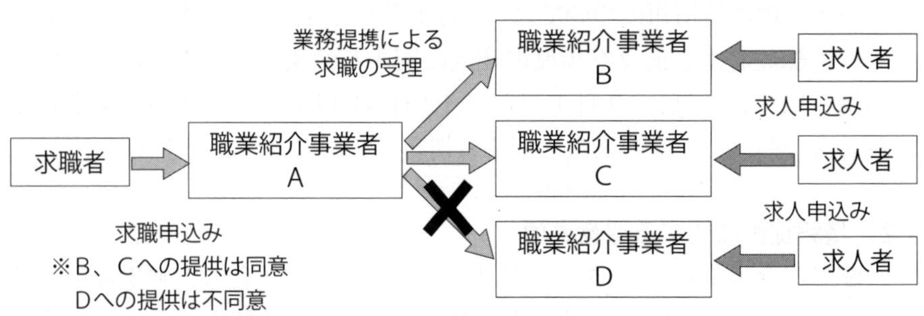

よって、業務提携による職業紹介においては、概念上、求人受理および求職受理は複数の職業紹介事業者等で行われることがあることに留意する必要があります。

ロ　意義

職業紹介事業者等間の業務提携は、求人者・求職者にとって、求人・求職の結合可能性を高める積極的意義を有するものであり、労働条件等の明示、個人情報の取扱い等について、単一の職業紹介事業者等により職業紹介がなされる場合と同様に法にしたがって行われることを前提として認めて差し支えないものです。

ハ　法の適用

業務提携による職業紹介に対する法の適用は、具体的には以下の（2）から（8）までのとおりです。

（2）業務提携による職業紹介の主体

業務提携による職業紹介を実施しうる職業紹介事業者は、法の規定により許可を受けていること等により適法に職業紹介事業を行う職業紹介事業者に限られるものです。これは、業務提携においてはいずれの職業紹介事業者等も職業紹介の全部または一部を行うものであることによる当然の要請です。

（注）概念図においては、A、B、CおよびDは、すべて法の規定により許可を受けていること等により適法に職業紹介事業を行う職業紹介事業者等でなければならないこととなります。

（3）労働条件等の明示（法第5条の3）

求職者に対する労働条件等の明示に係る職業紹介事業者等の義務（法第5条の3）は、原則として求職の申込みを求職者から直接受理した職業紹介事業者等が履行すべきものです。また、労働条件等の明示の義務が履行されるためには、求人を受理した職業紹介事業者等から求職者に対応する職業紹介事業者等に対し、労働条件等について適切に情報が伝達される必要があります。ただし、求職の申込みを求職者から直接受理した職業紹介事業者等が職業紹介事業を廃止したこと等により労働条件等の明示義務を履行することができない場合には、業務提携を行う他の職業紹介事業者等が労働条件等の明示の義務を履行することになります。

（注）概念図においては、原則としてAが労働条件等の明示義務を負い、Aが職業紹介事業を廃止した場合等においてはAと提携している事業者（BまたはC）が労働条件等の明示義務を負うことになります。

（4）求人等に関する情報の的確な表示

求人等に関する情報の的確な表示の義務（法第5条の4第1項および第3項）は、業務提携による職業紹介の過程で求人等に関する情報を取り扱うすべての職業紹介事業者等に課されるものです。

求人等に関する情報を正確かつ最新の内容に保つ措置（第5条の4第3項）として、定期的に求人者または求職者に情報が最新かどうか確認する措置を講じる場合は、原則として求人または求職を求人者または求職者から直接受理した職業紹介事業者等において確認を行うとともに、業務提携している職業紹介事業者等においてもその実施を確認することとされています。

求人等に関する情報が正確でない、または最新でないことを業務提携している職業紹介事業者等において確認した場合は、速やかに求人または求職を求人者または求職者から直接受理した職業紹介事業者等に通知するとともに、当該職業紹介事業者等において適切な措置が講じられない場合は、当該求人等に関する情報の提供を中止することとされています。

（5）求職者の個人情報の取扱い等（法第5条の5、第51条および第51条の2）

イ　原則

求職者の個人情報の取扱いに係る職業紹介事業者等の義務（法第5条の5）は、業務提携による職業紹介の過程で求職者の個人情報を取り扱う全ての職業紹介事業者等に課されるものです。

また、守秘義務（法第51条第1項）および業務上知り得た情報をみだりに他人に知らせてはならない義務（法第51条第2項）（以下「守秘義務等」といいます。）も同じく業務提携による職業紹介の過程で秘密等を取り扱う全ての職業紹介事業者等に課されるものです。

（注）概念図においては、A、BおよびCの全てがこれらの義務を負うこととなります。

ロ　求人関係

具体的には、求人については、職業紹介事業者等は守秘義務等を負っています。

したがって、業務提携に際して求人を他の職業紹介事業者等に提供しようとする場合には、あらかじめ求人者に業務提携の内容として、提供先の職業紹介事業者等に関する次の事項を明示し、求人者が求人の提供に同意する場合に限って行うこととし、求人者が求人の提供に同意しない場合には業務提携の対象としてはなりません。この場合において、求人者が提携先ごとに同意または不同意の意思を示すことができるような方法であれば、一度に複数の提携先について、同意または不同意の意思を確認することができます。ただし、当面、一度に意思確認する提携先は10以内とすることとされています。

(イ) 事業所の名称および所在地、許可番号等

(ロ) 法第32条の13および則第24条の5に規定する明示事項

- 取扱職種の範囲等
- 手数料に関する事項
- 苦情の処理に関する事項
- 個人情報の取扱いに関する事項
- 返戻金制度に関する事項

(ハ) 法第32条の16および則第24条の8第3項に規定する次の事項

- 就職者の数および就職者の数のうち無期雇用の者の数
- 無期雇用の就職者のうち就職後6カ月以内に離職した者の数
- 無期雇用の就職者のうち就職後6カ月以内に離職した者に該当するかどうか明らかでない者の数

(ニ) 必要に応じて職業紹介事業の実施地域、就職件数の多い職種、年齢、賃金および雇用形態等

（注）概念図においては、B、CおよびDは求人をAに提供することとしていませんが、提供する場合にはB、CおよびDにおいて以上のとおり取り扱う必要があります。また、求人の提供を受けたAも守秘義務等を負うこととなります。

ハ　求職関係

求職については、職業紹介事業者等はその業務の目的の達成に必要な範囲内で求職者の個人情報を収集し、保管し、および使用する義務（法第5条の5第1項）、求職者の個人情報を適正に管理するために必要な措置を講じる義務（同条第2項）並びに守秘義務等を負っています。

したがって、業務提携に際して求職を他の職業紹介事業者等に提供しようとする場合には、あらかじめ求職者に業務提携の内容（具体的には上記ロに同じ。）を明示し、求職者が求職の提供に同意する場合に限って行うこととし、求職者が求職の提供に同意しない場合には業務提携の

対象としないこととしなければなりません。この場合において、求職者が提携先ごとに同意または不同意の意思を示すことができるような方法であれば、一度に複数の提携先について、同意または不同意の意思を確認することができます。ただし、当面、一度に意思確認する提携先は10以内とすることとされています。

（注）概念図においては、Aは以上のとおり取り扱う必要があります。また、業務提携により求職を受理したBおよびCにおいても、求職者の個人情報の取扱いに係る義務および守秘義務等を負うこととなります。

ニ　留意点

以上を確実に実施できるようにするため、職業紹介事業者等は、提携先への提供に同意する求人・求職とそれ以外の求人・求職を分類して管理しておくとともに、個人情報の適正な管理（正確かつ最新のものに保つための措置、漏えい、滅失または毀損を防止するための措置等）について、より一層、的確に対応しなければなりません。

（6）求人・求職の申込み（法第5条の6・第5条の7第1項）

業務提携による職業紹介の過程で行われる求人・求職の受理はいずれも求人・求職の申込みに係る原則（法第5条の6・第5条の7第1項）の適用を受けるものであり、他の職業紹介事業者等から提供される求人・求職を受ける際にも同様に適用されるものです。

したがって、職業紹介事業者等が業務提携について明示し（上記（5）参照）、その上で求人者または求職者が求人または求職の提携先への提供に同意した場合に、当該提携先が当該求人または求職を受理しないことは原則として認められません（この場合の例外は、法第29条第3項または法第32条の12第1項の規定により職業紹介事業者等が業務の範囲の限定を受けている場合等、法において求人または求職の不受理が認められている場合です。）。

（注）概念図においては、求職はAが受理しますが、当該求職者の情報の提携先への提供に同意した場合には、BおよびCは当該求職について、原則として受理を拒んではならないこととなります。

（7）適格紹介（法第5条の8）

求職者に対しその能力に適合する職業を紹介し、求人者に対してはその雇用条件に適合する求職者を紹介するように努める努力義務は、業務提携による職業紹介に関わる全ての職業紹介事業者等に課されます。

（注）概念図においては、Aは自ら適格紹介を行うほか、業務提携による職業紹介に当たっても、適格求人を有していると見込まれる提携先を選定することが求められます。また、BおよびCは適格紹介を行うことが求められます。

（8）手数料（法第32条の3）

イ　原則

業務提携による職業紹介を行う職業紹介事業者等のうち、有料職業紹介事業における手数料を徴収するのは、あっせん行為を行う職業紹介事業者であることから、その手数料の額は、当該あっせんを行う職業紹介事業者の手数料の定めの範囲内となります（求人または求職を受理し、自らはあっせんを行わず、当該求人または求職を他の職業紹介事業者等に提供した職業紹介事業者においては、求人または求職の受理等に係る事務処理に一定の費用を要していますが、それについては下記ロによることとします。）。

ロ　有料職業紹介事業者間における配分

徴収した手数料を有料職業紹介事業者間で事後的に配分すること（例えば、あっせんを行う有料職業紹介事業者が徴収した手数料のうち一定額に相当する額を求人・求職を提供した有料職業紹介事業者に支払うこと）は差し支えありません。

（9）その他

求人求職管理簿（職業紹介の取扱状況に関する事項および離職の状況に関する事項に限ります。）の備付に関する義務（法第32条の15）並びに職業紹介事業報告および職業紹介の実績等に係る人材サービス総合サイトを利用した情報提供の義務（法第32条の16）は、業務提携を行う職業紹介事業者の間で取り決めた一者が履行すべきとされています。

8　その他

（1）法第2条に関する事項（職業選択の自由）

職業紹介は、各人にその有する能力に適当な職業に就く機会を与えることによって、職業の安定を図ることが求められるものであって、求職者の意思を尊重することが必要です。

このため、職業紹介事業者は、求職者の意思に反して特定の職業を強制するような接し方をしてはなりません。また、職業紹介事業者は、求職者に接するに当たっては、必要に応じ、求職者の職業に関する視野の拡大や職業についての誤解、偏見等の解消のための説明を行うことが望ましいです。

（2）法第20条に関する事項（労働争議に対する不介入）

職業紹介事業者は、労働争議に対する中立の立場を維持するため、同盟罷業または作業所閉鎖の行われている事業所に求職者を紹介してはなりません。

（3）法第32条の13および第33条第4項に関する事項（取扱職種の範囲等の明示）

次に掲げるものについて、求人者および求職者に対して、原則として求人の申込みまたは求職の申込みを受理した後、速やかに書面の交付、ファクシミリを利用する方法または電子メール等を利用する方法により明示しなければならないこととされています。

ただし、職業紹介の実施について緊急の必要があるため、あらかじめこれらの方法によることができない場合において、当該明示すべき事項をあらかじめこれらの方法以外の方法により明示したときは、この限りではありません。

なお、ファクシミリを利用する方法または電子メール等を利用する方法が認められるのは、書面の交付を受けるべき者が、ファクシミリを利用する方法または電子メール等を利用する方法（ファクシミリまたは電子メール等の受信者がプリントアウトできるものに限ります。以下同じ。）を希望し、かつ、ファクシミリを利用する方法についてはファクシミリ装置により受信したときに、電子メール等を利用する方法については明示を受けるべき者の使用に係る通信端末機器に備えられたファイルに記録された場合に限られます。

この場合において、書面の交付を受けるべき者が、ファクシミリを利用する方法または電子メール等を利用する方法を希望するときは、当該方法を希望する旨および希望する電子メール等の方式（電子メール・SNS メッセージ等の電気通信方式、添付ファイルを使用する場合のソフトウェアの形式およびバージョン等）を書面の交付を行うべき者に対して明示することとします。

イ　取扱職種の範囲等

ロ　手数料に関する事項

ハ　苦情の処理に関する事項

ニ　求人者の情報および求職者の個人情報の取扱いに関する事項

ホ　返戻金制度に関する事項

このうち、イは、職業紹介事業の実施範囲を確定する極めて重要な明示事項です。また、**5**（4）に記載のとおり、求職者に対してロについて明示する場合、求職者から徴収する手数料に関する事項および求人者から徴収する手数料に関する事項を明示しなければならないことに留意してください。

（4）法第 32 条の 14、第 33 条第 4 項、第 33 条の 3 第 2 項に関する事項（職業紹介責任者）

イ　当該事業所において職業紹介に係る業務に従事する者の数が 50 人以下のときは 1 人以上の者を、50 人を超え 100 人以下のときは 2 人以上の者を、100 人を超えるときは、当該職業紹介に係る業務に従事する者の数が 50 人を超える 50 人ごとに 1 人を 2 人に加えた数以上の者を選任しなければなりません。

ロ　職業紹介責任者は、「厚労省人事労務マガジン（メールマガジン）」（https://merumaga.mhlw.go.jp/）に登録し、定期的に労働関係法令等の改正に関する情報を把握しなければなりません。なお、インターネットへの接続環境がない等の理由により、メールマガジンの登録・受信ができない事業者にあっては、自ら厚労省人事労務マガジンに登録することに代えて、厚労省人事労務マガジンに登録している職業紹介事業者の団体等から、メールマガジンが配信される都度、その内容を郵送等により受領し、労働関係法令等の改正に関する情報を把握することとしても差し支えありません。

（5）苦情処理に関する事項

イ　職業紹介事業者は、求職者、求人者からの苦情について、あらかじめ苦情相談の窓口、苦情の対応方法等を明確にするとともに、苦情の申出を受けた年月日、苦情の内容、対応の経過等について、苦情の申出を受け、および苦情の処理に当たった都度記録すること等により適切かつ迅速に対応を図らなければなりません。また、苦情に対応した場合には、守秘義務等に配慮をした上で、苦情を申し出た者に対して、適切に結果についての報告等を行こととされています。

ロ　職業紹介事業者は、求職者、求人者からの苦情について、苦情の具体的な内容および具体的な問題点の把握に努めるとともに、求人者等関係者との連携の下に、適切かつ迅速に対応を図らなければなりません。

ハ　職業紹介事業者は、関係法令に照らし違法または不法な内容を含む苦情等専門的な相談援助を必要とする苦情について関係行政機関等との連携の下に、適切かつ迅速に対応しなければなりません。

ニ　職業紹介事業者は、当該職業紹介所の職業紹介行為等に関する苦情の申し出先として、当該職業紹介所の管轄都道府県労働局および専門的な相談援助を行うことができる知識・経験を有する団体の名称・所在地・電話番号についても、その事業所内の一般の閲覧に便利な場所に掲示するとともに、パンフレット等を活用して周知に努めなければなりません。

ホ　職業紹介事業者は、当該職業紹介所に係る求職者、求人者から苦情の申出を受けた管轄都道府県労働局、専門的な相談援助を行うことができる知識・経験を有する団体等から苦情に関する連絡を受けた場合には、求職者、求人者等から直接苦情を受けた場合と同様に、適切かつ迅速に対応しなければなりません。

ヘ　職業紹介事業者は、適切かつ迅速に苦情処理を行うことができるよう、関係法令、苦情処理の具体例等苦情処理に必要な知識・情報の収集に努めるとともに、苦情処理を行った場合には、当該苦情処理の対応の内容や問題点について整理し、その後の苦情処理への対応に活用するよう努めなければなりません。

（6）秘密を守る義務

職業紹介事業者およびその代理人、使用人その他の従業者は、正当な理由なくその業務上取り扱ったことについて知り得た人の秘密を他に漏らしてはなりません。

また、職業紹介事業者およびその代理人、使用人その他の従業者でなくなった後においても、同様です。

※「秘密」とは、個々の求職者および求人者に関する個人情報をいい、私生活に関するものに限りません。

※「他に」とは、当該秘密を知り得た事業所内の使用人その他の従業員以外の者をいいます。

（7）紹介予定派遣に関する事項

紹介予定派遣の意義として以下のとおり定められています（労働者派遣事業関係業務取扱要領（以下「派遣要領」といいます。）第1の4参照）。

イ　紹介予定派遣とは、労働者派遣のうち、労働者派遣法第5条第1項の許可を受けた派遣元事業主が、労働者派遣の役務の提供の開始前または開始後に、当該労働者派遣に係る派遣労働者および派遣先に対して、職業安定法その他の法律の規定による許可を受けて、または届出をして、職業紹介を行い、または行うことを予定してするものをいい、当該職業紹介により、当該派遣労働者が当該派遣先に雇用される旨が、当該労働者派遣の役務の提供の終了前に当該派遣労働者と当該派遣先との間で約されるものを含みます（労働者派遣法第2条第4号）。

ロ　紹介予定派遣については、派遣先が派遣労働者を特定することを目的とする行為の禁止に係る規定を適用しません（労働者派遣法第26条第6項）。

ハ　紹介予定派遣については、円滑かつ的確な労働力需給の結合を図るための手段として設けられたものであり、具体的には次のaからcまでの措置を行うことができます。

a　派遣就業開始前の面接、履歴書の送付等

b　派遣就業開始前および派遣就業期間中の求人条件の明示

c　派遣就業期間中の求人・求職の意思等の確認および採用内定

ニ　紹介予定派遣を行う場合には、派遣元事業主および派遣先は次の措置等を講じなければなりません。

a　労働者派遣契約に当該紹介予定派遣に関する事項を記載すること（派遣要領第5の2の（1）イ（ハ）の⑩参照）

b　紹介予定派遣を受け入れる期間の遵守（派遣要領第6の25の（1）および第7の18の（1）参照）

c　派遣先が職業紹介を希望しない場合または派遣労働者を雇用しない場合の理由の明示（派遣要領第6の25の（2）および第7の18の（2）参照）

d　派遣労働者の特定に当たっての年齢、性別等による差別防止に係る措置（派遣要領第7の18の（3）参照）

e　派遣労働者であることの明示等（派遣要領第6の11参照）

f　就業条件等の明示（派遣要領第6の13の（3）のイの⑪参照）

g　派遣元管理台帳に当該紹介予定派遣に関する事項を記載すること（派遣要領第6の20の（1）のホの⑬参照）

h　派遣先管理台帳に当該紹介予定派遣に関する事項を記載すること（派遣要領第7の13の（2）のハの⑬参照）

（8）その他

イ　職業紹介事業者は、他の職業紹介機関を利用しないことを条件として職業紹介サービスを行ってはなりません。

ロ　職業紹介事業者は、職業紹介事業に関する広告を行う場合、職業紹介所である旨を明示してください。

ハ　職業紹介事業者は、許可証を、その事業所内の一般の閲覧に便利な場所に掲示しなければなりません。

職業紹介事業者、求人者、労働者の募集を行う者、募集受託者、募集情報等提供事業を行う者、労働者供給事業者、労働者供給を受けようとする者等がその責務等に関して適切に対処するための指針（平成11年労働省告示第141号）

第1　趣旨

この指針は、職業安定法（以下「法」という。）第3条、第5条の3から第5条の5まで、第33条の5、第42条、第43条の8及び第45条の2に定める事項等に関し、職業紹介事業者、求人者、労働者の募集を行う者、募集受託者、募集情報等提供事業を行う者、労働者供給事業者、労働者供給を受けようとする者等が適切に対処するために必要な事項について定めたものである。

また、法第5条の5の規定により職業紹介事業者、求人者、労働者の募集を行う者、募集受託者、募集情報等提供事業を行う者、労働者供給事業者及び労働者供給を受けようとする者が講ずべき措置に関する必要な事項と併せ、個人情報の保護に関する法律（平成15年法律第57号）の遵守等についても定めたものである。

第2　均等待遇に関する事項（法第3条）

1　差別的な取扱いの禁止

職業紹介事業者、募集情報等提供事業を行う者、労働者供給事業者及び労働者派遣事業の適正な運営の確保及び派遣労働者の保護等に関する法律（昭和60年法律第88号）第2条第4号に規定する派遣元事業主（以下「職業紹介等事業者」という。）は、全ての利用者に対し、その申込みの受理、面接、指導、紹介等の業務について人種、国籍、信条、性別、社会的身分、門地、従前の職業、労働組合の組合員であること等を理由として、差別的な取扱いをしてはならないこと。

また、職業紹介事業者、募集情報等提供事業を行う者及び労働者供給事業者は、求職者又は労働者が法第48条の4第1項に基づく厚生労働大臣に対する申告を行ったことを理由として、差別的な取扱いをしてはならないこと。

2　募集に関する男女の均等な機会の確保

職業紹介事業者、募集情報等提供事業を行う者及び労働者供給事業者が、雇用の分野における男女の均等な機会及び待遇の確保等に関する法律（昭和47年法律第113号）第5条の規程に違反する内容の求人の申込みを受理して当該求人に対して職業紹介を行い、同条の規定に違反する内容の労働者の募集に関する情報の提供を行い、若しくは同条の規定に違反する募集を行う労働者の募集を行う者に労働者になろうとする者に関する情報の提供を行い、又は同条の規定に違反する募集に対して労働者を供給することは法第3条の趣旨に反するものであること。

第3　労働条件等の明示に関する事項（法第5条の3）

1　職業紹介事業者等による労働条件等の明示

(1) 職業紹介事業者、労働者の募集を行う者、募集受託者及び労働者供給事業者は、法第5条の3第1項の規定に基づき、求職者、募集に応じて労働者になろうとする者又は供給される労働者（以下「求職者等」という。）に対し、従事すべき業務の内容及び賃金、労働時間その他の労働条件（以下「従事すべき業務の内容等」という。）を可能な限り速やかに明示しなければならないこと。

(2) 求人者は求人の申込みに当たり公共職業安定所、特定地方公共団体又は職業紹介事業者に対し、労働者供給を受けようとする者はあらかじめ労働者供給事業者に対し、それぞれ、法第5条の3第2項の規定に基づき、従事すべき業務の内容等を明示しなければならないこと。

(3) 職業紹介事業者、求人者、労働者の募集を行う者、募集受託者、労働者供給事業者及び労働者供給を受けようとする者は、(1)又(2)により従事すべき業務の内容等を明示するに当たっては、次に掲げるところによらなければならないこと。

イ　明示する従事すべき業務の内容等は、虚偽又は誇大な内容としないこと。

ロ　労働時間に関しては、始業及び終業の時刻、所定労働時間を超える労働の有無、休憩時間、休日等について明示すること。また、労働基準法（昭和22年法律第49号）第38条の3第1項の規定により同項第2号に掲げる時間労働したものとみなす場合又は同法第38条の4第1項の規定により同項第3号に掲げる時間労働したものとみなす場合は、その旨を明示すること。また、同法第41条の2第1項の同意をした場合に、同項の規定により労働する労働者として業務に従事することとなるときは、その旨を明示すること。

ハ　賃金に関しては、賃金形態（月給、日給、時給等の区分）、基本給、定額的に支払われる手当、通勤手当、昇給に関する事項等について明示すること。また、一定時間分の時間外労働、休日労働及び深夜労働に対する割増賃金を定額で支払うこととする労働契約を締結する仕組みを採用する場合は、名称のいかんにかかわらず、一定時間分の時間外労働、休日労働及び深夜労働に対して定額で支払われる割増賃金（以下このハにおいて「固定残業代」という。）に係る計算方法（固定残業代の算定の基礎として設定する労働時間数（以下このハ及び第4の2の(3)において「固定残業時間」という。）及び金額を明らかにするものに限る。）、固定残業代を除外した基本給の額、固定残業時間を超える時間外労働、休日労働及び深夜労働分についての割増賃金を追加で支払うこと等を明示すること。

ニ　期間の定めのある労働契約を締結しようとする場合は、当該契約が試みの使用期間の性質を有するものであっても、当該試みの使用期間の終了後の従事すべき業務の内容等ではなく、当該試みの使用期間に係る従事すべき業務の内容等を明示すること。

(4) 職業紹介事業者、求人者、労働者の募集を行う者、募集受託者、労働者供給事業者及び労働者供給を受けようとする者は、(1)又は(2)により従事すべき業務の内容等を明示するに当たっては、次に掲げるところによるべきであること。

イ　原則として、求職者等と最初に接触する時点までに従事すべき業務の内容等を明示すること。なお、(3) ロ中段及び後段並びに (3) ハ後段に係る内容の明示については、特に留意すること。

ロ　従事すべき業務の内容等の事項の一部をやむを得ず別途明示することとするときは、その旨を併せて明示すること。

(5) 職業紹介事業者、求人者、労働者の募集を行う者、募集受託者、労働者供給事業者及び労働者供給を受けようとする者は、(1) 又は (2) により従事すべき業務の内容等を明示するに当たっては、次に掲げる事項に配慮すること。

イ　求職者等に具体的に理解されるものとなるよう、従事すべき業務の内容等の水準、範囲等を可能な限り限定すること。

ロ　求職者等が従事すべき業務の内容に関しては、職場環境を含め、可能な限り具体的かつ詳細に明示すること。

ハ　明示する従事すべき業務の内容等が労働契約締結時の従事すべき業務の内容等と異なることとなる可能性がある場合は、その旨を併せて明示するとともに、従事すべき業務の内容等が既に明示した内容と異なることとなった場合には、当該明示を受けた求職者等に速やかに知らせること。

２　求人者等による労働条件等の変更等に係る明示

(1) 求人者、労働者の募集を行う者及び労働者供給を受けようとする者（以下「求人者等」という。）は、法第５条の３第３項の規定に基づき、それぞれ、紹介された求職者、募集に応じて労働者になろうとする者又は供給される労働者（(3) 及び (4) において「紹介求職者等」という。）と労働契約を締結しようとする場合であって、これらの者に対して同条第一項の規定により明示された従事すべき業務の内容等（以下この３において「第１項明示」という。）を変更し、特定し、削除し、又は第１項明示に含まれない従事すべき業務の内容等を追加する場合は、当該契約の相手方となろうとする者に対し、当該変更し、特定し、削除し、又は追加する従事すべき業務の内容等（(3) において「変更内容等」という。）を明示しなければならないこと。

(2) 法第5条の3第1項の規定に基づく明示について、1(4)ロにより、従事すべき業務の内容等の事項の一部（以下この(2)において「当初明示事項」という。）が明示され、別途、当初明示事項以外の従事すべき業務の内容等の事項が明示された場合は、当初明示事項を第1項明示として取り扱うこと。

(3) 求人者等は、(1)の明示を行うに当たっては、紹介求職者等が変更内容等を十分に理解することができるよう、適切な明示方法をとらなければならないこと。その際、次のイの方法によることが望ましいものであるが、次のロなどの方法によることも可能であること。

イ　第1項明示と変更内容等とを対照することができる書面を交付すること。

ロ　労働基準法第15条第1項の規定に基づき交付される書面（労働基準法施行規則（昭和22年厚生省令第23号）第5条第4項第1号の規定に基づき送信されるファクシミリの記録又は同項第2号の規定に基づき送信される電子メールその他のその受信する者を特定して情報を伝達するために用いられる電気通信の記録を含む。）において、変更内容等に下線を引き、若しくは着色し、又は変更内容等を注記すること。なお、第1項明示の一部の事項を削除する場合にあっては、削除される前の当該従事すべき業務の内容等も併せて記載すること。

(4) 求人者等は、締結しようとする労働契約に係る従事すべき業務の内容等の調整が終了した後、当該労働契約を締結するかどうか紹介求職者等が考える時間が確保されるよう、可能な限り速やかに(1)の明示を行うこと。また、(1)の明示を受けた紹介求職者等から、第1項明示を変更し、特定し、削除し、又は第1項明示に含まれない従事すべき業務の内容等を追加する理由等について質問された場合には、適切に説明すること。

(5) 第1項明示は、そのまま労働契約の内容となることが期待されているものであること。また、第1項明示を安易に変更し、削除し、又は第1項明示に含まれない従事すべき業務の内容等を追加してはならないこと。

(6) 学校卒業見込者等（青少年の雇用の促進等に関する法律（昭和 45 年法律第 98 号）第 13 条に規定する学校卒業見込者等をいう。以下この (6) において同じ。）については、特に配慮が必要であることから、第 1 項明示を変更し、削除し、又は第 1 項明示に含まれない従事すべき業務の内容等を追加すること（1 (4) ロにより、従事すべき業務の内容等の一部をやむを得ず別途明示することとした場合において、当該別途明示することとされた事項を追加することを除く。）は不適切であること。また、原則として、学校卒業見込者等を労働させ、賃金を支払う旨を約し、又は通知するまでに、法第 5 条の 3 第 1 項及び (1) の明示が書面により行われるべきであること。

(7) 法第 5 条の 3 第 1 項の規定に基づく明示が法の規定に抵触するものであった場合、(1) の明示を行ったとしても、同項の規定に基づく明示が適切であったとみなされるものではないこと。

(8) 求人者等は、第 1 項明示を変更し、削除し、又は第 1 項明示に含まれない従事すべき業務の内容等を追加した場合は、求人票等の内容を検証し、修正等を行うべきであること。

3　高年齢者等の雇用の安定等に関する法律第 20 条第 1 項に規定する理由の適切な提示

職業紹介事業者、募集受託者及び労働者供給事業者は、高年齢者等の雇用の安定等に関する法律施行規則（昭和 46 年労働省令第 24 号）第 6 条の 6 第 2 項各号に掲げる書面又は電磁的記録により、高年齢者等の雇用の安定等に関する法律（昭和 46 年法律第 68 号）第 20 条第 1 項に規定する理由の提示を受けたときは、当該理由を求職者等に対して、適切に提示すべきこと。

第 4　求人等に関する情報の的確な表示に関する事項（法第 5 条の 4）

1　提供する求人等に関する情報の内容

職業紹介事業者、労働者の募集を行う者、募集受託者、募集情報等提供事業を行う者及び労働者供給事業者は、広告等により求人等に関する情報を提供するに当たっては、職業安定法施行規則（昭和 22 年労働省令第 12 号）第 4 条の 2 第 3 項各号に掲げる事項及び第 3 の 1 の (3)

ロからニまでにより明示することとされた事項を可能な限り当該情報に含めることが望ましいこと。

2　誤解を生じさせる表示の禁止

職業紹介事業者、労働者の募集を行う者、募集受託者、募集情報等提供事業を行う者及び労働者供給事業者は、広告等により求人等に関する情報を提供するに当たっては、求職者、労働者になろうとする者又は供給される労働者に誤解を生じさせることのないよう、次に掲げる事項に留意すること。

(1) 関係会社を有する者が労働者の募集を行う場合、労働者を雇用する予定の者を明確にし、当該関係会社と混同されることのないよう表示しなければならないこと。

(2) 労働者の募集と、請負契約による受注者の募集が混同されることのないよう表示しなければならないこと。

(3) 賃金等（賃金形態、基本給、定額的に支払われる手当、通勤手当、昇給、固定残業代等に関する事項をいう。以下同じ。）について、実際の賃金等よりも高額であるかのように表示してはならないこと。

(4) 職種又は業種について、実際の業務の内容と著しく乖離する名称を用いてはならないこと。

3　労働者の募集を行う者及び募集受託者による労働者の募集等に関する情報の提供

労働者の募集を行う者及び募集受託者は、法第５条の４第２項の規定により労働者の募集に関する情報を正確かつ最新の内容に保つに当たっては、次に掲げる措置を講ずる等適切に対応しなければならないこと。

(1) 労働者の募集を終了した場合又は労働者の募集の内容を変更した場合には、当該募集に関する情報の提供を速やかに終了し、又は当該募集に関する情報を速やかに変更するとともに、当該情報の提供を依頼した募集情報等提供事業を行う者に対して当該情報の提供を終了するよう依頼し、又は当該情報の内容を変更するよう依頼すること。

(2) 労働者の募集に関する情報を提供するに当たっては、当該情報の時点を明らかにすること。

(3) 募集情報等提供事業を行う者から、職業安定法施行規則第４条の３第４項又は第８の２の (1) により、当該募集に関する情報の訂正又は変更を依頼された場合には、速やかに対応すること。

４　求人等に関する情報を正確かつ最新の内容に保つための措置

職業紹介事業者、募集情報等提供事業を行う者及び労働者供給事業者は、職業安定法施行規則第４条の３第４項第３号イからへまでに掲げる区分に応じ、当該イからへまでの (1) 及び (2) に掲げる措置を可能な限りいずれも講ずることが望ましいこと。

５　公共職業安定所の求人情報の転載

公共職業安定所が受理した求人の情報を転載する場合は、出所を明記するとともに、転載を行う者の氏名又は名称、所在地及び電話番号を明示しなければならないこと。また、求人情報の更新を随時行い、最新の内容にすること。

第５　求職者等の個人情報の取扱いに関する事項（法第５条の５）

１　個人情報の収集、保管及び使用

(1) 職業紹介事業者、求人者、労働者の募集を行う者、募集受託者、特定募集情報等提供事業者、労働者供給事業者及び労働者供給を受けようとする者は、法第５条の５第１項の規定によりその業務の目的を明らかにするに当たっては、求職者等の個人情報（１及び２において単に「個人情報」という。）がどのような目的で収集され、保管され、又は使用されるのか、求職者等が一般的かつ合理的に想定できる程度に具体的に明示すること。

(2) 職業紹介事業者、求人者、労働者の募集を行う者、募集受託者、特定募集情報等提供事業者、労働者供給事業者及び労働者供給を受けようとする者は、その業務の目的の達成に必要な範囲内で、当該目的を明らかにして求職者等の個人情報を収集することとし、次に掲げる個人情報を収集してはならないこと。ただし、特別な職業上の必要性が存在することその他業務の目的の達成に必要不可欠であって、収集目的を示して本人から収集する場合はこの限りでないこと。

イ　人種、民族、社会的身分、門地、本籍、出生地その他社会的差別の原因となるおそれのある事項

ロ　思想及び信条

ハ　労働組合への加入状況

(3) 職業紹介事業者、求人者、労働者の募集を行う者、募集受託者、特定募集情報等提供事業者、労働者供給事業者及び労働者供給を受けようとする者は、個人情報を収集する際には、本人から直接収集し、本人の同意の下で本人以外の者から収集し、又は本人により公開されている個人情報を収集する等の手段であって適法かつ公正なものによらなければならないこと。

(4) 職業紹介事業者、求人者、労働者の募集を行う者、募集受託者、特定募集情報等提供事業者、労働者供給事業者及び労働者供給を受けようとする者は、高等学校若しくは中等教育学校又は中学校若しくは義務教育学校の新規卒業予定者から応募書類の提出を求めるときは、職業安定局長の定める書類（全国高等学校統一用紙又は職業相談票（乙））により提出を求めること。

(5) 個人情報の保管又は使用は、収集目的の範囲に限られること。ただし、他の保管若しくは使用の目的を示して本人の同意を得た場合又は他の法律に定めのある場合はこの限りでないこと。

(6) 職業紹介事業者、求人者、労働者の募集を行う者、募集受託者、特定募集情報等提供事業者、労働者供給事業者及び労働者供給を受けようとする者は、法第５条の５第１項又は (2)、(3) 若しくは (5) の求職者等本人の同意を得る際には、次に掲げるところによらなければならないこと。

イ　同意を求める事項について、求職者等が適切な判断を行うことができるよう、可能な限り具体的かつ詳細に明示すること。

ロ　業務の目的の達成に必要な範囲を超えて個人情報を収集し、保管し、又は使用することに対する同意を、職業紹介、労働者の募集、募集情報等提供又は労働者供給の条件としないこと。

ハ　求職者等の自由な意思に基づき、本人により明確に表示された

同意であること。

2　個人情報の適正な管理

(1) 職業紹介事業者、求人者、労働者の募集を行う者、募集受託者、特定募集情報等提供事業者、労働者供給事業者及び労働者供給を受けようとする者は、その保管又は使用に係る個人情報に関し、次の事項に係る措置を講ずるとともに、求職者等からの求めに応じ、当該措置の内容を説明しなければならないこと。

イ　個人情報を目的に応じ必要な範囲において正確かつ最新のものに保つための措置

ロ　個人情報の漏えい、滅失又は毀損を防止するための措置

ハ　正当な権限を有しない者による個人情報へのアクセスを防止するための措置

ニ　収集目的に照らして保管する必要がなくなった個人情報を破棄又は削除するための措置

(2) 職業紹介事業者、求人者、労働者の募集を行う者、募集受託者、特定募集情報等提供事業者、労働者供給事業者及び労働者供給を受けようとする者が、求職者等の秘密に該当する個人情報を知り得た場合には、当該個人情報が正当な理由なく他人に知られることのないよう、厳重な管理を行わなければならないこと。

(3) 職業紹介事業者及び労働者供給事業者は、次に掲げる事項を含む個人情報の適正管理に関する規程を作成し、これを遵守しなければならないこと。

イ　個人情報を取り扱うことができる者の範囲に関する事項

ロ　個人情報を取り扱う者に対する研修等教育訓練に関する事項

ハ　本人から求められた場合の個人情報の開示又は訂正（削除を含む。以下同じ。）の取扱いに関する事項

ニ　個人情報の取扱いに関する苦情の処理に関する事項

(4) 職業紹介事業者、特定募集情報等提供事業者及び労働者供給事業者は、本人が個人情報を開示又は訂正の求めをしたことを理由として、当該本人に対して不利益な取扱いをしてはならないこと。

3　個人情報の保護に関する法律の遵守等

1及び2に定めるもののほか、職業紹介事業者、求人者、労働者の募集を行う者、募集受託者、特定募集情報等提供事業者、労働者供給事業者及び労働者供給を受けようとする者は、個人情報の保護に関する法律第2条第11項に規定する行政機関等又は第16条第2項に規定する個人情報取扱事業者（以下「個人情報取扱事業者」という。）に該当する場合には、それぞれ同法第5章第2節から第4節まで又は同法第4章第2節に規定する義務を遵守しなければならないこと。

第6　職業紹介事業者の責務等に関する事項（法第33条の5）

1　職業安定機関との連携

(1) 職業安定機関との連携

職業紹介等事業者は、求人、求職等の内容がその業務の範囲外にあると認めるときは、公共職業安定所の利用を勧奨する等適切に対応すること。また、職業紹介等事業者は、労働力の需要供給の適正かつ円滑な調整を図るため、職業安定機関の行う雇用情報の収集、標準職業名の普及等に協力するよう努めるものとする。

(2) 学校との連携

職業紹介事業者（法第33条の2第1項の規定による届出をして職業紹介事業を行う学校を除く。）は、高等学校、中等教育学校、中学校又は義務教育学校の新規卒業予定者に対する職業紹介を行うに当たっては、学校との連携に関し、次に掲げる事項に留意すること。

イ　生徒に対して求人情報の提供等を行う際には、当該生徒が在籍する学校を通じて行うようにすること。

ロ　職業紹介事業者が行う職業紹介が、公共職業安定所及び学校が行う新規学校卒業予定者に対する職業紹介の日程に沿ったものとなるようにし、生徒の職業選択について必要な配慮を行うこと。

ハ　その他学校教育の円滑な実施に支障がないよう必要な配慮を行うこと。

2　職業紹介事業者における求人の申込みに関する事項

(1) 職業紹介事業者は、原則として、求人者に対し、求人の申込みが法第5条の6第1項各号のいずれかに該当するか否かを申告させるべきこと。

(2) 職業紹介事業者は、求人の申込みが法第5条の6第1項各号のいずれかに該当することを知った場合は、当該求人の申込みを受理しないことが望ましいこと。

3　求職者の能力に適合する職業の紹介の推進

職業紹介事業者は、求職者の能力に適合した職業紹介を行うことができるよう、求職者の能力の的確な把握に努めるとともに、その業務の範囲内において、可能な限り幅広い求人の確保に努めること。

4　求職者又は求人者等からの苦情の適切な処理

職業紹介事業者等は、職業安定機関、特定地方公共団体及び他の職業紹介事業者等と連携を図りつつ、当該事業に係る求職者又は求人者等からの苦情（あっせんを行った後の苦情を含む。）を迅速、適切に処理するための体制の整備及び改善向上に努めること。

5　職業紹介により就職した者の早期離職等に関する事項

(1) 職業紹介事業者は、その紹介により就職した者（期間の定めのない労働契約を締結した者に限る。）に対し、当該就職した日から2年間、転職の勧奨を行ってはならないこと。

(2) 有料職業紹介事業者は、返戻金制度（職業安定法施行規則第24条の5第1項第2号に規定する返戻金制度をいう。以下同じ。）を設けることが望ましいこと。

(3) 有料職業紹介事業者は、法第32条の13の規定に基づき求職者に対して手数料に関する事項を明示する場合、求職者から徴収する手数料に関する事項及び求人者から徴収する手数料に関する事項を明示しなければならないこと。また、職業紹介事業者は、同条の規定に基づき、返戻金制度に関する事項について、求人者及び求職者に対し、明示しなければならないこと。

6　職業紹介事業に係る適正な許可の取得

(1) 求人者に紹介するため求職者を探索した上当該求職者に就職するよう勧奨し、これに応じて求職の申込みをした者をあっせんするいわゆるスカウト行為を事業として行う場合は、職業紹介事業の許可等が必要であること。また、いわゆるアウトプレースメント業のうち、教育訓練、相談、助言等のみならず、職業紹介を行う事業は職業紹介事業に該当するものであり、当該事業を行うためには、職業紹介事業の許可等が必要であること。

(2) 次のいずれかに該当する行為を事業として行う場合は、当該者の判断が電子情報処理組織により自動的に行われているかどうかにかかわらず、職業紹介事業の許可等が必要であること。また、宣伝広告の内容、求人者又は求職者との間の契約内容等の実態から判断して、求人者に求職者を、又は求職者に求人者をあっせんする行為を事業として行うものであり、募集情報等提供事業はその一部として行われているものである場合には、全体として職業紹介事業に該当するものであり、当該事業を行うためには、職業紹介事業の許可等が必要であること。

イ　求職者に関する情報又は求人に関する情報について、当該者の判断により選別した提供相手に対してのみ提供を行い、又は当該者の判断により選別した情報のみ提供を行うこと。

ロ　求職者に関する情報又は求人に関する情報の内容について、当該者の判断により提供相手となる求人者又は求職者に応じて加工し、提供を行うこと。

ハ　求職者と求人者との間の意思疎通を当該者を介して中継する場合に、当該者の判断により当該意思疎通の加工を行うこと。

7　再就職支援を行う職業紹介事業者に関する事項

(1) 事業主の依頼に応じて、その雇用する労働者に対し再就職支援を行う職業紹介事業者（以下「再就職支援事業者」という。）が、直接当該労働者の権利を違法に侵害し、又は当該事業主による当該労働者の権利の違法な侵害を助長し、若しくは誘発する次に掲げる行為を行うことは許されないこと。

イ　当該労働者に対して、退職の強要（勧奨を受ける者の自由な意思決定を妨げる退職の勧奨であって、民事訴訟において違法とされるものをいう。以下同じ。）となり得る行為を直接行うこと。

ロ　退職の強要を助長し、又は誘発するマニュアル等を作成し事業主に提供する等、退職の強要を助長し、又は誘発する物又は役務を事業主に提供すること。

(2) 再就職支援事業者が次に掲げる行為を行うことは不適切であること。

イ　当該労働者に対して、退職の勧奨（退職の強要を除く。）を直接行うこと。

ロ　事業主に対して、その雇用する労働者に退職の勧奨を行うよう積極的に提案すること。

8　助成金の支給に関する条件に同意した職業紹介事業者に関する事項

雇用保険法施行規則（昭和50年労働省令第3号）第102条の5第2項第1号イ（4）、第110条第2項第1号イ、第7項第1号イ、第9項第1号イ、第11項第1号イ及び第12項第1号イ、第110条の3第2項第1号イ及び第3項第1号並びに第112条第2項第1号ハ、第2号ハ、第3号イ（3）及び第4号ハ、附則第15条の5第2項第1号イ及び第6項第1号イ並びに附則第15条の6第2項第1号イの規定に基づき助成金の支給に関し職業安定局長が定めることとされている条件に同意した職業紹介事業者は、当該同意した条件を遵守すること。

9　適正な宣伝広告等に関する事項

(1) 職業安定機関その他公的機関と関係を有しない職業紹介事業者は、これと誤認させる名称を用いてはならないこと。

(2) 職業紹介事業に関する宣伝広告の実施に当たっては、法第5条の4第1項及び第3項並びに不当景品類及び不当表示防止法（昭和37年法律第134号）の趣旨に鑑みて、不当に求人者又は求職者を誘引し、合理的な選択を阻害するおそれがある不当な表示をしてはならないこと。

(3) 求職の申込みの勧奨については、求職者が希望する地域においてその能力に適合する職業に就くことができるよう、職業紹介事業の質を向上させ、これを訴求することによって行うべきものであり、職業紹介事業者が求職者に金銭等を提供することによって行うことは好ましくなく、お祝い金その他これに類する名目で社会通念上相当と認められる程度を超えて金銭等を提供することによって行ってはならないこと。

10　国外にわたる職業紹介を行う職業紹介事業者に関する事項

(1) 職業紹介事業者（法第 33 条の 2 第 1 項の規定により無料職業紹介事業を行う同項各号に掲げる施設の長を除く。以下この 10 において同じ。）は、国外にわたる職業紹介を行うに当たっては、法第 32 条の 12 第 1 項（法第 33 条第 4 項及び第 33 条の 3 第 2 項において準用する場合を含む。）の規定により、その職業紹介事業において取り扱う職種の範囲その他業務の範囲を届け出た場合には、その相手先国をはじめ、その範囲内で職業紹介を行わなければならないこと。

(2) 職業紹介事業者は、国外にわたる職業紹介を行うに当たっては、出入国管理及び難民認定法その他の出入国に関する法令及び相手先国の法令を遵守して職業紹介を行わなければならないこと。

(3) 職業紹介事業者は、国外にわたる職業紹介を行うに当たっては、求職者に渡航費用その他の金銭を貸し付け、又は求人者がそれらの金銭を貸し付けた求職者に対して職業紹介を行ってはならないこと。

(4) 職業紹介事業者は、国外にわたる職業紹介を行うに当たり、取次機関を利用するときは、次に該当するものを利用してはならないこと。

イ　相手先国において活動を認められていない取次機関

ロ　職業紹介に関し、保証金の徴収その他名目のいかんを問わず、求職者の金銭その他の財産を管理し、求職者との間で職業紹介に係る契約の不履行について違約金を定める契約その他不当に金銭その他の財産の移転を予定する契約を締結し、又は求職者に対して渡航費用その他の金銭を貸し付ける取次機関

(5) 職業紹介事業者は、職業紹介に関し、求職者が他者に保証金の徴収その他名目のいかんを問わず、金銭その他の財産を管理され、又は他者が求職者との間で職業紹介に係る契約の不履行について違約金を定める契約その他の不当に金銭その他の財産の移転を予定する契約を締結していることを認識して、当該求職者に対して職業紹介を行ってはならないこと。

11　職業紹介事業者が行う離職状況に係る調査に関する事項

(1) 職業紹介事業者は、法第 32 条の 16 第 3 項（法第 33 条第 4 項、第 33 条の 2 第 7 項及び第 33 条の 3 第 2 項において準用する場合を含

む。）の規定による情報の提供を行うに当たり、その紹介により就職した者のうち期間の定めのない労働契約を締結した者（以下この11において「無期雇用就職者」という。）が職業安定法施行規則第24条の8第3項第2号（同令第25条第1項、第25条の2第6項及び第25条の3第2項において準用する場合を除く。）に規定する者に該当するかどうかを確認するため、当該無期雇用就職者に係る雇用主に対し、必要な調査を行わなければならないこと。

(2) 求人者は、無期雇用就職者を雇用した場合は、可能な限り、当該無期雇用就職者を紹介した職業紹介事業者が行う (1) の調査に協力すること。

第7　労働者の募集を行う者等の責務に関する事項（法第42条）

労働者の募集を行う者又は募集受託者は、職業安定機関、特定地方公共団体等と連携を図りつつ、当該事業に係る募集に応じて労働者になろうとする者からの苦情を迅速、適切に処理するための体制の整備及び改善向上に努めること。

第8　募集情報等提供事業を行う者の責務に関する事項（法第43条の8）

1　職業安定機関等との連携

募集情報等提供事業を行う者は、労働力の需要供給の適正かつ円滑な調整を図るため、職業安定機関の行う雇用情報の収集、標準職業名の普及等に協力するよう努めるものとすること。

2　労働者の募集等に関する情報の提供

(1) 募集情報等提供事業を行う者は、労働者の募集に関する情報が次のいずれかに該当すると認めるときは、当該情報の提供を依頼した者に対して当該情報の変更を依頼し、又は当該情報の提供を中止しなければならないこと。特に、当該情報がイに該当することを認めながら提供した場合には、法第63条第2号に違反することとなるおそれがあること。

イ　公衆衛生又は公衆道徳上有害な業務に就かせる目的の労働者の

募集に関する情報

ロ　その内容が法令に違反する労働者の募集に関する情報

(2) 募集情報等提供事業を行う者は、労働者の募集に関する情報が (1) のイ又はロのいずれかに該当するおそれがあると認めるときは、当該情報の提供を依頼した者に対し、当該情報が (1) のイ若しくはロのいずれかに該当するかどうか確認し、又は当該情報の提供を中止すること。

(3) 募集情報等提供事業を行う者は、労働者の募集に関する情報又は労働者になろうとする者に関する情報について、当該情報の提供を依頼した者の承諾を得ることなく当該情報を改変して提供してはならないこと。

3　募集情報等提供事業を行う者は、労働争議に対する中立の立場を維持するため、同盟罷業又は作業所閉鎖の行われている事業所に関する募集情報等提供を行ってはならないこと。

4　労働者になろうとする者に関する情報を収集して募集情報等提供事業を行う場合は、当該情報により必ずしも特定の個人を識別することができない場合であっても特定募集情報等提供事業に該当すること。

5　適正な宣伝広告等に関する事項

(1) 職業安定機関その他公的機関と関係を有しない募集情報等提供事業を行う者は、これと誤認させる名称を用いてはならないこと。

(2) 募集情報等提供事業に関する宣伝広告の実施に当たっては、法第5条の4第1項及び第3項並びに不当景品類及び不当表示防止法の趣旨に鑑みて、不当に利用者を誘引し、合理的な選択を阻害するおそれがある不当な表示をしてはならないこと。

6　適切かつ迅速な苦情処理のための体制整備

募集情報等提供事業を行う者は、労働者になろうとする者、労働者の募集を行う者、募集受託者、職業紹介事業者、他の募集情報等提供事業を行う者、特定地方公共団体又は労働者供給事業者から申出を受けた当該事業に関する苦情を適切かつ迅速に処理するため、相談窓口を明確にするとともに、必要な場合には職業安定機関と連携を行うこと。

第9　労働者供給事業者の責務に関する事項（法第45条の2）

労働者供給事業者は、当該事業の運営に当たっては、その改善向上を図るために次に掲げる事項に係る措置を講ずる必要があること。

1　労働者供給事業者は、供給される労働者に対し、供給される労働者でなくなる自由を保障しなければならないこと。

2　労働者供給事業者は、労働組合法（昭和24年法律第174号）第5条第2項各号に掲げる規定を含む労働組合の規約を定め、これを遵守する等、民主的な方法により運営しなければならないこと。

3　労働者供給事業者は、無料で労働者供給事業を行わなければならないこと。

4　労働者供給事業者は、供給される労働者から過度に高額な組合費を徴収してはならないこと。

5　労働者供給事業者は、供給される労働者の就業の状況等を踏まえ、労働者供給事業者又は労働者供給を受ける者が社会保険及び労働保険の適用手続を適切に進めるように管理すること。

6　労働者供給事業者は、職業安定機関、特定地方公共団体等と連携を図りつつ、当該事業に係る供給される労働者からの苦情を迅速、適切に処理するための体制の整備及び改善向上に努めること。

第10節　個人情報保護法の遵守等

1　概　要

（1）法第5条の5、第51条および指針

職業紹介事業者による個人情報の適正な取扱いについては、法第5条の5および第51条において、求職者の個人情報の取扱いに関する規定および秘密を守る義務等に関する規定が設けられ、さらに、指針第5の1および2において、求職者の個人情報の取扱いに関して、その適切かつ有効な

実施を図るために必要な事項が定められています。

また、指針第５の３において、職業紹介事業者による個人情報の保護の一層の促進等を図る見地から、法に基づく事業実施上の責務の一つとして、職業紹介事業者は、個人情報保護法第２条第 11 項に規定する行政機関等または同法第 16 条第２項に規定する個人情報取扱事業者に該当する場合にあっては、同法第５章第２節から第４節までまたは同法第４章第２節に規定する義務を遵守しなければならないこととされています。

（2）違反の場合の効果

個人情報保護法に違反した職業紹介事業者については、個人情報保護法に基づく個人情報保護委員会による指導・助言等の対象とされています。また、法に違反する場合には、法に基づく指導助言等の対象ともなります。

2　職業紹介事業者に課せられる義務等について

職業紹介事業者は、指針第５の３により、行政機関または個人情報取扱事業者に該当する場合には、個人情報保護法第５章第２節から第４節までまたは第４章第２節に規定する義務を遵守しなければならないこととされています。具体的には、個人情報取扱事業者に該当する職業紹介事業者は、個人情報保護委員会が定める「個人情報の保護に関する法律についてのガイドライン（通則編）」（https://www.ppc.go.jp/personalinfo/legal/）等に留意しなければなりません。また、法第５条の５および指針第５の３の遵守に当たって留意すべき点は**第９節**の**４**のとおりです。

第 11 節　違法行為の防止、摘発

1　概　要

職業紹介事業の適正な運用を確保し労働力需給の適正な調整を図るとともに、求職者の適正な就業条件を確保することにより、その保護および雇用の安定を図るため、求職者等からの相談に対する適切な対応や、職業紹介事業者等に対する職業紹介制度の周知徹底、指導、助言を通じて違法行為の防止を行うとともに法違反を確認した場合には、所要の指導、助言、行政処分または告発を行います。

2　職業紹介事業者への周知徹底

職業紹介事業の適正な運営と、求職者の保護を図るためには、職業紹介事業制度に関する正しい理解が必要不可欠であることから、職業紹介事業者、求人先、労使団体等に対するリーフレット等の作成・配付、職業紹介事業制度の概要に関する説明会の開催、都道府県労働局および安定所内の適当な場所への掲示、職業紹介事業者、求人先等に対する集団指導の実施等その啓発を本省および都道府県労働局のすべてにおいて積極的に行います。

3　指導および助言

（1）概要

厚生労働大臣は、この法律の施行に関し必要があると認めるときは、職業紹介事業者、求人者、労働者の募集を行う者、募集受託者、募集情報等提供事業を行う者、労働者供給事業者および労働者供給を受けようとする者に対し、その業務の適正な運営を確保するために必要な指導および助言をすることができます（法第 48 条の 2）。

（2）権限の委任

指導および助言に関する厚生労働大臣の権限は、都道府県労働局長が行うものとします。

ただし、厚生労働大臣が自らその権限を行うことがあります。

4　報　告

（1）概要

行政庁は、この法律を施行するために必要な限度において、厚生労働省令で定めるところにより、職業紹介事業を行う者（法第 29 条第 1 項の規定により無料の職業紹介事業を行う場合における特定地方公共団体を除きます。)、求人者、労働者の募集を行う者、募集受託者、募集情報等提供事業を行う者、労働者供給事業を行う者または労働者供給を受けようとする者に対し、必要な事項を報告させることができます（法第50条第1項)。

（2）意義

イ　当該報告は、定期報告（法第32条の16（法第33条第4項および法第33条の3第2項において準用する場合を含みます。)）とは異なり、当該定期報告だけでは、事業運営の状況および求職者の就業状況を十分把握できない場合であって、違法行為の行われているおそれのある場合等、特に必要がある場合について個別的に必要な事項を報告させるものです。

ロ　「必要な事項」とは、職業紹介事業の運営に関する事項および求職者の就職に関する事項であり、具体的には、例えば、個々の求職者の就業条件、就業期間、求人先における具体的就業の状況等です。

（3）報告の徴収手続

必要な事項を報告させるときは、当該報告すべき事項および理由を書面により通知するものとします（則第33条)。

（4）権限の委任

報告に関する厚生労働大臣の権限は、都道府県労働局長が行うものとします。

ただし、厚生労働大臣が自らその権限を行うことがあります（則第37条第3項)。

（5）違反の場合の効果

この報告をせず、または虚偽の報告をした場合は、法第66条第7号に該当し30万円以下の罰金に処せられる場合があります。

5　立入検査

（1）立入検査の実施

イ　概要

職業紹介事業を行う者（法第 29 条第 1 項の規定により無料の職業紹介事業を行う場合における特定地方公共団体を除きます。）、求人者、労働者の募集を行う者、募集受託者、労働者供給事業を行う者または労働者供給を受けようとする者の事業所その他の施設に立ち入り、関係者に質問させ、または帳簿、書類その他の物件を検査させることができます（法第 50 条第 2 項）。

ロ　意義

(イ) 当該立入検査は、違法行為の申告があり、許可の取消し、事業停止等の行政処分をするに当たって、その是非を判断する上で必要な場合等、**4** の報告のみでは、事業運営の内容や求職者の就職状況を十分に把握できないような場合に、限定的に、必要最小限の範囲において行われるものです。

立入検査の対象となるのも、当該立入検査の目的を達成するため必要な事業所および帳簿、書類その他の物件に限定されます。

(ロ)「事業所その他の施設」とは、職業紹介事業を行う事業主の事業所その他の施設等に限られます。

(ハ)「関係者」とは、職業紹介事業運営の状況や求職者の就職状況について質問するのに適当な者をいうものであり、具体的には、求職者、職業紹介事業を行う事業主等です。

(ニ)「帳簿、書類その他の物件」とは、求人求職管理簿、手数料管理簿はもちろん、その他職業紹介事業の運営および求職者の就職に係る労働関係に関する重要な書類が含まれます。

（2）証明書

イ　立入検査をする職員は、その身分を示す証明書を必ず携帯し、関係者に提示しなければなりません（法第 50 条第 3 項）。

ロ　立入検査のための証明書は、職業紹介事業等立入検査証（様式第 9 号）によります（則第 33 条第 2 項）。

（3）立入検査の権限

イ　概要

当該立入検査の権限は、犯罪捜査のために認められたものと解釈してはなりません（法第50条第4項）。

ロ　意義

職業安定機関は、司法警察員の権限を有せず、当該立入検査の権限は行政による検査のために認められたものであり、犯罪捜査のために認められたものと解してはならないものです。

（4）権限の委任

立入検査に関する厚生労働大臣の権限は、都道府県労働局長が行うものとします。

ただし、厚生労働大臣が自らその権限を行うことがあります。

（5）違反の場合の効果

この立入りもしくは検査を拒み、妨げ、もしくは忌避し、または質問に対して答弁をせず、もしくは虚偽の陳述をした場合は、法第66条第10号に該当し、30万円以下の罰金に処せられる場合があります。

第12節　違法行為による罰則、行政処分等

1　違法行為による罰則

職業紹介に関連する違法行為による主な罰則は、次のとおりです。

（1）法第63条

次のいずれかに該当するときは、その違反行為をした者は、1年以上10年以下の懲役または20万円以上300万円以下の罰金に処せられます。

イ　暴行、脅迫、監禁その他精神または身体の自由を不当に拘束する手段で職業紹介を行い、またはこれらに従事したとき（第1号）

ロ　公衆衛生または公衆道徳上有害な業務に就かせる目的で職業紹介を行い、またはこれらに従事したとき（第2号）

（2）法第64条

次のいずれかに該当するときは、その違反行為をした者は、1年以下の懲役または100万円以下の罰金に処せられます。

イ　厚生労働大臣の許可を受けずに有料職業紹介事業を行ったとき（第1号）

ロ　偽りその他不正の行為により、有料職業紹介事業の許可、有料職業紹介事業の許可の有効期間の更新、無料職業紹介事業の許可、無料職業紹介事業の許可の有効期間の更新を受けたとき（第1の2号）

ハ　法第32条の9第2項（法第33条第4項および第33条の3第2項において準用する場合を含みます。）の規定による事業の停止の命令に違反して職業紹介事業を行ったとき（第2号）

ニ　厚生労働大臣の許可を受けずに無料職業紹介事業を行ったとき（第5号）

（3）法第65条

次のいずれかに該当するときは、その違反行為をした者は、6カ月以下の懲役または30万円以下の罰金に処せられます。

イ　厚生労働大臣の許可を受けて有料職業紹介事業を行う者であって、則第20条第1項および第2項に定める額を超えて手数料または報酬を受け、または第3項に定める徴収手続きに違反したとき（第2号）

ロ　虚偽の広告をし、または虚偽の条件を提示して、職業紹介を行い、またはこれに従事したとき（第9号）

ハ　虚偽の条件を提示して、公共職業安定所または職業紹介を行う者に求人の申込みを行ったとき（第10号）

ニ　労働条件が法令に違反する工場事業所等のために職業紹介を行い、またはこれに従事したとき（第11号）

（4）法第66条

次のいずれかに該当するときは、その違反行為をした者は、30万円以下の罰金に処せられます。

イ　許可を受けて職業紹介事業を行う者であって、命令に定められてある帳簿書類を作成せず、もしくは備えて置かず、または虚偽の帳簿書類を

作成したとき（第6号）

ロ　法第49条または法第50条第1項または第2項の規定に違反して、故なく報告せず、もしくは虚偽の報告をし、または検査もしくは調査を拒み、妨げ、もしくは忌避したとき（第9号、第10号）

ハ　法第51条第1項の規定に違反して、秘密を漏らした職業紹介事業者または求人者（第11号）

2　違法行為による行政処分等

（1）概要

職業紹介に関連して法に違反する行為があった場合、職業紹介事業者は、許可の取消し（法第32条の9第1項。法第33条第4項において準用する場合を含みます。）、事業廃止命令（法第33条の3第2項において準用する法第32条の9第1項）、事業停止命令（法第32条の9第2項。法第33条第4項または法第33条の3第2項において準用する場合を含みます。）および改善命令（法第48条の3第1項）の行政処分の対象となります。この場合、許可の取消しまたは事業廃止命令の行政処分を行うときは聴聞を行い、事業停止命令または改善命令の行政処分を行うときは弁明の機会を付与しなければなりません。また、求人者は勧告（法第48条の3第2項）および公表（法第48条の3第3項）の対象となります。

（2）許可の取消

イ　概要

厚生労働大臣は、許可を受けて職業紹介事業を行う者が、次のいずれかに該当したときは、その事業の許可を取り消すことができます（法第32条の9第1項）。

(イ)法第32条各号(第3号を除きます。)のいずれかに該当しているとき。

(ロ) 法もしくは労働者派遣法（第3章第4節の規定を除きます。）の規定またはこれらの規定に基づく命令もしくは処分に違反したとき。

(ハ) 法第32条の5第1項の規定により付された許可の条件に違反したとき。

ロ　意義

許可の取消は、当該事業所において、職業紹介事業を引き続き行わせることが適当でない場合に行うものです。

(3) 事業停止命令

イ 概要

厚生労働大臣は、許可を受け職業紹介事業を行う者が、次のいずれかに該当したときは、期間を定めて、その事業の全部または一部の停止を命ずることができます。

(イ) 法もしくは労働者派遣法(第3章第4節の規定を除きます。)の規定またはこれらの規定に基づく命令もしくは処分に違反したとき。

(ロ) 法第32条の5第1項の規定により付された許可の条件に違反したとき。

ロ 意義

(イ) 事業停止命令は、当該事業所において事業を引き続き行わせることが適当でないとまではいえないような場合について、事業停止期間中に事業運営方法の改善を図るため、また、一定の懲戒的な意味において行うものです。

(ロ) 事業の停止命令の要件は、上記の(2)の許可の取消しの(ロ)および(ハ)の要件と同一であるが、この場合に、許可の取消を行うか、事業停止命令を行うかは、違法性の程度等によって判断します。

ハ 権限の委任

職業紹介事業の全部または一部の停止に関する権限は、当該職業紹介事業を行う者の主たる事務所および当該職業紹介事業を行う事業所の所在地を管轄する都道府県労働局長が行うものとします。ただし、厚生労働大臣が自らその権限を行うことがあります。

(4) 改善命令

イ 概要

厚生労働大臣は職業紹介事業者が、その業務に関し職業安定法またはこれに基づく命令の規定に違反した場合において、業務の適正な運営を確保するために必要な措置を講ずべきことを命ずることができます(法第48条の3第1項)。

ロ　意義

改善命令は、違法行為そのものの是正を図るのではなく、法違反を起こすような職業紹介事業の運営方法そのものの改善を行わせるものです。

ハ　権限の委任

改善命令に関する権限は、当該職業紹介事業者の主たる事務所および当該職業紹介事業を行う事業所の所在地を管轄する都道府県労働局長が行うものとします。

ただし、厚生労働大臣が自らその権限を行うことがあります。

(5) 勧告

イ　概要

厚生労働大臣は求人者が、法第５条の３第２項もしくは第３項の規定に違反しているとき、またはこれらの規定に違反して法第 48 条の２の規定により指導もしくは助言を受けたにもかかわらずなおこれらの規定に違反するおそれがあると認めるときは、法第５条の３第２項または第３項の規定の違反を是正するために必要な措置またはその違反を防止するために必要な措置を執るべきことを勧告することができます（法第 48 条の３第２項）。

ロ　権限の委任

勧告に関する権限は、当該求人に係る事業所の所在地を管轄する都道府県労働局長が行うものとします。ただし、厚生労働大臣が自らその権限を行うことがあります。

(6) 公表

イ　概要

厚生労働大臣は、法第 48 条の３第２項の規定による勧告をした場合において、当該勧告を受けた求人者がこれに従わなかったときは、その旨を公表することができます（法第 48 条の３第３項）。

ロ　意義

公表は、公表される制裁効果に加え、求職者に対する情報提供・注意喚起および他の求人者に対する違法行為の抑止といった効果を期待することができます。

ハ　権限の委任

公表に関する権限は、当該求人に係る事業所の所在地を管轄する都道府県労働局長が行うのとします。ただし、厚生労働大臣が自らその権限を行うことがあります。

3　行政処分を行った職業紹介事業者の公表

（1）概要

行政処分を行った職業紹介事業者については、求職者および求人者にその事実を情報提供することを目的とし、事業者名等を公表します。本公表は、あくまで、情報提供の目的で実施するものであるところ、**2**（6）において違法行為について勧告を受けた求人者がこれに従わなかった際にその旨を公表（法第48条の3第3項）する場合のように、「公表される者に対する制裁効果や違法行為の抑止といった効果」を期待するものではなく、当該事業者に対する処罰を目的とするものではありません。

具体的には、厚生労働大臣または都道府県労働局長において法第32条の9条および法第48条の3に基づき行政処分を行った場合は、当該事業者名等の公表を行います。当該公表については、厚生労働省および事業者を管轄する都道府県労働局のホームページにおいて行います。

（2）公表内容

イ　公表日

ロ　事業者情報

ハ　処分内容

ニ　処分理由

第13節 様式集

様式第1号（第1面）

（日本産業規格Ａ列４）

有　　　　料・無　　　　料
職業紹介事業許可申請書
職業紹介事業許可有効期間更新申請書

①　　年　　月　　日

厚生労働大臣　　　　殿

（ふりがな）
②申請者　氏　名

1．職業安定法第30条第１項の規定により下記のとおり許可の申請をします。
2．職業安定法第33条第１項の規定により下記のとおり許可の申請をします。
3．職業安定法第32条の６第２項の規定により下記のとおり更新申請をします。
4．職業安定法第33条第４項において準用する同法第32条の６第２項の規定により下記のとおり更新申請をします。

記

③許可番号	（　　　　　）	
（ふりがな） ④氏名又は名称		
（ふりがな） ⑤所在地	〒□□□－□□□□　電話　（　　）	
（ふりがな） ⑥代表者氏名等	氏名	住所
（ふりがな） ⑦役員氏名等（法人のみ）	氏名	住所

収入印紙
［消印してはならない］

様式第１号（第２面）

⑧ 兼業の種類・内容	1.	2.	3.
	4.	5.	6.

職業紹介事業を行う事業所に関する事項

⑨事業所			
名称		所在地	
⑩職業紹介責任者氏名等		⑪担当者職・氏名・電話番号	
氏名	住所		
		（　）　－	

⑨事業所			
名称		所在地	
⑩職業紹介責任者氏名等		⑪担当者職・氏名・電話番号	
氏名	住所		
		（　）　－	

⑫取次機関

（ふりがな） イ 名称	
（ふりがな） ロ 住所	
ハ 事業内容	

申請者（法人にあっては役員を含む。）（申請者が未成年の場合、その法定代理人をいう。）については、職業安定法第32条各号（第３号、第10号及び第11号を除く。）のいずれにも該当しないこと並びに申請者が精神の機能の障害により認知、判断又は意思疎通を適切に行うことができないおそれがある者である場合には該当する全ての者の精神の機能の障害に関する医師の診断書が添付されていることを誓約します。

また、同法第32条の14の規定により選任する職業紹介責任者については、同法第32条第１号、第２号及び第４号から第９号までのいずれにも該当しないこと、未成年者に該当しないこと、職業安定法施行規則第24条の６第２項第１号に規定する基準に適合すること並びに職業紹介責任者が精神の機能の障害により認知、判断又は意思疎通を適切に行うことができないおそれがある者である場合には該当する全ての者の精神の機能の障害に関する医師の診断書が添付されていることを誓約します。

様式第１号（第３面）

記載要領

1　職業紹介事業許可申請書の記載方法

(1)　有料の職業紹介事業の許可を申請する場合には、表題中「・無料」及び「職業紹介事業許可有効期間更新申請書」の文字を抹消し、並びに２、３及び４の全文を抹消すること。

(2)　無料の職業紹介事業の許可を申請する場合には、表題中「有料・」及び「職業紹介事業許可有効期間更新申請書」の文字を抹消し、並びに１、３及び４の全文を抹消すること。

2　職業紹介事業許可有効期間更新申請書の記載方法

(1)　有料の職業紹介事業の許可の有効期間の更新を申請する場合には、表題中「・無料」及び「職業紹介事業許可申請書」の文字を抹消し、並びに１、２及び４の全文を抹消すること。

(2)　無料の職業紹介事業の許可の有効期間の更新を申請する場合には、表題中「有料・」及び「職業紹介事業許可申請書」の文字を抹消し、並びに１、２及び３の全文を抹消すること。

3　①欄には、申請書を管轄都道府県労働局に提出する年月日を記載すること。

4　②欄には、申請者の氏名（法人又は団体にあってはその名称及び代表者の氏名）を記載すること。

5　③欄には、有効期間の更新申請の場合のみ、(　) に許可の有効期間の末日を記載すること。

6　④欄には、氏名（個人）又は名称（法人又は団体における名称）を記載すること。

7　⑤欄には、事業主の所在地（法人にあっては主たる事務所の所在地）を記載すること。

8　⑧欄には、他に行っている事業の種類及び内容を記載すること。

9　⑨欄には、職業紹介事業を行う事業所を全て記載すること。所定の欄に記載し得ないときは別紙に記載して添付すること。

10　⑪欄には、それぞれの事業所における担当者職・氏名・電話番号を記載すること。

11　⑫欄には、取次機関を利用する場合のみ、記載すること。

様式第１号の２（第１面）

（日本産業規格Ａ列４）

※届出受理番号	
※届出受理年月日	年　月　日

特別の法人無料職業紹介事業届出書

年　月　日

厚生労働大臣　殿

届出者

職業安定法第33条の３第１項の規定により下記のとおり届け出ます。

記

1　名　称（ふりがな）	
2　所在地（ふりがな）	〒□□□－□□□□　電話（　）

3　その役員の氏名、役名及び住所

氏名（ふりがな）	役　名	住　所
代表者		〒（　） （　）　－
		〒（　） （　）　－
		〒（　） （　）　－
		〒（　） （　）　－
		〒（　） （　）　－
		〒（　） （　）　－
		〒（　） （　）　－

4　職業紹介事業を行う事業所に関する事項

事業所	
名　称	所在地

職業紹介責任者氏名等		担当者職・氏名・電話番号
氏　名	住　所	
		（　）　－

様式第１号の２（第２面）

５　事業開始予定年月日	年　　月　　日
６　構成員の範囲等	
７　取次機関	
（ふりがな） イ 名　　称	
（ふりがな） ロ 住　　所	
ハ 事業内容	
８　備　　　　考	

届出者（法人にあっては役員を含む。）（届出者が未成年の場合、その法定代理人をいう。）については、職業安定法第33条の３第２項において準用する同法第32条各号（第３号、第10号及び第11号を除く。）のいずれにも該当しないこと並びに届出者が精神の機能の障害により認知、判断又は意思疎通を適切に行うことができないおそれがある者である場合には該当する全ての者の精神の機能の障害に関する医師の診断書が添付されていることを誓約します。

また、同法第32条の14の規定により選任する職業紹介責任者については、職業紹介責任者が同法第32条第１号、第２号及び第４号から第９号までのいずれにも該当しないこと、未成年者に該当しないこと、職業安定法施行規則第24条の６第２項第１号に規定する基準に適合すること並びに職業紹介責任者が精神の機能の障害により認知、判断又は意思疎通を適切に行うことができないおそれがある者である場合には該当する全ての者の精神の機能の障害に関する医師の診断書が添付されていることを誓約します。

様式第１号の２（第３面）

記載要領

１　※欄には、記載しないこと。

２　届出者欄には、名称及び代表者の氏名を記載すること。

３　４欄には、職業紹介を行う事業所を記載すること。所定の欄に記載し得ないときは別紙に記載して添付すること。

４　６欄には、求人者（当該法人の直接若しくは間接の構成員又は構成員以外の者を別に）の範囲及び数を、及び求職者（当該法人の構成員若しくは構成員に雇用されている者又はこれらの者以外の者を別に）の範囲及び数についてをそれぞれ記載すること。

５ ７欄の取次機関は、国外にわたる職業紹介事業を取次機関を利用して行う場合のみイからハまでに掲げる事項を記載すること。

様式第２号（表面）　　　　　　　　　　　　　　　　　　　　（日本産業規格Ａ列４）

有料職業紹介事業計画書
無料職業紹介事業計画書
特別の法人無料職業紹介事業計画書

1　許可・届出番号

2　事業所名

3　職業紹介計画（年間）（国内）

①　区　　分	② 有効求職者見込数
	人

職業紹介計画（年間）（国外にわたる職業紹介を行おうとするときは国外分を記載）

③　区　　分	④相手国名	⑤有効求職者見込数（人）

4　職業紹介の業務に従事する者の数

人

5　資産等の状況

		価　　格	摘　　要
資産	現金・預金		
	土地・建物		
	そ の 他		
	計		
負債	計		

様式第２号（裏面）

記載要領

1　①有料の職業紹介事業の許可を申請する場合及び有料の職業紹介事業を行う者が事業所の新設に係る変更の届出をする場合には、表題中「無料職業紹介事業計画書」、及び「特別の法人無料職業紹介事業計画書」の文字を抹消すること。

②無料の職業紹介事業の許可を申請する場合及び無料の職業紹介事業を行う者が事業所の新設に係る変更の届出をする場合には、表題中「有料職業紹介事業計画書」及び「特別の法人無料職業紹介事業計画書」の文字を抹消すること。

③特別の法人が届け出て無料職業紹介事業を行う場合及び事業所の新設に係る変更の届出をする場合には、表題中「有料職業紹介事業計画書」及び「無料職業紹介事業計画書」の文字を抹消すること。

2　職業紹介事業を行う全ての事業所ごとに記載すること。

3　１欄には、有料・無料職業紹介事業の有効期間の更新申請の場合及び有料・無料・特別の法人無料職業紹介事業者が事業所の新設に係る変更の届出をする場合に記載すること。

4　３の①及び③欄には、職業安定法第32条の12（同法第33条第４項及び第33条の３第２項において準用する場合を含む。）に規定する取扱職種の範囲等を定めた場合のみ、その範囲を記載すること。

5　３の②及び⑤欄には、新規申請時には当該事業所に係る当該年度の３月末における有効求職者の見込数を、更新申請時には直近年度の職業紹介事業報告に記載された有効求職者数を記載すること。

6　５欄には、個人事業の場合のみ、直前の納税期末日における全ての資産等の状況について記載すること。

様式第３号　（表面）　　　　　　　　　　　　　　　　　　　（日本産業規格Ａ列４）

届出制手数料届出書
届出制手数料変更届出書

①　　　年　　月　　日

厚生労働大臣　殿

（ふりがな）
②届出者　氏　名

職業安定法第32条の３第１項第２号の規定により下記の届出制手数料に係る届出をします。

記

③許可番号	
（ふりがな） ④氏名又は名称	
（ふりがな） ⑤所在地	〒□□□－□□□□　電話　（　　）
⑥適用開始・変更予定日	年　　月　　日
⑦届出・変更届出内容	
⑧備考	

様式第３号（裏面）

記載要領

1　届出制手数料の届出をする場合には、表題中の「届出制手数料変更届出書」の文字を抹消すること。また、届出制手数料の変更の届出をする場合は、表題中の「届出制手数料届出書」の文字を抹消すること。

2　①欄には、届出書を管轄都道府県労働局に提出する年月日を記載すること。

3　②欄には、届出者の氏名（法人又は団体にあつてはその名称及び代表者の氏名）を記載すること。

4　③欄は、有料職業紹介事業許可申請書と併せて提出する場合には、空欄とすること。

5　⑤欄には、届出者の住所（法人又は団体にあつては主たる事務所の所在地）を記載すること。

6　⑥欄には、職業安定法第32条の３第１項第２号に掲げる手数料を適用又は変更する年月日を　記入すること。

7　⑦欄の届出・変更届出内容については、別に料金表（様式例第３号参照）に記載して添付してもよいこと。

　なお、複数の事業所でそれぞれ異なる手数料表に基づき徴収する場合は事業所毎に別紙により添付すること。

8　複数の事業所で同一の手数料表に基づき徴収する場合は、⑧備考欄に同一の手数料表の事業所名を記載すれば足りる。

9　⑧備考欄には担当者職・氏名及び連絡先を記載すること。

様式第４号

（日本産業規格Ａ列４）

届出制手数料変更命令通知書

（氏　名）　　　　　殿

令和　　年　　月　　日付け届出のあつた職業安定法第32条の３第１項第２号の手数料について、同条第４項の規定に基づき下記の理由により変更を命じます。

令和　　年　　月　　日

都道府県労働局長　　　　　　　　　印

記

許可番号	
事業所名称	
変更内容	
期限	
変更理由	

なお、この処分に不服のあるときは、行政不服審査法（平成26年法律第68号）の規定により、処分のあったことを知った日の翌日から起算して３箇月以内（ただし、処分のあった日の翌日から起算して１年以内）に厚生労働大臣に対し、審査請求をすることができる。

また、処分の取消しの訴えは、行政事件訴訟法（昭和37年法律第139号）の規定により、この処分のあったことを知った日の翌日から起算して６箇月以内（ただし、処分のあった日の翌日から起算して１年以内）に、国を被告（代表者は法務大臣）として提起することができる。ただし、審査請求をした場合には、処分の取消しの訴えは、その審査請求に対する裁決があったことを知った日の翌日から６箇月以内（ただし、裁決のあった日の翌日から起算して１年以内）に提起することができる。

様式第５号　　　　　　　　　　　　　　　　　　　　（日本産業規格Ａ列４）

許可番号
許可年月日　　年　　月　　日

有料・無料職業紹介事業許可証

（氏名又は名称）
（所　　在　　地）

上記の者は、職業安定法第　　条第　項の許可を受けて、下記のとおり有料・無料職業紹介事業を行う者であることを証明する。

令和　　年　　月　　日

厚生労働大臣　　　　　　　　（氏名）　　　　　　印

記

1　取扱職種の範囲等

2　事業所の　名　称
　　　　　　所在地

3　許可の有効期間　　　令和　年　月　日から令和　年　月　日までとする。

様式第６号 （第１面） （日本産業規格Ａ列４）

有料・無料
職業紹介事業許可証再交付申請書
職業紹介事業変更届出書
職業紹介事業変更届出書及び有料・無料職業紹介事業許可証書換申請書
有料・無料・特別の法人無料職業紹介事業取扱職種範囲等届出書
特別の法人無料職業紹介事業変更届出書

① 年 月 日

厚生労働大臣 殿

②申請・届出者 氏（ふりがな）名

1．職業安定法第32条の４第３項の規定により下記のとおり再交付を申請します。
2．職業安定法第33条第４項において準用する法第32条の４第３項の規定により下記のとおり再交付を申請します。
3．職業安定法第32条の７第１項の規定により下記のとおり変更を届け出ます。
4．職業安定法第33条第４項において準用する法第32条の７第１項の規定により下記のとおり変更を届け出ます。
5．職業安定法第32条の７第４項の規定により下記のとおり変更届け出及び書換申請をします。
6．職業安定法第33条第４項において準用する法第32条の７第４項の規定により下記のとおり変更届け出及び書換申請をします。
7．職業安定法第33条第４項において準用する・第33条の３第２項において準用する第32条の12第１項の規定により、下記のとおり取扱職種の範囲等を定めたので届け出ます。
8．職業安定法第33条の３第２項において準用する法第32条の７第１項の規定により下記のとおり変更を届け出ます。

記

③許可・届出番号		
④氏名又は名称（ふりがな）		
⑤所在地（ふりがな）		〒□□□－□□□□ 電話 （ ）
⑥事業所	名称（ふりがな）	
	所在地（ふりがな）	

様式第６号（第２面）

⑦変更事項		
⑧変更前		
⑨変更後		
⑩取扱職種の範囲等		
⑪変更（廃止）年月日		
⑫職業紹介責任者	氏名	住所
⑬変更(廃止)理由 再交付理由		
⑭備考		

届出者（法人にあっては役員を含む。）（届出者が未成年の場合、その法定代理人をいう。）については、職業安定法第33条の３第２項において準用する同法第32条各号(第３号、第10号及び第11号を除く。)のいずれにも該当しないこと並びに届出者が精神の機能の障害により認知、判断又は意思疎通を適切に行うことができないおそれがある者である場合には該当する全ての者の精神の機能の障害に関する医師の診断書が添付されていることを誓約します。

また、同法第32条の14の規定により選任する職業紹介責任者については、職業紹介責任者が同法第32条第１号、第２号及び第４号から第９号までのいずれにも該当しないこと、未成年者に該当しないこと、職業安定法施行規則第24条の６第２項第１号に規定する基準に適合すること並びに職業紹介責任者が精神の機能の障害により認知、判断又は意思疎通を適切に行うことができないおそれがある者である場合には該当する全ての者の精神の機能の障害に関する医師の診断書が添付されていることを誓約します。

様式第６号（第３面）

記載要領

1　有料・無料職業紹介事業許可証再交付申請書の記載方法

(1)　有料職業紹介事業許可証の再交付を申請する場合には、表題中「・無料」、「職業紹介事業変更届出書」、「職業紹介事業変更届出書及び有料・無料職業紹介事業許可証書換申請書」、「有料・無料・特別の法人無料職業紹介事業取扱職種範囲等届出書」及び「特別の法人無料職業紹介事業変更届出書」を抹消し、並びに２以下の全文を抹消すること。

(2)　無料職業紹介事業許可証の再交付を申請する場合には、表題中「有料・」、「職業紹介事業変更届出書」、「職業紹介事業変更届出書及び有料・無料職業紹介事業許可証書換申請書」、「有料・無料・特別の法人無料職業紹介事業取扱職種範囲等届出書」及び「特別の法人無料職業紹介事業変更届出書」を抹消し、並びに１及び３以下の全文を抹消すること。

2　有料・無料職業紹介事業変更届出書の記載方法(14の場合を除く。)

(1)　有料の職業紹介事業に係る変更の届出をする場合には、表題中「・無料」、「職業紹介事業許可証再交付申請書」、「職業紹介事業変更届出書及び有料・無料職業紹介事業許可証書換申請書」、「有料・無料・特別の法人無料職業紹介事業取扱職種範囲等届出書」及び「特別の法人無料職業紹介事業変更届出書」を抹消し、並びに１、２及び４以下の全文を抹消すること。

(2)　無料の職業紹介事業に係る変更の届出をする場合には、表題中「有料・」、「職業紹介事業許可証再交付申請書」、「職業紹介事業変更届出書及び有料・無料職業紹介事業許可証書換申請書」、「有料・無料・特別の法人無料職業紹介事業取扱職種範囲等届出書」及び「特別の法人無料職業紹介事業変更届出書」を抹消し、並びに１から３まで及び５以下の全文を抹消すること。

3　有料・無料職業紹介事業変更届及び有料・無料職業紹介事業許可証書換申請書の記載方法

(1)　有料職業紹介事業に係る変更の届出をするとともに許可証の書換えを申請する場合には、表題中「・無料」、「職業紹介事業許可証再交付申請書」、「職業紹介事業変更届出書」、「・無料」、「有料・無料・特別の法人無料職業紹介事業取扱職種範囲等届出書」及び「特別の法人無料職業紹介事業変更届出書」を抹消し、並びに１から４まで及び６以下の全文を抹消すること。

(2)　無料職業紹介事業に係る変更の届出をするとともに許可証の書換えを申請する場合には、表題中「有料・」、「職業紹介事業許可証再交付申請書」、「職業紹介事業変更届出書」、「有料・」、「有料・無料・特別の法人無料職業紹介事業取扱職種範囲等届出書」及び「特別の法人無料職業紹介事業変更届出書」を抹消し、並びに１から５まで及び７以下の全文を抹消すること。

(3)　許可証の書換えを申請する場合は、⑥欄に変更する事項が該当する職業紹介事業を行う全ての事業所の名称及び所在地を記載することとし、⑦欄に変更する事項を記載すること。所定の欄に記載し得ないときは別紙に記載して添付すること。

様式第６号（第４面）

4　有料・無料・特別の法人無料職業紹介事業取扱職種範囲等届出書の記載方法

(1)　有料職業紹介事業の取扱職種の範囲等を定め、届出をする場合には、表題中「有料・無料」、「職業紹介事業許可証再交付申請書」、「職業紹介事業変更届出書」、「職業紹介事業変更届出書及び有料・無料職業紹介事業許可証書換申請書」、「・無料・特別の法人無料」及び「特別の法人無料職業紹介事業変更届出書」を抹消し、並びに１から６まで及び８の全文並びに７の「第33条第４項において準用する・第33条の３第２項において準用する」を抹消すること。

(2)　無料職業紹介事業の取扱職種の範囲等を定め、届出をする場合には、表題中「有料・無料」、「職業紹介事業許可証再交付申請書」、「職業紹介事業変更届出書」、「職業紹介事業変更届出書及び有料・無料職業紹介事業許可証書換申請書」、「有料・」、「・特別の法人無料」及び「特別の法人無料職業紹介事業変更届出書」を抹消し、並びに１から６まで及び８の全文並びに７の「・第33条の３第２項において準用する」を抹消すること。

(3)　特別の法人無料職業紹介事業の取扱職種の範囲等を定め、届出をする場合には表題中「有料・無料」、「職業紹介事業許可証再交付申請書」、「職業紹介事業変更届出書」、「職業紹介事業変更届出書及び有料・無料職業紹介事業許可証書換申請書」、「有料・無料・」及び「特別の法人無料職業紹介事業変更届出書」を抹消し、並びに１から６まで及び８の全文並びに７の「第33条第４項において準用する・」を抹消すること。

(4)　⑩欄には、職業紹介事業を行う事業所ごとに取扱職種の範囲等の内容を記載すること。記載し得ない場合は別紙に記載して添付すること。

(例) 職業

(イ)　事務的職業、会社・団体の役員、飲食物調理の職業、林業の職業など

(例) 地域

(ロ)　国内、大阪府、中部地方など

(例) 賃金

(ハ)　時給1,000円以上の求人、月給30万円以上の求人など

(例) その他

(ニ)　紹介予定派遣に関するもの、母子家庭の母等、中高年齢者、障害者、合法的に在留する外国人、本校所定の課程を修了した者など

(5)　取扱職種の範囲等の変更については「取扱職種等の範囲等」の欄に変更後のものを記載することとし、変更前の取扱職種の範囲等を⑧変更前の欄にも記載すること。

様式第６号（第５面）

5　特別の法人無料職業紹介事業変更届出書の記載方法

特別の法人が無料職業紹介事業を行う事業所の新設を届け出て行う場合は、表題中「有料・無料」、「職業紹介事業許可証再交付申請書」、「職業紹介事業変更届出書」、「職業紹介事業変更届出書及び有料・無料職業紹介事業許可証書換申請書」及び「有料・無料・特別の法人無料職業紹介事業取扱職種範囲等届出書」を抹消し、並びに１から７までの全文を抹消すること。

6　①欄には、申請書又は届出書を管轄都道府県労働局に提出する年月日を記載すること。

7　②欄には、申請者又は届出者の氏名（法人又は団体にあっては、その名称及び代表者の氏名）を記載すること。

8　③欄には、許可・届出の際に付与された許可・届出番号を記載すること。

9　④欄には、氏名（個人）又は名称（法人又は団体における名称）を記載すること。

10　⑤欄には、事業所の所在地（法人にあっては主たる事務所の所在地）を記載すること。

11　⑪欄には、変更（廃止）事項について、変更（廃止）した年月日を記載すること。

12　なお書きは、代表者又は職業紹介責任者の変更届出以外の場合は抹消すること。

また、代表者又は職業紹介責任者の変更届出においてそれぞれ変更のないものに係る部分について抹消すること。

13　⑭備考欄には、担当者職、氏名及び連絡先を記載すること。

14　職業紹介を行う事業所の新設又は廃止の場合における職業紹介事業変更届出書における記載方法

新たに職業紹介事業を行う事業所の新設を届け出て行う場合、又は、職業紹介事業を行う事業所を廃止する場合は、⑦欄には事業所の「設置」又は「廃止」を記載することとし、該当する全ての事業所の名称及び所在地を⑥欄に記載すること。所定の欄に記載し得ないときは別紙に記載して添付すること。

⑪欄に事業を開始する（又は廃止した）年月日を記載すること。⑫欄には、職業紹介事業所を設置する場合について、該当する事業所における職業紹介責任者の氏名、住所を記載すること。⑬欄には、事業を廃止した理由を具体的に記載すること。

様式第６号の２

（日本産業規格Ａ列４）

取扱職種範囲等変更命令通知書

（氏　名）　殿

令和　年　月　日付け届出のあった職業安定法第32条の12第１項（同法第33条第４項及び第33条の３第２項において準用する場合を含む。）の取扱職種の範囲等について、同法第32条の12第３項（同法第33条第４項及び第33条の３第２項において準用する場合を含む。）の規定に基づき下記の理由により変更することを命じます。

令和　年　月　日

都道府県労働局長　印

記

許可・届出番号	
氏名又は名称	
事業所名称	
変更内容	
期限	
変更理由	

なお、この処分に不服のあるときは、行政不服審査法（平成26年法律第68号）の規定により、処分のあったことを知った日の翌日から起算して３箇月以内（ただし、処分のあった日の翌日から起算して１年以内）に厚生労働大臣に対し、審査請求をすることができる。

また、処分の取消しの訴えは、行政事件訴訟法（昭和37年法律第139号）の規定により、この処分のあったことを知った日の翌日から起算して６箇月以内（ただし、処分のあった日の翌日から起算して１年以内）に、国を被告（代表者は法務大臣）として提起することができる。ただし、審査請求をした場合には、処分の取消しの訴えは、その審査請求に対する裁決があったことを知った日の翌日から６箇月以内（ただし、裁決のあった日の翌日から起算して１年以内）に提起することができる。

様式第７号（表面）　　　　　　　　　　　　　　　　　　　　　（日本産業規格Ａ列４）

有料職業紹介事業廃止届出書
無料職業紹介事業廃止届出書
特別の法人無料職業紹介事業廃止届出書

①　　年　　月　　日

都道府県労働局長　殿

住所（ふりがな）

②　届出者

氏名（ふりがな）

1　下記のとおり有料職業紹介事業を廃止したので、職業安定法32条の８第１項の規定により届出をします。

2　下記のとおり無料職業紹介事業を廃止したので、職業安定法第33条第４項において準用する同法第32条の８第１項の規定により届出をします。

3　下記のとおり特別の法人無料職業紹介事業を廃止したので、職業安定法第33条の３第２項において準用する同法第32条の８第１項の規定により届出をします。

③　許可・届出番号		
④事業所	名　称	所在地
		〒(　－　) (　)　－
		〒(　－　) (　)　－
		〒(　－　) (　)　－
⑤廃止年月日	年　月　日	
⑥廃止理由		
⑦備　考		

様式第７号（裏面）

記載要領

1　①有料職業紹介事業廃止届出書を提出する場合には、表題中「無料職業紹介事業廃止届出書」及び「特別の法人無料職業紹介事業廃止届出書」の文字並びに２及び３を抹消すること。

②無料職業紹介事業廃止届出書を提出する場合には、表題中「有料職業紹介事業廃止届出書」及び「特別の法人無料職業紹介事業廃止届出書」の文字並びに１及び３を抹消すること。

③特別の法人無料職業紹介事業廃止届出書を提出する場合には、表題中「有料職業紹介事業廃止届出書」及び「無料職業紹介事業廃止届出書」の文字並びに１及び２を抹消すること。

2　①には、届出書を管轄都道府県労働局に提出する年月日を記載すること。

3　②には、届出者の住所（法人又は団体の場合は、本店又は主たる事務所の所在地）を記載し、及び氏名（法人又は団体の場合は、その名称及び代表者の氏名）を記載すること。

4　③欄には、許可・届出の際に付与された許可・届出番号を記載すること。

5　④欄には、職業紹介事業を廃止する全ての事業所の名称及び所在地を記載すること。所定の欄に記載し得ないときは別紙にて添付すること。

6　⑤欄には、職業紹介事業を廃止した年月日を記載すること。

7　⑥欄には、事業を廃止した理由を具体的に記載すること。

8　⑦欄には、担当者職・氏名及び連絡先を記載すること。

様式第８号（第１面）

（日本産業規格Ａ列４）

有料職業紹介事業報告書
無料職業紹介事業報告書

1 許可番号 ＿＿＿＿＿＿＿＿

2 事業所の名称及び所在地
（名称）＿＿＿＿＿＿＿＿
（所在地）＿＿＿＿＿＿＿＿

3 紹介予定派遣　　　　実績の有無 ＿＿＿

4 活動状況（国内）

項目 取扱業務等の区分	① 求人				② 求職	
	有効求人数	求人数			有効求職者数	新規求職申込件数
		常用求人数	臨時求人延数	日雇求人延数		
	人	人	人日	人日	人	件
	人	人	人日	人日	人	件
	人	人	人日	人日	人	件
	人	人	人日	人日	人	件
	人	人	人日	人日	人	件
	人	人	人日	人日	人	件
	人	人	人日	人日	人	件
	人	人	人日	人日	人	件
	人	人	人日	人日	人	件
	人	人	人日	人日	人	件
計	人	人	人日	人日	人	件

項目 取扱業務等の区分	③ 就職				④ 離職	
	常用就職件数		臨時就職延数	日雇就職延数	無期雇用（6ヶ月以内／解雇除く）	
	無期雇用	それ以外			離職	不明
	件	件	人日	人日	人	人
	件	件	人日	人日	人	人
	件	件	人日	人日	人	人
	件	件	人日	人日	人	人
	件	件	人日	人日	人	人
	件	件	人日	人日	人	人
	件	件	人日	人日	人	人
	件	件	人日	人日	人	人
	件	件	人日	人日	人	人
	件	件	人日	人日	人	人
計	件	件	人日	人日	人	人

5 活動状況（国外）（相手国別・総計）

項目 取扱業務等の区分	相手国	⑤ 求人		⑥ 求職		⑦ 就職		⑧ 離職	
		有効求人数	求人数	有効求職者数	新規求職申込件数	無期雇用就職件数	それ以外の就職件数	無期雇用（6ヶ月以内／解雇除く）離職	不明
		人	人	人	件	件	件	人	人
		人	人	人	件	件	件	人	人
		人	人	人	件	件	件	人	人
		人	人	人	件	件	件	人	人
		人	人	人	件	件	件	人	人
計		人	人	人	件	件	件	人	人

様式第８号（第２面）

6 収入状況（国内・国外）

項目 取扱業務等の区分	求人者（上限制）手数料 （職業安定法第32条の3第1項第1号の規定による手数料）			求人受付手数料 （別表）		求人者（届出制）手数料 （職業安定法第32条の3第１項第2号の規定による手数料）			求職受付手数料	
	常用	臨時	日雇			常用	臨時	日雇		
	千円	千円	千円	件	千円	千円	千円	千円	件	千円
	千円	千円	千円	件	千円	千円	千円	千円	件	千円
	千円	千円	千円	件	千円	千円	千円	千円	件	千円
	千円	千円	千円	件	千円	千円	千円	千円	件	千円
	千円	千円	千円	件	千円	千円	千円	千円	件	千円
	千円	千円	千円	件	千円	千円	千円	千円	件	千円
	千円	千円	千円	件	千円	千円	千円	千円	件	千円
	千円	千円	千円	件	千円	千円	千円	千円	件	千円
	千円	千円	千円	件	千円	千円	千円	千円	件	千円
	千円	千円	千円	件	千円	千円	千円	千円	件	千円
計	千円	千円	千円	件	千円	千円	千円	千円	件	千円

項目 取扱業務等の区分	求職者手数料 （職業安定法第32条の3第2項の規定による手数料）					
	常用		臨時		日雇	
芸能家	件	千円	件	千円	件	千円
モデル	件	千円	件	千円	件	千円
科学技術者	件	千円	件	千円	件	千円
経営管理者	件	千円	件	千円	件	千円
熟練技能者	件	千円	件	千円	件	千円
計	件	千円	件	千円	件	千円

7 職業紹介の業務に従事する者の数

人

8 返戻金制度

有・無	（有の場合、その概要）

9 従業員教育

日時	従業員数	教育内容

1　職業安定法第32条の16第１項の規定により上記のとおり報告します。

2　職業安定法第33条第４項において準用する同法第32条の16第１項の規定により上記のとおり報告します。

令和　　　年　　　月　　　日

厚生労働大臣　殿　　　　　⑼ 氏名又は名称

様式第８号（第３面）

記載要領

1　職業紹介を行う事業所ごとに別紙で記載することとし、職業紹介事業者を管轄する都道府県労働局にまとめて提出すること。

2　対象期間については、前年の４月１日から３月末日まで（４④欄にあっては前々年の４月１日から前年の３月末日まで）とすること。

3　１には、許可番号を記載すること。

4　３には、対象期間における紹介予定派遣に係る実績の有無を記載すること。

5　活動状況（国内）

(1)　４①の「求人数」及び４③欄には、「取扱業務等の区分」ごとに、１箇年における求人及び就職数について、「常用」（４③欄にあっては無期雇用」、「それ以外」）、「臨時」、「日雇」の区分ごとに記載することとし、常用についてはその人（件）数、臨時及び日雇についてはその延数（人日）を記載すること。３において「有」と記載した場合は「取扱業務等の区分」の欄に区分ごとに括弧書きで紹介予定派遣に係る状況を記載すること（以下、(2)から(5)まで及び７において同じ。）。

(2)　４①の「有効求人数」、②の「有効求職者数」欄には、それぞれその３月末における有効求人数、有効求職者数を記載すること。

(3)　４②の「新規求職申込件数」欄には、「取扱業務等の区分」ごとに対象期間中に新たに求職申込みのあった件数を記載すること。

(4)　４④の「離職」欄には、前々年の４月１日から前年の３月末日までの間に就職した者（期間の定めのない労働契約を締結した者に限る。以下「無期雇用就職者」という。）のうち、就職後６ヶ月以内に離職した者の数を、④の「不明」欄には、無期雇用就職者のうち、就職後６ヶ月以内に離職したかどうか明らかでない者の数を記載すること。

(5)　４欄において、「常用」とは、４ヵ月以上の期間を定めて雇用される者又は期間の定めなく雇用される者をいい、「臨時」とは、１ヵ月以上４ヵ月未満の期間を定めて雇用される者をいい、「日雇」とは、１ヵ月未満の期間を定めて雇用される者をいう。なお、雇用の予定期間は、雇用の開始年月日から雇用契約の期間の終了する年月日までの日数とし、雇用の予定期間内に休日があっても雇用が継続する場合は、すべて通算するものとすること。ただし、断続的な就労の場合は日雇とすること。

6　活動状況（国外）

(1)　５⑤の「求人数」及び⑦欄には、「取扱業務等の区分」ごとに、１箇年における求人、期間の定めのない労働契約を締結して就職した人（件）数、それ以外の就職人（件）数を記載すること。

(2)　５⑤の「有効求人数」及び⑥の「有効求職者数」欄には、それぞれその３月末における有効求人数、有効求職数を記載すること。⑥の「新規求職申込件数」欄には、「取扱業務等の区分」ごとに対象期間中に新たに求職申込みのあった件数を記載すること。

(3)　５⑧の「離職」欄には、無期雇用就職者のうち、就職後６ヶ月以内に離職した者の数を、５⑧の「不明」欄には、無期雇用就職者のうち、就職後６ヶ月以内に離職したかどうか明らかでない者の数を記載すること。

様式第８号（第４面）

７　６の収入状況には、「常用」、「臨時」、「日雇」の区分及び「取扱業務等の区分」ごとに、対象期間内における全ての手数料収入について記載すること。

また、芸能家、モデル、科学技術者、経営管理者及び熟練技能者に係る手数料については、求人者手数料（職業安定法第32条の３第１項第１号及び第２号の規定による手数料）又は求職者手数料（職業安定法第32条の３第２項の規定による手数料）にそれぞれ別に記載すること。

８　⑨欄には、氏名（法人又は団体にあってはその名称及び代表者の氏名）を記載すること。

９　その紹介により就職した者のうち第二種特別加入保険料（労働者災害補償保険法施行規則第46条の18第５号の作業に従事する者に対する保険料）に充てるべき手数料を徴収した場合は、手数料管理簿の写しを本報告書に添えて提出すること。

１０　７の「職業紹介の業務に従事する者の数」欄には、当該職業紹介を行う事業所に係る３月末における職業紹介の業務に従事する者の数を記載すること。

１１　８の「返戻金制度」欄には、返戻金制度（その紹介により就職した者が早期に離職したことその他これに準ずる理由があった場合に、当該者を紹介した雇用主から徴収すべき手数料の全部又は一部を返戻する制度その他これに準ずる制度）の有無を記載すること。また、返戻金制度を設けている場合には、その概要を記載すること。

様式第８号の２　（表面）　　　　　　　　　　　　　　　　　　　（日本産業規格Ａ列４）

特別の法人 無料職業紹介事業報告書

1　届出受理番号
2　事業所名

3　活動状況（国内）
(1)　構成員のみを求人者とするもの

項目 取扱業務等の区分	①求人				②求職	
	有効求人数	求人数			有効求職者数	新規求職申込件数
		常用求人数	臨時求人延数	日雇求人延数		
	人	人	人日	人日	人	件
計	人	人	人日	人日	人	件

項目 取扱業務等の区分	③就職				④離職	
	常用就職件数		臨時就職延数	日雇就職延数	無期雇用（6ヶ月以内／解雇除く）	
	無期雇用	それ以外			離職	不明
	件	件	人日	人日	人	人
計	件	件	人日	人日	人	人

(2)　構成員のみを求職者とするもの

項目 取扱業務等の区分	①求人				②求職	
	有効求人数	求人数			有効求職者数	新規求職申込件数
		常用求人数	臨時求人延数	日雇求人延数		
	人	人	人日	人日	人	件
計	人	人	人日	人日	人	件

項目 取扱業務等の区分	③就職				④離職	
	常用就職件数		臨時就職延数	日雇就職延数	無期雇用（6ヶ月以内／解雇除く）	
	無期雇用	それ以外			離職	不明
	件	件	人日	人日	人	人
計	件	件	人日	人日	人	人

(3)　求人・求職とも構成員とするもの

項目 取扱業務等の区分	①求人				②求職	
	有効求人数	求人数			有効求職者数	新規求職申込件数
		常用求人数	臨時求人延数	日雇求人延数		
	人	人	人日	人日	人	件
計	人	人	人日	人日	人	件

項目 取扱業務等の区分	③就職				④離職	
	常用就職件数		臨時就職延数	日雇就職延数	無期雇用（6ヶ月以内／解雇除く）	
	無期雇用	それ以外			離職	不明
	件	件	人日	人日	人	人
計	件	件	人日	人日	人	人

4　活動状況（国外）（相手国別・総計）

項目 取扱業務等の区分	相手国	⑤求人		⑥求職		⑦就職件数
		有効求人数	求人数	有効求職者数	新規求職申込件数	
		人	人	人	件	件
計		人	人	人	件	件

5　職業紹介の業務に従事する者の数

人

6　従業員教育

日時	従業員数	教育内容

職業安定法第33条の３第２項において準用する同法第32条の16第１項の規定により上記のとおり報告します。

令和　　年　　月　　日
⑧氏名又は名称

厚生労働大臣　殿

様式第８号の２（裏面）

記載要領

1　無料職業紹介事業を行う事業所ごとに別紙で記載することとし、無料職業紹介事業者を管轄する都道府県労働局にまとめて提出すること。

2　対象期間については、前年の４月１日から３月末日まで（３の（１）から（３）までの④欄にあっては前々年の４月１日から前年の３月末日まで）とすること。

3　１には、届出受理番号を記載すること。

4　活動状況（国内）

(1)　３の(１)から(３)までの①の「求人数」及び③欄には、それぞれ「取扱業務等の区分」ごとに１箇年における求人及び就職数について、常用（４③欄にあっては無期雇用」、「それ以外」）、臨時、日雇の区分ごとに記載することとし、常用についてはその人（件）数、臨時及び日雇についてはその延数（人日）を記載すること。

(2)　３の(１)から(３)までの①の「有効求人数」、②の「有効求職者数」欄には、それぞれその３月末における有効求人数、有効求職者数を記載すること。

(3)　３の(１)から(３)までの②の「新規求職申込件数」欄には、「取扱業務等の区分」ごとに対象期間中に新たに求職申込みのあった件数を記載すること。

(4)　３の（１）から（３）までの④の「離職」欄には、前々年の４月１日から前年の３月末日までの間に就職した者（期間の定めのない労働契約を締結した者に限る。以下「無期雇用就職者」という。）のうち、就職後６ヶ月以内に離職した者の数を、④の「不明」欄には、無期雇用就職者のうち、就職後６ヶ月以内に離職したかどうか明らかでない者の数を記載すること。

(5)　３の(１)から(３)までの欄において、「常用」とは、４ヵ月以上の期間を定めて雇用される者又は期間の定めなく雇用される者をいい、「臨時」とは、１ヵ月以上４ヵ月未満の期間を定めて雇用される者をいい、「日雇」とは、１ヵ月未満の期間を定めて雇用される者をいう。なお、雇用の予定期間は、雇用の開始年月日から雇用契約の期間の終了する年月日までの日数とし、雇用の予定期間内に休日があっても雇用が継続する場合は、すべて通算するものとすること。ただし、断続的な就労の場合は日雇とすること。

5　活動状況（国外）

(1)　４の⑤の「求人数」及び⑦欄には、「取扱業務等の区分」ごとに、１箇年における求人、就職延数を記載すること。

(2)　４の⑤の「有効求人数」及び⑥の「有効求職者数」欄には、それぞれその３月末における有効求人数、有効求職者数を記載すること。

(3)　４の⑥の「新規求職申込件数」欄には、「取扱業務等の区分」ごとに対象期間中に新たに求職申込みのあった件数を記載すること。

6　５の「職業紹介の業務に従事する者の数」欄には、当該職業紹介を行う事業所に係る３月末における職業紹介の業務に従事する者の数を記載すること。

7　⑧欄には、氏名（法人又は団体にあってはその名称及び代表者の氏名）を記載すること。

様式第８号の３（表面）

（日本産業規格Ａ列４）

※ 届出受理番号	
※ 届出受理年月日	年　月　日

特定募集情報等提供事業届出書

厚生労働大臣 殿

①届出者

職業安定法第43条の２第１項の規定により下記のとおり届け出ます。

記

② 名（ふりがな）称		
③ 所（ふりがな）在地	〒　－	
④ 電話番号	（　）	
⑤ 代表者	役名	
	（ふりがな）氏名	
⑥ 事業開始予定年月日	年　月　日	
⑦ 職業紹介事業	許可番号 届出受理番号	
⑧ 労働者派遣事業	許可番号	
⑨ 備考		

様式第８号の３（裏面）

⑩　提供する主なサービスの名称	⑪　職業安定法第４条第６項に掲げる行為のうち該当するもの	⑫　ＵＲＬ
	□ 第１号　□ 第２号 □ 第３号　□ 第４号	
	□ 第１号　□ 第２号 □ 第３号　□ 第４号	
	□ 第１号　□ 第２号 □ 第３号　□ 第４号	
	□ 第１号　□ 第２号 □ 第３号　□ 第４号	
	□ 第１号　□ 第２号 □ 第３号　□ 第４号	

記載要領

1　※欄には記載しないこと。

2　①欄には、届出者の氏名（法人又は団体にあってはその名称及び代表者の氏名）を記載すること。

3　③欄には、事業者の所在地を記載すること。

4　届出者が職業紹介事業者である場合には、⑦欄に当該職業紹介事業の許可番号又は届出受理番号を記載すること。

5　届出者が派遣元事業主である場合には、⑧欄に当該労働者派遣事業の許可番号を記載すること。

6　⑨備考欄には、担当者の職名、氏名及び電話番号を記載すること。

7　⑩欄～⑫欄について、所定の欄に記載し得ないときは別紙に記載して添付すること。

8　⑩欄には、提供する主なサービスにおいて用いている名称を記載すること。所定の欄に記載し得ないときには別紙に記載して添付すること。

9　⑪欄には、職業安定法第４条第６項各号に掲げる行為のうち、⑩欄に記載したサービスが該当するものを記載すること。複数該当するものがある場合は、全て記載すること。

10　⑫欄には、⑩欄で記載したサービスがインターネットを通じて提供される場合、その代表的なＵＲＬを記載すること。

11　②欄、③欄及び⑩欄～⑫欄については、人材サービス総合サイトにおいて公表されることに留意すること。

様式第８号の４（表面）

（日本産業規格Ａ列４）

特定募集情報等提供事業変更届出書

①　　　年　　月　　日

厚生労働大臣　殿

②　届出者

職業安定法第43条の２第２項の規定により下記のとおり変更を届け出ます。

記

③　届出受理番号		
④　名（ふりがな）称		
⑤　所（ふりがな）在地	〒　　－　　電話　（　　）	
⑥　代表者	役名	
	氏（ふりがな）名	
⑦　職業紹介事業	許可番号 届出受理番号	
⑧　労働者派遣事業	許可番号	
⑨　変更年月日	年　　月　　日	
⑩　変更理由		
⑪　備考		

様式第８号の４（裏面）

記載要領

1　①欄には、届出書を提出する年月日を記載すること。

2　②欄には、届出者の氏名（法人又は団体にあってはその名称及び代表者の氏名）を記載すること。

3　③欄には、届出の際に付与された届出受理番号を記載すること。

4　⑤欄には、事業者の所在地を記載すること。

5　届出者が職業紹介事業者である場合には、⑦欄に当該職業紹介事業の許可番号又は届出受理番号を記載すること。

6　届出者が派遣元事業主である場合には、⑧欄に当該労働者派遣事業の許可番号を記載すること。

7　⑨欄には、変更事項について、変更した年月日を記載すること。

8　⑩欄には、変更した理由を具体的に記載すること。

9　⑪備考欄には、担当者の職名、氏名及び電話番号を記載すること。

様式第８号の５（表面）

（日本産業規格Ａ列４）

特定募集情報等提供事業廃止届出書

①　　　年　　月　　日

厚生労働大臣　殿

②　届出者

特定募集情報等提供事業を廃止したので、職業安定法第43条の２第３項の規定により下記のとおり届け出ます。

記

③　届出受理番号		
④　名（ふりがな）称		
⑤　所（ふりがな）在地	〒　　－　　　　電話　　（　　）	
⑥　代表者	役名	
	氏（ふりがな）名	
⑦　廃止年月日	年　　月　　日	
⑧　廃止理由		
⑨　備考		

様式第８号の５（裏面）

記載要領

1　①欄には、届出書を提出する年月日を記載すること。

2　②欄には、届出者の氏名（法人又は団体にあってはその名称及び代表者の氏名）を記載すること。

3　③欄には、届出の際に付与された届出受理番号を記載すること。

4　⑤欄には、事業者の所在地を記載すること。

5　⑦欄には、特定募集情報等提供事業を廃止した年月日を記載すること。

6　⑧欄には、事業を廃止した理由を具体的に記載すること。

7　⑨備考欄には、担当者の職名、氏名及び電話番号を記載すること。

様式第８号の６（第１面）

（日本産業規格Ａ列４）

特定募集情報等提供事業概況報告書

① 年 月 日

厚生労働大臣 殿

② 提出者

職業安定法第43条の５の規定により、下記のとおり事業概況報告書を提出します。

③ 届出受理番号		
④ (ふりがな) 名称		
⑤ (ふりがな) 所在地	〒 ー 電話 ( )	
⑥ 代表者	役名	
	(ふりがな) 氏名	

Ⅰ. 公表項目

⑦ 提供する主なサービスの名称	⑧ 職業安定法第４条第６項に掲げる行為のうち該当するもの	⑨ URL
	□ 第１号 □ 第２号 □ 第３号 □ 第４号	
	□ 第１号 □ 第２号 □ 第３号 □ 第４号	
	□ 第１号 □ 第２号 □ 第３号 □ 第４号	
	□ 第１号 □ 第２号 □ 第３号 □ 第４号	
	□ 第１号 □ 第２号 □ 第３号 □ 第４号	

様式第８号の６（第２面）

Ⅱ　６月１日現在の状況報告

１　労働者の募集に関する情報を提供している場合

⑦　提供する主なサービスの名称	⑩　労働者の募集に関する情報の概数	⑪　情報を収集している労働者になろうとする者に関する情報の概数

⑫　概数に係る説明

２　労働者になろうとする者に関する情報を提供している場合

⑦　提供する主なサービスの名称	⑬　労働者になろうとする者に関する情報の概数	⑭　労働者になろうとする者に関する情報の提供先の概数

⑮　概数に係る説明

様式第８号の６（第３面）

3　提供するサービスの概要

⑦　提供する主なサービスの名称	⑯　サービスの概要

4　適切な事業運営に関する事項

⑰　法第５条の４第１項及び第３項の規定に基づく労働者の募集に関する情報又は労働者になろうとする者に関する情報の的確な表示のために措置に関する事項

<法第５条の４第１項（虚偽の表示又は誤解を生じさせる表示の禁止）について>

様式第８号の６（第４面）

<法第５条の４第３項（正確かつ最新の内容に保つために講ずる措置）について>

⑱　法第５条の５第１項の規定に基づき求職者等に明らかにしている業務の目的及び同条第２項の規定に基づき個人情報を適正に管理するために講じている措置

<法第５条の５第１項の規定に基づき求職者等に明らかにしている業務の目的>

<法第５条の５第２項の規定に基づき個人情報を適正に管理するために講じている措置>

⑲　法第43条の７第２項の規定に基づき、苦情の処理のために整備している体制に関する事項

様式第８号の６（第５面）

記載要領

1　①欄には、事業概況報告書を提出する年月日を記載すること。

2　②欄には、提出者の氏名（法人又は団体にあってはその名称及び代表者の氏名）を記載すること。

3　③欄には、届出の際に付与された届出受理番号を記載すること。

4　⑤欄には、事業者の所在地を記載すること。

5　「Ｉ．公表項目」に記載の事項は、人材サービス総合サイトにおいて公開されるものであるため留意すること。

6　⑦欄には、提供する主なサービスにおいて用いている名称を記載すること。所定の欄に記載し得ないときには別紙を記載して添付すること。

7　⑧欄には、職業安定法第４条第６項各号に掲げる行為のうち、⑦欄に記載したサービスが該当するものを記載すること。複数該当するものがある場合は、全て記載すること。

8　⑨欄には、⑦欄で記載したサービスがインターネットを通じて提供される場合、その代表的なＵＲＬを記載すること。

9　⑩欄、⑪欄、⑬欄及び⑭欄には、単位を付して記載をすること。

10　⑩欄の労働者の募集に関する情報並びに⑪欄及び⑬欄の労働者になろうとする者に関する情報の概数並びに⑭欄の労働者になろうとする者に関する情報の提供先の概数について、集計上の留意事項がある場合には⑫欄及び⑮欄に記載すること。所定の欄に記載し得ないときは別紙に記載して添付すること。

11　⑯欄には、提供している情報の内容、事業において料金を支払っている者、料金に関する事項その他サービスの概要について記載すること。所定の欄に記載し得ないときは別紙に記載して添付すること。

12　⑱欄には、実際に求職者等に明示している目的を転記すること。所定の欄に記載し得ないときは別紙に記載して添付すること。

様式第９号（表面）　　（日本産業規格Ｂ列８）

第　　　号

職業紹介事業等立入検査証

写真

官　職
氏　名
年　　月　　日生

上記の者は、職業安定法第５０条第２項の規定により立入検査をする職員であることを証明する。

年　　月　　日

厚生労働大臣又は都道府県労働局長　印

様式第９号（裏面）　　（日本産業規格Ｂ列８）

職業安定法（抄）

第50条　行政庁は、この法律を施行するために必要な限度において、厚生労働省令で定めるところにより、職業紹介事業を行う者（第29条第１項の規定により無料の職業紹介事業を行う場合における特定地方公共団体を除く。）、求人者、労働者の募集を行う者、募集受託者、募集情報等提供事業を行う者（募集情報等提供事業を行う場合における地方公共団体を除く。）、労働者供給事業を行う者又は労働者供給を受けようとする者に対し、必要な事項を報告させることができる。

② 行政庁は、この法律を施行するために必要な限度において、所属の職員に、職業紹介事業を行う者（第29条第１項の規定により無料の職業紹介事業を行う場合における特定地方公共団体を除く。）、求人者、労働者の募集を行う者、募集受託者、募集情報等提供事業を行う者（募集情報等提供事業を行う場合における地方公共団体を除く。）、労働者供給事業を行う者又は労働者供給を受けようとする者の事業所その他の施設に立ち入り、関係者に質問させ、又は帳簿、書類その他の物件を検査させることができる。

③ 前項の規定により立入検査をする職員は、その身分を示す証明書を携帯し、関係者に提示しなければならない。

④ 第２項の規定による立入検査の権限は、犯罪捜査のために認められたものと解釈してはならない。

第60条　この法律の規定する厚生労働大臣の権限は、厚生労働省令の定めるところによつて、職業安定主管局長又は都道府県労働局長に委任することができる。

第66条　次の各号のいずれかに該当するときは、その違反行為をした者は、これを30万円以下の罰金に処する。

十　第50条第２項の規定による立入り若しくは検査を拒み、妨げ、若しくは忌避し、又は質問に対して答弁をせず、若しくは虚偽の陳述をしたとき。

第67条　法人の代表者又は法人若しくは人の代理人、使用人その他の従業者が、その法人又は人の業務に関して、第63条から前条までの違反行為をしたときは、行為者を罰するほか、その法人又は人に対しても、各本条の罰金刑を科する。

職業安定法施行規則（抄）

第37条　法に定める厚生労働大臣の権限のうち、次の各号に掲げる権限は、当該各号に定める都道府県労働局長に委任する。ただし、厚生労働大臣が自らその権限を行うことを妨げない。

十　法第50条第１項の規定による報告徴収及び同条第２項の規定による立入検査に関する権限　管轄都道府県労働局長

第14節　通達様式集

通達様式第10号　（日本産業規格Ａ列４）

取次機関に関する申告書

年　　月　　日

厚生労働大臣　殿

（ふりがな）
住　所
②申請者
（ふりがな）
氏　名

下記の事務所に係る取次機関については、以下の要件を満たしていることを申告します。
1．当該国において事業を合法的に実施することが認められていること。
2．職業紹介に関し、保証金の徴収その他名目のいかんを問わず、求職者の金銭その他の財産を管理し、求職者との間で職業紹介に係る契約の不履行について違約金を定める契約その他不当に金銭その他の財産の移転を予定する契約を締結し、又は求職者に対して渡航費用その他の金銭を貸し付けていないこと。

記

事業所の名称	
所在地	
取次機関の名称	
住所	
事業内容	

通達様式第11号　　　　　　　　　　　　　　　　　　　　（日本産業規格Ａ列４）

年　　月　　日

有料職業紹介事業許可条件通知書

殿

厚生労働大臣

年　　月　　日付け許可番号　　　　　の許可は下記の理由により次の許可条件を付して行う。

なお、この処分に不服のあるときは、行政不服審査法（平成26年法律第68号）の規定により、処分のあったことを知った日の翌日から起算して３箇月以内（ただし、処分のあった日の翌日から起算して１年以内）に厚生労働大臣に対し、審査請求をすることができる。

また、処分の取消しの訴えは、行政事件訴訟法（昭和 37 年法律第 139 号）の規定により、この処分のあったことを知った日の翌日から起算して６箇月以内（ただし、処分のあった日の翌日から起算して１年以内）に、国を被告（代表者は法務大臣）として提起することができる。ただし、審査請求をした場合には、処分の取消しの訴えは、その審査請求に対する裁決があったことを知った日の翌日から６箇月以内（ただし、裁決のあった日の翌日から起算して１年以内）に提起することができる。

（許可条件）

1　労働基準法（昭和22年法律第49号）第56条の規定により使用を禁止されている児童の紹介を行わないこと。

2　貸金業又は質屋業と兼業する場合（法人の代表者又は役員が、他の法人等で兼業する場合も含む。）は、当該兼業する事業における債務者について紹介を行わず、また、債務者を求職者としないこと。

3　変更の届出により有料職業紹介事業を行う事業所を新設する場合は、当該事業所においても、許可基準の所定の要件を満たすこと。なお、許可基準の１の要件を満たしつつ有料職業紹介事業を行うことのできる事業所数は、　年　月　日時点で　　事業所までであること。

4　合理的な理由なく特定の求人者に限って職業紹介を行うものでないこと。

5　職業紹介事業所間における業務提携を行う場合は、次の事項を遵守すること。

(1)　業務提携による職業紹介を実施し得る職業紹介事業者は、職業安定法（昭和22年法律第141号。以下「法」という。）の規定により適法に許可を受け、又は届出をした職業紹介事業者に限られるものであること。

(2)　求職者に対する労働条件等の明示に係る職業紹介事業者の義務（法第５条の３第１項）は、求職の申込みを求職者から直接受理した職業紹介事業者が履行すること。ただし、当該職業紹介事業者が事業を廃止したこと等により、労働条件等の明示義務を履行できない場合には、業務提携を行う他の職業紹介事業者が履行すること。また、求人求職管理簿（職業紹介の取扱状況に関する事項及び離職の状況に関する事項に限る。）の備付に関する義務（法第32条の15）並びに職業紹介事業報告及び職業紹介の実績等に係る人材サービス総合サイトを利用した情報提供の義務（法第32条の16）は、業務提携を行う職業紹介事業者の間で取り決めた一者が履行すること。

(3)　業務提携に際して求人又は求職を他の職業紹介事業者に提供しようとする場合には、あらかじめ求人者又は求職者に、業務提携の内容として提供先の職業紹介事業者に関する次の事項を明示し、求人者又は求職者が求人又は求職の提供に同意する職業紹介事業者に限って行うこととし、求人者又は求職者が求人又は求職の提供に同意しない場合には業務提携の対象としないこと。この場合において、求人者又は求職者が提携先ごとに同意又は不同意の意思を示すことができるような方法であれば、一度に複数の提携先について、同意又は不同意の意思を確認することとしても差し支えない。ただし、当面、一度に意思を確認する提携先は10以内とすること。

a　事業所の名称及び所在地、許可番号

b　法第32条の13及び職業安定法施行規則（昭和22年労働省令第12号。以下「則」という。）第24条の５に規定する次の明示事項

・　取り扱う職種の範囲その他業務の範囲
・　手数料に関する事項
・　苦情の処理に関する事項
・　個人情報の取扱いに関する事項
・　返戻金制度に関する事項

c　法第32条の16及び則第24条の８第３項に規定する次の事項

・　就職者数（総数及び無期雇用の就職者数）
・　無期雇用の就職者のうち就職後６箇月以内に離職した者の数
・　無期雇用の就職者のうち就職後６箇月以内に離職した者に該当するかどうか明らかでない者の数

d　必要に応じて職業紹介事業の実施地域、就職件数の多い職種、年齢、賃金及び雇用形態等

(4)　職業紹介事業者が業務提携について明示し、その上で求人者又は求職者が求人又は求職の提携先への提供に同意した場合には、当該提携先は、法の規定により当該求人又は求職を受理しないことが認められる場合を除き、当該求人又は求職を受理するものとすること。

(5)　提携先への提供に同意する求人又は求職とそれ以外の求人又は求職を分離して管理するとともに、個人情報の適正な管理（正確かつ最新のものに保つための措置、紛失、破壊、改ざんを防止するための措置等）について、より一層、的確に対応すること。

(6)　求職者に対してその能力に適合する職業を紹介し、求人者に対してはその雇用条件に適合する求職者を紹介するように努めること。

(7) 手数料はあっせんを行う職業紹介事業者による手数料の定めの範囲内で当該職業紹介事業者が徴収するものとすること。

6 国外にわたる職業紹介を行う場合は、次の事項を遵守すること。
(1) 国外にわたる職業紹介を行うに当たっては、法第32条の12第1項の規定により取扱職種の派範囲等として届け出た国以外を相手先国として職業紹介を行わないこと。
(2) 国外にわたる職業紹介を行うに当たっては、出入国管理及び難民認定法（昭和26年政令第319号）その他の出入国関係法令及び相手先国の法令を遵守して職業紹介を行うこと。
(3) 国外にわたる職業紹介を行うに当たっては、求職者に渡航費用その他の金銭を貸し付け、又は求人者がそれらの金銭を貸し付けた求職者に対して職業紹介を行わないこと。
(4) 国外にわたる職業紹介を行うに当たり、取次機関を利用するときは、次に該当する取次機関を利用しないこと。
a 相手先国において活動を認められていないもの。
b 職業紹介に関し、保証金の徴収その他名目のいかんを問わず、求職者の金銭その他の財産を管理し、求職者との間で職業紹介に係る契約の不履行について違約金を定める契約その他不当に金銭その他の財産の移転を予定する契約を締結し、又は求職者に対して渡航費用その他の金銭を貸し付けるもの。
(5) 職業紹介に関し、求職者が他者に保証金の徴収その他名目のいかんを問わず、金銭その他の財産を管理され、又は他者が求職者との間で職業紹介に係る契約の不履行について違約金を定める契約その他の不当に金銭その他の財産の移転を予定する契約を締結していることを認識して、当該求職者に対して職業紹介を行わないこと。

7 法第33条の6の規定による勧告を遵守すること。

（理　由）

1 上記1の理由
ＩＬＯ第181号条約第9条の趣旨による。

2 上記2の理由
貸金業又は質屋業を行う者が該当営業における債務者を紹介することにより、強制労働や中間搾取等の求職者保護にかける事態が発生することを防止する必要があるため。

3 上記3の理由
許可後に届出により新設される有料職業紹介事業を行う事業所においても、有料職業紹介事業許可基準において定められた要件を満たすことにより、適正な事業運営を確保する必要があるため。

4 上記4の理由
合理的な理由なく求人者を特定することにより求人者の利益に偏った職業紹介が行われる可能性があり、違法・不当な職業紹介になることを防止する必要があるため。

5 上記5の理由
業務提携を行うことにより、求人者及び求職者の保護に欠ける事態が発生することを防止する必要があるため。

6 上記6の理由
国外にわたる職業紹介については、求職者が国外の仲介事業者又は求人者等から借り入れや保証金・違約金等を徴収する契約を締結して入国すること等により国外の仲介事業者又は求人者等に対して弱い立場に置かれ、自由な職業選択が妨げられる可能性があるため。

7 上記7の理由
労働力の需要供給を調整するため特に必要がある場合に行われるものであり、職業紹介事業者として遵守すべきものであるため。

通達様式第12号　（日本産業規格Ａ列４）

年　月　日

無料職業紹介事業許可条件通知書

殿

厚生労働大臣

年　月　日付け許可番号　　　の許可は下記の理由により次の許可条件を付して行う。

なお、この処分に不服のあるときは、行政不服審査法（平成26年法律第68号）の規定により、処分のあったことを知った日の翌日から起算して３箇月以内（ただし、処分のあった日の翌日から起算して１年以内）に厚生労働大臣に対し、審査請求をすることができる。

また、処分の取消しの訴えは、行政事件訴訟法（昭和 37 年法律第 139 号）の規定により、この処分のあったことを知った日の翌日から起算して６箇月以内（ただし、処分のあった日の翌日から起算して１年以内）に、国を被告（代表者は法務大臣）として提起することができる。ただし、審査請求をした場合には、処分の取消しの訴えは、その審査請求に対する裁決があったことを知った日の翌日から６箇月以内（ただし、裁決のあった日の翌日から起算して１年以内）に提起することができる。

（許可条件）

1　労働基準法（昭和22年法律第49号）第56条の規定により使用を禁止されている児童の紹介を行わないこと。

2　貸金業又は質屋業と兼業する場合（法人の代表者又は役員が、他の法人等で兼業する場合も含む。）は、当該兼業する事業における債務者について紹介を行わず、また、債務者を求職者としないこと。

3　変更の届出により無料職業紹介事業を行う事業所を新設する場合は、当該事業所においても、許可基準の所定の要件を満たすこと。なお、許可基準の１の要件を満たしつつ無料職業紹介事業を行うことのできる事業所数は、　年　月　日時点で　　事業所までであること。

4　合理的な理由なく特定の求人者に限って職業紹介を行うものでないこと。

5　職業紹介事業所間における業務提携を行う場合は、次の事項を遵守すること。

(1)　業務提携による職業紹介を実施し得る職業紹介事業者は、職業安定法(昭和22年法律第141号。以下「法」という。）の規定により適法に許可を受け、又は届出をした職業紹介事業者に限られるものであること。

(2)　求職者に対する労働条件等の明示に係る職業紹介事業者の義務（法第５条の３第１項）は、求職の申込みを求職者から直接受理した職業紹介事業者が履行すること。ただし、当該職業紹介事業者が事業を廃止したこと等により、労働条件等の明示義務を履行できない場合には、業務提携を行う他の職業紹介事業者が履行すること。また、求人求職管理簿（職業紹介の取扱状況に関する事項及び離職の状況に関する事項に限る。）の備付に関する義務（法第32条の15）並びに職業紹介事業報告及び職業紹介の実績等に係る人材サービス総合サイトを利用した情報提供の義務（法第32条の16）は、業務提携を行う職業紹介事業者の間で取り決めた一者が履行すること。

(3)　業務提携に際して求人又は求職を他の職業紹介事業者に提供しようとする場合には、あらかじめ求人者又は求職者に、業務提携の内容として提供先の職業紹介事業者に関する次の事項を明示し、求人者又は求職者が求人又は求職の提供に同意する職業紹介事業者に限って行うこととし、求人者又は求職者が求人又は求職の提供に同意しない場合には業務提携の対象としないこと。この場合において、求人者又は求職者が提携先ごとに同意又は不同意の意思を示すことができるような方法であれば、一度に複数の提携先について、同意又は不同意の意思を確認することとしても差し支えない。ただし、当面、一度に意思を確認する提携先は10以内とすること。

a　事業所の名称及び所在地、許可番号

b　法第32条の13及び職業安定法施行規則（昭和22年労働省令第12号。以下「則」という。）第25条において準用する則第24条の５に規定する次の明示事項

- 取り扱う職種の範囲その他業務の範囲
- 苦情の処理に関する事項
- 個人情報の取扱いに関する事項
- 返戻金制度に関する事項

c　法第32条の16及び則第24条の８第３項に規定する次の事項

- 就職者数（総数及び無期雇用の就職者数）
- 無期雇用の就職者のうち就職後６箇月以内に離職した者の数
- 無期雇用の就職者のうち就職後６箇月以内に離職した者に該当するかどうか明らかでない者の数

d　必要に応じて職業紹介事業の実施地域、就職件数の多い職種、年齢、賃金及び雇用形態等

(4)　職業紹介事業者が業務提携について明示し、その上で求人者又は求職者が求人又は求職の提携先への提供に同意した場合には、当該提携先は、法の規定により当該求人又は求職を受理しないことが認められる場合を除き、当該求人又は求職を受理するものとすること。

(5)　提携先への提供に同意する求人又は求職とそれ以外の求人又は求職を分離して管理するとともに、個人情

報の適正な管理（正確かつ最新のものに保つための措置、紛失、破壊、改ざんを防止するための措置等）について、より一層、的確に対応すること。
(6) 求職者に対してその能力に適合する職業を紹介し、求人者に対してはその雇用条件に適合する求職者を紹介するように努めること。

6 国外にわたる職業紹介を行う場合は、次の事項を遵守すること。
(1) 国外にわたる職業紹介を行うに当たっては、法第32条の12第１項の規定により取扱職種の範囲等として届け出た国以外を相手先国として職業紹介を行わないこと。
(2) 国外にわたる職業紹介を行うに当たっては、出入国管理及び難民認定法（昭和26年政令第319号）その他の出入国関係法令及び相手先国の法令を遵守して職業紹介を行うこと。
(3) 国外にわたる職業紹介を行うに当たっては、求職者に渡航費用その他の金銭を貸し付け、又は求人者がそれらの金銭を貸し付けた求職者に対して職業紹介を行わないこと。
(4) 国外にわたる職業紹介を行うに当たり、取次機関を利用するときは、次に該当する取次機関を利用しないこと。
a 相手先国において活動を認められていないもの。
b 職業紹介に関し、保証金の徴収その他名目のいかんを問わず、求職者の金銭その他の財産を管理し、求職者との間で職業紹介に係る契約の不履行について違約金を定める契約その他不当に金銭その他の財産の移転を予定する契約を締結し、又は求職者に対して渡航費用その他の金銭を貸し付けるもの。
(5) 職業紹介に関し、求職者が他者に保証金の徴収その他名目のいかんを問わず、金銭その他の財産を管理され、又は他者が求職者との間で職業紹介に係る契約の不履行について違約金を定める契約その他の不当に金銭その他の財産の移転を予定する契約を締結していることを認識して、当該求職者に対して職業紹介を行わないこと。

7 法第33条の６の規定による勧告を遵守すること。

（理　由）
1 上記1の理由
ＩＬＯ第181号条約第９条の趣旨による。

2 上記２の理由
貸金業又は質屋業を行う者が該当営業における債務者を紹介することにより、強制労働や中間搾取等の求職者保護にかける事態が発生することを防止する必要があるため。

3 上記３の理由
許可後に届出により新設される無料職業紹介事業を行う事業所においても、無料職業紹介事業許可基準において定められた要件を満たすことにより、適正な事業運営を確保する必要があるため。

4 上記４の理由
合理的な理由なく求人者を特定することにより求人者の利益に偏った職業紹介が行われる可能性があり、違法・不当な職業紹介になることを防止する必要があるため。

5 上記５の理由
業務提携を行うことにより、求人者及び求職者の保護に欠ける事態が発生することを防止する必要があるため。

6 上記６の理由
国外にわたる職業紹介については、求職者が国外の仲介事業者又は求人者等から借り入れや保証金・違約金等を徴収する契約を締結して入国すること等により国外の仲介事業者又は求人者等に対して弱い立場に置かれ、自由な職業選択が妨げられる可能性があるため。

7 上記７の理由
労働力の需要供給を調整するため特に必要がある場合に行われるものであり、職業紹介事業者として遵守すべきものであるため。

通達様式第13号　　　　　　　　　　　　　　　　　　　　（日本産業規格Ａ列４）

職業紹介事業代表者死亡届

①　　　　年　　月　　日

労働局長　　殿

②　届出者住所
　　氏　　名

下記のとおり届けます。

記

③許可番号			④事業の種類	有料・無料
⑤事業所	名称			
	所在地	Tel　（　）		
⑥死亡者氏名				
⑦死亡年月日				
⑧事業の継続者氏名				
⑨死亡者との関係				
⑩備考				

（記載要領）

②欄には、届出者の住所を記載し、及び届出者の氏名を記名押印又は署名のいずれかにより記載すること。

通達様式第14号－１　　　　　　　　　　　　　　　　（日本産業規格Ａ列４）

職業紹介責任者講習実施申出書

年　月　日

厚生労働大臣　殿

申出者名（講習機関名）
代表者名
住　　所
電話番号

別添の書類と併せて、実施日程により、職業紹介責任者講習を実施いたしたく申し出ますので、よろしくお取り計らい下さい。

なお、当○○及び当○○の全役員につきまして、職業安定法第32条各号(第３号、第10号及び第11号を除く。)のいずれにも該当しないこと並びに申請者が精神の機能の障害により認知、判断又は意思疎通を適切に行うことができないおそれがある者である場合には該当する全ての者の精神の機能の障害に関する医師の診断書が添付されていることを誓約いたします。

通達様式第14号－２　　　　　　　　　　　　　　　　　　　　（日本産業規格Ａ列４）

職業紹介責任者講習実施日程等の掲載申出書

年　　月　　日

厚生労働大臣　殿

申出者名（講習機関名）
代表者名
住　　所
電話番号

別添の実施日程等により、職業紹介責任者講習を実施いたしたく申し出ますので、貴省ホームページへの掲載について、よろしくお取り計らい下さい。

通達様式第15号　　　　　　　　　　　　　　　　　　　　　　　（日本産業規格Ａ列４）

職業紹介責任者講習実施日程書

※開催者番号

申出者名（講習機関名）

応募窓口：
問合わせ先：

開催日時	※講習会場番号	開催場所	受講定員	講師（予定者）	募集開始日時	募集締切日時	受講料

（留意事項）

1　実施日程書は、厚生労働省職業安定局需給調整事業課から電子媒体で配付するので、記入のうえ書面及び電子媒体で提出すること。

2　※欄は厚生労働省において番号を付与するので、講習機関において記入しないこと。

通達様式第16号（第１面）　　　　　　　　　　　　　　（日本産業規格Ａ列４）

職業紹介責任者講習受講者名簿

※開催者番号

厚生労働大臣　殿

申出者名（講習機関名）
代表者名
住　　所
電話番号

講習会場番号	受講者番号	受講年月日	受講者氏名	試験得点	備考

（留意事項）
1　開催者番号及び講習会場番号は、講習実施申出の際に厚生労働省から付与されたものを記載すること。
2　受講者番号は、各講習ごとに付与すること。
3　受講証明書を交付しなかった場合は、備考欄にその理由を記載すること。

通達様式第16号（第２面）　　　　（日本産業規格Ａ列４）

職業紹介責任者講習受講者名簿

※開催者番号

講習会場番号	受講者番号	受講年月日	受講者氏名	試験得点	備考

通達様式第17号　　　　　　　　　　　　　　　（日本産業規格Ａ列４）

職業紹介責任者講習

受　講　証　明　書

殿

年　　月　　日　　○○県において、職業紹介責任者講習

を修了したことを証明する。

講習機関の代表者　　印

番号（　　－　　－　　）

※　番号の欄には左から順に開催者番号、講習会場番号、受講者番号を記載し、各番号の間に「－」を記載すること。

通達様式第18号　　　　　　　　　　　　　　　　（日本産業規格Ａ列４）

職業紹介責任者講習廃止申出書

年　　月　　日

厚生労働大臣　殿

申出者名（講習機関名）
代表者名
住　　所
電話番号

標記について、職業紹介責任者講習を廃止いたしたく申し出ますので、よろしくお取り計らい下さい。

通達様式第19号　　　　　　　　　　　　　　　　（日本産業規格Ａ列４）

年齢制限求人に係る情報提供

年　　月　　日

（　　　　　）公共職業安定所長　殿

（職業紹介事業者の氏名又は名称）

当社の取扱いに係る求人の申込みについて、下記のとおり、労働施策の総合的な推進並びに労働者の雇用の安定及び職業生活の充実等に関する法律（昭和41年法律第132号）第９条又は高年齢者等の雇用の安定等に関する法律（昭和46年法律第68号）第20条第１項違反と思われる事案がありましたので、情報提供いたします。

記

1　違反と思われる事業主の氏名又は名称及び連絡先
（氏名又は名称：（記載例）○○社○○事業所
連絡先（住所又は所在地、電話番号等）：　）

2　事案の概要（違反する法律の条項、求人の職種、年齢制限の内容及び理由、求人の申込みの日付等）
（（記載例）
○○年○○月○○日に申込みのあった○○の職種の求人について、○○歳以下という条件が付されているが、これは労働施策の総合的な推進並びに労働者の雇用の安定及び職業生活ｓの充実等に関する法律施行規則（昭和41年労働省令第23号）第１条の３第１項各号に該当しないものと考えられる。）

3　処理の状況（当社からの働きかけの内容、求人の状況等）
（（記載例）
当社において年齢制限の是正を働きかけたものの、これに応じなかった為に求人受理を行わなかった。）

4　その他特記事項
（　）

第15節　様式例

様式例第１号

業務の運営に関する規程

事業所名

第１　求　　人

１　本所は、（取扱職種の範囲等）に関する限り、いかなる求人の申込みについてもこれを受理します。

ただし、その申込みの内容が法令に違反したり、賃金、労働時間等の労働条件が通常の労働条件と比べて著しく不適当である場合、一定の労働関係法令（労働基準法及び職業安定法等）違反のある場合及び暴力団員などによる求人である場合には受理しません。

２　求人の申込みは、求人者又はその代理人が直接来所されて、所定の求人票により、お申込みください。直接来所できないときは、郵便、電話、ファクシミリ又は電子メールでも差し支えありません。

３　求人申込みの際には、業務内容、賃金、労働時間、その他の労働条件をあらかじめ書面の交付、ファクシミリの利用又は電子メール等により明示してください。ただし、紹介の実施について緊急の必要があるためあらかじめ書面の交付、ファクシミリの利用又は電子メール等による明示ができないときは、当該明示すべき事項をあらかじめこれらの方法以外の方法により明示してください。

４　求人受付の際には、受付手数料を、別表の料金表に基づき申し受けます。いったん申し受けました手数料は、紹介の成否にかかわらずお返し致しません。

第２　求　　職

１　本所は、（取扱職種の範囲等）に関する限り、いかなる求職の申込みについてもこれを受理します。

ただし、その申込みの内容が法令に違反する場合には受理しません。

２　求職申込みは、本人が直接来所されて、所定の求職票によりお申込みください。

３　常に、日雇的又は臨時的な労働に従事することを希望される方は、本所に特別の登録をしておき、別に定める登録証の提示によって、求職申込みの手続きを省略致します。

４　（取扱職種の範囲等が、芸能家、家政婦（夫）、配ぜん人、調理士、モデル又はマネキンの場合）求職受付の際には、受付手数料を、別表の料金表に基づき申し受けます。いったん申し受けました手数料は、紹介の成否にかかわらずお返し致しません。

第3章 職業紹介事業 第15節 様式例

第3 紹　　介

1　求職の方には、職業安定法第2条にも規定される職業選択の自由の趣旨を踏まえ、その御希望と能力に応ずる職業に速やかに就くことができるよう極力お世話致します。

2　求人の方には、その御希望に適合する求職者を極力お世話致します。

3　紹介に際しては、求職の方に、紹介において従事することとなる業務の内容、賃金、労働時間その他の労働条件をあらかじめ書面の交付又は希望される場合にはファクシミリの利用若しくは電子メール等により明示します。ただし、紹介の実施について緊急の必要があるためあらかじめ書面の交付、ファクシミリの利用電子メール等による明示ができないときは、あらかじめそれらの方法以外の方法により明示を行います。

4　求職の方を求人者に紹介する場合には、紹介状を発行しますから、その紹介状を持参して求人者へ行っていただきます。

5　いったん求人、求職の申込みを受けた以上、責任をもって紹介の労をとります。

6　本所は、労働争議に対する中立の立場をとるため、同盟罷業又は作業閉鎖の行われている間は求人者に、紹介を致しません。

7　就職が決定しましたら求人された方から別表の手数料表に基づき、紹介手数料を申し受けます。

第4 そ の 他

1　本所は、職業安定機関及びその他の職業紹介事業者等と連携を図りつつ、当該事業に係る求職者等からの苦情があった場合は、迅速、適切に対応いたします。

2　本所の行った職業紹介の結果については、求人者、求職者両方から本所に対して、その報告をしてください。

　また、本所の職業紹介により期間の定めない労働契約を締結した求職者が就職から6箇月以内に離職（解雇された場合を除く。）したか否かについて、求人者から本所に対して報告してください。

3　本所は、求職者又は求人者から知り得た個人的な情報は個人情報適正管理規程に基づき、適正に取り扱います。

4　本所が広告等により求人等に関する情報を提供するときは、当該情報について虚偽の表示又は誤解を生じさせる表示を行いません。また、当該情報について正確かつ最新の内容に保つため、求人者、求職者等から当該情報について提供の中止や内容の訂正の依頼があった場合や、本所が当該情報が正確、最新ないことを確認した場合は、遅滞なく対応するとともに、求人者又は求職者に対して定期的に当該情報が最新かどうか確認する又は当該情報の時点を明らかにする措置を講じます。

5　本所は、求職者又は求人者に対し、その申込みの受理、面接、指導、紹介等の業務について、人種、国籍、信条、性別、社会的身分、門地、従前の職業、労働組合の組合員であること等を理由として差別的な取扱いは一切致しません。

6　本所の取扱職種の範囲等は、　　　　　　　　　　　　　　　　　です。

7　本所の業務の運営に関する規定は、以上のとおりでありますが、本所の業務は、すべて職業安定法関係法令及び通達に基づいて運営されますので、ご不審の点は係員に詳しくおたずねください。

年　　　月　　　日

代表者

様式例第２号

手　　数　　料　　表

本所が有料職業紹介事業を行った場合は、次のとおり手数料を申し受けます。

1　受付手数料

求人又は求職の申込みを受理した場合は、受理した日以降に次の受付手数料を申し受けます。

求人の受付　　１件につき　　　　円（消費税相当分を含む。）を求人者から

求職の受付　　１件につき　　　　円（消費税相当分を含む。）を求職者から

ただし、同一の求職者に係る求職の申込みの受理が１箇月に３件を超える場合には、３件分を超えては申し受けません。

2　上限制紹介手数料

就職が決定した場合には、求人者から、次の１又は２のいずれかの額の紹介手数料を、対象となる賃金が支払われた日以降に申し受けます。

ただし、同一の雇用主に引き続き６箇月を超えて雇用された場合は、６箇月を超えた雇用については申し受けません。

1　支払われた賃金の　　　　％（消費税相当分を含む。）に相当する額（２に該当する場合は２に定めるところにより紹介手数料を申し受けます。）

2　期間の定めのない雇用契約に基づき同一の雇用主に引き続き６箇月を超えて雇用された場合は、次の①又は②によって算出された額のうちいずれか大きい額

①　当該６箇月間の雇用に掛かる賃金について支払われた賃金額の　　　　％（消費税相当分を含む。）に相当する額

②　当該６箇月間の雇用にかかる賃金について支払われた賃金額から臨時に支払われた賃金及び３箇月を超える期間ごとに支払われる賃金を差し引いた額の　　　　％（消費税相当分を含む。）に相当する額

(注)「消費税相当分を含む」は、課税事業者について適用するものである。したがって、免税事業者については、当該文言を記載する必要はないものである。

様式例第３号－１　【一般登録型】

手　数　料　表

（一般登録型の例示）

サービスの種類及び内容	手数料の額及び負担者
求人受理時の事務費用 （※１）	円 手数料負担者は　求人者　とします。
求人受理後、求人者に求職者を紹介するサービス 【職業紹介サービス】 （※２）	成功報酬 （期間の定めのない雇用契約の紹介の場合） 当該求職者の就職後１年間に支払われる賃金（内定書や労働条件通知書等に記載されている額）の ％（または　　　　円） （期間の定めのある雇用契約の紹介の場合） 当該求職者の就職後、雇用契約期間中（雇用期間が１年を超える場合は最大１年間分）に支払われる賃金（内定書や労働条件通知書等に記載されている額）の ％（または　　　　円） 手数料負担者は　求人者　とします。
求人の充足に向けた求人者に対する専門的な相談・助言サービス 【職業紹介の付加サービス】 （※３） ＊上記職業紹介サービスに加えて、より専門的な相談・助言の付加サービスを行う場合	成功報酬 当該求職者の就職後１年間に支払われる賃金（内定書や労働条件通知書等に記載されている額）の ％（または　　　　円） 手数料負担者は　求人者　とします。

上記手数料には、消費税（※４）は含まれておりません。別途加算となります。

許可番号

事業所の名称及び所在地

※１：求人受理時の事務費用

求人を受け付ける際に、事務費として一定額を収受する場合には、この欄にその金額を記入しておく必要があります。

なお、当該欄の手数料負担者は、通常「求人者」となります。

※２：求人受理後、求人者に求職者を紹介するサービス

求人者にサービスの提供を行った際の成功報酬として一定額を収受する場合には、この欄にその金額の限度額（割合【%】または定額【円】）を記入しておく必要があります。

当該様式例では、雇用期間の定めのない労働契約と雇用期間の定めのある労働契約に分けて記載していますが、雇用期間の定めのない労働契約や１年間を超える有期労働契約を斡旋する場合などは、「内定書、労働条件通知書等に記載された年収額の〇〇%（または〇〇円）」と記載することもできます。このほか、１件あたりの定額手数料を記載する方法等ありますが、手数料に係る紛争防止の観点から、わかりやすい手数料表の表記を心がけてください。

また、時間外労働を含めた月々の実支払賃金を元に手数料を収受しようとする場合は、「職業紹介が成功した場合において、当該求職者の就職後１年間で支払われた賃金の〇〇%（または〇〇円）」という記載で構いませんが、この場合は手数料の請求は賃金が確定してからとなりますので、ご留意ください。

なお、当該欄の手数料負担者は、通常「求人者」となります。

※３：求人の充足に向けた求人者に対する専門的な相談・助言サービス

通常の職業紹介サービスに加え、求人を容易に充足させるための専門的な相談や助言のサービスを求人者に行い職業紹介が成功した際に、付加サービス分の成功報酬として一定額（加算分）を収受する場合には、この欄にその加算分の金額の限度額（割合【%】または定額【円】）を記入しておく必要があります。

ホワイトカラーの紹介の場合などでは、上記※２と付帯して行われる場合が多いため、当該欄を必ずしも設ける必要はありません。

なお、当該欄の手数料負担者は、通常「求人者」となります。

※４：消費税課税事業者は、消費税率の改正を考慮し、外税表記をお勧めします。

様式例第３号－２　【サーチ／スカウト型】

手　数　料　表
(サーチ／スカウト型の例示)

サービスの種類及び内容	手数料の額及び負担者
求人受理時の事務費用 （※１）	円 手数料負担者は　求人者　とします。
特定の条件による特別の求職者の開拓やそのための調査・探索 （※２）	着手金　円（％） 活動１日あたり　円（％） （または、活動１時間あたり　円（％）） 成功報酬 （期間の定めのない雇用契約の紹介の場合） 当該求職者の就職後１年間に支払われる賃金（内定書や労働条件通知書等に記載されている額）の ％（または　円） （期間の定めのある雇用契約の紹介の場合） 当該求職者の就職後、雇用契約期間中（雇用期間が１年を超える場合は最大１年間分）に支払われる賃金（内定書や労働条件通知書等に記載されている額）の ％（または　円） 手数料負担者は　求人者　とします。

上記手数料には、消費税（※３）が含まれておりません。別途加算となります。

許可番号

事業所の名称及び所在地

※１：求人受理時の事務費用

求人を受け付ける際に、事務費として一定額を収受する場合には、この欄にその金額を記入しておく必要があります。

なお、当該欄の手数料負担者は、通常「求人者」となります。

※２：特定の条件による特別の求職者の開拓やそのための調査・探索

（1）「着手金」

「着手金」は、特定の条件に該当する求職者の開拓やそのための調査・探索を行うことに対して一定額を収受する場合には、この欄にその金額の限度額（定額【円】または割合【%】）を記入しておく必要があります。

（2）「活動一日あたり」

「活動一日あたり」は、いわゆる「タイムチャージ／その調査探索に従事した人材コンサルタントの時間（所要日）数で手数料を請求する体系」の際に一定額を収受する場合には、この欄にその金額の限度額（定額【円】または割合【%】）を記入しておく必要があります。なお、紛争等を避けるため「活動一日あたり」「活動一人あたり」「活動一時間あたり」と明確な内容の記載をお勧めします。

（3）「成功報酬」

「成功報酬」は、雇用期間の定めのない労働契約や１年を超える有期労働契約をあっせんする場合などは、「内定書、労働条件通知書等に記載された年収額の○○%（または○○円）」と記載することもできます。

また、このほか、１件あたりの定額手数料を記載する方法や上記と併記する方法ありますが、手数料に係る紛争防止の観点から、わかりやすい手数料表の表記を心がけてください。

なお、当該欄の手数料負担者は、通常「求人者」となります。

※３：消費税課税事業者は、消費税率の改正を考慮し、外税表記をお勧めします。

様式例第３号－３　【再就職支援型】

手　数　料　表

（再就職支援型の例示）

サービスの種類及び内容	手数料の額及び負担者
就職を容易にするための求職者に対する専門的な相談・助言 （※１）	着手金　　　　　　　　　円 （%） 相談・助言終了時　　　　　円 （%） 成功報酬　　　　　　　　　円 （%） 手数料負担者は　関係雇用主　とします。
求人受理後、求人者に求職者を紹介するサービス 【職業紹介サービス】 （※２）	成功報酬 （期間の定めのない雇用契約の紹介の場合） 職業紹介が成功した場合において、当該求職者の就職後１年間に支払われる賃金（内定書や労働条件通知書等に記載されている額）の %（または　　　　円） （期間の定めのある雇用契約の紹介の場合） 職業紹介が成功した場合において、当該求職者の就職後、雇用契約期間中（雇用期間が１年を超える場合は最大１年間分）に支払われる賃金（内定書や労働条件通知書等に記載されている額）の %（または　　　　円） 手数料負担者は　求人者　とします。

上記手数料には、消費税（※３）が含まれておりません。別途加算となります。

許可番号

事業所の名称及び所在地

※１：就職を容易にするための求職者に対する専門的な相談・助言

（１）「着手金」

「着手金」は、再就職支援の対象となる者を雇用中若しくは直前まで雇用していた雇用主（関係雇用主）からの依頼を受け、サービス開始時に一定額を収受する場合には、この欄にその金額の限度額（定額【円】または割合【%】）を記入しておく必要があります。

（２）「相談・助言終了時」

「相談・助言終了時」は、再就職支援の対象となる者に対して、再就職が容易にできるための専門的な相談・助言を行った際に一定額を収受する場合には、この欄にその金額の限度額（定額【円】または割合【%】）を記入しておく必要があります。

（３）「成功報酬」

「成功報酬」は、再就職支援の対象となる者に再就職先を紹介して雇用契約が成立した場合に手数料を収受する場合には、この欄にその金額の限度額（定額【円】または割合【%】）を記入しておく必要があります。

なお、当該欄の手数料負担者は、通常「関係雇用主」となります。

※２：求人受理後、求人者に求職者を紹介するサービス

求人者にサービスの提供を行った際の成功報酬として一定額を収受する場合には、この欄にその金額の限度額（定額【円】または割合【%】）を記入しておく必要があります。

当該様式例では、雇用期間の定めのない労働契約と雇用期間の定めのある労働契約に分けて記載していますが、雇用期間の定めのない労働契約や１年間を超える有期労働契約を斡旋する場合などは、「内定書、労働条件通知書等に記載された年収額の○○%（または○○円）」と記載することもできます。このほか、１件あたりの定額手数料を記載する方法等ありますが、手数料に係る紛争防止の観点から、わかりやすい手数料表の表記を心がけてください。

また、時間外労働を含めた月々の実支払賃金を元に手数料を収受しようとする場合は、「職業紹介が成功した場合において、当該求職者の就職後１年間で支払われた賃金の○○%（または○○円）」という記載で構いませんが、この場合は手数料の請求は賃金が確定してからとなりますので、ご留意ください。

なお、当該欄の手数料負担者は、通常「求人者」となります。

※３：消費税課税事業者は、消費税率の改正を考慮し、外税表記をお勧めします。

（許可事業者用）

様式例第４号

個人情報適正管理規程

個人情報適正管理規程（事例案）

１．個人情報を取り扱う事業所内の職員の範囲は、○○課及び△△課の職員とする。個人情報取扱責任者は職業紹介責任者◇◇◇◇とする。

２．職業紹介責任者は、個人情報を取り扱う１に記載する事業所内の職員に対し、個人情報取扱いに関する教育・指導を年１回実施することとする。また、職業紹介責任者は、少なくとも５年に１回は職業紹介責任者講習会を受講するものとする。

３．取扱者は、個人の情報に関して、当該情報に係る本人から情報の開示請求があった場合は、その請求に基づき本人が有する資格や職業経験等客観的事実に基づく情報の開示を遅滞なく行うものとする。さらに、これに基づき訂正（削除を含む。以下同じ。）の請求があったときは、当該請求が客観的事実に合致するときは、遅滞なく訂正を行うものとする。

また、個人情報の開示又は訂正に係る取扱いについて、職業紹介責任者は求職者等への周知に努めることとする。

４．求職者等の個人情報に関して、当該情報に係る本人からの苦情の申出があった場合については、苦情処理担当者は誠意を持って適切な処理をすることとする。

なお、個人情報の取扱いに係る苦情処理の担当者は、職業紹介責任者◇◇◇◇とする。

個人情報の開示等の請求等に関し、その請求等を受け付ける方法を定める場合には、個人情報適正管理規程に記載してください。

なお、開示等の請求等を受け付ける方法として定めることができる事項は、以下の通りです。

一　開示等の請求等の申出先

二　開示等の請求等に際して提出すべき書面（電磁的記録を含む。）の様式その他の開示等の請求等の方式

三　開示等の請求等をする者が本人又は代理人であることの確認の方法

四　個人情報保護法第 33 条第１項の手数料の徴収方法

（届出事業者用）

様式例第４号

個人情報適正管理規程

個人情報適正管理規程（事例案）

１．個人情報を取り扱う事業所内の職員の範囲は、○○課及び△△課の職員とする。個人情報取扱責任者は職業紹介責任者◇◇◇◇とする。

２．職業紹介責任者は、個人情報を取り扱う１に記載する事業所内の職員に対し、個人情報取扱いに関する教育・指導を年１回実施することとする。（※また、職業紹介責任者は、関係法令の諸改正等に対応するため、一定期間ごとに職業紹介責任者講習会を受講するものとする。）

３．取扱者は、個人の情報に関して、当該情報に係る本人から情報の開示請求があった場合は、その請求に基づき本人が有する資格や職業経験等客観的事実に基づく情報の開示を遅滞なく行うものとする。さらに、これに基づき訂正（削除を含む。以下同じ。）の請求があったときは、当該請求が客観的事実に合致するときは、遅滞なく訂正を行うものとする。

また、個人情報の開示又は訂正に係る取扱いについて、職業紹介責任者は求職者等への周知に努めることとする。

４．求職者等の個人情報に関して、当該情報に係る本人からの苦情の申出があった場合については、苦情処理担当者は誠意を持って適切な処理をすることとする。

なお、個人情報の取扱いに係る苦情処理の担当者は、職業紹介責任者◇◇◇◇とする。

※届出事業者については、職業紹介責任者講習会の更新義務はないものの、関係法令の改正に対応できるよう一定期間ごとに受講することが望ましいため、例示において（　）書きのように記載しています。

個人情報の開示等の請求等に関し、その請求等を受け付ける方法を定める場合には、個人情報適正管理規程に記載してください。

なお、開示等の請求等を受け付ける方法として定めることができる事項は、以下の通りです。

一　開示等の請求等の申出先

二　開示等の請求等に際して提出すべき書面（電磁的記録を含む。）の様式その他の開示等の請求等の方式

三　開示等の請求等をする者が本人又は代理人であることの確認の方法

四　個人情報保護法第33条第１項の手数料の徴収方法

様式例第５号

手数料管理簿

（１）上限制手数料用

領収年月日	支払者名	賃金	領収区分				備考
			求人受付手数料	紹介手数料	第二種特別加入保険料に充てるべき手数料	計	

（２）届出制手数料用

領収年月日	支払者名	賃金	手数料※（届出手数料）	第二種特別加入保険料に充てるべき手数料	備考

備考

※欄には、徴収した届出制手数料の総額から第二種特別加入保険料に充てるべき手数料額を除いた額を記載するものとする。

（３）求職者分用

領収年月日	支払者名	賃金	領収区分			備考
			求職受付手数料	求職者手数料	計	

様式例第６号

▲▲▲（雇用主の名称）　様

■■■（職業紹介事業者の名称）

●●年度における無期雇用就職者の離職状況の御確認のお願い

職業紹介事業者は、法令により、就職者の数、就職者のうち早期に離職した者の数等について、情報提供する義務が課されています。

この情報提供を行う上で必要となるため、●●年度において、弊社の職業紹介により、御社と期間の定めのない労働契約を締結した以下の方々（以下「無期雇用就職者」といいます。）について、就職した日から６箇月以内に解雇以外の理由で離職した否かを、以下の様式に御記入いただいた上で、御連絡いただきますよう、お願いいたします。

（記入方法）

「離職の有無」欄には、「就職から６箇月以内の期間」に、解雇以外の理由で離職した場合には○を、それ以外の場合（離職していない場合又は解雇により離職した場合）には×を、それぞれ御記入ください。

	氏　名	就職から６箇月以内の期間			離職の有無
		就職した日	～	上記期間の最終日	
1	◎◎　◎◎	●●年４月１日	～	●●年９月 30 日	
2	□□　□□	●●年９月 14 日	～	●●年３月 13 日	
3	△△　△△	●●年 12 月 10 日	～	●●年６月９日	
:	:	:	:	:	:

（参考）

職業紹介事業者には、職業安定法第 32 条の 16 第３項及び職業安定法施行規則第 24 条の８第３項の規定により、就職者の数、就職者のうち早期に離職した者（無期雇用就職者のうち就職から６箇月以内に離職した者（解雇された者を除く。））の数等について、情報提供する義務が課されています。

また、職業安定法施行規則第 24 条の８第５項の規定により、職業紹介事業者は、無期雇用就職者の離職の状況について確認するため、雇用主に対して必要な調査をしなければならないこととされています。

なお、雇用主の皆様におかれても、「職業紹介事業者、求人者、労働者の募集を行う者、募集受託者、募集情報等提供事業を行う者、労働者供給事業者、労働者供給を受けようとする者等が均等待遇、労働条件等の明示、求職者等の個人情報の取扱、職業紹介事業者の責務、募集内容の的確な表示、労働者の募集を行う者等の責務、労働者供給事業者の責務等に関して適切に対処するための指針」において、可能な限り、職業紹介事業者が行う調査に協力することとされいています。

（様式例第７号）

自己申告書

年　　月　　日

私どもは、この求人申込みの時点において、職業安定法に規定する求人不受理の対象に該当いたしません。

事業所名 ____________________

事業所所在地 ____________________

代表者名 ____________________

◇この自己申告書についての説明事項◇

（１）以下のチェックシートの項目に１つでも該当する場合には、職業安定法に規定する求人不受理に該当します。

（２）この自己申告書に記載した内容に変更があった場合は、速やかに修正の上提出してください。

（３）申告内容が事実と異なる場合は、職業安定法第48条の３第２項及び第３項の規定に基づき、厚生労働大臣又は都道府県労働局長による勧告及び公表の対象となります。

チェックシート

以下に**該当する場合**は、チェック欄にレ点（「✔」）を記入してください。なお、以下のうち１つでも該当する場合は、求人不受理の対象となります。

※　項目４については、求人不受理の対象ではありませんが、該当する事業所には職業紹介を行うことができません。

１．労働基準法および最低賃金法関係

（１）過去１年間に２回以上同一の対象条項（※１、２）違反行為により、労働基準監督署から是正勧告を受け、

□a　当該違反行為を是正していない。

□b　是正してから６カ月が経過していない。

（２）違法な長時間労働を繰り返している企業として企業名が公表され、

□a　当該違反行為を是正していない。

□b　是正してから６カ月が経過していない。

（３）対象条項違反行為に係る事件が送検かつ公表され

□a　当該違反行為を是正していない。

□b　送検後１年が経過していない。

□c　是正してから６カ月が経過していない。

（４）求人不受理期間中に再度同一の対象条項違反により、労働基準監督署による是正勧告を受けており、その後、

□a　当該違反行為を是正していない。

□b　是正してから６カ月が経過していない。

（※１）対象となる労働基準法の規定

内容	規定
男女同一賃金	第４条
強制労働の禁止	第５条
労働条件の明示	第15条第１項及び第３項
賃金	第24条、第37条第１項及び第４項
労働時間	第32条、第36条第６項(第２号及び第３号に係る部分に限る)、第141条第３項
休憩、休日、有給休暇	第34条、第35条第１項、第39条第１項、第２項、第５項、第７項及び第９項
年少者の保護	第56条第１項、第61条第１項、第62条第１項及び第２項、第63条
妊産婦の保護	第64条の２(第１号に係る部分に限る)、第64条の３第１項、第65条、第66条、第67条第２項

※　労働者派遣法第44条（第４項を除く）により適用する場合を含む。

（※２）対象となる最低賃金法の規定

内容	規定
最低賃金	第４条第１項

2．職業安定法、労働施策総合推進法、男女雇用機会均等法及び育児・介護休業法関係

（1）対象条項（※3、4、5、6）違反の是正を求める勧告又は改善命令に従わず、企業名が公表（注1）され、

□a　当該違反行為を是正していない。

□b　是正してから6カ月が経過していない。

（1）
6か月
違反行為　公表　是正　不受理解除
不受理期間

（注1）職業安定法第48条の3第3項、労働施策総合推進法第33条第2項、男女雇用機会均等法第30条又は育児・介護休業法第56条の2の規定による公表。

（2）求人不受理期間中に再度同一の対象条項違反により、
①需給調整事業課（室）による助言や指導、勧告、
②雇用均等室による助言や指導、勧告を受けており、その後、

□a　当該違反行為を是正していない。

□b　是正してから6カ月が経過していない。

（2）
6か月以内　6か月
公表　是正　是正　不受理解除
同一違反行為
不受理期間

（※3）対象となる職業安定法の規定

内容	規定
労働条件等の明示	第5条の3第1項、第2項及び第3項
求人等に関する情報の的確な表示	第5条の4第1項及び第2項
求職者等の個人情報の取扱い	第5条の5
求人の申込み時の報告	第5条の6第3項
委託募集	第36条
労働者募集に係る報酬受領・供与の禁止	第39条、第40条
労働争議への不介入	第42条の2において読み替えて準用する法第20条
秘密を守る義務	第51条

（※4）対象となる労働施策総合推進法(労働施策の総合的な推進並びに労働者の雇用の安定及び職業生活の充実等に関する法律)の規定

内容	規定
パワーハラスメント防止に関する雇用管理上の措置	第30条の2第1項
パワーハラスメント等を理由とする不利益取扱いの禁	第30条の2第2項（第30条の5第2項、第30条の6第2項において準用する場合を含む。）

※　第30条の2第1項を労働者派遣法第47条の4の規定により適用する場合を含む。

（※5）対象となる男女雇用機会均等法(雇用の分野における男女の均等な機会及び待遇の確保等に関する法律)の規定

内容	規定
性別を理由とする差別の禁止	第5条、第6条、第7条
セクシュアルハラスメント、出産等を理由とする不利益取扱いの禁止	第9条第1項、第2項及び第3項、第11条第2項（第11条の3第2項、第17条第2項、第18条第2項において準用する場合を含む。）
セクシュアルハラスメント等の防止に関する雇用管理上の措置	第11条第1項、第11条の3第1項
妊娠中、出産後の健康管理措置	第12条、第13条第1項

※　労働者派遣法第47条の2の規定により適用する場合を含む。

（※6）対象となる育児介護休業法(育児休業、介護休業等育児又は家族介護を行う労働者の福祉に関する法律)の規定

内容	規定
育児休業、介護休業等の申出があった場合の義務、不利益取扱いの禁止	第6条第1項、第9条の3第1項、第10条、第12条第1項、第16条（第16条の4、第16条の7において準用する場合を含む）第16条の3第1項、第16条の6第1項、第16条の10、第18条の2、第20条の2、第21条第2項、第23条の2、第25条第1項・第2項（第52条の4第2項、第52条の5第2項において準用する場合を含む。）
所定外労働等の制限	第16条の8第1項（第16条の9第1項において準用する場合を含む）、第17条第1項（第18条第1項において準用する場合を含む。）、第19条第1項（第20条第1項において準用する場合を含む。）、第23条第1項から第3項まで、第26条

※　労働者派遣法第47条の3の規定により適用する場合を含む。

3．その他の不受理事由

□a　暴力団員（注2）に該当する。

□b　法人の場合、役員の中に暴力団員がいる。

□c　暴力団員が自身（又は法人）の事業活動を支配している。

（注2）暴力団員による不当な行為の防止等に関する法律第2条6号に規定する暴力団員をいう。

4．その他（求人不受理のためのチェック項目ではありませんが、ご確認ください。）

職業紹介事業者は、同盟罷業（ストライキ）又は作業所閉鎖（ロックアウト）が行われている事業所に対して職業紹介を行ってはならないこととされていますので、該当する場合はチェックをお願いします。

□　事業所において、同盟罷業又は作業閉鎖が行われている。

様式例第8号

診断書

（表面）

1 氏名　　　　　　　　　　　　　　　　　　　　　　男・女

　　　　　　　　　　　　　　　　　　　年　　月　　日生（　　　歳）

住所

2 医学的診断

診断名（※判断能力に影響するものを記載してください。）

所見（現病歴，現在症，重症度，現在の精神状態と関連する既往症・合併症など）

各種検査

長谷川式認知症スケール　（□　　点（　　年　月　日実施）　□　実施不可）

MMSE　（□　　点（　　年　月　日実施）　□　実施不可）

脳の萎縮または損傷の有無

□ あり ⇒（□ 部分的にみられる　□ 全体的にみられる　□ 著しい　□ 未実施）

□ なし

知能検査

その他

短期間内に回復する可能性

□ 回復する可能性は高い　□ 回復する可能性は低い　□ 分からない

（特記事項）

3 認知（外界を認識すること）、判断（物事の是非善悪を考え定めること）、意思疎通（自らの考えを的確に相手に伝えること）に係る能力についての意見

□ 自ら認知、判断及び意思疎通を行うことができる。

□ 支援を受けなければ，自ら認知、判断及び意思疎通を行うことが難しい場合がある。

□ 支援を受けなければ，自ら認知、判断及び意思疎通を行うことができない。

□ 支援を受けても，自ら認知、判断及び意思疎通を行うことができない。

（意見）※ 慎重な検討を要する事情等があれば，記載してください。

裏面に続く

判定の根拠

(1) 見当識の障害の有無

□ あり ⇒（□ まれに障害がみられる □ 障害がみられるときが多い □ 障害が高度）

□ なし

［ ］

(2) 他人との意思疎通の障害の有無

□ あり ⇒（□ 意思疎通ができないときもある □ 意思疎通ができないときが多い

□ 意思疎通ができない）

□ なし

［ ］

(3) 理解力・判断力の障害の有無

□ あり ⇒（□ 問題はあるが程度は軽い □ 問題があり程度は重い □ 問題が顕著）

□ なし

［ ］

(4) 記憶力の障害の有無

□ あり ⇒（□ 問題はあるが程度は軽い □ 問題があり程度は重い □ 問題が顕著）

□ なし

［ ］

(5) その他（※上記以外にも判断能力に関して判定の根拠となる事項等があれば記載してください。）

［ ］

参考となる事項（本人の心身の状態，日常的・社会的な生活状況等）

以上のとおり診断します。 年 月 日

病院又は診療所の名称・所在地

担当診療科名

担当医師氏名 印

第４章　労働者の募集

第1節　総　則

1　概　要

（1）労働者募集

労働者募集とは、法第４条第５項に規定しているように、労働者を雇用しようとする者が自らまたは他人に委託して、労働者になろうとする者に対してその被用者となることを勧誘することをいいます。

職業安定法においては、民間事業所等の行う労働者募集に関して、委託募集については許可制または届出制（法第 36 条）とし、文書募集および直接募集については許可制や届出制等による事前の規制を行っていません。

すなわち、法は、労働者募集については当事者間の私的自治に委ねる立場からこれを原則自由としていますが、第三者が介在する委託募集については、労働者保護の観点からその適格性を事前にチェックする必要があることから許可制をとることとしています。

ただし、無報酬で行う委託募集については、中間搾取等の弊害が生じる余地が少なく、いわゆる手配師等適格性に問題のある者が参入することが想定されないため、これを届出制で行うことができることとしています。

なお、委託募集以外の労働者募集についても特別の場合には厚生労働大臣または公共職業安定所長が一定の制限を行うことができることとしています（法第 37 条）。これは、労働者を急速かつ大量に獲得する必要から募集主または募集受託者が不正不当な手段を用いて募集行為を行った場合には、好ましからざる事態を惹き起こすなど弊害の発生が予測されることや、募集対象地域が特定地域に集中する場合には、募集地または就業地における労働市場を混乱させるおそれがあることなど不測の事態の発生について調整または規制をする必要について考慮しているためです。

しかしながら、労働者募集は企業活動において非常に重要な役割を果たすものであることから、職業安定機関は、公共職業安定所に求人申込をする方法によると直接募集または委託募集の方法によるとを問わず、事業主等に対してできる限りの援助協力を行うことが必要であり、ルールに従った募集活動については基本的に自由に行うことを認めることが望ましいと考えられます。

（2）求人者

法において、「求人者」とは、「対価を支払って自己のために他人の労働力の提供を求めるため、他人を雇用しようとする者」をいいます。

2　労働者募集の種類

労働者募集は、概念上次の３種類に区分されます。

（1）文書募集

文書募集とは、新聞紙、雑誌その他の刊行物に掲載する広告または文書の掲出もしくは頒布による労働者の募集をいい、自由に行うことができます。

（2）直接募集

直接募集とは、労働者を雇用しようとする者が、文書募集以外の方法で、自らまたはその被用者をして行う労働者の募集をいい、自由に行うことができます。

（3）委託募集（法第 36 条）

委託募集とは、労働者を雇用しようとする者が、その被用者以外の者をして労働者の募集に従事させる形態で行われる労働者募集をいい、許可を受け、または、届出を行うことが必要です。

3　募集主、募集従事者等の定義

（1）募集主

募集主とは、労働者を雇用しようとする者（法人を含みます。）であり、応募して採用される労働者と雇用関係を結ぶこととなる当事者をいいます。

（2）募集従事者

募集従事者とは、応募を勧誘する行為を行う者（法人も含みます。）をいいます。

なお、募集従事者となり得る者は、直接募集にあっては募集主またはその被用者、委託募集にあっては許可要件を満たす募集受託者またはその被用者（以下単に「募集受託者」といいます。）です。

（3）被用者

被用者とは、事業主と雇用関係にある者であり、雇用労働者と同義です。

（4）募集情報等提供事業を行う者

「募集情報等提供」とは、以下に掲げる行為をいい、これを業として行う者が募集情報等提供事業を行う者に該当します。

イ　労働者の募集を行う者等（労働者の募集を行う者、募集受託者または職業紹介事業者その他厚生労働省令で定める者（以下「職業紹介事業者等」といいます。））の依頼を受け、労働者の募集に関する情報を労働者になろうとする者または他の職業紹介事業者等に提供すること

ロ　イに掲げるもののほか、労働者の募集に関する情報を、労働者になろうとする者の職業の選択を容易にすることを目的として収集し、労働者になろうとする者等（労働者になろうとする者または職業紹介事業者等をいいます。）に提供すること

ハ　労働者になろうとする者等の依頼を受け、労働者になろうとする者に関する情報を労働者の募集を行う者、募集受託者または他の職業紹介事業者等に提供すること

ニ　ハに掲げるもののほか、労働者になろうとする者に関する情報を、労働者の募集を行う者の必要とする労働力の確保を容易にすることを目的として収集し、労働者の募集を行う者等に提供すること

第2節　文書募集および直接募集

1　定　義

（1）文書募集

文書募集とは、募集主が労働者を募集する旨の広告を新聞、雑誌その他の刊行物に掲載し、または文書を掲出し、もしくは頒布することによって労働者を募集することをいいます。

刊行物とは、臨時・定期を問わず発表または頒布の目的をもって同時に多数作成される文書、図書をいいます。

文書とは、労働者が募集に応ずる意思決定をするに当たっての資料となるものをいい、単に文字で記されるもののみでなく、写真、絵、図も含まれます。

頒布とは、文書、資料等を広く、多くの場合不特定多数の者に対して配付することをいいます。

なお、テレビ、ラジオ等電波による募集、有線放送等による募集、電話を利用した募集、インターネット等を利用して行う募集も文書募集として取り扱われます。

（2）直接募集

直接募集とは、労働者を雇用しようとする事業主（募集主）が、文書募集以外の方法で直接労働者に働きかけて応募を勧誘し、または募集主の被用者が募集主の指示により募集主のために直接労働者に働きかけて応募を勧誘することをいいます。

2　原　則

文書募集は、原則として自由に行うことができます。

直接募集は、原則として自由に行うことができます（ただし、建設労働者の雇用の改善等に関する法律に基づき届出が必要となる場合があります。）。

第3節　委託募集

1　定　義

イ　委託募集とは、労働者を雇用しようとする者が、その被用者以外の者をして労働者の募集に従事させる形態で行われる労働者募集をいいます。

　この場合、被用者以外の者に報酬を与えて労働者の募集に従事させようとするときは厚生労働大臣の許可を得ること、被用者以外の者に報酬を与えることなく労働者の募集に従事させようとするときは厚生労働大臣に届け出ることが必要です。

ロ　なお、職業紹介との関係については、**第２章第２節**を参照ください。

ハ　企業グループに属する企業が当該企業グループに属する他の企業の委託を受けて労働者募集を行う場合など別の法人格を有する募集主の委託を受けて労働者募集を行う場合には委託募集に該当します。

2　委託募集に係る許可および認可

（1）許可および認可の原則

委託募集を、募集主が募集受託者に報酬を与えて行う場合、募集区域が通勤区域内であると否とにかかわらず、厚生労働大臣または募集に係る事業所の所在地を管轄する都道府県労働局長（以下「都道府県労働局長」といいます。）の許可を受けなければなりません（法第36条第1項、則第37条第1項第6号）。

また、当該報酬の額については、あらかじめ、厚生労働大臣または都道府県労働局長の認可を受けなければなりません（法第36条第2項、則第37条第1項第6号）。

なお、募集主が被用者以外の者をして報酬を与えることなく行う委託募集は、厚生労働大臣または都道府県労働局長に届け出ることにより行うことができます（法第36条第3項、則第37条第1項第6号）。

許可および認可（以下**第３節**において「許可等」といいます。）の権限の所在は、次のとおりです（則第37条第1項第6号）。

イ　厚生労働大臣

自県外募集で次のいずれかに該当するもの

① 一の都道府県からの募集人員が 30 人以上のもの

② 募集人員総数が 100 人以上のもの

ロ　都道府県労働局長

イ以外のもの

なお、上記イの①または②の確認については、一の募集事業所ごとに行うこと。

（2）許可等の基準

厚生労働大臣または都道府県労働局長は、次の許可基準に基づいて許可等を行います。

委託募集の許可基準

第 1　募集主に関する要件

1　職業安定法その他次に掲げる労働関係法令に係る重大な違反がないものとすること。

（1）労働基準法第 117 条、第 118 条第 1 項（同法第 6 条および第 56 条に係る部分に限ります。）の規定並びにこれらの規定に係る同法第 121 条の規定（これらの規定が、労働者派遣法第 44 条（第 4 項を除きます。）により適用される場合を含みます。）

（2）労働者派遣法第 58 条から第 62 条までの規定

（3）港湾労働法第 48 条、第 49 条（第 1 号を除きます。）および第 51 条（第 2 号および第 3 号に係る部分に限ります。）の規定並びにこれらの規定に係る同法第 52 条の規定

（4）建設労働者の雇用の改善等に関する法律第 49 条、第 50 条および第 51 条（第 2 号および第 3 号を除きます。）の規定並びにこれらの規定に係る同法第 52 条の規定

（5）中小企業労働力確保法第 19 条、第 20 条および第 21 条（第 3 号を除きます。）の規定並びにこれらの規定に係る同法第 22 条の規定

（6）育児・介護休業法第 62 条から第 65 条までの規定
（7）林業労働力確保法第 32 条、第 33 条、第 34 条（第 3 号を除きます。）並びにこれらの規定に係る同法第 35 条の規定
（8）技能実習法第 108 条、第 109 条、第 110 条（同法第 44 条の規定に係る部分に限ります。）、第 111 条（第 1 号を除きます。）および第 112 条（第 1 号（同法第 35 条第 1 項の規定に係る部分に限ります。）および第 6 号から第 11 号までに係る部分に限ります。）の規定並びにこれらの規定に係る同法第 113 条の規定

2　募集に係る労働条件
（1）募集に係る労働条件が適正であること。
イ　法令に違反するものでないこと（賃金の毎月払い原則等）。
ロ　同地域における同業種の賃金水準に比較して著しく低くないこと。
（2）募集に係る業務内容および労働条件が明示されていること。
法第 5 条の 3 の規定による明示を適切に行うこと。また、労働条件等の明示について指針に定めがあるものについては当該定めの要件を満たすこと。
（3）適用事業所については社会・労働保険に適切に加入していること。

3　報酬
厚生労働大臣の認可を受けた報酬以外の財物を与えるものでないものとすること。

第 2　募集受託者に関する要件

1　職業安定法その他次に掲げる労働関係法令に係る重大な違反がないこと。
「第 1　募集主に関する要件」の 1 と同様です。
2　精神の機能の障害により労働者の募集を行うに当たって必要な認知、判断および意思疎通を適切に行うことができない者でないこと。
3　労働関係法令および募集内容、職種に関して十分な知識を有している者であること。

第３　その他

募集を行おうとする期間が１年を超えないものであるものとすること。

報酬の認可基準

報酬が、支払われた賃金額の 50 ／ 100（同一の者に引き続き１年を超えて雇用される場合にあっては、１年間の雇用にかかわる賃金額の 50 ／ 100）を超えるときは、委託募集に必要となる経費が特に高額となる特段の事情がある場合を除き、認可しない。

（３）許可等の申請の手続

募集主は、様式第３号「委託募集許可等申請書」を、

イ　厚生労働大臣の許可等に係るものについては募集を開始する月の 21 日前までに、正本１部および写し１部を

ロ　都道府県労働局長の許可等に係るものについては募集を開始する月の 14 日前までに、正本１部を都道府県労働局長に提出するものとします。

その際、委託募集許可等申請書の内容を証明するために必要となる帳簿、書類等を同時に提示するものとします。

なお、許可等の申請手続は、募集受託者が募集主に代わって行うことができるものとします。この場合、募集に係る事業所（以下「募集事業所」といいます。）が複数の都道府県労働局の管轄にまたがる場合については、１つの募集事業所の所在地を管轄する都道府県労働局の長にこれをまとめて提出して差し支えないものとし、上記の提出部数に加え、提出先の都道府県労働局以外の募集事業所の所在地を管轄する都道府県労働局の数だけ、委託募集許可等申請書の写しを提出するものとします。

（４）委託募集許可等申請書の審査（厚生労働大臣および都道府県労働局長）

厚生労働大臣（（１）のロに係るものについては、都道府県労働局長）は、

委託募集許可等申請書を最終的に審査し、許可、不許可、条件付許可等を決定しますが、その手続は次により行うものとします。

イ　許可、不許可、条件付許可等の決定

審査の結果は、許可、不許可および条件付許可（一部訂正または条件を付しての許可）並びに認可、不認可および変更認可のそれぞれ３つに分けて決定するものとします。

なお、保留の場合は、保留事項が解決するまで申請書はそのままとし、解決した上で上記の処理を行うものとします。ただし、大幅な訂正等があるときは再提出させて処理するものとします。

ロ　通知

許可、不許可もしくは条件付許可または認可、不認可もしくは変更認可の通知は、様式第６号「委託募集の許可等申請について」により、募集開始前に、都道府県労働局長から申請者に通知するものとします。

（5）許可に当たっての指示

厚生労働大臣または都道府県労働局長は、委託募集の許可に当たって、募集を行おうとする者に対し、募集時期、募集人員、募集地域その他募集方法に関し必要な指示をすることができます（法第 37 条第２項）。

指示は、通常国家的に緊要な政策の遂行を容易ならしめるため、または募集地域もしくは就業地域における一般的な労働基準を不当に害するような募集を防止するために行われるものであり、文書による理由を付して行うものとします（則第 30 条第２項および第３項）（**第４節**の３の（１）および（２）参照）。

（6）募集主および募集受託者に対する指導

都道府県労働局長は、許可または条件付許可の通知の交付の際、申請者に対して、以下の事項を周知・指導するとともに、募集受託者が、同事項を遵守するよう徹底するための措置を要請するものとします。

イ　法第５条の３および指針を遵守し、適切な労働条件の明示を行うこと。

ロ　法第５条の４および指針を遵守し、労働者の募集等に関する情報を的確に表示すること。

ハ　法第５条の５および第 51 条ならびに指針を遵守し、適切な個人情報の取扱いを行い、秘密を厳守すること。

ニ　委託募集においては募集主が募集受託者に対して報酬を与えようとする時には、その額について認可を受けなければならないこと（法第36条第2項）、認可を受けた額を超えて報酬を与えてはならないこと（法第40条）。

ホ　募集主または募集受託者は、募集開始後、四半期毎に募集採用の状況をとりまとめ、別に定める「労働者募集報告」の作成に備えておくものとすること。

3　委託募集の届出

（1）届出の原則

委託募集を、募集主が募集受託者に報酬を与えることなく行う場合、募集区域が通勤区域内であると否とにかかわらず、厚生労働大臣または都道府県労働局長に届け出なければなりません（法第36条第3項、則第37条第1項第6号）。

なお、届出の有効期間は最長で1年とし、1年を超えて行う場合には、以後1年ごとに届け出なければなりません。

（2）届出の手続

募集主は、様式第3号「委託募集届出書」の正本1部および写し1部を、募集を開始する月の10日前までに、都道府県労働局長に提出するものとします。

その際、委託募集届出書の内容を証明するために必要となる帳簿、書類等を同時に提示するものとします。

なお、届出は、募集受託者が募集主に代わって行うことができるものとします。この場合、募集事業所が複数の都道府県労働局の管轄にまたがる場合については、1つの募集事業所の所在地を管轄する都道府県労働局の長にこれをまとめて提出して差し支えないものとし、上記の提出部数に加え、提出先の都道府県労働局以外の募集事業所の所在地を管轄する都道府県労働局の数だけ、委託募集届出書の写しを提出するものとします。

（3）募集の制限

厚生労働大臣または都道府県労働局長は、労働力の需給を調整するために特に必要があるときは、労働者の募集に関し、募集時期、募集人員、募集地域その他募集方法について、理由を付して制限することができます（法第37条第1項）。

募集の制限は、通常、国家的に緊要な政策の遂行を容易ならしめるため、または募集地域もしくは就業地域における一般的な労働基準を不当に害するような募集を防止するために行われるものです（則第30条第2項）（**第4節**の**3**の（1）および（2）参照）。

（4）募集主および募集受託者に対する指導

都道府県労働局長は、届出受付の際、届出者に対して、以下の事項を周知・指導するとともに、募集受託者が、同事項を遵守するよう徹底するための措置を要請するものとします。

イ　法第5条の3および指針を遵守し、適切な労働条件の明示を行うこと。

ロ　法第5条の4および指針を遵守し、労働者の募集等に関する情報を的確に表示すること。

ハ　法第5条の5および第51条並びに指針を遵守し、適切な個人情報の取扱いを行い、秘密を厳守すること。

ニ　募集主または募集受託者は、募集開始後、四半期毎に募集採用の状況をとりまとめ、別に定める「労働者募集報告」の作成に備えておくものとすること。

4　労働者募集報告

募集主は、様式第2号により毎年度に「労働者募集報告」を作成して、これを当該年度の翌年度の4月末日まで（当該年度の終了前に労働者の募集を終了する場合にあっては、当該終了の日の属する月の翌月の末日まで）に都道府県労働局長に提出しなければなりません（則第28条第3項）。

なお、労働者募集報告については、募集受託者が募集主に代わって作成、提出して差し支えないものとします。

第4節　労働者募集の原則

1　労働者募集の原則

募集主および募集受託者は、次の原則に従って労働者募集（文書募集、直接募集または委託募集）を行わなければなりません。

（1）労働条件の明示等（法第5条の3、指針第3）

法第５条の３の規定に基づき、募集主および募集受託者が募集に応じて労働者になろうとする者に対して行う労働条件等の明示は、次に掲げる事項が明らかとなる書面の交付の方法、ファクシミリを利用する方法または電子メールその他のその受信する者を特定して情報を伝達するために用いられる電気通信（電気通信事業法第２条第１号に規定する電気通信をいいます。以下「電子メール等」といいます。）を利用する方法により行う必要があります（則第４条の２）。ただし、(リ）については、労働者を派遣労働者として雇用しようとする者に限ります。

(イ) 労働者が従事すべき業務の内容に関する事項
(ロ) 労働契約の期間に関する事項（期間の定めの有無、期間の定めがあるときはその期間）
(ハ) 試みの使用期間（以下「試用期間」という。）に関する事項（試用期間の有無、試用期間があるときはその期間）
(ニ) 就業の場所に関する事項
(ホ) 始業および終業の時刻、所定労働時間を超える労働の有無、休憩時間および休日に関する事項
(ヘ) 賃金（臨時に支払われる賃金、賞与および労働基準法施行規則第８条各号に掲げる賃金を除きます。）の額に関する事項
(ト) 健康保険法による健康保険、厚生年金保険法による厚生年金、労働者災害補償保険法による労働者災害補償保険および雇用保険法による雇用保険の適用に関する事項
(チ) 労働者を雇用しようとする者の氏名または名称に関する事項
(リ) 労働者を派遣労働者として雇用しようとする旨

(ヌ) 就業の場所における受動喫煙を防止するための措置に関する事項

この場合の「書面」とは、直接書面を交付する方法や郵送により交付する方法をいい、ファクシミリや電子メール等は該当しません。

また、ファクシミリを利用する方法または電子メール等を利用する方法が認められるのは、書面の交付を受けるべき者が、ファクシミリを利用する方法または電子メール等を利用する方法（ファクシミリまたは電子メール等の受信者がその記録を出力することにより書面を作成することができるものに限ります。以下同じ。）を希望した場合に限られます。

ファクシミリを利用する方法についてはファクシミリ装置により受信したときに、電子メール等を利用する方法については明示を受けるべき者の使用に係る通信端末機器に備えられたファイルに記録されたときに到達したものとみなされます。

また、書面の交付を受けるべき者が、ファクシミリを利用する方法または電子メール等を利用する方法を希望するときは、当該方法を希望する旨および希望する電子メール等の方式（電子メール・SNS メッセージ等の電気通信の方式、添付ファイルを使用する場合の使用ソフトウェアの形式およびバージョン等）を書面の交付を行うべき者に対して明示することとします。

（2）労働条件等の明示等にあたっての留意点

イ　募集主および募集受託者は、募集に応じて労働者になろうとする者に対して、従事すべき業務の内容および賃金、労働時間その他の労働条件（以下「従事すべき業務の内容等」といいます。）を可能な限り速やかに明示するとともに、次に掲げるところによらなければならないこと（指針第3参照)。

(イ) 明示する従事すべき業務の内容等は、虚偽または誇大な内容としないこと。

(ロ) 労働時間に関しては、始業および終業の時刻、所定労働時間を超える労働の有無、休憩時間、休日等について明示すること。また、労働基準法に基づき、裁量労働制が適用されることとなる場合（労働基準法第 38 条の 3 第 1 項の規定により同項第 2 号に掲げる時間労働したものとみなす場合または労働基準法第 38 条の 4 第 1 項の規定により同項第３号に掲げる時間労働したものとみなす場合）には、その旨を明示すること。また、同法第 41 条の２第１項の同意をした場合に、同項の規定により労働する労働者として業務に従事することとなるとき（高度プロフェッショナル制度が適用され、労働基準法第４章で定める労働時間、休憩、休日および深夜の割増賃金に関する規定が適用されないこととなるとき）は、その旨を明示すること。

（※１）所定労働時間を超える労働については、労働基準法においてその上限が原則として月 45 時間、年 360 時間と規定されており、募集情報等において、所定労働時間を超える労働としてこれを超える時間数が記載されていた場合には、当該募集の内容が法令に違反するおそれがあります。また、労使協定が締結されている場合であっても、２カ月から６カ月の時間外労働と休日労働の合計の平均は 80 時間、１カ月の時間外労働と休日労働の合計は 100 時間を超えることはできないとされていることに留意すること。

（※２）裁量労働制が適用される募集については、裁量労働制が適用される募集であること、適用される制度（専門業務型裁量労働制か企画業務型裁量労働制か）および何時間分働いたものとみなすかについても明示することが必要であること。

（※３）高度プロフェッショナル制度の適用が予定される募集については、就業時間等を明示するに当たって、高度プロフェッショナル制度が適用されない場合の就業時間等を明示するとともに、例えば、「高度プロフェッショナル制度の適用について同意した場合には本人の決定に委ねられ、労働時間、休憩、休日および深夜の割増賃金の規定について適用されない」などと記入すること。また、高度プロフェッショナル制度が適用される旨の明示が行われた場合であっても、実際に制度が適用されるためには、労働基準法の規定により本人の同意を得なければならず、明示されたことをもって労働者になろうとする者が同意したと解されるものではないこと。なお、高度プロフェッショナル制度の適用について同意をしなかったこと、または同意を撤回したことに対する不利益取扱いは行ってはならないとされていることに留意すること。

(ハ) 賃金に関しては、賃金形態（月給、日給、時給等の区分）、基本給、定額的に支払われる手当、通勤手当、昇給に関する事項等について明示すること。また、一定時間分の時間外労働、休日労働および深夜労働に対する割増賃金を定額で支払うこととする労働契約を締結する仕組みを採用する場合は、名称のいかんにかかわらず、一定時間分の時間外労働、休日労働および深夜労働に対して定額で支払われる割増賃金（以下この(ハ)において「固定残業代」といいます。）に係る計算方法（固定残業代の算定の基礎として設定する労働時間数（以下この(ハ)において「固定残業時間」といいます。）および金額を明らかにするものに限ります。）、固定残業代を除外した基本給の額、固定残業時間を超える時間外労働、休日労働および深夜労働分についての割増賃金を追加で支払うこと等を明示すること。なお、固定残業時間が所定労働時間の上限を超えていた場合には、ただちに法令に違反することとなるものではありませんが、労働者が実際に当該時間数の時間外労働を行った場合に法令に違反することとなることに留意すること。

(ニ) 期間の定めのない労働契約の前に期間の定めのある労働契約を締結しようとする場合は、当該契約が試用期間の性質を有するものであっても、当該試用期間の終了後の従事すべき業務の内容等ではなく、当該試用期間に係る従事すべき業務の内容等を明示すること。

ロ　募集主および募集受託者は、従事すべき業務の内容等を明示するにあたっては、次に掲げるところによるべきであること。

(イ) 原則として、募集に応じて労働者になろうとする者と最初に接触する時点までに従事すべき業務の内容等を明示すること。なお、イ(ロ)後段の裁量労働制およびイ(ハ)後段の固定残業代に係る内容の明示については、特に留意すること。

「最初に接触する時点」とは、面接、メール、電話などにより、募集主および募集受託者と募集に応じて労働者になろうとする者との間で意思疎通（面接の日程調整に関する連絡等を除きます。）が発生する時点をいうものであること。

(ロ) 従事すべき業務の内容等の事項の一部をやむを得ず別途明示することとするときは、その旨を併せて明示すること。

ハ　募集主および募集受託者は、従事すべき業務の内容等を明示するにあたっては、次に掲げる事項に配慮すること。

(イ) 募集に応じて労働者になろうとする者に具体的に理解されるものとなるよう、従事すべき業務の内容等の水準、範囲等を可能な限り限定すること。

(ロ) 募集に応じて労働者になろうとする者が従事すべき業務の内容に関しては、職場環境を含め、可能な限り具体的かつ詳細に明示すること。

(ハ) 明示する従事すべき業務の内容等が労働契約締結時の従事すべき業務の内容等と異なることとなる可能性がある場合は、その旨を併せて明示するとともに、従事すべき業務の内容等が既に明示した内容と異なることとなった場合には、当該明示を受けた募集に応じて労働者になろうとする者に速やかに知らせること。

(3) 募集主による労働条件等の変更等に係る明示

イ　募集主は、募集に応じて労働者になろうとする者と労働契約を締結しようとする場合であって、当該募集に応じて労働者になろうとする者に対して法第5条の3第1項の規定により明示された従事すべき業務の内容等（以下「第1項明示」といいます。）を変更し、特定し、削除し、または追加する場合には、当該契約の相手方となろうとする者に対し、当該変更し、特定し、削除し、または追加する従事すべき業務の内容等（以下「変更内容等」といいます。）を明示（以下「変更等明示」といいます。）しなければならないこと。明示の方法は、書面の交付の方法、ファクシミリを利用する方法または電子メール等を利用する方法により行う必要があります。

従事すべき業務の内容等の「特定」とは、第1項明示を一定の範囲を示すことにより行っていた場合に、労働契約を締結しようとする際に内容を確定させることをいうものです。

例えば、第1項明示において、「月給20万円～25万円」と示し、労働契約を締結しようとする際に「20万円」に確定する場合などが「特定」に該当します。

また、第1項明示において、複数の選択肢や制度適用の可能性がある旨示していた場合（例：就業場所はA事業所またはB事業所、A事業所の場合には裁量労働制の対象業務）において、労働契約を締結しようとする際に内容を確定した場合（就業場所はA事業所、裁量労働制の対象業務）などについても「特定」に該当します。

なお、法第５条の３第１項の規定に基づく明示について、（２）ロ（ロ）により、従事すべき業務の内容等の事項の一部（以下このイにおいて、「当初明示事項」といいます。）が明示され、別途、当初明示事項以外の従事すべき業務の内容等の事項が明示された場合は、当初明示事項を第１項明示として取り扱うこと。

ロ　募集主は、変更等明示を行うに当たっては、募集に応じて労働者になろうとする者が変更内容等を十分に理解することができるよう、適切な明示方法をとらなければならないこと。その際、次の（イ）の方法によることが望ましいものであるが、次の（ロ）などの方法によることも可能であること。

（イ）第１項明示と変更内容等とを対照することができる書面を交付すること。

（ロ）労働基準法第15条第１項の規定に基づき交付される書面において、変更内容等に下線を引き、もしくは着色し、または変更内容等を注記すること。なお、第１項明示の一部の事項を削除する場合にあっては、削除される前の当該従事すべき業務の内容等も併せて記載すること。

ハ　募集主は、締結しようとする労働契約に係る従事すべき業務の内容等の調整が終了した後、当該労働契約を締結するかどうか募集に応じて労働者になろうとする者が考える時間が確保されるよう、可能な限り速やかに変更等明示を行うこと。また、変更等明示を受けた募集に応じて労働者になろうとする者から、第１項明示を変更し、特定し、削除し、または第１項明示に含まれない従事すべき業務の内容等を追加する理由等について質問された場合には、適切に説明すること。

ニ　第１項明示は、そのまま労働契約の内容となることが期待されているものであること。また、第１項明示を安易に変更し、削除し、または第１項明示に含まれない従事すべき業務の内容等を追加してはならないこと。

ホ　学校卒業見込者等（若者雇用促進法第13条に規定する学校卒業見込者等をいいます。以下このホにおいて同じ。）については、特に配慮が必要であることから、第１項明示を変更し、削除し、または第１項明示に含まれない従事すべき業務の内容等を追加すること（（２）ロ（ロ）により、従事すべき業務の内容等の一部をやむを得ず別途明示することとした場合において、当該別途明示することとされた事項を追加することを除きます。）は不適切であること。また、原則として、学校卒業見込者等については、採用内定時に労働契約が成立する場合には、採用内定時までに、法第5条の3第1項および変更等明示が書面により行われるべきであること。

ヘ　法第5条の3第1項の規定に基づく明示が法の規定に抵触するものであった場合、変更等明示を行ったとしても、同項の規定に基づく明示が適切であったとみなされるものではないこと。

ト　募集主は、第1項明示を変更し、削除し、または第1項明示に含まれない従事すべき業務の内容等を追加した場合において、当該変更し、削除し、または追加した従事すべき業務の内容等により、引き続き労働者の募集を行おうとする場合は、募集要項等の内容を検証し、修正等を行うべきであること。

（4）試用期間中の従事すべき業務の内容等と当該期間終了後の従事すべき業務の内容等が異なる場合の取扱い

（1）および（3）において、試用期間中と試用期間終了後の従事すべき業務の内容等が異なるときは、それぞれの従事すべき業務の内容等を示すことにより行わなければならないこと。

（5）受動喫煙を防止するための措置

イからホは**第3章第9節**の**2**の（7）に準じます。

ト　明示に当たっての留意点

(イ) 労働者の募集を行う事業所と就業の場所が異なる場合の取扱い

　労働者の募集を行う事業所と就業の場所が異なる場合は、実際の就業の場所における状況を明示すること。

　なお、労働者の募集を行う時点で「就業の場所」として複数の場所が予定されている場合には、それぞれの場所における状況を明示することとするが、「予定されている場合」とは、主な就業の場所として予定されている場合であり、就業の可能性があるにすぎないものを含まないこと。例えば、出張や営業等において就業する可能性がある場所や、将来的に就業する可能性がある場所の状況について、あらかじめ網羅して明示を行うことが必要とされるものではないこと。

※航空会社の乗務員や鉄道・バスの運転手等、移動が前提の業務である場合には、恒常的に立ち寄る所属事業所等（空港のターミナルビルや鉄道の駅を含みます。）および業務に従事する場所（バス・鉄道・飛行機の内部の状況）における状況を明示することが必要ですが、移動先それぞれの状況について網羅的に明示することは必要とされません。

(ロ) 労働者派遣に係る募集の取扱い

労働者の募集の内容が、労働者を派遣労働者として雇用しようとするものである場合には、予定している派遣先の事業所における状況を明示すること。

(ハ) 喫煙可能な場所での就業が予定される募集に係る取扱い

健増法においては、施設の管理権原者は、喫煙専用室等の喫煙可能スペースに、20歳未満の者を立ち入らせてはならいこととされています。このため、就業の場所が健増法上の喫煙可能室や喫煙目的室に該当する場合等、喫煙可能スペースでの就業が予定される場合には、募集要件を20歳以上とする等適切に対応すること。

※この場合には、労働施策総合推進法施行規則第1条の3に規定する例外事由に該当するものとして、下限を20歳とすることが認められます。

(ニ) 明示に当たっての標識（ピクトグラム）の利用

供給される労働者にとって分かりやすいものとなるよう、イからへまでに記載した明示の例と併せて、ピクトグラムを利用して明示を行うことも差し支えありません。ピクトグラムを用いた標識例については、「なくそう！望まない受動喫煙。」Webサイト（https://jyudokitsuen.mhlw.go.jp/sign/）等を参照してください。

(ホ) その他の留意事項

募集に応じて労働者になろうとする者の就職後の望まない受動喫煙を防止するという趣旨を踏まえ、健増法に規定する施設等の類型を参考とした明示と併せて、イ（ロ）②、ロ（ロ）②③④、ハ（ロ）②、ニ（ロ）①のように、就業の場所の一部で喫煙が認められている場合は、実際に喫煙可能な区域での業務があるか否か（受動喫煙の可能性があるか否か）についても、可能な限り、付加的に明示することが望ましいとされます。

また、地方公共団体の条例により受動喫煙を防止するための措置が定められている場合には、募集や求人申込みの内容も条例に適合したものとなるよう留意すること。

（6）記録の保存

募集主は、募集に応じて労働者になろうとする者に対して法第５条の３第１項の規定により明示された従事すべき業務の内容等に関する記録を、当該明示に係る労働者の募集が終了する日（当該明示に係る労働者の募集が終了する日以降に当該明示に係る労働契約を締結しようとする者にあっては、当該明示に係る労働契約を締結する日）までの間保存しなければなりません。

（7）労働者の募集等に関する情報の的確な表示等（法第５条の４、指針第４）

イ　労働者の募集等に関する情報の的確な表示

募集主および募集受託者が、労働者の募集に関する情報、労働者になろうとする者に関する情報、自らもしくは募集主に関する情報または職業安定法に基づく労働者の募集等の業務の実績に関する情報（以下「労働者の募集等に関する情報」）を、**第３章第９節の３**（１）のイからへのいずれかに掲げる方法（以下、「広告等」といいます。）により提供するに当たっては、この（７）に記載のとおり労働者の募集等に関する情報の的確な表示の義務があること（法第５条の４第１項および第２項）。

ロ　虚偽の表示または誤解を生じさせる表示の禁止

募集主および募集受託者は広告等により労働者の募集等に関する情報を提供するに当たっては、虚偽の表示または誤解を生じさせる表示をしてはならないこと（法第５条の４第１項）。

詳細は**第３章第９節の３**（２）のイ、ロに準じます。

ハ　正確かつ最新の内容に保つ義務

募集主および募集受託者は広告等により労働者の募集等に関する情報

を提供するに当たっては、次に掲げる措置を講じる等適切に対応し、正確かつ最新の内容に保たなければならないこと（法第５条の４第２項、指針第４の３）。

(イ) 労働者の募集を終了した場合や労働者の募集に関する情報の内容を変更した場合には、速やかに労働者の募集に関する情報の提供の終了や内容の変更をすること。

(ロ) 求人メディア等の募集情報等提供事業を行う者を活用して労働者の募集を行っている場合は、労働者の募集の終了や内容の変更を当該募集情報等提供事業を行う者において提供する労働者の募集に関する情報にも反映するよう依頼すること。

(ハ) 労働者の募集に関する情報の時点を明らかにすること。

(ニ) 求人メディア等の募集情報等提供事業を行う者から、労働者の募集に関する情報の訂正や内容の変更を依頼された場合等には、速やかに対応すること。

（8）個人情報の取扱い（法第５条の５、指針第５）

イ　個人情報の収集、保管および使用（指針第５の１参照）

(イ) 募集主および募集受託者は、法第５条の５第１項の規定によりその業務の目的を明らかにするに当たっては、労働者になろうとする者の個人情報（イおよびロにおいて単に「個人情報」といいます。）がどのような目的で収集され、保管され、または使用されるのか、労働者になろうとする者が一般的かつ合理的に想定できる程度に具体的に明示することとされています。

漠然と「採用のために使用します。」と示すだけでは足りず、例えば、「当社の募集ポストに関するメールマガジンを配信するために使用します。」や「面接の日程に関する連絡に使用します。」と示すといったことが考えられます。個人情報の使用や保管に係る技術的な詳細を明示することは求められませんが、業務上、通常想定されない第三者に個人情報を提供する場合や、第三者に保管を依頼する場合はその旨を明示する必要があります。

明示に当たっては、インターネットの利用その他の適切な方法により行うこととされています。自社のホームページ等に掲載するほか、対面で労働者の募集を行っている場合には、書面の交付等により業務の目的を明示する方法、メールなどの利用により業務の目的を明示する方法等が認められますが、いずれの方法による場合でも労働者になろうとする者に理解される方法を選択する必要があります。

(ロ) 募集主および募集受託者は、その業務の目的の達成に必要な範囲内で当該目的を明らかにして労働者の個人情報を収集することとし、次に掲げる個人情報を収集してはなりません。ただし、特別な職業上の必要性が存在することその他業務の目的の達成に不可欠であって収集目的を示して本人から収集する場合はこの限りではありません。

① 人種、民族、社会的身分、門地、本籍、出生地その他社会的差別の原因となるおそれのある事項

② 思想および信条

③ 労働組合の加入状況

①から③までについては、具体的には、例えば次に掲げる事項が該当すること。

(ⅰ) ①関係　家族の職業、収入、本人の資産等の情報（税金、社会保険の取扱い等労務管理を適切に実施するために必要なものを除きます。）

(ⅱ) ②関係　人生観、生活信条、支持政党、購読新聞・雑誌、愛読書

(ⅲ) ③関係　労働運動、学生運動、消費者運動その他社会運動に関する情報

(ハ) 募集主および募集受託者は、個人情報を収集する際には、本人から直接収集し、本人の同意の下で本人以外の者から収集し、または本人により公開されている個人情報を収集する等の手段であって、適法かつ公正な手段によらなければなりません。

なお、これ以外の場合で、問題が生じた場合には、本省あて相談すること。

(ニ) 募集主および募集受託者は、高等学校もしくは中等教育学校または中学校の新規卒業予定者である求職者等から応募書類の提出を求めるときは、職業安定局長の定める書類（全国高校統一応募用紙または職業相談票（乙））により提出を求めることが必要です。

当該応募書類は、新規卒業予定者だけでなく、卒業後1年以内の者

についてもこれを利用することが望ましいです。

(ホ)個人情報の保管または使用は、収集目的の範囲に限られます。ただし、他の保管若しくは使用の目的を示して本人の同意を得た場合または他の法律に定めのある場合は、この限りではありません。

なお、法および指針においては、法第5条の5第1項ただし書および指針第5の1の(5)のただし書に該当する場合は、労働者の募集に伴い収集等される募集に応じて労働者になろうとする者の個人情報の募集業務以外の目的での利用も可能となっていますが、この場合にあっても、その利用目的をできる限り特定する必要があることとされています。

募集受託者が募集主に対して募集に応じて労働者になろうとする者の個人データを示す行為は、個人情報保護法第27条第1項の「第三者提供」に該当するものであることから、例えば、募集主に提供されることとなる個人データが募集主に提供されることに関する同意欄を設けること等により、必ず募集に応じて労働者になろうとする者から同意をあらかじめ得るようにすることが必要となるものであることとされています。なお、この「同意」の取得の方法は、特段の要式行為とされているものではありませんが、トラブル防止等の観点からも、書面による取得など事後に「同意」の事実を確認できるような形で行うことが望ましいものであることとされています。

(ヘ) 募集主および募集受託者は、法第5条の5第1項または (ロ)、(ハ) もしくは (ホ) の本人の同意を得る際には、次に掲げるところによらなければなりません。

① 同意を求める事項について、労働者が適切な判断を行うことができるよう、可能な限り具体的かつ詳細に明示すること。

② 業務の目的の達成に必要な範囲を超えて個人情報を収集し、保管し、または使用することに対する同意を、労働者の募集の条件としないこと。

労働者の募集のために収集した個人情報を、労働者の募集と関係ない商品販売等のために使用することについて同意しないと、当該労働者の募集に応募することができない場合等がこれに該当すること。

③　労働者の自由な意思に基づき、本人により明確に表示された同意であること。

インターネットサイトにおいて、労働者の同意を取得する方法として個人情報の利用規約を示した上で、インターネットサイト上のボタンのクリックを求める方法によって同意と扱うことも認められること。ただし、トラブル防止等の観点からも、書面による取得や電子メール等の受領等など事後に「同意」の事実を確認できるような形で行うことが望ましいものであること。一方で、単に利用規約を示した上で、労働者がサービスの利用を開始するのみでは本人の同意の意思が明確に表示されたとまではいえないこと。

利用規約等を変更し、同意が必要となった場合の取扱いも同様ですが、その際は、利用者に対して十分な周知期間を設け、同意しない場合の選択肢を示すとともに、労働者に不利益が生じないよう配慮することが望ましいものであること。

ロ　個人情報の適正管理（指針第５の２参照）

(イ) 募集主および募集受託者は、その保管または使用に係る個人情報に関し、次の事項に係る適切な措置を講ずるとともに、募集に応じて労働者になろうとする者からの求めに応じ、当該措置の内容を説明しなければなりません。

①　個人情報を目的に応じ必要な範囲において正確かつ最新のものに保つための措置

②　個人情報の漏えい、滅失および毀損を防止するための措置

③　正当な権限を有しない者が個人情報にアクセスすることを防止するための措置

④　収集目的に照らして保管する必要がなくなった個人情報を破棄または削除するための措置

④には本人からの破棄や削除の要望があった場合も含まれます。

(ロ) 募集主および募集従事者が、労働者の秘密に該当する個人情報を知り得た場合には、当該個人情報が正当な理由なく他人に知らされることのないよう、厳重な管理を行わなければなりません。

「個人情報」とは、個人を識別できるあらゆる情報をいいますが、このうち「秘密」とは、一般に知られていない事実であって（非公知性）、

他人に知られないことにつき本人が相当の利益を有すると客観的に認められる事実(要保護性)をいうものです。具体的には、本籍地、出身地、支持・加入政党、政治運動歴、借入金額、保証人となっている事実等が秘密に当たります。

ハ　個人情報保護法の遵守（指針第５の３参照）

募集主および募集受託者は、個人情報保護法第２条第 11 項に規定する行政機関等または同法第 16 条第２項に規定する個人情報取扱事業者（以下「個人情報取扱事業者」といいます。）に該当する場合には、それぞれ同法第５章第２節から第４節までまたは同法第４章第２節に規定する義務を遵守しなければなりません。

なお、個人情報保護法を踏まえて、募集主および募集従事者が講ずべき措置等については、**第７節**によること。

（９）秘密を守る義務（法第 51 条第１項）

募集主および募集受託者並びにこれらの代理人、使用人その他の従業者は、正当な理由なく、その業務上取り扱ったことについて知り得た人の秘密を漏らしてはなりません。募集主および募集受託者でなくなった後においても、同様です。

※「秘密」とは、個々の募集に応じて労働者になろうとする者に関する個人情報をいい、私生活に関するものに限られません。

※「他に」とは、当該秘密を知り得た事業所内の使用人その他の従業員以外の者をいいます。

（10）募集に応じて労働者になろうとする者からの苦情の適切な処理（指針第７）

募集主および募集受託者は、職業安定機関、特定地方公共団体等と連携を図りつつ、当該事業に係る募集に応じて労働者になろうとする者からの苦情に迅速、適切に対応することとし、そのための体制の整備および改善向上に努めること。また、苦情に対応した場合には、守秘義務等に配慮をした上で、苦情を申し出た者に対して、適切に結果についての報告等を行うこと。

（11）労働者の募集および採用における年齢制限の禁止に関する取組

イ　**第3章第9節**の５（10）イに準じます。

ロ　募集主は、高齢法施行規則第６条の６第２項各号に掲げる書面または電磁的記録により、高齢法第20条第１項に規定する場合に該当するときは、その理由を示さなければなりません。また、募集受託者は、募集主から当該理由の提示を受けたときは、当該理由を募集に応じて労働者になろうとする者に対して、適切に提示しなければなりません（指針第３の３）。

この場合の「適切に提示する」とは、高齢法施行規則第６条の６第１項の規定に準じて、求職者に対して提示する求人の内容を記載または記録した書面または電磁的記録（電子メール、ホームページ、ＦＡＸ、ＣＤ－ＲＯＭ等）に、当該理由を併せて記載または記録する方法により提示することを原則とします。

ただし、募集主および募集受託者が、事業主からの年齢制限を行う労働者の募集について、刊行物に掲載する広告その他これに類する方法により労働者の募集を行う場合等において、あらかじめ当該広告等に当該理由を提示することが困難なときは、高齢法施行規則第６条の６第３項の規定に準じて、当該募集主および募集受託者は、募集に応じて労働者になろうとする者の求めに応じて、遅滞なく書面の交付、電子メールまたはＦＡＸの送信、ホームページへの掲示等により当該理由を示すことができること。また、当該労働者になろうとする者に対して提示する募集の内容を記載または記録した書面または電磁的記録がない場合においても、上記と同様の方法により当該理由を示すことができるものとされていることとされています。

ハ　労働施策総合推進法第35条に基づく資料の提出の要求等もしくは高齢法第18条の２第２項に基づく報告の徴収または労働施策総合推進法第32条もしくは高齢法第20条第２項に基づく助言、指導または勧告

(イ)　労働施策総合推進法第35条において、厚生労働大臣は、「この法律（第27条第１項および第28条第１項を除きます。）を施行するために必要があると認めるときは、事業主に対して、必要な資料の提出および説明を求めることができる」とされていること。このため、求人の年齢制限が労働施策総合推進法施行規則第１条の３第１項各号に該当

するか否かを確認するために必要と判断される場合には、事業主に対して、必要な資料の提出および説明を求めることができるものとされていること。また、高齢法第20条第2項において、必要があると認めるときは報告を求めることができるとされていること。

これらの規定については、以下のとおりとするものであること。

① 労働施策総合推進法35条を根拠として資料の提出の要求等を行う場合

年齢制限を行う求人が労働施策総合推進法第9条および同法施行規則第1条の3第1項各号に該当するか否かを確認する場合は、原則として労働施策総合推進法第35条を根拠として資料の提出の要求等を行うこと。

② 高齢法第20条第2項を根拠として報告の徴収を行う場合

事業主が年齢制限を行う理由の提示を拒否する場合は、高齢法第20条第2項を根拠として報告徴収を行うこと。

(ロ) 労働施策総合推進法第33条により、同法第9条に違反した場合には、助言、指導または勧告を行うことができるとされていること。一方、高齢法第20条第2項においても同条第1項に違反する場合には、助言、指導または勧告を行うことができるとされていること。

これらの助言、指導または勧告の運用は以下のとおりとするものであること。

① 高齢法第20条第2項に基づき助言、指導または勧告を行う場合

65歳未満の上限年齢を設定しているにもかかわらず、当該年齢制限に係る理由の提示が行われていない場合には、高齢法第20条第1項に違反するものとして、高齢法第20条第2項に基づき助言、指導または勧告を行うこと。

② 労働施策総合推進法第33条に基づき助言、指導または勧告を行う場合

年齢制限に係る理由の提示は行われているが、当該理由が労働施策総合推進法施行規則第1条の3第1項各号に該当しない場合、または下限年齢のみ制限をしている場合もしくは65歳以上を上限年齢として年齢制限をしている場合など高齢法第20条第1項の理由の提示の対象とならない年齢制限が行われているおそれがある場合

については、労働施策総合推進法第33条の規定に基づき助言、指導または勧告を行うこと。

(ハ) 権限の委任

(イ) および (ロ) に関する厚生労働大臣の権限は、労働施策総合推進法第35条については労働施策総合推進法施行規則第15条の規定により、高齢法第20条第2項については高齢法施行規則第34条の規定により公共職業安定所長に委任されていること。

ニ イおよびロの趣旨に沿った事業運営を行うため、募集受託者は、以下の措置を講ずべきこと（募集受託者の講ずべき措置）。

(イ) 募集主が委託募集を行う場合における当該委託に係る募集の内容を記載または記録した書面等の整備

募集受託者が募集主から委託を受ける際の、当該委託募集に係る募集の内容を記載または記録した書面等について、年齢制限の理由を記載することが可能な欄を設ける等所要の整備を図ること（特記事項欄等の活用でも差し支えない。）。

(ロ) 募集の委託の申込みへの対応

年齢制限を行う募集の委託があった場合は、次に掲げる措置を講ずること。

① 内容の確認等

当該募集の委託の内容が労働施策総合推進法第9条および高齢法第20条第1項に違反するものでないか必要な確認をすること。

なお、年齢制限を行う理由については、労働施策総合推進法施行規則第1条の3第1項各号において定められた例外事由であることが必要であること。

また、高齢法第20条の趣旨にかんがみ、求人事業主は、労働施策総合推進法施行規則第1条の3第1項各号に列挙されたいずれかの場合に該当することを単に示す（対応する条文を記載する等）だけではなく、当該労働者の募集および採用にあたって年齢制限を行う具体的な理由を示す必要があることに留意すること。このため募集受託者にあっては、年齢制限を行う募集主に対し具体的な理由を示すよう求めること。

募集主が提示した理由が労働施策総合推進法施行規則第1条の3

第1項各号に該当するか否か不明である場合は、管轄の公共職業安定所に対して照会すること。

② 労働施策総合推進法第9条または高齢法第20条第1項違反の募集の委託への対応

(a) 委託される労働者の募集の内容が労働施策総合推進法9条もしくは高齢法第20条第1項に違反するものであることが疑われる場合または違反するものであると認められる場合は、当該募集の委託について受託を行わず、当該募集主に対して、労働施策総合推進法第9条および高齢法第20条の趣旨等を説明し、当該委託される募集の内容を是正するよう働きかけを行うこと。

(b) (a) の働きかけにもかかわらず、労働施策総合推進法第9条または高齢法第20条第1項に違反する当該委託される募集の内容が是正されない場合には、当該募集の委託について受託を行わず、様式第9号「年齢制限求人に係る情報提供」により管轄の公共職業安定所に対して情報提供を行うこと。

なお、この場合における募集受託者からの公共職業安定所に対する情報提供は、労働施策総合推進法第9条または高齢法第20条の趣旨を確保するために行うものであることから、職業安定法第51条第1項の正当な理由がある場合に該当し、職業安定法第51条第2項の「みだりに他人に知らせること」には該当しないものであること。また、個人情報保護法第27条第1項第4号の「国の機関もしくは地方公共団体またはその委託を受けた者が法令の定める事務を遂行することに対して協力する必要がある場合であって、本人の同意を得ることにより当該事務の遂行に支障を及ぼすおそれがあるとき。」にも該当するものであること。

(c) 上記 (b) の情報提供を行った場合、公共職業安定所から「勧告等結果報告書」もしくは「是正結果報告書」の提供が行われるので、これらに基づいて適切に対応すること。

③ 労働施策総合推進法施行規則第1条の3第2項への対応

労働施策総合推進法施行規則第1条の3第2項の趣旨に基づき、募集および採用に係る職務の内容、当該職務を遂行するために必要とされる労働者の適性、能力、経験、技能の程度など、労働者が応募するにあたり求められる事項をできる限り明示すること。

(ハ) 都道府県労働局需給調整事業担当部局における対応都道府県労働局需給調整事業担当部局においては、これらの対応について募集受託者等からの相談があった場合には、適正な事業運営のための助言、援助等を行うこと。

(ニ) 職業安定法に基づく募集受託者に対する指導等

委託される労働者の募集について、募集受託者が（ロ）の措置等を適切に講ずることなく、労働者の募集の委託の申込みを受託し、労働者の募集を行っている場合には、法第 48 条の 2 の指導および助言の対象となるものであること。

また、募集主が労働施策総合推進法第 9 条および高齢法第 20 条第 1 項に基づく労働者の募集の委託をしているのにもかかわらず、募集受託者が当該年齢制限の理由を募集に応じて労働者になろうとする者等に対して適切に提示していない場合や、これらの規定に違反する内容の労働者の募集について、募集受託者が、年齢制限の理由の提示を行わない募集の委託の内容について繰り返し受託し、募集を行う等悪質な場合については、法第 48 条の 2 の指導および助言、同法第 48 条の 3 の改善命令等の対象となるものであること。

以上の内容については、周知、指導の徹底を図ること。

(12) 報酬の受領および供与の禁止（法第 39 条、第 40 条）

募集主または募集受託者は、募集に応じた労働者からその募集に関していかなる名義でも報酬を受けてはなりません。また募集主は募集従事者に対して、賃金、給料その他これに準ずるものまたは厚生労働大臣の認可に係る報酬を与える場合を除き、報酬を与えてはなりません。

なお、募集とは、労働者を雇用しようとする者が、自らまたは他人をして労働者となろうとする者に対し、その被用者となることを勧誘することであり、採用試験は募集に応じた者から雇用することとなる者を選考するために行うものであるため、募集とは別の行為です。このため、採用試験の手数料を徴収することは法第 39 条の報酬受領の禁止には該当しません。

(13) 労働争議に対する不介入（法第42条の2による第20条の準用）

文書募集については、法第20条の規定を準用する余地はありませんが、直接募集および委託募集については、次のとおりです。

イ　直接募集の場合

労働争議の当事者である募集主が労働争議に対して不介入ということはあり得ないので、募集主が自ら労働者を募集することは差し支えありません。

一方、募集主が被用者をして労働者の募集を行わせる場合は、その被用者の立場が当該争議に対して募集主側に立つ者であるときには、その募集は差し支えありませんが、その被用者が第三者の立場に立つ者であるときには、中立の立場を維持するため、その者は労働者の募集に従事してはなりません。この場合、法第20条第2項に規定する労働委員会の通報は、公共職業安定所が通報を受けてこれを募集主に、さらに募集主が募集従事者（被用者）に通知することとなります。

ロ　委託募集の場合

委託募集については、募集主から委託を受けて労働者の募集に従事する者は募集主とは雇用関係のない第三者であるから、労働争議に対する中立の立場を維持するため、その者は労働争議中は労働者の募集を行ってはなりません。この場合、法第20条第2項に規定する労働委員会の通報は、労働委員会から公共職業安定所、公共職業安定所から募集主を通じて募集従事者に通知されることとなります。

(14) 労働者の帰郷の措置（則第31条）

委託募集の許可を受けて労働者の募集を行う者は、労働契約の内容が募集条件と相違した時および募集主の都合により応募者を採用しない時は、応募者に対して帰郷に要する費用の支給またはその他必要な措置を講じなければなりません。

(15) 男女雇用機会均等法および同法に基づく指針の順守（男女雇用機会均等法第5条）

募集主は、労働者の募集および採用について、女性に対して男性と均等な機会を与えなければなりません。

2　違反した場合の取扱い

1および指針に違反した場合には、法第48条の2の規定による指導および助言を行うこと、第48条の3第1項による改善命令（これに従わない募集主はその旨を公表されることがあり、また、改善命令に違反した場合には法第65条第8号により6カ月以下の懲役または30万円以下の罰金に処せられることがあります。）を発出することがあります。また、委託募集については、法第41条の規定により許可を取消しもしくは業務の廃止を命じ、または期間を定めて業務の停止を命ずることがあります（これに違反した場合には、法第64条第7号および第8号により、その違反行為をした者は1年以下の懲役または100万円以下の罰金に処せられることがあります。）。

3　労働者募集の制限等

（1）意義

厚生労働大臣または公共職業安定所長は、労働力の需要供給を調整するため特に必要があるときは、労働者募集に関し、募集時期、募集人員、募集地域その他募集方法について、書面により理由を付して制限することができます（法第37条第1項、則第30条第1項）。

この制限は、通常国家的に緊要な政策の遂行を容易ならしめるため、または募集地域もしくは就業地における一般的な労働基準を不当に害するような募集を防止するために行われるものです（則第30条第2項）。

また、委託募集の許可をする場合において、同様に文書による理由を付して必要な指示をすることができます（法第37条第2項、則第30条第3項）。

（2）制限等の判断基準

労働者募集の制限等は、経済変動などの影響で特定地域や業種に大量の離職者が発生し労働市場が混乱したような場合や、緊急かつ重要な雇用政策の円滑、的確な実施を担保するために必要な場合等について、次のような基準に基づき行われるものです。

イ　労働者募集の時期、人員等が、当該労働市場内において必要となる国の労働力需給調整に係る計画の遂行を阻害すると認められるかどうか。
ロ　労働者募集の地域が、国の労働力需給調整に係る計画の遂行を著しく阻害すると認められるかどうか。
ハ　労働者募集の方法が国の募集方法に関する考え方に反すると認められるかどうか。
ニ　募集地または就業地における一般的労働基準を不当に害するおそれがあると認められるかどうか。

（3）書面による通知

公共職業安定所長が労働者募集に対する制限等を行うときは則第30条第1項、第3項および第4項の規定により、その制限等の理由を付して様式第1号「労働者募集の制限について」または様式第1号「労働者募集に関する指示について」により募集主に通知するものとします。

第5節　求人の申込みの原則

1　求人の申込みの原則

（1）原則（法第5条の6）

職業紹介事業者は、法第5条の6において、求人の申込みは全て受理しなければならないこととされています。ただし、その申込みの内容が法令に違反するとき、その申込みの内容である賃金、労働時間その他の労働条件が通常の労働条件と比べて著しく不適当であると認めるとき、または求人者が労働条件等の明示をしないときは、その申込みを受理しないことができます。なお、この原則は、職業紹介事業者の取扱職業の範囲および取扱職種の範囲等の範囲内で適用されます。

（2）求人の申込みを受理しない場合の理由の説明（則第4条の5第3項）

職業紹介事業者は、（1）ただし書により、求人の申込みを受理しないときは、求人者に対し、その理由を説明しなければなりません。

（３）求人の申込みにおける労働条件等の明示

求人者は、次の原則に従って、求人の申込みをしなければなりません。

イ　労働条件の明示等（法第５条の３、指針第３）

法第５条の３の規定に基づき、求人者が職業紹介事業者に対して行う労働条件等の明示は、**第４節の１**（１）(イ)から(ヌ)に掲げる事項が明らかとなる書面の交付の方法、ファクシミリを利用する方法または電子メール等を利用する方法により行う必要があります（則第４条の２）。ただし、(リ)については、労働者を派遣労働者（労働者派遣法第２条第２号に規定する派遣労働者をいいます。以下同じ。）として雇用しようとする者に限ります。

ロ　労働条件の明示等にあたっての留意点

(イ) 求人者は、職業紹介事業者に対して、従事すべき業務の内容および賃金、労働時間その他の労働条件（以下「従事すべき業務の内容等」といいます。）を明示するにあたっては、**第４節の１**（２）イの(イ)から(ニ)に掲げるところによらなければならないこと（指針第３参照）。

(ロ) 求人者は、職業紹介事業者に対して、従事すべき業務の内容等を明示するにあたっては、**第４節の１**（２）ロの(イ)から(ロ)に掲げるところによるべきであること。

(ハ) 求人者は、従事すべき業務の内容等を明示するにあたっては、次に掲げる事項に配慮すること。

①　求職者に具体的に理解されるものとなるよう、従事すべき業務の内容等の水準、範囲等を可能な限り限定すること。

②　求職者が従事すべき業務の内容に関しては、職場環境を含め、可能な限り具体的かつ詳細に明示すること。

③　明示する従事すべき業務の内容等が労働契約締結時の従事すべき業務の内容等と異なることとなる可能性がある場合は、その旨を併せて明示するとともに、従事すべき業務の内容等が既に明示した内容と異なることとなった場合には、当該明示を受けた求職者に速やかに知らせること。

ハ　求人者による労働条件等の変更等に係る明示

(イ) 求人者は、求人の申込みをした職業紹介事業者の紹介による求職者（以下「紹介求職者」といいます。）と労働契約を締結しようとする場合であって、当該求職者に対して法第5条の3条第1項の規定により明示された従事すべき業務の内容等（以下「第1項明示」といいます。）を変更し、特定し、削除し、または追加する場合には、当該契約の相手方となろうとする者に対し、当該変更し、特定し、削除し、または追加する従事すべき業務の内容等（以下「変更内容等」といいます。）を明示（以下「変更等明示」という。）しなければならないこと。明示の方法は、書面の交付の方法、ファクシミリを利用する方法または電子メール等を利用する方法により行う必要があります。

従事すべき業務の内容等の「特定」とは、第1項明示を一定の範囲を示すことにより行っていた場合に、労働契約を締結しようとする際に内容を確定させることをいうものであります。

例えば、第1項明示において、「月給20万円～25万円」と示し、労働契約を締結しようとする際に「20万円」に確定する場合などが「特定」に該当します。

また、第1項明示において、複数の選択肢や制度適用の可能性がある旨示していた場合（例：就業場所はA事業所またはB事業所、A事業所の場合には裁量労働制の対象業務）において、労働契約を締結しようとする際に内容を確定した場合（就業場所はA事業所、裁量労働制の対象業務）などについても「特定」に該当します。

なお、法第5条の3第1項の規定に基づく明示について、ロ(ロ)の「従事すべき業務の内容等の事項の一部をやむをえず別途明示することとするときは、その旨を併せて明示すること」により、従事すべき業務の内容等の事項の一部（以下この（イ）において、「当初明示事項」といいます。）が明示され、別途、当初明示事項以外の従事すべき業務の内容等の事項が明示された場合は、当初明示事項を第1項明示として取り扱うこと。

(ロ) 求人者は、変更等明示を行うに当たっては、紹介求職者が変更内容等を十分に理解することができるよう、適切な明示方法をとらなければならないこと。その際、次の①の方法によることが望ましいものであるが、次の②などの方法によることも可能であること。

① 第1項明示と変更内容等とを対照することができる書面を交付すること。

② 労働基準法第15条第1項の規定に基づき交付される書面において、変更内容等に下線を引き、若しくは着色し、または変更内容等を注記すること。なお、第1項明示の一部の事項を削除する場合にあっては、削除される前の当該従事すべき業務の内容等も併せて記載すること。

(ハ) 求人者は、締結しようとする労働契約に係る従事すべき業務の内容等の調整が終了した後、当該労働契約を締結するかどうか紹介求職者が考える時間が確保されるよう、可能な限り速やかに変更等明示を行うこと。また、変更等明示を受けた紹介求職者から、第1項明示を変更し、特定し、削除し、または第1項明示に含まれない従事すべき業務の内容等を追加する理由等について質問された場合には、適切に説明すること。

(ニ) 第1項明示は、そのまま労働契約の内容となることが期待されているものであること。また、第1項明示を安易に変更し、削除し、または第1項明示に含まれない従事すべき業務の内容等を追加してはならないこと。

(ホ) 学校卒業見込者等(若者雇用促進法第13条に規定する学校卒業見込者等をいう。以下この(ホ)において同じ。)については、特に配慮が必要であることから、第1項明示を変更し、削除し、または第1項明示に含まれない従事すべき業務の内容等を追加すること(ロ(ロ)の「従事すべき業務の内容等の事項の一部をやむをえず別途明示することとするときは、その旨を併せて明示すること」により、従事すべき業務の内容等の一部をやむを得ず別途明示することとした場合において、当該別途明示することとされた事項を追加することを除きます。)は不適切であること。また、原則として、学校卒業見込者等については、採用内定時に労働契約が成立する場合には、採用内定時までに、法第5条の3第1項および変更等明示が書面により行われるべきであること。

(ヘ) 法第5条の3第1項の規定に基づく明示が法の規定に抵触するものであった場合、変更等明示を行ったとしても、同項の規定に基づく明示が適切であったとみなされるものではないこと。

(ト) 求人者は、第１項明示を変更し、削除し、または第１項明示に含まれない従事すべき業務の内容等を追加した場合において、当該変更し、削除し、または追加した従事すべき業務の内容等により、引き続き職業紹介を受けようとする場合は、求人票の内容を検証し、その内容の修正、求人票の出し直し等を行うこと。

（4）試用期間中の従事すべき業務の内容等と当該期間終了後の従事すべき業務の内容等が異なる場合の取扱い

（3）イおよびハにおいて、試用期間中と試用期間終了後の従事すべき業務の内容等が異なるときは、それぞれの従事すべき業務の内容等を示すことにより行わなければならないこと。

（5）受動喫煙を防止するための措置に係る労働条件明示の例

第4節の**1**（5）に準じます。

（6）記録の保存

求人者は、求職者に対して法第５条の３第１項の規定により明示された従事すべき業務の内容等に関する記録を、当該明示に係る職業紹介が終了する日（当該明示に係る職業紹介が終了する日以降に当該明示に係る労働契約を締結しようとする者にあっては、当該明示に係る労働契約を締結する日）までの間保存しなければなりません。

（7）個人情報の取扱い（法第５条の５、指針第５）

イ　個人情報の収集、保管および使用（指針第５の１参照）

(イ) 求人者は、法第５条の５第１項の規定によりその業務の目的を明らかにするに当たっては、求職者等の個人情報（イおよびロにおいて単に「個人情報」といいます。）がどのような目的で収集され、保管され、または使用されるのか、求職者等が一般的かつ合理的に想定できる程度に具体的に明示することとされています。

漠然と「採用のために使用します。」と示すだけでは足りず、例えば、「当社の募集ポストに関するメールマガジンを配信するために使用します。」や「面接の日程に関する連絡に使用します。」と示すといったことが考えられます。個人情報の使用や保管に係る技術的な詳細を明示することは求められませんが、業務上、通常想定されない第三者に個人情報を提供する場合や、第三者に保管を依頼する場合はその旨を明示する必要があります。

明示に当たっては、インターネットの利用その他の適切な方法により行うこととされています。自社のホームページ等に掲載するほか、対面で求職者の募集を行っている場合には、書面の交付等により業務の目的を明示する方法、メールなどの利用により業務の目的を明示する方法等が認められますが、いずれの方法による場合でも求職者等に理解される方法を選択する必要があります。

(ロ) 求人者は、その業務の目的の達成に必要な範囲内で当該目的を明らかにして求職者等の個人情報を収集することとし、次に掲げる個人情報を収集してはなりません。ただし、特別な職業上の必要性が存在することその他業務の目的の達成に不可欠であって収集目的を示して本人から収集する場合はこの限りではありません。

① 人種、民族、社会的身分、門地、本籍、出生地その他社会的差別の原因となるおそれのある事項

② 思想および信条

③ 労働組合の加入状況

①から③までについては、具体的には、例えば次に掲げる事項が該当すること。

(ⅰ) ①関係　家族の職業、収入、本人の資産等の情報（税金、社会保険の取扱い等労務管理を適切に実施するために必要なものを除きます。）

(ⅱ) ②関係　人生観、生活信条、支持政党、購読新聞・雑誌、愛読書

(ⅲ) ③関係　労働運動、学生運動、消費者運動その他社会運動に関する情報

(ハ) 求人者は、個人情報を収集する際には、本人から直接収集し、本人の同意の下で本人以外の者から収集し、または本人により公開されている個人情報を収集する等の手段であって、適法かつ公正な手段によ

らなければなりません。

なお、これ以外の場合で、問題が生じた場合には、本省あて相談すること。

(ニ) 求人者は、高等学校もしくは中等教育学校または中学校の新規卒業予定者である求職者等から応募書類の提出を求めるときは、職業安定局長の定める書類（全国高校統一応募用紙または職業相談票（乙））により提出を求めることが必要です。

当該応募書類は、新規卒業予定者だけでなく、卒業後1年以内の者についてもこれを利用することが望ましいです。

(ホ)個人情報の保管または使用は、収集目的の範囲に限られます。ただし、他の保管若しくは使用の目的を示して本人の同意を得た場合または他の法律に定めのある場合は、この限りではありません。

なお、法および指針においては、法第5条の5第1項ただし書および指針第5の1の(5)のただし書に該当する場合は、求人の申込みに伴い収集等される求職者の個人情報の求人関係業務以外の目的での利用も可能となっていますが、この場合にあっても、その利用目的をできる限り特定する必要があることとされています。

(ヘ) 求人者は、法第5条の5第1項または（ロ）、(ハ）もしくは（ホ）の本人の同意を得る際には、次に掲げるところによらなければなりません。

① 同意を求める事項について、求職者が適切な判断を行うことができるよう、可能な限り具体的かつ詳細に明示すること。

② 業務の目的の達成に必要な範囲を超えて個人情報を収集し、保管し、または使用することに対する同意を、求人への応募の条件としないこと。

求人のために収集した個人情報を、求人と関係ない商品販売等のために使用することについて同意しないと、当該求人に応募することができない場合等がこれに該当すること。

③ 求職者の自由な意思に基づき、本人により明確に表示された同意であること。

インターネットサイトにおいて、求職者の同意を取得する方法として個人情報の利用規約を示した上で、インターネットサイト上のボタンのクリックを求める方法によって同意と扱うことも認められること。ただし、トラブル防止等の観点からも、書面による取得や電子メール等の受領等など事後に「同意」の事実を確認できるような形で行うことが望ましいものであること。一方で、単に利用規約を示した上で、求職者がサービスの利用を開始するのみでは本人の同意の意思が明確に表示されたとまではいえないこと。

利用規約等を変更し、同意が必要となった場合の取扱いも同様ですが、その際は、、関係者に対して十分な周知期間を設け、同意しない場合の選択肢を示すとともに、求職者に不利益が生じないよう配慮することが望ましいものであること。

ロ　個人情報の適正管理（指針第５の２参照）

(イ) 求人者は、その保管または使用に係る個人情報に関し、次の事項に係る適切な措置を講ずるとともに、、紹介された求職者からの求めに応じ、当該措置の内容を説明しなければなりません。

① 個人情報を目的に応じ必要な範囲において正確かつ最新のものに保つための措置

② 個人情報の漏えい、滅失および毀損を防止するための措置

③ 正当な権限を有しない者が個人情報にアクセスすることを防止するための措置

④ 収集目的に照らして保管する必要がなくなった個人情報を破棄または削除するための措置（本人からの破棄や削除の要望があった場合も含まれます。）

(ロ) 求人者が、労働者の秘密に該当する個人情報を知り得た場合には、当該個人情報が正当な理由なく他人に知らされることのないよう、厳重な管理を行わなければなりません。

「個人情報」とは、個人を識別できるあらゆる情報をいいますが、このうち「秘密」とは、一般に知られていない事実であって（非公知性）、他人に知られないことにつき本人が相当の利益を有すると客観的に認められる事実(要保護性)をいうものです。具体的には、本籍地、出身地、支持・加入政党、政治運動歴、借入金額、保証人となっている事実等が秘密に当たります。

ハ　個人情報保護法の遵守（指針第５の３参照）

求人者は、個人情報保護法第２条第 11 項に規定する行政機関等または

同法第 16 条第 2 項に規定する個人情報取扱事業者に該当する場合には、それぞれ同法第 5 章第 2 節または同法第 4 章第 2 節に規定する義務を遵守しなければなりません。

なお、個人情報保護法を踏まえて、募集主および募集従事者が講ずべき措置等については、第 7 節によること。

（8）秘密を守る義務（法第 51 条第 1 項）

求人者およびその代理人、使用人その他の従業者は、正当な理由なく、その業務上取り扱ったことについて知り得た人の秘密を漏らしてはなりません。求人者及びその代理人、使用人その他の従業者でなくなった後においても、同様です。

※「秘密」と「他に」の解説は**第 4 節**の**1**の（9）参照

（9）職業紹介事業者が行う離職状況に係る調査に関する事項

職業紹介事業者は、法第 32 条の 16 第 3 項の規定により、次表に掲げる事項（ニおよびホについては、有料職業紹介事業者に限ります。）について、厚生労働省が運営する「人材サービス総合サイト」へ掲載することにより情報の提供を行わなければならないこととされています。

また、この情報の提供を行うに当たり、職業紹介事業者は、無期雇用就職者が次表のロに掲げる者に該当するかどうかを確認するため、当該無期雇用就職者に係る雇用主に対し、必要な調査を行わなければならないこととされています（指針第 6 の 11 の（1））。

求人者は、無期雇用就職者を雇用した場合は、可能な限り、当該無期雇用就職者を紹介した職業紹介事業者が行う上記の調査に協力すること（指針第 6 の 11 の（2））。

なお、有料職業紹介事業者が、返戻金制度を設けている場合であって、無期雇用就職者のうち返戻金制度に基づき手数料を免除する事由に該当したものの数を集計する方法により次表のロに掲げる者の数を集計する場合は、調査を行うことを要しないこととされています。

内容	範囲
イ　当該職業紹介事業者の紹介により就職した者（以下「就職者」という。）の数および就職者のうち期間の定めのない労働契約を締結した者（以下「無期雇用就職者」という。）の数	前年度の総数および当該年度の前年度（以下「前々年度」という。）の総数（4月1日から9月30日までの間は前年度の総数、前々年度の総数および当該年度の前年度（以下「前々々年度」という。）の総数）
ロ　無期雇用就職者のうち、離職した者（解雇により離職した者および就職した日から6月経過後に離職した者を除く。）の数	前年度の総数および前々年度の総数（4月1日から9月30日までの間は前々年度の総数および前々々年度の総数）
ハ　無期雇用就職者のうち、ロに該当するかどうか明らかでない者の数	前年度の総数および前々年度の総数（4月1日から9月30日までの間は前々年度の総数および前々々年度の総数）
ニ　手数料に関する事項	その時点における情報
ホ　返戻金に関する事項	その時点における情報

2　違反した場合の取扱い

1および指針に違反した場合には、法第48条の2の規定による指導および助言を行うこと、また、指導もしくは助言を受けたにもかかわらずなお違反する恐れがあると認めるときは、勧告（これに従わなかった場合には公表）されることがあります。

第6節　法違反等への対応

1　指導および助言

（1）概要

厚生労働大臣は、この法律の施行に関し必要があると認めるときは、募集主、募集受託者および求人者に対し、その業務の適正な運営を確保するために必要な指導および助言をすることができます（法第48条の2）。

（2）権限の委任

指導および助言に関する厚生労働大臣の権限は、都道府県労働局長が行うものとします。ただし、厚生労働大臣が自らその権限を行うことがあります。

2　報　告

（1）概要

行政庁は、この法律を施行するために必要な限度において、命令で定めるところにより、募集主、募集受託者または求人者に対し、必要な事項を報告させることができます（法第50条第1項）。

（2）意義

イ　当該報告は、違法行為の行われているおそれのあるとき等必要がある場合について個別的に必要な事項を報告させるものです。

ロ　「必要な事項」とは、労働者募集に関する事項および労働者の就職に関する事項であり、具体的には、例えば、個々の労働者の就業条件、就業期間における具体的就業の状況等です。

（3）報告の徴収手続

必要な事項を報告させるときは、当該報告すべき事項および理由を書面により通知するものとします（則第33条）。

（4）権限の委任

報告に関する厚生労働大臣の権限は、都道府県労働局長が行うものとします。ただし、厚生労働大臣が自らその権限を行うことがあります。

（5）違反の場合の効果

この報告をせず、または虚偽の報告をした場合は、法第66条第9号に該当し30万円以下の罰金に処せられる場合があります。

3　立入検査

（1）立入検査の実施

イ　概要

行政庁は、この法律を施行するために必要な限度において、所属の職員に、募集主、募集受託者または求人者の事業所その他の施設に立ち入り、関係者に質問させ、または帳簿、書類その他の物件を検査させることができます（法第50条第2項）。

ロ　意義

(イ) 当該立入検査は、違法行為の申告があり、許可の取消し、事業停止等の行政処分をするに当たって、その是非を判断する上で必要な場合等、**2**の報告のみでは労働者募集の内容や労働者の就職状況を十分に把握できないような場合に、限定的に、必要最小限の範囲において行われるものです。

立入検査の対象となるのも、当該立入検査の目的を達成するため必要な事業所および帳簿、書類その他の物件に限定されるものです。

(ロ)「事業所その他の施設」とは、労働者募集を行う事業主、募集受託者または求人者の事業所その他の施設等に限られます。

(ハ)「関係者」とは、労働者募集の状況や労働者の就職状況について質問するのに適当な者をいうものであり、具体的には、募集に応じて労働者になろうとする者、募集主等です。

(ニ)「帳簿、書類その他の物件」とは、労働者募集の運営に関する重要な書類が含まれるものです。

（2）証明書

イ　立入検査をする職員は、その身分を示す証明書を必ず携帯し、関係者に提示しなければなりません（法第50条第3項）。

ロ　立入検査のための証明書は、職業紹介事業等立入検査証（則様式第9号）によります（則第33条第2項）。

（3）立入検査の権限

イ　概要

当該立入検査の権限は、犯罪捜査のために認められたものと解釈してはなりません（法第50条第4項）。

ロ　意義

職業安定機関は司法警察員の権限を有せず、当該立入検査の権限は行政による検査のために認められたものであり、犯罪捜査のために認められたものと解してはならないものです。

（4）違反の場合の効果

この立入りもしくは検査を拒み、妨げ、もしくは忌避し、または質問に対して答弁をせず、もしくは虚偽の陳述をした場合は、法第66条第10号に該当し、30万円以下の罰金に処せられる場合があります。

4　罰　則

（1）文書募集関係

イ　公衆衛生または公衆道徳上有害な業務に就かせる目的で、労働者の募集を行い、またはこれらに従事したときは、その違反行為をした者は、1年以上10年以下の懲役または20万円以上300万円以下の罰金に処せられます（法第63条第2号）。

ロ　法第37条の規定に基づき公共職業安定所長が付した制限に従わなかったときは、その違反行為をした者は6カ月以下の懲役または30万円以下の罰金に処せられます（法第65条第5号）。

ハ　法第48条の3第1項の規定による改善命令に違反したときは、その違反行為をした者は、6カ月以下の懲役または30万円以下の罰金に処せられます（法第65条第8号）。

ニ　虚偽の広告をなし、または虚偽の条件を提示して労働者の募集を行い、またはこれらに従事したときは、その違反行為をした者は6カ月以下の懲役または30万円以下の罰金に処せられます（法第65条第9号）。

ホ　法第49条または法第50条第1項による報告をせず、または虚偽の報告をしたときは、その違反行為をした者は、30万円以下の罰金に処せられます（法第66条第9号）。

ヘ　法第50条第2項の規定による立入りもしくは検査を拒み、妨げ、もしくは忌避し、または質問に対して答弁をせず、もしくは虚偽の陳述をしたときは、その違反行為をした者は、30万円以下の罰金に処せられます（法第66条第10号）。

ト　法第51条第1項の規定に違反して、秘密を漏らしたときは、その違反行為をした者は、30万円以下の罰金に処せられます（法第66条第11号）。

（2）直接募集関係

イ　暴行、脅迫、監禁その他精神または身体の自由を不当に拘束する手段によって、労働者の募集を行い、およびこれに従事したときは、その違反行為をした者は、1年以上10年以下の懲役または20万円以上300万円以下の罰金に処せられます（法第63条第1号）。

ロ　公衆衛生または公衆道徳上有害な業務に就かせる目的で、労働者の募集を行い、またはこれらに従事したときは、その違反行為をした者は、1年以上10年以下の懲役または20万円以上300万円以下の罰金に処せられます（法第63条第2号）。

ハ　法第37条の規定に基づき公共職業安定所長が付した制限に従わなかったときは、その違反行為をした者は6カ月以下の懲役または30万円以下の罰金に処せられます（法第65条第5号）。

ニ　募集主または募集従事者が、募集に応じた労働者から報酬を受けたときは、その違反行為をした者は、6カ月以下の懲役または30万円以下の罰金に処せられます。また、募集主が募集従事者に賃金、給料その他これに準ずるもの以外を与えた場合も同様です（法第65条第6号）。

ホ　法第48条の3第1項の規定による改善命令に違反したときは、その違反行為をした者は、6カ月以下の懲役または30万円以下の罰金に処せられます（法第65条第8号）。

ヘ　虚偽の広告をなし、または虚偽の条件を提示して労働者の募集を行い、またはこれらに従事したときは、その違反行為をした者は6カ月以下の懲役または10万円以下の罰金に処せられます（法第65条第9号）。

ト　法第49条または法第50条第1項による報告をせず、または虚偽の報告をしたときは、その違反行為をした者は、30万円以下の罰金に処せられます（法第66条第9号）。

チ　法第50条第2項の規定による立ち入りもしくは検査を拒み、妨げ、もしくは忌避し、または質問に対して答弁をせず、もしくは虚偽の陳述をしたときは、その違反行為をした者は、30万円以下の罰金に処せられます（法第66条第10号）。

リ　法第51条第1項の規定に違反して、秘密を漏らしたときは、その違反行為をした者は、30万円以下の罰金に処せられます（法第66条第11号）。

（3）委託募集関係

イ　暴行、脅迫、監禁その他精神または身体の自由を不当に拘束する手段によって、労働者の募集を行い、およびこれに従事したときは、その違反行為をした者は、1年以上10年以下の懲役または20万円以上300万円以下の罰金に処せられます（法第63条第1号）。

ロ　公衆衛生または公衆道徳上有害な業務に就かせる目的で、労働者の募集を行い、またはこれらに従事したときは、その違反行為をした者は、1年以上10年以下の懲役または20万円以上300万円以下の罰金に処せられます（法第63条第2号）。

ハ　許可を受けずに法第36条第1項の委託募集を行ったときは、その違反行為をした者は、1年以下の懲役または100万円以下の罰金に処せられます（法第64条第7号）。

ニ　法第41条に規定する許可の取消しまたは労働者の募集の業務の停止もしくは廃止の命令に違反して労働者の募集を行ったときは、その違反行為をした者は、1年以下の懲役または100万円以下の罰金に処せられます（法第64条第8号）。

ホ　認可を受けないで、または認可を受けた額を超えて委託募集に従事する者に報酬を与えたときは、その違反行為をした者は、6カ月以下の懲役または30万円以下の罰金に処せられます（法第65条第4号）。

ヘ　届出をせずに法第36条第3項の委託募集を行ったときは、その違反行為をした者は、6カ月以下の懲役または30万円以下の罰金に処せられます（法第65条第4号）。

ト　法第37条第2項の規定に基づき労働者募集を許可された者が、許可の際に示された指示に従わなかったときは、その違反行為をした者は、6カ月以下の懲役または30万円以下の罰金に処せられます（法第65条第5号）。

チ　募集主または募集従事者が募集に応じた労働者から報酬を受けたときは、その違反行為をした者は、6カ月以下の懲役または30万円以下の罰金に処せられます。また、募集主が募集従事者に認可を受けた報酬以外の報酬を与えたときも同様です（法第65条第6号）。

リ　法第48条の3第1項の規定による改善命令に違反したときは、その違反行為をした者は、6カ月以下の懲役または30万円以下の罰金に処せられます（法第65条第8号）。

ヌ　虚偽の広告をなし、または虚偽の条件を提示して労働者の募集を行い、またはこれらに従事したときは、その違反行為をした者は6カ月以下の懲役または30万円以下の罰金に処せられます（法第65条第9号）。

ル　労働条件が法令に違反する工場、事業場等のために、労働者募集を行い、またはこれに従事したときは、その違反行為をした者は、6カ月以下の懲役または30万円以下の罰金に処せられます（法第65号11号）。

ヲ　法第49条または法第50条第1項による報告をせず、または虚偽の報告をしたときは、その違反行為をした者は、30万円以下の罰金に処せられます（法第66条第9号）。

ワ　法第50条第2項の規定による立入りもしくは検査を拒み、妨げ、もしくは忌避し、または質問に対して答弁をせず、もしくは虚偽の陳述をしたときは、その違反行為をした者は、30万円以下の罰金に処せられます（法第66条第10号）。

カ　法第51条第1項の規定に違反して、秘密を漏らしたときは、その違反行為をした者は、30万円以下の罰金に処せられます（法第66条第

11号)。

(4) 求人者関係

イ　虚偽の条件を提示して、公共職業安定所または職業紹介を行う者に求人の申込みを行ったときは、その違反行為をした者は、6カ月以下の懲役または30万円以下の罰金に処せられます(法第66条第10号)。

ロ　法第50条第1項による報告をせず、または虚偽の報告をしたときは、その違反行為をした者は、30万円以下の罰金に処せられます(法第66条第9号)。

ハ　法第50条第2項の規定による立入りもしくは検査を拒み、妨げ、もしくは忌避し、または質問に対して答弁をせず、もしくは虚偽の陳述をしたときは、その違反行為をした者は、30万円以下の罰金に処せられます(法第66条第10号)。

ニ　法第51条第1項の規定に違反して、秘密を漏らしたときは、その違反行為をした者は、30万円以下の罰金に処せられます(法第66条第11号)。

5　違法行為による行政処分等

(1) 概要

労働者募集において法に違反する行為があった場合、募集主および募集受託者は、許可の取消し(法第41条)、業務停止命令(法第41条第1項および第2項)、業務廃止命令(法第41条第2項)および改善命令(法第48条の3第1項)の行政処分の対象となります。この場合、許可の取消しおよび業務廃止命令の行政処分を行うときは聴聞を行い、業務停止命令および改善命令の行政処分を行うときは弁明の機会を付与しなければなりません。

また、求人者については、勧告(法第48条の3第2項)および公表(法第48条の3第3項)の対象となります。

(2) 許可の取消し

イ　概要

厚生労働大臣は、許可を受けて委託募集を行う者が、法もしくは労働者派遣法（第３章第４節の規定を除きます。）の規定またはこれらの規定に基づく命令もしくは処分に違反したときは、その許可を取り消すことができます（法第 41 条第１項）。

ロ　意義

許可の取消しは、当該委託募集を行わせることが適当でない場合に行うものです。

（３）業務停止命令

イ　概要

厚生労働大臣は、許可を受けてもしくは届出をして委託募集を行う者が、法もしくは労働者派遣法（第３章第４節の規定を除きます。）の規定またはこれらの規定に基づく命令もしくは処分に違反したときは、期間を定めて、その業務の全部または一部の停止を命ずることができます（法第 41 条第１項および第２項）。

ロ　意義

(イ) 業務停止命令は、当該委託募集を行わせることが適当でないとまではいえないような場合について、業務停止期間中に業務運営方法の改善を図るため、また、一定の懲戒的な意味において行うものです。

(ロ) 業務停止命令の要件は、（２）の許可の取消しの要件と同一ですが、この場合に、許可の取消しを行うか、業務停止命令を行うかは、違法性の程度等によって判断します。

（４）業務廃止命令

イ　概要

厚生労働大臣は、届出をして委託募集を行う者が、法もしくは労働者派遣法（第３章第４節を除きます。）の規定またはこれらの規定に基づく命令もしくは処分に違反したときは、業務の廃止を命ずることができます（法第 41 条第２項）。

ロ　意義

業務廃止命令は、当該委託募集を行わせることが適当でない場合に行うものです。

(5) 改善命令

イ　概要

厚生労働大臣は、募集主または募集受託者が、その業務に関し法またはこれに基づく命令の規定に違反した場合において、業務の適正な運営を確保するために必要があると認めるときは、これらの者に対し、当該業務の運営を確保するために必要な措置を講ずべき事を命ずることができます（法第 48 条の 3）。

ロ　意義

改善命令は、違法行為そのものの是正を図るのではなく、法違反をおこすような労働者募集（委託募集のみならず、文書募集および直接募集を含むものです。）の運営方法そのものの改善を行わせるものです。

ハ　権限の委任

改善命令に関する権限は、当該募集主または募集受託者に係る事業所の所在地を管轄する都道府県労働局長が行うものとします。ただし、厚生労働大臣が自らその権限を行うことがあります。

(6) 勧告

イ　概要

厚生労働大臣は、求人者が法第 5 条の 3 第 2 項もしくは第 3 項の規定に違反しているとき、またはこれらの規定に違反して指導助言を受けたにもかかわらず、なお違法行為を行うおそれがあると認めるときは、当該求人者に対し、違法行為を是正するために必要な措置またはその違反を防止するために必要な措置を執るべきことを勧告することができます(法第 48 条の 3 第 2 項)。

ロ　権限の委任

勧告に関する権限は、当該求人に係る事業所の所在地を管轄する都道府県労働局長が行うものとします。ただし、厚生労働大臣が自らその権限を行うことがあります。

(7) 公表

イ　概要

厚生労働大臣は、募集主に対し改善命令をした場合または求人者に対して勧告をした場合において、当該命令を受けた募集主または勧告を受けた求人者がこれに従わなかったときは、その旨を公表することができます（法第 48 条の３第３項）。

ロ　意義

公表は、公表される制裁効果に加え、募集に応じて労働者になろうとする者に対する情報提供・注意喚起および他の募集主に対する違法行為の抑止といった効果を期待することができます。

ハ　権限の委任

公表に関する権限は、当該求人に係る事業所の所在地を管轄する都道府県労働局長が行うものとします。ただし、厚生労働大臣が自らその権限を行うことがあります。

6　行政処分を行った募集主および募集受託者の公表

（1）概要

行政処分を行った募集主および募集受託者については、適正な労働者募集の実施が十分に期待できないことから、募集に応じて労働者となろうとする者に対する情報提供を目的とし、事業者名等を公表します。

本公表は、あくまで、情報提供の目的で実施するものであるところ、**5**（7）において違法行為について勧告を受けた求人者がこれに従わなかった際にその旨を公表（法第 48 条の３第３項）する場合のように、「公表される者に対する制裁効果や違法行為の抑止といった効果」を期待するものではなく、当該事業者に対する処罰を目的とするものではありません。

具体的には、厚生労働大臣または都道府県労働局長において法第 41 条第１項および法第 48 条の３に基づき行政処分を行った場合は、当該事業者名等の公表を行います。当該公表については、厚生労働省および事業者を管轄する都道府県労働局のホームページにおいて行います。

（2）公表内容

第３章第 12 節の３（2）に準じます。

第7節　個人情報保護法の遵守等

1　概　要

（1）個人情報の適正な取扱い

労働者の募集を行う者、募集受託者および求人者（以下「募集主等」といいます。）による個人情報の適正な取扱いについては、法第５条の５および第51条において、募集に応じて労働者になろうとする者の個人情報の取扱いに関する規定および業務に関して知り得た情報をみだりに他人に知らせない義務に関する規定が設けられ、さらに、指針第５の１および２において、募集に応じて労働者になろうとする者の個人情報の取扱いに関して、その適切かつ有効な実施を図るために必要な事項が定められています。

また指針第５の３において、募集主等による個人情報の保護の一層の促進等を図る見地から、法に基づく責務の一つとして、募集主等は、個人情報保護法第２条第11項に規定する行政機関等または同法第16条第２項に規定する個人情報取扱事業者に該当する場合にあっては、それぞれ同法第５章第２節から第４節までまたは同法第４章第２節に規定する義務を遵守しなければならないこととされています。

（2）指導助言等

個人情報保護法に違反した労働者の募集を行う者および募集受託者については、個人情報保護法に基づく個人情報保護委員会による指導・助言等の対象とされています。また、法に違反する場合には、法に基づく指導助言等の対象ともなります。

2　募集主等に課せられる義務等について

募集主等は、指針第５の３により、行政機関等または個人情報取扱事業者に該当する場合には、それぞれ、個人情報保護法第５章第２節から第４節までまたは第４章第２節に規定する義務を遵守しなければならないこととされています。具体的には、個人情報取扱事業者に該当する募集主等は、個人情報保護委員会が定める「個人情報の保護に関する法律についてのガイドライン（通則編）」（https://www.ppc.go.jp/personalinfo/legal/）等に留意しなければなりません。また、法第５条の５および指針第５の１および２の遵守に当たって留意すべき点は**第４節**の**１**（８）および**第５節**の**１**（７）のとおりです。

第8節　様式集

様式第１号

番　　　　　号

年　　月　　日

殿

○○労働局長

労働者募集（の制限／に関する指示）について

職業安定法第37条（第１項／第２項）により下記のとおり労働者募集（を制限／に関する指示を）するので通知する。

なお、この処分に不服のあるときは、行政不服審査法（平成26年法律第68号）の規定により、処分のあったことを知った日の翌日から起算して３箇月以内（ただし、処分のあった日の翌日から起算して１年以内）に厚生労働大臣に対し、審査請求をすることができる。

また、処分の取消しの訴えは、行政事件訴訟法（昭和37年法律第139号）の規定により、この処分のあったことを知った日の翌日から起算して６箇月以内（ただし、処分のあった日の翌日から起算して１年以内）に、国を被告（代表者は法務大臣）として提起することができる。ただし、審査請求をした場合には、処分の取消しの訴えは、その審査請求に対する裁決があったことを知った日の翌日から６箇月以内（ただし、裁決のあった日の翌日から起算して１年以内）に提起することができる。

記

（理　由）

（制限事項）
- 募集時期
- 募集人員
- 募集地域
- その他募集方法

様式第２号

労　働　者　募　集　報　告

（　　年度分）

事業所名	募集地域	募集人数	採用人員	備　考
		人	人	
		人	人	
		人	人	
		人	人	
		人	人	
		人	人	
		人	人	
		人	人	
		人	人	
		人	人	
		人	人	
合	計	人	人	

労働者募集状況を上記のとおり報告します。

年　　月　　日

住　　　所

氏　　　名

（募集主・募集受託者）

○　○　労働局長　　殿

（記入要領）

1　「事業所名」欄は、募集主の氏名又は名称を記載すること。

2　「募集地域」欄は、労働者を募集しようとする地域（許可申請書に記載した募集先都道府県）を記載すること。

3　「募集人員」欄は、当該地域における募集人員を記載する。

4　「採用人員」欄は、募集地域における委託募集によるその年度中の採用人員を記載すること。

5　「住所、氏名」欄は、報告を行う者（募集主又は募集受託者）の住所（法人又は団体にあっては本店又は主たる事務所の所在地）を記載し、及び報告を行う者の氏名（法人又は団体にあってはその名称及び代表者の氏名）を記載すること。さらに、「募集主」及び「募集受託者」のいずれかを○で囲むこと。

（この報告は、委託募集の許可申請・届出を行った都道府県労働局長に提出すること）

様式第３号－１

管轄都道府県労働局名			

委託募集許可等申請書
委託募集届出書

（厚生労働大臣）
殿
（〇〇都道府県労働局長）

（申請年月日）　　年　　月　　日

（申請者又は代理申請者）　住　　所
（届出者又は代理届出者）
（募集主・募集受託者）　氏　　名

職業安定法第36条に基づく委託募集を　年　月　日から　年　月　日まで行いたく下記内容に相違ないので同条第１項の許可及び同条第２項の認可を申請します。
職業安定法第36条に基づく委託募集を　年　月　日から　年　月　日まで行いたく下記内容に相違ないので同条第３項の届出をします。

A 募集主		B事業の内容	C現在の労働者数	D募集人員	E業務内容	F 募集条件の概要				
募集事業所名	所在地			（人）		労働契約期間	賃金	勤務時間	各種保険	その他
							月給・日給・時間給 円	始業時間 終業時間 休憩時間　時間	雇用・健保 厚生年・労災	時間外労働　有・無 休日労働　有・無 賞与　有・無
							月給・日給・時間給 円	始業時間 終業時間 休憩時間　時間	雇用・健保 厚生年・労災	時間外労働　有・無 休日労働　有・無 賞与　有・無
							月給・日給・時間給 円	始業時間 終業時間 休憩時間　時間	雇用・健保 厚生年・労災	時間外労働　有・無 休日労働　有・無 賞与　有・無
							月給・日給・時間給 円	始業時間 終業時間 休憩時間　時間	雇用・健保 厚生年・労災	時間外労働　有・無 休日労働　有・無 賞与　有・無

様式第３号－１（補助紙）

A 募集主		B 事業の内容	C 現在の労働者数	D 募集人員（人）	E 募集業務の内容	F 募集条件の概要				
募集事業所名称	所在地					労働契約期間	賃金	勤務時間	各種保険	その他
							月給・日給・時間給 円	始業時間 終業時間 休憩時間　時間	雇用・健保 厚生年・労災	時間外労働　有・無 休日労働　有・無 賞与　有・無
							月給・日給・時間給 円	始業時間 終業時間 休憩時間　時間	雇用・健保 厚生年・労災	時間外労働　有・無 休日労働　有・無 賞与　有・無
							月給・日給・時間給 円	始業時間 終業時間 休憩時間　時間	雇用・健保 厚生年・労災	時間外労働　有・無 休日労働　有・無 賞与　有・無
							月給・日給・時間給 円	始業時間 終業時間 休憩時間　時間	雇用・健保 厚生年・労災	時間外労働　有・無 休日労働　有・無 賞与　有・無
							月給・日給・時間給 円	始業時間 終業時間 休憩時間　時間	雇用・健保 厚生年・労災	時間外労働　有・無 休日労働　有・無 賞与　有・無
							月給・日給・時間給 円	始業時間 終業時間 休憩時間　時間	雇用・健保 厚生年・労災	時間外労働　有・無 休日労働　有・無 賞与　有・無
							月給・日給・時間給 円	始業時間 終業時間 休憩時間　時間	雇用・健保 厚生年・労災	時間外労働　有・無 休日労働　有・無 賞与　有・無

様式第３号－２

<table>
<tr><td colspan="4">募集事業所名</td><td colspan="4"></td></tr>
<tr><td rowspan="8">募集受託者及び募集地域人員に関する事項</td><td colspan="3">募集受託者の名称等</td><td colspan="3">所在地</td><td>代表者氏名</td></tr>
<tr><td colspan="3"></td><td colspan="3"></td><td></td></tr>
<tr><td>募集先
都道府県</td><td>募集
人員</td><td>募集従事者名
（年齢）</td><td>身分・地位・
主な経歴</td><td>勤務した
年月日</td><td>住所</td><td>報酬</td></tr>
<tr><td></td><td></td><td></td><td></td><td></td><td></td><td></td></tr>
<tr><td></td><td></td><td></td><td></td><td></td><td></td><td></td></tr>
<tr><td></td><td></td><td></td><td></td><td></td><td></td><td></td></tr>
<tr><td></td><td></td><td></td><td></td><td></td><td></td><td></td></tr>
<tr><td></td><td></td><td></td><td></td><td></td><td></td><td></td></tr>
</table>

記　載　要　領

委託募集に係る許可申請・届出は、

①募集事業所の所在する都道府県の区域内を募集地域とするもの

②募集事業所の所在する都道府県の区域以外の地域を募集地域とするもの（以下「自県外募集」という。）であって、厚生労働大臣あての許可申請・届出を要するもの

③自県外募集であって、都道府県労働局長あての許可申請・届出を要するもの

の別に記載・作成すること。

（様式第３号－１）

1　表題に関する事項

該当する表題以外の表題について抹消すること。

2　申請者に関する事項

イ　「管轄都道府県労働局名」欄は、募集事業所の所在地を管轄する都道府県労働局名を記載すること。

なお、募集受託者が募集主に代り、複数の募集事業所に係る許可申請・届出（自県外募集に限る。）を１つの募集事業所の所在地を管轄する都道府県労働局の長にまとめて行う場合であって、募集事業所の所在地管轄労働局が全国に及ぶ許可申請・届出については、同欄に「○○県を除く 46 都道府県労働局」等と記載しても差し支えないこと。

ロ　「申請年月日」欄は、申請者（募集主又は募集受託者）が管轄労働局に申請書を提出する年月日を記載すること。

ハ　「申請者又は代理申請者」欄には、申請者又は代理申請者の住所（法人又は団体にあっては本店又は主たる事務所の所在地）を記載し、及びその氏名（法人又は団体にあってはその名称及び代表者の氏名）を記載すること。さらに、申請者が「募集主」又は「募集受託者」のいずれに該当するかについて○で囲むこと。

3　募集主に関する事項

①　「A　募集主」欄のうち「募集事業所」欄には、募集に応じた労働者が就業することとなる事業所を記載し、「所在地」欄には、その所在地又は住を記載すること。

②　「B　事業の内容」欄は、年間を通じて収益の多い事業を記載すること。

③　「C　現在の労働者数」欄は、申請書を作成する月の前月末現在に在籍する労働者数を記載すること。

4　募集内容に関する事項

「E　業務内容」欄は、応募者が従事すべき業務の内容について、職場環境も含め可能な限り具体的かつ詳細に記載すること。

「F　募集条件の概要」

①　「賃金」欄は、募集する者の月給、日給、時間給制の賃金を記載すること。

②　「勤務時間」欄は、始業時間及び終業時間並びに休憩時間を記載すること。

③　「各種保険」欄は、当該申請者が加入している保険をそれぞれ○印で囲むこと。

④　「その他」欄は、時間外労働、休日労働及び賞与の有無を○印で囲むこと。

（様式第３号－２）

募集受託者及び募集地域別人員に関する事項

募集事業所ごとに記載・作成するため、「募集事業所名」を記載するとともに、「募集受託者の名称」、「所在地」、「代表者氏名」の各欄は、募集受託者に関し、所定事項を記載すること。

イ　「募集先都道府県」欄は、募集事業所に係る募集行為を行う地域（募集地域）の都道府県名を記載すること。

ロ　「募集人員」欄は、当該都道府県で募集しようとする人員数を記載すること。

ハ　「募集従事者名（年齢）」欄は、募集に従事する者の氏名、年齢を記載すること。

ニ　「身分、地位」欄は、「庶務課長」「○○係」のように団体における職階を記載すること。

ホ　「勤務した年月日」欄は、当該募集受託者に採用された年月日を記載すること。

ヘ　「住所」欄は、申請書の提出時現在における募集従事者の居所を記載すること。

ト　「報酬」欄は、募集従事者に支払われる１人当たり報酬予定額を記載すること。

様式第３号－３

募集主は以下の点について誓約します。

1　募集主又は募集受託者に、職業安定法その他次に掲げる労働関係法令に係る重大な違反がないこと。

①　労働基準法第117条及び第118条第１項（同法第６条及び第56条に係る部分に限る。）の規定並びにこれらの規定に係る同法第121条の規定（これらの規定が、労働者派遣事業の適正な運営の確保及び派遣労働者の保護等に関する法律第44条（第４項を除く。）により適用される場合を含む。）

②　労働者派遣事業の適正な運営の確保及び派遣労働者の保護等に関する法律第58条から第62条までの規定

③　港湾労働法第48条、第49条（第１号を除く。）及び第51条（第２号及び第３号に係る部分に限る。）の規定、並びにこれらの規定に係る同法第52条の規定

④　建設労働者の雇用の改善等に関する法律第49条、第50条及び第51条（第２号及び第３号を除く。）の規定並びにこれらの規定に係る同法第52条の規定

⑤　中小企業における労働力の確保及び良好な雇用の機会の創出のための雇用管理の改善の促進に関する法律第19条、第20条及び第21条（第３号を除く。）の規定並びにこれらの規定に係る同法第22条の規定

⑥　育児休業、介護休業等育児又は家族介護を行う労働者の福祉に関する法律第62条から第65条までの規定

⑦　林業労働力の確保の促進に関する法律第32条、第33条及び第34条（第３号を除く。）の規定並びにこれらの規定に係る同法第35条の規定

⑧　外国人の技能実習の適正な実施及び技能実習生の保護に関する法律第108条、第109条、第110条（同法第44条の規定に係る部分に限る。）、第111条（第１号を除く。）及び第112条（第１号（同法第35条第１項の規定に係る部分に限る。）及び第６号から第11号までに係る部分に限る。）の規定並びにこれらの規定に係る同法第113条の規定

2　募集受託者は、１のほか、精神の機能の障害により労働者の募集を行うに当たって必要な認知、判断及び意思疎通を適切に行うことができない者でないこと。

様式第４号

委託募集許可等申請に関する意見書
委託募集届出に関する意見書

<table>
<tr><td colspan="3">申請者名</td><td></td><td>管轄労働局名</td><td></td></tr>
<tr><td rowspan="11">管轄労働局の意見</td><td colspan="2">項目</td><td>確認事項</td><td>確認の結果</td><td>備考</td></tr>
<tr><td rowspan="5">募集主要件</td><td>事業主の徳性</td><td>職業安定法等労働関係法令に係る重大な違反があるか</td><td>なし・あり</td><td></td></tr>
<tr><td rowspan="4">募集に係る労働条件</td><td>法令に違反するものでないか</td><td>なし・あり</td><td rowspan="4"></td></tr>
<tr><td>同地域における同業種の賃金水準に比較して</td><td>高・普通・低</td></tr>
<tr><td>募集に係る業務内容及び労働条件が明示されているか</td><td>いる・いない</td></tr>
<tr><td>社会・労働保険への加入</td><td>加入・一部未加入</td></tr>
<tr><td rowspan="3">募集受託者要件</td><td colspan="2">職業安定法等労働関係法令に係る重大な違反があるか</td><td>なし・あり</td><td rowspan="3"></td></tr>
<tr><td colspan="2">精神の機能の障害により労働者の募集を行うに当たって必要な認知、判断及び意思疎通を適切に行うことができない者でないか</td><td>なし・あり</td></tr>
<tr><td colspan="2">労働関係法令及び募集内容、職種に関して知識がある</td><td>あり・なし</td></tr>
<tr><td>報酬</td><td colspan="2">認可基準に照らして適当か</td><td>適当・不適当</td><td></td></tr>
<tr><td colspan="2">判定</td><td colspan="3">（委託募集許可）
許可が妥当・不許可が妥当・一部を除き許可が妥当

（報酬の額）
認可が妥当・不認可が妥当・変更認可が妥当

（委託募集届出）
届出内容は適正・不適正</td></tr>
</table>

注１　募集受託者欄に該当がある場合は備考欄にその氏名を記入すること。
２　確認の結果、右○のときは備考欄に注釈を記入すること。

様式第5号

委託募集許可等申請一覧表

申請都道府県労働局名

整理番号	管轄労働局	募集主名 ※産業分類別	募集主の産業分類	募集受託者名	募集先都道府県及び募集人員・募集従事者数													
					県		県		県		県		県		県		計	
					募集人員	従事者数	募集人員	従事者数	募集人員	従事者数	募集人員	従事者数	募集人員	従事者数	募集人員	従事者数	募集人員	従事者数
計		(募集主数)		(募集受託者数)														

様 式 第 6 号

番　　　　　号
年　　月　　日

殿

（○○都道府県労働局長）

委託募集の許可等申請について

　年　　月　　日付けで申請のあった標記については、下記のとおり決定したので通知する。

　なお、この処分に不服のあるときは、行政不服審査法（平成26年法律第68号）の規定により、処分のあったことを知った日の翌日から起算して3箇月以内（ただし、処分のあった日の翌日から起算して1年以内）に厚生労働大臣に対し、審査請求をすることができる。

　また、処分の取消しの訴えは、行政事件訴訟法（昭和37年法律第139号）の規定により、この処分のあったことを知った日の翌日から起算して6箇月以内（ただし、処分のあった日の翌日から起算して1年以内）に、国を被告（代表者は法務大臣）として提起することができる。ただし、審査請求をした場合には、処分の取消しの訴えは、その審査請求に対する裁決があったことを知った日の翌日から6箇月以内（ただし、裁決のあった日の翌日から起算して1年以内）に提起することができる。

記

1	本申請の件は、	許　　可 不 許 可 条件付許可	とする。
2	報酬の額につき、	認　　可 不 認 可 条件付許可	とする。

様式第７号

年齢制限求人に係る情報提供

年　月　日

（　　　　　）公共職業安定所長　殿

（募集受託者の氏名又は名称）

当社の取扱いに係る労働者の募集の委託の申込みについて、下記のとおり、労働施策の総合的な推進並びに労働者の雇用の安定及び職業生活の充実等に関する法律（昭和 41 年法律第 132 号）第９条又は高年齢者等の雇用の安定等に関する法律（昭和 46 年法律第 68 号）第 20 条第１項違反と思われる事案がありましたので、情報提供いたします。

記

1　違反と思われる事業主の氏名又は名称及び連絡先

氏名又は名称：（記載例）○○社○○事業所
連絡先（住所又は所在地、電話番号等）：

2　事案の概要（違反する法律の条項、求人の職種、年齢制限の内容及び理由、委託の申込みの日付等）

（記載例）
○○年○○月○○日に申込みのあった○○の職種の求人に係る募集の委託の内容について、○○歳以下という条件が付されているが、これは労働施策の総合的な推進並びに労働者の雇用の安定及び職業生活の充実等に関する法律施行規則第１条の３第１項各号に該当しないものと考えられる。

3　処理の状況（当社からの働きかけの内容、募集の委託の状況等）

（記載例）
当社において年齢制限の是正を働きかけたものの、これに応じなかった為に受託を行わなかった。

4　その他特記事項

第５章　募集情報等提供事業

第1節　概　要

1　募集情報等提供事業の概要

（1）募集情報等提供の意義

「募集情報等提供」とは、次に掲げる行為をいいます（法第4条第6項)。

イ　労働者の募集を行う者等（労働者の募集を行う者、募集受託者または職業紹介事業者その他厚生労働省令で定める者（※）（以下「職業紹介事業者等」といいます。)）の依頼を受け、労働者の募集に関する情報を労働者になろうとする者または他の職業紹介事業者等に提供すること。

（※）募集情報等提供事業を行う者、特定地方公共団体または労働者供給事業者をいいます（則第4条1項)。

ロ　イに掲げるもののほか、労働者の募集に関する情報を、労働者になろうとする者の職業の選択を容易にすることを目的として収集し、労働者になろうとする者等に提供すること。

ハ　労働者になろうとする者等の依頼を受け、労働者になろうとする者に関する情報を労働者の募集を行う者、募集受託者または他の職業紹介事業者等に提供すること。

ニ　ハに掲げるものほか、労働者になろうとする者に関する情報を、労働者の募集を行う者の必要とする労働力の確保を容易にすることを目的として収集し、労働者の募集を行う者等に提供すること。

（2）特定募集情報等提供の意義

「特定募集情報等提供」とは「労働者になろうとする者に関する情報を収集して行う募集情報等提供」をいいます（法第4条第7項)。

労働者になろうとする者に関する情報とは、労働者になろうとする特定の個人を識別することができる個人情報（法第4条第13項）のほか、個人を識別することができない情報であっても、個人の経歴やメールアドレス、サイトの閲覧履歴、位置情報等を含むこと。ただし、利用者が検索の文言を入力することや、チェックボックス等で検索結果の絞り込みを行うこと等は、労働者になろうとする者に関する情報の収集には該当しません。

なお、労働者になろうとする者に関する情報を収集していたとしても、募集情報等提供の用に供していない場合には、特定募集情報等提供には該当しません。

(3)「事業」として行うこと

「事業」として行うこととは、一定の目的をもって同種の行為を反復継続的に遂行することをいい、1回限りの行為であったとしても反復継続の意思を持って行えば事業性がありますが、形式的に繰り返し行われたとしても、すべて受動的、偶発的行為が継続した結果であって反復継続の意思を持って行われていなければ、事業性は認められません。

具体的には、一定の目的と計画に基づいて行われるか否かによって判断され、営利を目的とする場合に限らず、また、他の事業と兼業して行われるか否かを問いません。

しかしながら、この判断も一般的な社会通念に則して個別のケースごとに行われるものであり、営利を目的とするか否か、事業として独立性があるか否かが反復継続の意思の判定にとって重要な要素となります。例えば、①募集情報等提供を行う旨宣伝、広告している場合、②事務所を構え募集情報等提供を行う旨看板を掲げている場合等については、原則として事業性ありと判断されます。

2　職業紹介事業に係る適正な許可の取得

次のイからハまでのいずれかに該当する行為を事業として行う場合は、当該者の判断が電子情報処理組織により自動的に行われているかどうかにかかわらず、職業紹介事業の許可等が必要です。また、宣伝広告の内容、求人者または求職者との間の契約内容等の実態から判断して、求人者に求職者を、または求職者に求人者をあっせんする行為を事業として行うものであり、募集情報等提供事業はその一部として行われているものである場合には、全体として職業紹介事業に該当するものであり、当該事業を行うためには、職業紹介事業の許可等が必要です（指針第6の6（2））。

イ　求職者に関する情報または求人に関する情報について、当該者の判断により選別した提供相手に対してのみ提供を行い、または当該者の判断により選別した情報のみ提供を行うこと。

ロ　求職者に関する情報または求人に関する情報の内容について、当該者の判断により提供相手となる求人者または求職者に応じて加工し、提供を行うこと。

ハ　求職者と求人者との間の意思疎通を当該者を介して中継する場合に、当該者の判断により当該意思疎通に加工を行うこと。

第2節　特定募集情報等提供事業に関する手続

1　特定募集情報等提供事業の開始の届出等

（1）事業開始の届出

イ　特定募集情報等提供事業を行おうとする者は、事業開始前に、特定募集情報等提供事業届出書（様式第８号の３）を提出することにより、厚生労働大臣に届け出なければなりません（法第43条の２第１項）。

ロ　イの届出書の提出は、原則、電子政府の総合窓口 e-Gov 電子申請（https://shinsei.e-gov.go.jp/）を通じて行われるものとします。書面による届出を希望する事業者には、電子申請の利便性（※）が理解されるよう努め、行政の事務の効率化に資するよう積極的に電子申請による届出を促します。

※ e-Gov 電子申請の主な利便性

①　本届出の e-Gov 電子申請は電子署名（電子証明書）が不要であり費用がかからないこと

②　パソコン等で作成した届出書の電子ファイルを送信するだけで簡単かつ短時間で済ませられること（ただし個人（事業主）は別途住民票の写しの郵送が必要）

③　e-Gov 電子申請（の本手続きページやサイト内）に視覚的に分かりやすい手順解説があり、初心者でも利用きること

④　届出・提出後の状況（受理済等）も e-Gov 電子申請サイト内で確認きること

⑤　毎年提出義務のある事業概況報告書を２回目以降提出する際、最初から作り直す必要がないこと（過去に提出したファイルをe-Gov電子申請サイト内のマイページに保存可能で、これに変更・修正するだけで済む）

⑥　届出受理通知書が遅滞なく交付できること

ハ　イの届出書には以下の書類を添付しなければなりません。

(イ) 届出をしようとする者が法人である場合　当該法人の登記事項証明書１部

ただし、厚生労働省（本省）において登記情報連携システムにより登記事項証明書を確認、取得ができるため、登記事項証明書の添付を省略することができます。厚生労働省（本省）において、登記情報連携システムにより確認ができない場合は、厚生労働省（本省）から当該法人に対して、登記事項証明書（１部）の別途郵送による提出を求めることとなります。

(ロ) 届出をしようとする者が個人である場合　当該個人の住民票の写し１部

特定募集情報等提供事業届出書の「②名称」と「③所在地」に記入した氏名および住所と同一の住民票の写しを添付（届出書が電子申請の場合別途郵送）する必要があります。

ただし、職業紹介事業または労働者派遣事業の許可もしくは届出番号を得ている者は、届出書の「許可番号」欄や「届出受理番号」欄に必要な記載をすることにより、厚生労働省（本省）において必要な確認ができることから、住民票の写しの添付（届出書が電子申請の場合別途郵送）による提出を省略することができます。届出書に記載されている許可番号や届出受理番号が確認できない等、省略することができる書類の内容が需給調整システムに入力されている内容と異なる場合は、最新の内容が確認できる書類の提出や必要に応じて職業紹介事業または労働者派遣事業の変更の届出等が必要であること。

ニ　届出の受理

イの届出書を受理したときは、特定募集情報等提供事業届出受理通知書（通達様式第１号）を厚生労働省（本省）から届出者に交付します。

ホ　違反の効果

(イ) 届出をしないで特定募集情報等提供事業を行ったときは、法第65条第7号に該当し、その違反行為をした者は、6カ月以下の懲役または30万円以下の罰金に処せられる場合があります。

(ロ) 虚偽の届け出をしたときは、法第66条第7号に該当し、その違反行為をした者は、30万円以下の罰金に処される場合があります。

（2）変更の届出

イ　特定募集情報等提供事業者は、事業開始に当たって届け出た事項（氏名または名称、住所、法人代表者氏名、電話番号または職業紹介事業もしくは労働者派遣事業の許可番号もしくは届出受理番号）に変更があったときは、特定募集情報等提供事業変更届出書（様式第8号の4）を提出することにより、変更に係る事実のあった日の翌日から起算して30日以内に厚生労働大臣に届け出なければなりません（法第43条の2第2項および則第31条の2第4項）。

ロ　イの届出書の提出は、原則、電子政府の総合窓口e-Gov電子申請を通じて行うこと（https://shinsei.e-gov.go.jp/）。書面による届出を希望する事業者には、電子申請の利便性（※）が理解されるよう努め、行政の事務の効率化に資するよう積極的に電子申請による届出を促します。

※（1）のロ「※e-Gov電子申請の主な利便性①～⑥」に準じる。

ハ　イの届出書には以下の書類を添付しなければなりません。

(イ) 届出をしようとする者が法人である場合　当該法人の登記事項証明書1部

ただし、厚生労働省（本省）において登記情報連携システムにより登記事項証明書を入手できるため、登記事項証明書の添付を省略することができます。厚生労働省（本省）において、登記情報連携システムにより確認ができない場合は、厚生労働省（本省）から当該法人に対して、登記事項証明書（1部）の別途郵送による提出を求めることとなります。

(ロ) 届出をしようとする者が個人である場合　当該個人の住民票の写し1部

特定募集情報等提供事業届出書の「④名称」と「⑤所在地」に記入した氏名および住所と同一の住民票の写しを添付（届出書が電子申請

の場合別途郵送）する必要があります。

ただし、職業紹介事業または労働者派遣事業の許可もしくは届出番号を得ている者は、届出書の「許可番号」欄や「届出受理番号」欄に必要な記載をすることにより、厚生労働省（本省）において必要な確認ができることから、住民票の写しの添付（届出書が電子申請の場合別途郵送）による提出を省略することができます。届出書に記載されている許可番号や届出受理が確認できない等、省略することができる書類の内容が需給調整システムに入力されている内容と異なる場合は、最新の内容が確認できる書類の提出や必要に応じて職業紹介事業または労働者派遣事業の変更の届出等が必要であること。

ニ　届出の受理

イの届出書を受理したときは、特定募集情報等提供事業届出受理通知書（通達様式第１号）を厚生労働省（本省）から届出者に交付します。

ホ　違反の効果

変更の届出をせず、または虚偽の届出をしたときは、法第 66 条第８号に該当し、その違反行為をした者は、30 万円以下の罰金に処される場合があります。

（3）事業廃止の届出

イ　特定募集情報等提供事業者は、届け出た特定募集情報等提供事業を廃止したときは、特定募集情報等提供事業廃止届出書（様式第８号の５）を提出することにより、当該特定募集情報等提供事業を廃止した日から10 日以内に厚生労働大臣に届け出なければなりません（法第 43 条の２第３項および則第 31 条の２第５項）。

ロ　イの届出書の提出は、原則、電子政府の総合窓口 e-Gov 電子申請を通じて行うこと（https://shinsei.e-gov.go.jp/）。書面による届出を希望する事業者には、電子申請の利便性（※）が理解されるよう努め、行政の事務の効率化に資するよう電子申請による届出を促します。ただし、事業廃止の届出により今後、事業概況報告書等の提出が想定されないため、促してもなお希望する場合は、書面による届出手続きに移行します。

※ e-Gov 電子申請の主な利便性

①　本届出の e-Gov 電子申請は電子署名（電子証明書）が不要であり

費用がかからないこと
② パソコン等で作成した届出書等の電子ファイルを送信するだけで簡単かつ短時間で済ませられること
③ 届出・提出後の状況（受理済等）も e-Gov 電子申請サイト内で確認できること
④ e-Gov 電子申請（の本手続きページやサイト内）に視覚的に分かりやすい手順解説があり、初心者でも利用きること

ハ 違反の効果

廃止の届出をせず、または虚偽の届出をしたときは、法第 66 条第 8 号に該当し、その違反行為をした者は、30 万円以下の罰金に処される場合があります。

2 特定募集情報等提供事業者による事業概況報告書の提出

特定募集情報等提供事業者は、毎年 8 月 31 日までに、6 月 1 日時点おける事業の実施の状況について、特定募集情報等提供事業概況報告書（様式第 8 号の 6）を作成し、厚生労働大臣に提出しなければなりません（法第 43 条の 5 および則第 31 条の 3 第 1 項）。

事業概況報告書の提出は、原則、電子政府の総合窓口 e-Gov 電子申請を通じて行うこと（https://shinsei.e-gov.go.jp/）。この際、電子署名については不要であること。書面による提出を希望する事業者には、電子申請の利便性（※）が理解されるよう努め、行政の事務の効率化に資するよう積極的に電子申請による提出を促します。

※ e-Gov 電子申請の主な利便性

① 本提出の e-Gov 電子申請は電子署名（電子証明書）が不要であり費用がかからないこと
② パソコン等で作成した届出書等の電子ファイルを送信するだけで簡単かつ短時間で済ませられること
③ 届出・提出後の状況（受理済等）も e-Gov 電子申請サイト内で確認できること
④ 毎年提出義務のある事業概況報告書を 2 回目以降提出する際、最初から作り直す必要がないこと（過去に提出したファイルを e-Gov

電子申請サイト内のマイページに保存可能で、これに変更・修正するだけで済む）

⑤ e-Gov 電子申請（の本手続きページやサイト内）に視覚的に分かりやすい手順解説があり、初心者でも利用きること

第3節　募集情報等提供事業の運営

1　均等待遇に関する事項（法第3条）

（1）差別的な取扱いの禁止

募集情報等提供事業を行う者は、全ての利用者に対し、その業務について人種、国籍、信条、性別、社会的身分、門地、従前の職業、労働組合の組合員であること等を理由として、差別的な取扱いをしてはなりません。

なお、この差別的な取扱いの禁止の対象には障害者であることが含まれ、障害者であることを理由として不合理な差別的取扱いを行ってはなりません。

また、募集情報等提供事業を行う者は、労働者となろうとする者が法第48条の4第1項の規定に基づく厚生労働大臣に対する申告を行ったことを理由として、差別的な取扱いをしてはなりません。この場合における差別的な取扱いとしては、申告を行った者に対し、本人が希望しない労働者の募集に関する情報ばかり提供するようなケースが考えられます。

また、法第3条の趣旨に鑑み、年齢による不合理な差別的募集情報等は不適当である旨、周知および指導に努めることとされています。

なお、このような差別的取扱いは、厚生労働大臣が法第48条の2の規定に基づいて行う指導および助言の対象となります。

（2）募集に関する男女の均等な機会確保

募集情報等提供事業を行う者が、雇用機会均等法第5条の規定に違反する内容の労働者の募集に関する情報の提供を行うことおよび同条の規定に違反する募集を行う者に労働者になろうとする者に関する情報の提供を行

うことは法第３条の趣旨に反するものであることとされています。

２　労働者の募集等に関する情報の的確な表示事項（法第５条の４）

（１）労働者の募集等に関する情報の的確な表示

募集情報等提供事業を行う者が、労働者の募集に関する情報、労働者になろうとする者に関する情報、自らもしくは労働者の募集を行う者に関する情報または職業安定法に基づく業務の実績に関する情報（以下「労働者の募集等に関する情報」）を、**第３章第９節の３**（１）イからヘに掲げる方法（以下「広告等」といいます。）により提供するに当たっては、この**２**に記載のとおり労働者の募集等に関する情報の的確な表示の義務があります（法第５条の４第１項および第３項）。

（２）虚偽の表示または誤解を生じさせる表示の禁止

募集情報等提供事業を行う者は広告等により労働者の募集等に関する情報を提供するに当たっては、虚偽の表示または誤解を生じさせる表示をしてはなりません（法第５条の４第１項）。

詳細は**第３章第９節の３**（２）のイ、ロに準じます。

（３）正確かつ最新の内容に保つ措置を講じる義務

募集情報等提供事業を行う者は広告等により労働者の募集等に関する情報を提供するに当たっては、次に掲げる措置を講じなければなりません（法第５条の４第３項）。

イ　当該情報の提供を依頼した者または当該情報に自らに関する情報が含まれる労働者の募集を行う者もしくは労働者になろうとする者から、当該情報の提供の中止または内容の訂正の求めがあったときは、遅滞なく、当該情報の提供の中止または内容の訂正をすること。

ロ　当該情報が正確でない、または最新でないことを確認したときは、遅滞なく、当該情報の提供を依頼した者にその内容の訂正の有無を確認し、または当該情報の提供を中止すること。

ハ　事業の形態に応じて、それぞれ①または②に掲げるいずれかの措置。

なお、募集情報等提供事業を行う者はそれぞれ①および②の措置を可能な限りいずれも講ずることが望ましいこと。

(イ) 法第4条第6項第1号に掲げる行為に該当する募集情報等提供の事業を行う者

① 労働者の募集に関する情報の提供を依頼した者に対し、当該労働者の募集が終了したときまたは当該労働者の募集の内容が変更されたときは、速やかにその旨を当該募集情報等提供事業を行う者に通知するよう依頼すること。

② 労働者の募集に関する情報の時点を明らかにすること。

時点を明らかにするに当たっては、労働者の募集を行う者等から情報の提供の依頼があった日を示すほかにも、労働者の募集に関する情報の提供を開始した時点、労働者の募集を行う者等から労働者の募集に関する情報の修正・更新等の依頼があった時点、労働者の募集に関する情報の修正・更新を行った時点、職業紹介事業者や他の募集情報等提供事業者から労働者の募集に関する情報の提供を依頼された場合に、当該職業紹介事業者や募集情報等提供事業者が労働者の募集を行う者から依頼を受けた時点を示すことも認められること。

(ロ) 法第4条第6項第2号に掲げる行為に該当する募集情報等提供の事業を行う者

① 労働者の募集に関する情報を定期的に収集し、および更新し、ならびに当該収集および更新の頻度を明らかにすること。

労働者の募集に関する情報を収集・更新する頻度を明らかにするに当たっては、個別の情報ごとに明示するだけでなく、サイトのページ等複数の情報についてまとめて明示することも認められること。

② 労働者の募集に関する情報の時点を収集した時点を明らかにすること。

(ハ) 法第4条第6項第3号に掲げる行為に該当する募集情報等提供の事業を行う者

① 労働者になろうとする者に関する情報の提供を依頼した者に対し、当該情報を正確かつ最新の内容に保つよう依頼すること。

② 労働者になろうとする者に関する情報の時点を明らかにするこ

と。

時点を明らかにするに当たっては、労働者になろうとする者等から情報の提供の依頼があった日を示す他にも、労働者になろうとする者に関する情報の提供を開始した時点、労働者になろうとする者等から労働者になろうとする者に関する情報の修正・更新等の依頼があった時点、労働者になろうとする者に関する情報の修正・更新を行った時点、職業紹介事業者や他の募集情報等提供事業者から労働者になろうとする者に関する情報の提供を依頼された場合に、当該職業紹介事業者や募集情報等提供事業者が労働者になろうとする者から依頼を受けた時点を示すことも認められること。

(ニ) 法第４条第６項第４号に掲げる行為に該当する募集情報等提供の事業を行う者

① 労働者になろうとする者に関する情報を定期的に収集し、および更新し、ならびに当該収集および更新の頻度を明らかにすること。

労働者になろうとする者に関する情報を収集・更新する頻度を明らかにするに当たっては、個別の情報について明示するだけでなく、サイトのページ等複数の情報についてまとめて明示することも認められること。

② 労働者になろうとする者に関する情報の時点を収集した時点を明らかにすること。

（４）労働者の募集等に関する情報の的確な表示の留意点

イ 募集情報等提供事業を行う者は、労働者の募集等に関する情報を提供するに当たっては、法第５条の３の規定に基づいて労働条件等として求職者に明示すべき事項を可能な限り当該労働者の募集等に関する情報に含めることが望ましいこと（指針第４の１）。

ロ 募集情報等提供事業を行う者が、労働者になろうとする者に関する情報について正確かつ最新の内容に保つ措置には、労働者になろうとする者に対して行う身元調査等は含まれないこと。

ハ 募集情報等提供事業を行う者は、特に法に基づく業務の実績に関する情報として、取り扱う労働者の募集等に関する情報の件数や手数料等に関する事項等を提供するに当たっては、法第５条の４第１項および第３

項並びに不当景品類及び不当表示防止法の趣旨に鑑みて、不当に利用者を誘引し、合理的な選択を阻害するおそれのある不当な表示をしてはならないこと（指針第8の5の（2））。

3　労働者になろうとする者の個人情報の取扱いに関する事項（法第5条の5）

（1）個人情報の収集、保管および使用

イ　特定募集情報等提供事業者は、法第5条の5第1項の規定により業務の目的を明らかにするに当たっては、収集された労働者になろうとする者の個人情報（（1）および（2）において単に「個人情報」といいます。）がどのように保管され、または使用されるのか、労働者になろうとする者が一般的かつ合理的に想定できる程度に具体的に明示することとされています。

漠然と「募集情報等提供事業のために使用します。」と示すだけでは足りず、例えば、「求人情報に関するメールマガジンを配信するため」や「会員登録時に入力いただいた情報を、希望した条件に合致する企業に提供するため」と示すといったことが考えられます。個人情報の使用や保管に係る技術的な詳細を明示することは求められませんが、業務上、通常想定されない第三者に個人情報を提供する場合や、第三者に保管を依頼する場合はその旨を明示する必要があります。

明示に当たっては、インターネットの利用その他の適切な方法により行うこととされています。自社のホームページ等に掲載するほか、雑誌等を刊行することにより募集情報等提供を行っている場合には、当該雑誌等において業務の目的を明示する方法等も認められますが、いずれの方法による場合でも労働者になろうとする者に理解される方法を選択する必要があります。

ロ　特定募集情報等提供事業者は、その業務の目的の範囲内で、当該目的を明らかにして労働者になろうとする者の個人情報を収集することとし、次に掲げる個人情報を収集してはなりません。

ただし、特別な職業上の必要性が存在することその他業務の目的の達成に必要不可欠であって、収集目的を示して本人から収集する場合はこ

の限りではありません。

(イ) 人種、民族、社会的身分、門地、本籍、出生地その他社会的差別の原因となるおそれのある事項

(ロ) 思想および信条

(ハ) 労働組合への加入状況

(イ) から (ハ) については、具体的には、例えば次に掲げる事項等が該当します。

(イ) 関係

① 家族の職業、収入、本人の資産等の情報（税金、社会保険の取扱い等労務管理を適切に実施するために必要なものを除く。）

② 容姿、スリーサイズ等差別的評価に繋がる情報

(ロ) 関係　人生観、生活信条、支持政党、購読新聞・雑誌、愛読書

(ハ) 関係　労働運動、学生運動、消費者運動その他社会運動に関する情報

ハ　特定募集情報等提供事業者は、個人情報を収集する際には、本人から直接収集し、または本人の同意の下で本人以外の者から収集し、または本人により公開されている個人情報を収集する等の手段であって、適法かつ公正なものによらなければなりません。

ニ　特定募集情報等提供事業者は、高等学校もしくは中等教育学校または中学校もしくは義務教育学校の新規卒業予定者から応募書類の提出を求めるときは、職業安定局長の定める書類（全国高等学校統一応募用紙または職業相談票（乙））により提出を求めることが必要であります。

ホ　個人情報の保管または使用は、収集目的の範囲に限られます。ただし、他の保管もしくは使用の目的を示して本人の同意を得た場合または他の法律に定めのある場合は、この限りではありません。

なお、法および指針においては、法第５条の５第１項ただし書および指針第５の１の（5）のただし書に該当する場合は、募集情報等提供事業の実施に伴い収集等される労働者になろうとする者の個人情報の募集情報等提供業務以外の目的での利用も可能となっていますが、この場合にあっても、その利用目的をできる限り特定する必要があります。

労働者の募集を行う者に対して労働者になろうとする者の個人データを示す行為は、個人情報保護法第 27 条第１項の「第三者提供」に該当

するものであることから、例えば、労働者の募集を行う者に提供されることとなる個人データが労働者の募集を行う者に提供されることに関する同意欄を設けること等により、必ず求職者から同意をあらかじめ得るようにすることが必要です。なお、この「同意」の取得の方法は、特段の要式行為とされているものではありませんが、トラブル防止等の観点からも、事後に「同意」の事実を確認できるような形で行うことが望ましいです。

ヘ　特定募集情報等提供事業者は、法第５条の５第１項または指針第５の１の（2)、(3）もしくは（5）に基づいて求職者本人の同意を得る際には、次に掲げるところによらなければならなりません。

(イ) 同意を求める事項について、求職者が適切な判断を行うことができるよう、可能な限り具体的かつ詳細に明示すること。

(ロ) 業務の目的の達成に必要な範囲を超えて個人情報を収集し、保管し、または使用することに対する同意を、募集情報等提供の条件としないこと。

募集情報等提供のために収集した個人情報を、募集と関係ない商品販売等のために使用することについて同意しないと、当該募集情報等提供事業のサービスを受けることができない場合等がこれに該当すること。

(ハ) 労働者になろうとする者の自由な意思に基づき、本人により明確に表示された同意であること。

インターネットサイトにおいて、労働者になろうとする者等の同意を取得する方法として個人情報の利用規約を示した上で、それらの事項を示した上でインターネットサイト上のボタンのクリックを求める方法によって同意と扱うことも認められること。ただし、トラブル防止等の観点からも、書面による取得や電子メール等の受領等など事後に「同意」の事実を確認できるような形で行うことが望ましいものであること。一方で、単に利用規約を示した上で、労働者になろうとする者がサービスの利用を開始するのみでは本人の同意の意思が明確に表示されたとまではいえないこと。

利用規約等を変更し、同意が必要となった場合の取扱いも同様ですが、その際は、利用者に対して十分な周知期間を設け、同意しない場合の選択肢を示すとともに、労働者になろうとする者に不利益が生じないよう配慮することが望ましいものであること。

（2）個人情報の適正管理

イ　特定募集情報等提供事業者は、その保管または使用に係る個人情報に関し、次の事項に係る適切な措置を講ずるとともに、労働者になろうとする者からの求めに応じ、当該措置の内容を説明しなければなりません。

(イ) 個人情報を目的に応じ必要な範囲において正確かつ最新のものに保つための措置

(ロ) 個人情報の紛失、破壊および改ざんを防止するための措置

(ハ) 正当な権限を有しない者による個人情報へのアクセスを防止するための措置

(ニ) 収集目的に照らして保管する必要がなくなった個人情報を破棄または削除するための措置

ロ　特定募集情報等提供事業者が、求職者等の秘密に該当する個人情報が知り得た場合には、当該個人情報が正当な理由なく他人に知らされることのないよう、厳重な管理を行わなければなりません。

※「個人情報」とは、個人を識別できるあらゆる情報をいいますが、このうち「秘密」とは、一般に知られていない事実であって（非公知性）、他人に知られないことにつき本人が相当の利益を有すると客観的に認められる事実(要保護性)をいうものです。具体的には、本籍地、出身地、支持・加入政党、政治運動歴、借入金額、保証人となっている事実等が秘密に当たりえます。

ハ　特定募集情報等提供事業者は、次に掲げる事項を含む個人情報の適正管理に関する規程を作成し、自らこれを遵守し、かつ、その従業者にこれを遵守させなければなりません。

(イ) 個人情報を取り扱うことができる者の範囲に関する事項

(ロ) 個人情報を取り扱う者に対する研修等教育訓練に関する事項

(ハ) 本人から求められた場合の個人情報の開示または訂正（削除を含む。以下同じ。）の取扱いに関する事項

①「個人情報の開示または訂正」については、「利用の停止等」および「第三者への提供の停止」が明示的に規定されているものではあ

りませんが、概念上、「利用の停止等」および「第三者への提供の停止」が排除されているものではないこと。

② 特定募集情報等提供事業者は、個人情報適正管理規程について、個人情報保護法第 37 条を踏まえた内容として所要の改正等を行うことが望ましいこと。

(ニ) 個人情報の取扱いに関する苦情の処理に関する事項

ニ 特定募集情報等提供事業者は、本人が個人情報の開示または訂正の求めをしたことを理由として、当該本人に対して不利益な取扱いをしてはなりません。

（3）個人情報保護法の遵守等

特定募集情報等提供事業者は、個人情報保護法第 2 条第 11 項に規定する行政機関等または同法第 16 条第 2 項に規定する個人情報取扱事業者（以下「個人情報取扱事業者」といいます。）に該当する場合には、同法第 5 章第 2 節から第 4 節まで、または同法第 4 章第 2 節に規定する義務を遵守しなければなりません。

なお、個人情報保護法を踏まえて特定募集情報等提供事業者が講ずべき措置等は、**第 4 節**に定めるところによります。

4 報酬受領の禁止に関する事項（法第 43 条の 3）

特定募集情報等提供事業者は、自らの労働者の募集に関する情報の提供を受けて、その労働者の募集に応じた労働者から、当該提供に関して、いかなる名義でも、報酬を受けてはなりません。

労働者の募集を行う者への応募 1 件につき定額を労働者から徴収するなど、募集に応じた労働者から、応募の対価として報酬を受領することは認められません。

法第 43 条の 3 は、応募に関係なくシステム利用料や登録料として料金を徴収することを禁止するものではありませんが、システム利用料等の名称であっても、実質的には応募することに当たって募集情報等提供の対価として、特定募集情報等提供事業者が募集に応じた労働者から報酬を得ていると判断される場合には、同条に違反することとなります。

5　苦情の処理に関する事項（法第 43 条の7）

募集情報等提供事業を行う者は、労働者になろうとする者、労働者の募集を行う者、募集受託者、職業紹介事業者、募集情報等提供事業を行う者、特定地方公共団体または労働者供給事業者から苦情が寄せられた場合に、適切かつ迅速に対応するとともに、そのために必要な体制を整備しなくてはなりません（法第 43 条の7）。

苦情の適切かつ迅速な処理に必要な体制の整備のためには、少なくとも電話番号やメールアドレス、問い合わせフォーム等、苦情の申出先となる相談窓口を明確にし、苦情を受け付けることができる体制を確保する必要があります（指針第8の6）。

また、労働者の募集を行う者等において法違反があると疑われる場合は、都道府県労働局に情報提供を行う等、必要な場合には職業安定機関と連携を行う必要がります（指針第8の6）。

6　募集情報等提供事業を行う者の責務等（法第 43 条の8）

（1）職業安定機関等との連携

募集情報等提供事業を行う者は、労働力の需要供給の適正かつ円滑な調整を図るため、職業安定機関の行う雇用情報の収集、標準職業名の普及等に協力するよう努めることとされています。

（2）労働者の募集等に関する情報の提供

イ　募集情報等提供事業を行う者は、労働者の募集に関する情報が次のいずれかに該当すると認めるときは、当該情報の提供を依頼した者に対して当該情報の変更を依頼し、または当該情報の提供を中止しなければなりません。特に、当該情報が（イ）に該当することを認めながら提供した場合には、法第63条第２号に違反することとなるおそれがあります。

（イ）公衆衛生または公衆道徳上有害な業務に就かせる目的の労働者の募集に関する情報

（ロ）その内容が法令に違反する労働者の募集に関する情報

ロ　募集情報等提供事業を行う者は、労働者の募集に関する情報がイの（イ）

または（ロ）のいずれかに該当するおそれがあると認めるときは、当該情報の提供を依頼した者に対し、当該情報がイの（イ）もしくは（ロ）のいずれかに該当するかどうか確認し、または当該情報の提供を中止することとされています。

ハ　募集情報等提供事業を行う者は、労働者の募集に関する情報または労働者になろうとする者に関する情報について、当該情報の提供を依頼した者の承諾を得ることなく当該情報を改変して提供してはなりません。

（3）労働争議に対する不介入

募集情報等提供事業を行う者は、労働争議に対する中立の立場を維持するため、同盟罷業または作業所閉鎖の行われている事業所に関する募集情報の提供を行ってはなりません（指針第8の3）。

（4）適正な宣伝広告等に関する事項

イ　職業安定機関その他公的機関と関係を有しない募集情報等提供事業を行う者は、これと誤認させる名称を用いてはなりません。

ロ　募集情報等提供事業に関する宣伝広告の実施に当たっては、法第5条の4第1項および第3項ならびに不当景品類及び不当表示防止法の趣旨に鑑みて、不当に利用者を誘引し、合理的な選択を阻害するおそれがある不当な表示をしてはなりません。

7　その他

（1）労働者の募集および採用における年齢制限禁止関す取組

イ　労働施策総合推進法第9条により、労働者の募集および採用について年齢制限を禁止することが義務化されていますが、同法施行規則第1条の3第1項により、合理的な理由があって例外的に年齢制限が認められる場合が規定されています。

ロ　労働者の募集を行う者は、高齢法規則第6条の6第2項各号に掲げる書面または電磁的記録により、高齢法第20条第1項に規定する場合に該当するときは、その理由を示さなければなりません。この場合の「適切に提示する」とは、高齢法施行規則第6条の6第1項の規定に準じて、求職者に対して提示する求人の内容を記載または記録した書面または電磁的記録（電子メール、ホームページ、ＦＡＸ、CD-ROM 等）に、当該理由を併せて記載または記録する方法により提示することを原則とするものです。

ハ　ただし、年齢制限を行う労働者の募集について、刊行物に掲載する広告その他これに類する方法により労働者の募集および採用を行う場合において、あらかじめ当該広告等に当該理由を提示することが困難なときは、高齢法施行規則第６条の６第３項の規定に準じて、当該事業主は、募集に応じて労働者になろうとする者の求めに応じて、遅滞なく書面の交付、電子メールまたはＦＡＸの送信、ホームページへの掲示等により当該理由を提示することができます。また、当該労働者になろうとする者に対して提示する募集の内容を記載または記録した書面または電磁的記録がない場合においても、上記と同様の方法により当該理由を示すことができるものとされています。

ニ　イからハまでの趣旨に沿った事業運営を行うため、募集情報等提供事業を行う者においては、２（２）および（３）を踏まえ以下のような対応をすることが望ましいです。

(イ) 労働者の募集を行う者が、募集情報等提供事業を行う者に募集情報の提供を依頼する場合における、当該依頼に係る募集の内容を記載または記録した書面等の整備

募集情報等提供事業を行う者が労働者の募集を行う者から募集情報の提供の依頼を受ける際の、当該募集の内容を記載または記録した書面等について、年齢制限の理由を記載することが可能な欄を設ける等所要の整備を図ること（特記事項欄等の活用でも差し支えありません。）。

(ロ) 募集情報の提供の依頼への対応

年齢制限を行う募集情報の提供の依頼があった場合は、次に掲げる措置を講じてください。

① 内容の確認等

当該募集情報の内容が労働施策総合推進法第９条および高齢法第20 条第１項に違反するものでないか、必要な確認をすること。

なお、年齢制限を行う理由については、労働施策総合推進法施行

規則第１条の３第１項各号において定められた例外事由であることが必要であること。

また、高齢法第 20 条の趣旨にかんがみ、労働者の募集を行う者は、労働施策総合推進法施行規則第１条の３第１項各号に列挙されたいずれかの場合に該当することを単に示す（対応する条文を記載する等）だけではなく、当該労働者の募集および採用にあたって年齢制限を行う具体的な理由を示す必要があることに留意すること。このため募集情報等提供事業を行う者にあっては、年齢制限を行う募集を行う者に対し具体的な理由を示すよう求めること。

労働者の募集を行う者が提示した理由が労働施策総合推進法施行規則第１条の３第１項各号に該当するか否か不明である場合は、管轄の安定所に対して照会すること。

② 労働施策総合推進法第９条または高齢法第 20 条第１項に違反の募集情報の提供の依頼への対応

(a) 提供を依頼された募集情報の内容が労働施策総合推進法第９条もしくは高齢法第 20 条第１項に違反するものであることが疑われる場合または違反するものであると認められる場合は、当該募集情報について提供を行わず、当該労働者の募集を行う者に対して、労働施策総合推進法第９条および高齢法第 20 条の趣旨等を説明し、当該提供される募集情報を是正するよう働きかけを行うこと。

(b) (a) の働きかけにもかかわらず、労働施策総合推進法第９条または高齢法第 20 条第１項に違反する当該提供依頼をされる募集情報が是正されない場合には、当該募集情報について提供を行わず、通達様式第 18「年齢制限求人に係る情報提供」により管轄の安定所に対して情報提供を行うこと。

なお、この場合における募集情報等提供事業を行う者からの安定所に対する情報提供を行うことは、労働施策総合推進法第９条または高齢法第 20 条の趣旨を確保するために行うものであることから、正当な理由があるものであること。また、個人情報保護法第 27 条第１項第４号の「国の機関若しくは地方公共団体又はその委託を受けた者が法令の定める事務を遂行することに対して協力する必要がある場合であって、本人の同意を得ることにより当該事務の遂行に支障を及ぼすおそれがあるとき。」にも該当するものであること。

(c) 上記 (b) の情報提供を行った場合、安定所から「勧告等結果報告書」もしくは「是正結果報告書」の提供が行われるので、これらに基づいて適切に対応すること。

③ 労働施策総合推進法施行規則第1条の3第2項への対応

労働施策総合推進法施行規則第1条の3第2項の趣旨に基づき、募集および採用に係る職務の内容、当該職務を遂行するために必要とされる労働者の適性、能力、経験、技能の程度など、労働者が応募するにあたり求められる事項ができる限り明示されるようにすること。

第4節　個人情報保護法の遵守等

1　概　要

(1) 法第5条の5、第51条および指針

特定募集情報等提供事業者による個人情報の適正な取扱いについては、法第5条の5および第51条において、求職者の個人情報の取扱いに関する規定および秘密を守る義務等に関する規定が設けられ、さらに、指針第5の1および2において、労働者になろうとする者の個人情報の取扱いに関して、その適切かつ有効な実施を図るために必要な事項が定められています。

また、指針第5の3において、特定募集情報等提供事業者による個人情報の保護の一層の促進等を図る見地から、法に基づく事業実施上の責務の一つとして、特定募集情報等提供事業者は、個人情報保護法第2条第11項に規定する行政機関等または同法第16条第2項に規定する個人情報取扱事業者に該当する場合にあっては、同法第5章第2節から第4節までまたは同法第4章第2節に規定する義務を遵守しなければならないこととさ

れています。

（2）違反の場合の効果

個人情報保護法に違反した特定募集情報等提供事業者ついては同法に基づく個人情報保護委員会による指導・助言等の対象とされています。また、法に違反する場合には、法に基づく指導助言等の対象ともなります。

2　特定募集情報等提供事業者に課せられる義務ついて

特定募集情報等提供事業者は、指針第5の3により、行政機関または個人情報取扱事業者に該当する場合には、個人情報保護法第5章第2節から第4節までまたは第4章第2節に規定する義務を遵守しなければならないこととされています。具体的には、個人情報取扱事業者に該当する職業紹介事業者は、個人情報保護委員会が定める「個人情報の保護に関する法律についてのガイドライン（通則編）」（https://www.ppc.go.jp/personalinfo/legal/）等に留意しなければなりません。また、法第5条の5および指針第5の3の遵守に当たって留意すべき点は**第3節**の**3**のとおりです。

第5節　違反行為の防止、摘発

1　指導および助言

（1）概要

厚生労働大臣は、この法律の施行に関し必要があると認めるときは、募集情報等提供事業を行う者に対し、その業務の適正な運営を確保するために必要な指導および助言をすることができます（法第48条の2）。

（2）権限の委任

指導および助言に関する厚生労働大臣の権限は、都道府県労働局長が行うものとします。ただし、厚生労働大臣が自らその権限を行うことがあります。

2　報　告

（1）概要

行政庁は、この法律を施行するために必要な限度において、厚生労働省令で定めるところにより、募集情報等提供事業を行う者（募集情報等提供ぃ行を行う場合における地方公共団体を除きます。）に対し、必要な事項を報告させることができます（法第50条第1項）。

（2）意義

イ　当該報告は、違法行為の行われている恐れれのある場合等必要がある場合について、必要な事項を報告させるものです。

ロ「必要な事項」とは、募集情報等提供事業の運営に関する事項および労働者の就職に関する事項であり、具体的には、例えば、個々の労働者の募集に関する情報の内容等です。

（3）報告の徴収手続

必要な事項を報告させるときは、当該報告すべき事項および理由を書面により通知するものとします（則第33条）。

（4）権限の委任

指導および助言に関する厚生労働大臣の権限は、都道府県労働局長に委任するものとします。ただし、厚生労働大臣が自らその権限を行うことがあります。

（5）違反の場合の効果

この報告をせず、または虚偽の報告をした場合は、法第66条第9号に該当し30万円以下の罰金に処せられる場合があります。

3　立入検査

（1）立入検査の実施

イ　概要

行政庁は、募集情報等提供事業を行う者（募集情報等提供事業を行う場合における地方公共団体を除きます。）の事業所その他の施設に立ち入り、関係者に質問させ、または帳簿、書類その他の物件を検査させることができます（法第50条第2項）。

ロ　意義

(イ) 当該立入検査は、違法行為の申告があり、事業停止等の行政処分をするに当たって、その是非を判断する上で必要な場合等、4の報告のみでは、事業運営の内容を十分に把握できないような場合に、限定的に、必要最小限の範囲において行われるものです。

立入検査の対象となるのも、当該立入検査の目的を達成するため必要な事業所および帳簿、書類その他の物件に限定されるものです。

(ロ)「事業所その他の施設」とは、募集情報等提供事業を行う者の事業所その他の施設等に限られます。

(ハ)「関係者」とは、募集情報等提供事業運営の状況について質問するのに適当な者をいうものであり、具体的には、労働者になろうとする者、募集情報等提供事業を行う者等です。

(ニ)「帳簿、書類その他の物件」とは、募集情報等提供事業の運営に関する重要な書類が含まれるものです。

（2）証明書

イ　立入検査をする職員は、その身分を示す証明書を必ず携帯し、関係者に提示しなければなりません（法第50条第3項）。

ロ　立入検査のための証明書は、職業紹介事業等立入検査証（様式第9号）によります（則第33条第2項）。

（3）立入検査の権限

イ　概要

当該立入検査の権限は、犯罪捜査のために認められたものと解釈してはなりません（法第50条第4項）。

ロ　意義

職業安定機関は司法警察員の権限を有せず、当該立入検査の権限は行政による検査のために認められたものであり、犯罪捜査のために認められたものと解してはならないものです。

（4）権限の委任

立入検査に関する厚生労働大臣の権限は、都道府県労働局長に委任するものとします。ただし、厚生労働大臣が自らその権限を行うことがあります。

（5）違反の場合の効果

この立入りもしくは検査を拒み、妨げ、もしくは忌避し、または質問に対して答弁をせず、もしくは虚偽の陳述をした場合は、法第66条第10号に該当し、30万円以下の罰金に処せられる場合があります。

第6節　違法行為による罰則、行政処分等

1　違法行為による罰則

募集情報等提供事業に関連する違法行為による主な罰則は、次のとおりです。

（1）法第63条

公衆衛生または公衆道徳上有害な業務に就かせる目的で募集情報等提供を行い、またはこれらに従事したときは、その違反行為をした者は、1年以上10年以下の懲役または20万円以上300万円以下の罰金に処せられます（第2号）。

（2）法第64条

法第43条の4の規定による特定募集情報等提供事業の停止の命令に違反したときは、その違反行為をした者は、1年以下の懲役または100万円以下の罰金に処せられます（第9号）。

（3）法第65条

次のいずれかに該当するときは、その違反行為をした者は、6カ月以下の懲役または30万円以下の罰金に処せられます。

イ　第43条の3の規定に違反したとき（第6号）。

ロ　第43条の2第1項の規定による届出をしないで、特定募集情報等提供事業を行ったとき（第7号）。

ハ　虚偽の広告をし、または虚偽の条件を提示して、募集情報等提供を行った者またはこれに従事した者（第9号）。

（4）法第66条

次のいずれかに該当するときは、その違反行為をした者は、30万円以下の罰金に処せられます。

イ　第43条の2第1項の規定による届出をする場合において虚偽の届出をしたとき（第7号）。

ロ　第43条の2第2項または第3項の規定による届出をせず、または虚偽の届出をしたとき（第8号）。

ハ　法第49条第1項または法第50条第1項または第2項の規定に違反して、故なく報告せず、もしくは虚偽の報告をし、または検査もしくは調査を拒み、妨げ、もしくは忌避した者（第9号、第10号）。

ニ　法第51条第1項の規定に違反して、秘密を漏らした募集情報等提供事業者（第11号）。

2　違法行為による行政処分等

（1）概要

募集情報等提供に関連して法に違反する行為があった場合、特定募集情報等事業者に対しては、事業停止命令（法第43条の4）、募集情報等提供事業を行う者に対しては改善命令（法第48条の3第1項）の行政処分の対象となります。この場合、事業停止命令または改善命令の行政処分を行うときは弁明の機会を付与しなければなりません。

（2）事業停止命令

イ　概要

厚生労働大臣は、特定募集情報等提供事業者が、次のいずれかに該当したときは、期間を定めて、その事業の全部または一部の停止を命ずることができます。

(イ) 法第5条の5の求職者等の個人情報の取扱いに関する規定に違反したとき。

(ロ) 法第43条の3の報酬受領の禁止の規定に違反したとき。

(ハ) 法第51条の秘密を守る義務等に関する規定に違反したとき。

(ニ) 法第48条の3第1項に基づく改善命令に違反したとき。

ロ　意義

事業停止命令は、当該事業所において事業停止期間中に事業運営方法の改善を図るため、また、一定の懲戒的な意味において行うものです。

ハ　権限の委任

特定募集情報等提供事業の全部または一部の停止に関する権限は、当該特定募集情報等提供事業を行う者の主たる事務所および当該特定募集情報等提供事業を行う事業所の所在地を管轄する都道府県労働局長に委任するものとします。ただし、厚生労働大臣が自らその権限を行うことがあります。

(3) 改善命令

イ　概要

厚生労働大臣は、募集情報等提供事業を行う者が、その業務に関し職業安定法またはこれに基づく命令の規定に違反した場合において、業務の適正な運営を確保するために必要な措置を講ずべきことを命ずることができます（法第48条の3第1項）。

ロ　意義

改善命令は、違法行為そのものの是正を図るのではなく、法違反を起こすような募集情報等提供事業の運営方法そのものの改善を行わせるものです。

ハ　権限の委任

改善命令に関する権限は、当該募集情報等提供事業を行う者の主たる事業所および当該募集情報等提供事業を行う事業所の所在地を管轄する都道府県労働局長に委任するものとします。ただし、厚生労働大臣が自らその権限を行うことがあります。

3　行政処分を行った募集情報等提供事業を行う者の公表

（1）概要

行政処分を行った募集情報等提供事業を行う者については、労働者になろうとする者および労働者の募集を行う者にその事実を情報提供することを目的とし、事業者名等を公表することとします。

本公表は、あくまで、情報提供の目的で実施するもので、違法行為について勧告を受けた求人者がこれに従わなかった際にその旨を公表（法第48条の3第3項）する場合のように、「公表される者に対する制裁効果や違法行為の抑止といった効果」を期待するものではなく、当該事業者に対する処罰を目的とするものではありません。

具体的には、厚生労働大臣または都道府県労働局長において法第48条の3に基づき行政処分を行った場合は、当該事業者名等の公表を行います。当該公表については、厚生労働省または都道府県労働局のホームページにおいて行います。

（2）公表内容

第3章第12節の**3**（2）に準じます。

第7節　様式集

様式第８号の３（表面）

（日本産業規格Ａ列４）

※　届出受理番号	
※　届出受理年月日	年　　月　　日

特定募集情報等提供事業届出書

厚生労働大臣　殿

①届出者

職業安定法第43条の２第１項の規定により下記のとおり届け出ます。

記

②　名（ふりがな）称		
③　所（ふりがな）在地	〒　　　－	
④　電話番号	（　　　）	
⑤　代表者	役名	
	(ふりがな) 氏名	
⑥　事業開始予定年月日	年　　月　　日	
⑦　職業紹介事業	許可番号 届出受理番号	
⑧　労働者派遣事業	許可番号	
⑨　備考		

様式第８号の３（裏面）

⑩　提供する主なサービスの名称	⑪　職業安定法第４条第６項に掲げる行為のうち該当するもの	⑫　ＵＲＬ
	□ 第１号　□ 第２号 □ 第３号　□ 第４号	
	□ 第１号　□ 第２号 □ 第３号　□ 第４号	
	□ 第１号　□ 第２号 □ 第３号　□ 第４号	
	□ 第１号　□ 第２号 □ 第３号　□ 第４号	
	□ 第１号　□ 第２号 □ 第３号　□ 第４号	

記載要領

1　※欄には記載しないこと。

2　①欄には、届出者の氏名（法人又は団体にあってはその名称及び代表者の氏名）を記載すること。

3　③欄には、事業者の所在地を記載すること。

4　届出者が職業紹介事業者である場合には、⑦欄に当該職業紹介事業の許可番号又は届出受理番号を記載すること。

5　届出者が派遣元事業主である場合には、⑧欄に当該労働者派遣事業の許可番号を記載すること。

6　⑨備考欄には、担当者の職名、氏名及び電話番号を記載すること。

7　⑩欄～⑫欄について、所定の欄に記載し得ないときは別紙に記載して添付すること。

8　⑩欄には、提供する主なサービスにおいて用いている名称を記載すること。所定の欄に記載し得ないときには別紙に記載して添付すること。

9　⑪欄には、職業安定法第４条第６項各号に掲げる行為のうち、⑩欄に記載したサービスが該当するものを記載すること。複数該当するものがある場合は、全て記載すること。

10　⑫欄には、⑩欄で記載したサービスがインターネットを通じて提供される場合、その代表的なＵＲＬを記載すること。

11　②欄、③欄及び⑩欄～⑫欄については、人材サービス総合サイトにおいて公表されることに留意すること。

様式第８号の４（表面）

（日本産業規格Ａ列４）

特定募集情報等提供事業変更届出書

①　　　年　　月　　日

厚生労働大臣　殿

②　届出者

職業安定法第43条の２第２項の規定により下記のとおり変更を届け出ます。

記

<table>
<tr><td colspan="2">③　届出受理番号</td><td></td></tr>
<tr><td colspan="2" rowspan="2">④　名（ふりがな）称</td><td></td></tr>
<tr><td></td></tr>
<tr><td colspan="2" rowspan="5">⑤　所（ふりがな）在　地</td><td>〒　　　－　　　　　　電話　　　（　　　）</td></tr>
<tr><td></td></tr>
<tr><td></td></tr>
<tr><td></td></tr>
<tr><td></td></tr>
<tr><td rowspan="3">⑥　代　表　者</td><td>役　名</td><td></td></tr>
<tr><td rowspan="2">（ふりがな）
氏　名</td><td></td></tr>
<tr><td></td></tr>
<tr><td>⑦　職業紹介事業</td><td>許可番号
届出受理番号</td><td></td></tr>
<tr><td>⑧　労働者派遣事業</td><td>許可番号</td><td></td></tr>
<tr><td colspan="2">⑨　変更年月日</td><td>年　　月　　日</td></tr>
<tr><td colspan="2">⑩　変更理由</td><td></td></tr>
<tr><td colspan="2">⑪　備　　考</td><td></td></tr>
</table>

様式第８号の４（裏面）

記載要領

1　①欄には、届出書を提出する年月日を記載すること。

2　②欄には、届出者の氏名（法人又は団体にあってはその名称及び代表者の氏名）を記載すること。

3　③欄には、届出の際に付与された届出受理番号を記載すること。

4　⑤欄には、事業者の所在地を記載すること。

5　届出者が職業紹介事業者である場合には、⑦欄に当該職業紹介事業の許可番号又は届出受理番号を記載すること。

6　届出者が派遣元事業主である場合には、⑧欄に当該労働者派遣事業の許可番号を記載すること。

7　⑨欄には、変更事項について、変更した年月日を記載すること。

8　⑩欄には、変更した理由を具体的に記載すること。

9　⑪備考欄には、担当者の職名、氏名及び電話番号を記載すること。

様式第８号の５（表面）

（日本産業規格Ａ列４）

特定募集情報等提供事業廃止届出書

①　　年　月　日

厚生労働大臣　殿

②　届出者

特定募集情報等提供事業を廃止したので、職業安定法第43条の２第３項の規定により下記のとおり届け出ます。

記

③　届出受理番号		
④　名　（ふりがな）　称		
⑤　所　（ふりがな）在　地	〒　　－　　電話　（　　）	
⑥　代　表　者	役　名	
	（ふりがな）氏　名	
⑦　廃止年月日	年　月　日	
⑧　廃　止　理　由		
⑨　備　　考		

様式第８号の５（裏面）

記載要領

1　①欄には、届出書を提出する年月日を記載すること。

2　②欄には、届出者の氏名（法人又は団体にあってはその名称及び代表者の氏名）を記載すること。

3　③欄には、届出の際に付与された届出受理番号を記載すること。

4　⑤欄には、事業者の所在地を記載すること。

5　⑦欄には、特定募集情報等提供事業を廃止した年月日を記載すること。

6　⑧欄には、事業を廃止した理由を具体的に記載すること。

7　⑨備考欄には、担当者の職名、氏名及び電話番号を記載すること。

様式第８号の６（第１面）

（日本産業規格Ａ列４）

特定募集情報等提供事業概況報告書

①　　年　月　日

厚生労働大臣　殿

②　提出者

職業安定法第43条の５の規定により、下記のとおり事業概況報告書を提出します。

③　届出受理番号		
④　名（ふりがな）称		
⑤　所（ふりがな）在地	〒　－　電話（　）	
⑥　代表者	役名	
	（ふりがな）氏名	

Ⅰ．公表項目

⑦　提供する主なサービスの名称	⑧　職業安定法第４条第６項に掲げる行為のうち該当するもの	⑨　ＵＲＬ
	□ 第１号　□ 第２号 □ 第３号　□ 第４号	
	□ 第１号　□ 第２号 □ 第３号　□ 第４号	
	□ 第１号　□ 第２号 □ 第３号　□ 第４号	
	□ 第１号　□ 第２号 □ 第３号　□ 第４号	
	□ 第１号　□ 第２号 □ 第３号　□ 第４号	

様式第８号の６（第２面）

Ⅱ　６月１日現在の状況報告

１　労働者の募集に関する情報を提供している場合

⑦　提供する主なサービスの名称	⑩　労働者の募集に関する情報の概数	⑪　情報を収集している労働者になろうとする者に関する情報の概数

⑫　概数に係る説明

２　労働者になろうとする者に関する情報を提供している場合

⑦　提供する主なサービスの名称	⑬　労働者になろうとする者に関する情報の概数	⑭　労働者になろうとする者に関する情報の提供先の概数

⑮　概数に係る説明

様式第８号の６（第３面）

３　提供するサービスの概要

⑦　提供する主な サービスの名称	⑯　サービスの概要

４　適切な事業運営に関する事項

⑰　法第５条の４第１項及び第３項の規定に基づく労働者の募集に関する情報又は労働者になろうとする者に関する情報の的確な表示のために措置に関する事項

＜法第５条の４第１項（虚偽の表示又は誤解を生じさせる表示の禁止）について＞

様式第８号の６（第４面）

<法第５条の４第３項（正確かつ最新の内容に保つために講ずる措置）について>

⑱　法第５条の５第１項の規定に基づき求職者等に明らかにしている業務の目的及び同条第２項の規定に基づき個人情報を適正に管理するために講じている措置

<法第５条の５第１項の規定に基づき求職者等に明らかにしている業務の目的>

<法第５条の５第２項の規定に基づき個人情報を適正に管理するために講じている措置>

⑲　法第 43 条の７第２項の規定に基づき、苦情の処理のために整備している体制に関する事項

様式第８号の６（第５面）

記載要領

1　①欄には、事業概況報告書を提出する年月日を記載すること。

2　②欄には、提出者の氏名（法人又は団体にあってはその名称及び代表者の氏名）を記載すること。

3　③欄には、届出の際に付与された届出受理番号を記載すること。

4　⑤欄には、事業者の所在地を記載すること。

5　「Ⅰ．公表項目」に記載の事項は、人材サービス総合サイトにおいて公開されるものであるため留意すること。

6　⑦欄には、提供する主なサービスにおいて用いている名称を記載すること。所定の欄に記載し得ないときには別紙を記載して添付すること。

7　⑧欄には、職業安定法第４条第６項各号に掲げる行為のうち、⑦欄に記載したサービスが該当するものを記載すること。複数該当するものがある場合は、全て記載すること。

8　⑨欄には、⑦欄で記載したサービスがインターネットを通じて提供される場合、その代表的なＵＲＬを記載すること。

9　⑩欄、⑪欄、⑬欄及び⑭欄には、単位を付して記載をすること。

10　⑩欄の労働者の募集に関する情報並びに⑪欄及び⑬欄の労働者になろうとする者に関する情報の概数並びに⑭欄の労働者になろうとする者に関する情報の提供先の概数について、集計上の留意事項がある場合には⑫欄及び⑮欄に記載すること。所定の欄に記載し得ないときは別紙に記載して添付すること。

11　⑯欄には、提供している情報の内容、事業において料金を支払っている者、料金に関する事項その他サービスの概要について記載すること。所定の欄に記載し得ないときは別紙に記載して添付すること。

12　⑱欄には、実際に求職者等に明示している目的を転記すること。所定の欄に記載し得ないときは別紙に記載して添付すること。

令和　年　月　日

特定募集情報等提供事業届出受理通知書

殿

厚生労働省職業安定局需給調整事業課
労働市場基盤整備室

貴殿から届出があった特定募集情報等提供事業届出書については、これを受理したので、下記のとおり通知します。

記

届出受理番号　　５１－募－※※※※※※
届 出 受 理 日　　令和　年　月　日

※　特定募集情報等提供事業届出書により届け出た事項に変更があった場合や特定募集情報等提供事業を廃止した場合は、速やかに所定の様式にて届出を行うこと。
※　特定募集情報等提供事業概況報告書の提出及び上記届出を行う際、届出受理番号の記載が必要であることから、本通知書を大切に保管しておくこと。

第6章　労働者供給事業

第1節　労働者供給事業の意義等

1　労働者供給事業の意義

（1）労働者供給

イ　労働者供給の意義

労働者供給とは、「供給契約に基づいて労働者を他人の指揮命令を受けて労働に従事させることをいい、労働者派遣事業の適正な運営の確保及び派遣労働者の保護等に関する法律（昭和60年法律第88号。以下「労働者派遣法」という。）第2条第1号に規定する労働者派遣に該当するものを含まないもの」をいいます（法第4条第8項）。

したがって、労働者供給における供給元、供給先および供給労働者の三者の関係は、次のいずれかとなります（図1参照）。

(イ)　①　供給元と供給される労働者との間に支配従属関係（雇用関係を除く。）があり、

②　供給元と供給先との間において締結された供給契約に基づき供給元が供給先に労働者を供給し、

③　供給先は供給契約に基づき労働者を自らの指揮命令（雇用関係を含む。）の下に労働に従事させる。

(ロ)　①　供給元と供給される労働者との間に雇用関係があり、

②　供給元と供給先との間において締結された供給契約に基づき供給元が供給先に労働者を供給し、

③　供給先は供給契約に基づき労働者を雇用関係の下に労働に従事させる。

ロ　労働者供給の意義における「労働者」および「供給契約」の意義

(イ)「労働者」とは、対価を得て、一定の労働条件の下に雇用主との間に労働力を提供する関係（使用従属関係）に立つ者、または立とうとする者をいいます。

(ロ)「供給契約」とは、契約の形式をいうものではなく、実体によって判断されます。すなわち、民法上の請負契約、さらに、具体的には商法の運送契約等の形式をもって行われる場合も含むものであって、イ

の（イ）または（ロ）の関係を生じさせる契約を総称するものです。この場合の契約は、当事者に合意があれば足り、文書によると口頭によるとを問いません。

ハ　労働者派遣との関係

（イ）労働者供給と労働者派遣の区分は次により行うこととします（図1参照）。

図1　労働者派遣と労働者供給との差異

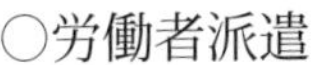

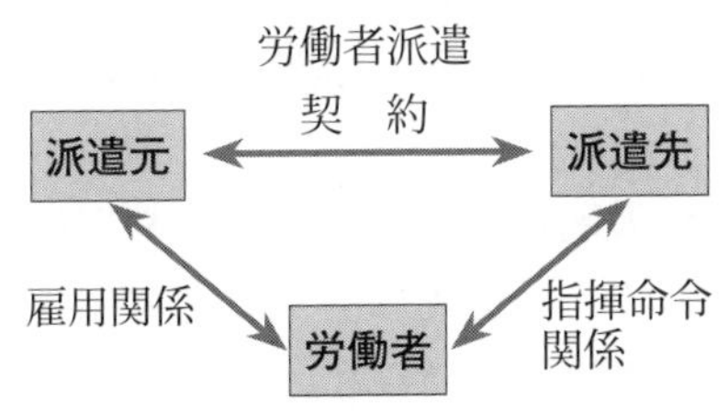

○労働者供給

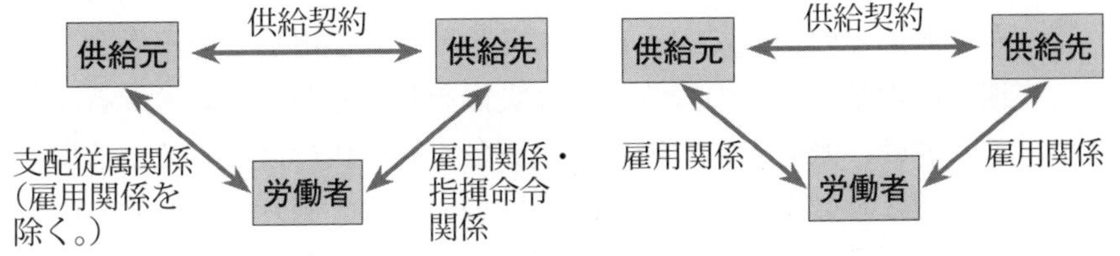

①　供給契約に基づいて労働者を他人の指揮命令を受けて労働に従事させる場合のうち、供給元と労働者との間に雇用関係がないものについては、すべて労働者供給に該当します。

当該判断は、具体的には、労働保険・社会保険の適用、給与所得の確認等に基づき行います。

②　①の場合とは異なり、供給元と労働者との間に雇用契約関係がある場合であっても供給先に労働者を雇用させることを約して行われるものについては、労働者派遣には該当せず、労働者供給となります（労働者派遣法第2条第1号）。

ただし、供給元と労働者との間に雇用契約関係があり、当該雇用関係の下に、他人の指揮命令を受けて労働に従事させる場合において、労働者が自由な意思に基づいて結果として供給先と直接雇用契約を締結するようなケースについては、前もって供給元が供給先に労働者を雇用させる旨の契約があった訳ではないため、労働者が供給先に雇用されるまでの間は労働者派遣に該当することとなり、労働者派遣法（第３章第４節の規定を除きます。）による規制の対象となります。

③　②における「供給先に労働者を雇用させることを約して行われるもの」の判断については、契約書等において供給元、供給先間で労働者を供給先に雇用させる旨の意思の合致が客観的に認められる場合はその旨判断しますが、それ以外の場合は、次のような基準に従い判断するものとすること。

(a) 労働者派遣が労働者派遣法の定める枠組みに従って行われる場合は、原則として、派遣先に労働者を雇用させることを約して行われるものとは判断しないこと。

(b) 派遣元が企業としての人的物的な実体（独立性）を有しない個人またはグループであり、派遣元自体も当該派遣元の労働者とともに派遣先の組織に組み込まれてその一部と化している場合、派遣元は企業としての人的物的な実体を有するが、当該労働者派遣の実態は、派遣先の労働者募集賃金支払の代行となっている場合その他これに準ずるような場合については、例外的に派遣先に労働者を雇用させることを約して行われるものと判断することがあること。

(ロ) いわゆる「二重派遣」は、派遣先が派遣元事業主から労働者派遣を受けた労働者をさらに業として派遣することをいいますが、この場合、派遣先は当該派遣労働者を雇用している訳ではないため、労働者派遣を業として行うものとはいえません。すなわち「二重派遣」は、形態としては労働者供給を業として行うものとして、法第44条の規定により禁止されます。

これについては、派遣労働者を雇用する者と、当該派遣労働者を直接指揮命令する者との間のみにおいて労働者派遣契約（詳しくは「労働者派遣事業関係業務取扱要領」の第６参照）が締結されている場合は、「二重派遣」に該当しないものです。したがって、労働者派遣契約を単に仲介する者が存する場合は、通常「二重派遣」に該当するものとは判断されません（「労働者派遣事業関係業務取扱要領」の第１参照）。

ニ　労働者供給事業と請負により行われる事業との関係

(イ) 労働者供給は、労働者を「他人の指揮命令を受けて労働に従事させること」であり、この有無により、労働者供給を業として行う労働者供給事業と請負により行われる事業とが区分されます（図２参照）。

図２　労働者供給事業と請負により行われる事業との差異

○労働者供給事業

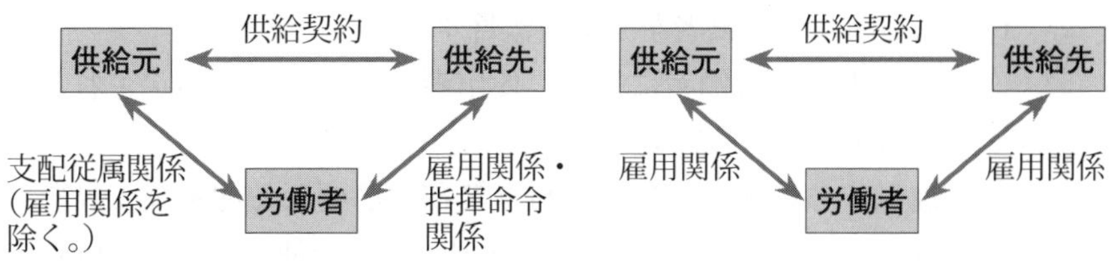

○請負により行われる事業

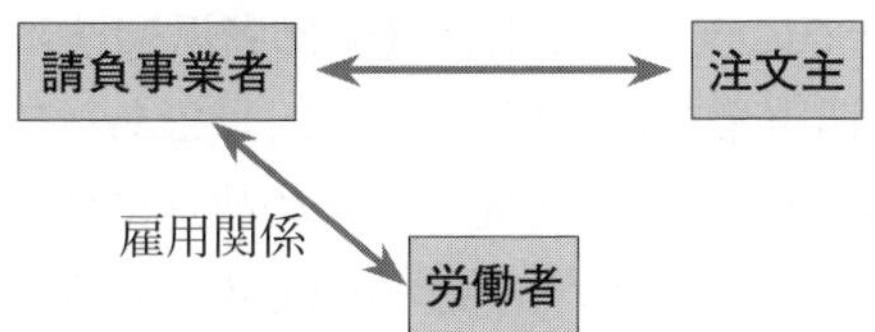

(ロ)「他人の指揮命令を受けて労働に従事させる」ものではないとして、労働者供給事業に該当せず、請負により行われる事業に該当すると判断されるためには、則第４条第２項から第５項までの規定による基準をすべて満たすものでなければなりません。

則第４条は、次のとおり規定しています。

第４条　法第４条第６項第１号の厚生労働省令で定める者は、同項の規定による募集情報等提供の事業を行う者、同条第９項に規定する特定地方公共団体又は同条第 12 項に規定する労働者供給事業者とする。

2　労働者を提供しこれを他人の指揮命令を受けて労働に従事させる者（労働者派遣事業の適正な運営の確保及び派遣労働者の保護等に関する法律（昭和60年法律第88号。以下「労働者派遣法」という。）第2条第3号に規定する労働者派遣事業を行う者を除く。）は、たとえその契約の形式が請負契約であっても、次の各号の全てに該当する場合を除き、法第4条第8項の規定による労働者供給の事業を行う者とする。

① 作業の完成について事業主としての財政上及び法律上の全ての責任を負うものであること。

② 作業に従事する労働者を、指揮監督するものであること。

③ 作業に従事する労働者に対し、使用者として法律に規定された全ての義務を負うものであること。

④ 自ら提供する機械、設備、器材（業務上必要なる簡易な工具を除く。）若しくはその作業に必要な材料、資材を使用し又は企画若しくは専門的な技術若しくは専門的な経験を必要とする作業を行うものであって、単に肉体的な労働力を提供するものでないこと。

3　前項の各号の全てに該当する場合（労働者派遣法第2条第3号に規定する労働者派遣事業を行う場合を除く。）であっても、それが法第44条の規定に違反することを免れるため故意に偽装されたものであって、その事業の真の目的が労働力の供給にあるときは、法第4条第8項の規定による労働者供給の事業を行う者であることを免れることができない。

4　第2項の労働者を提供する者とは、それが使用者、個人、団体、法人又はその他いかなる名称形式であるとを問わない。

5　第2項の労働者の提供を受けてこれを自らの指揮命令の下に労働させる者とは、個人、団体、法人、政府機関又はその他いかなる名称形式であるとを問わない。

6　（略）

(ハ) 則第4条の解釈

第２項

第２項柱書の規定は、労働者派遣法に基づく労働者派遣を業として行う労働者派遣事業については、本項の適用はない（「労働者派遣事業と請負により行われる事業との区分に関する基準」（昭和 61 年労働省告示第 37 号）参照。）ことを明らかにするとともに、請負により行われる事業と労働者供給事業との区分の基準を定めたものであり、基準の定め方としては、労働者を提供し、これを他人の指揮命令を受けて労働に従事させる者は、請負契約の形式により事業を行う場合であっても第１号から第４号までのすべてに該当する場合を除き労働者供給事業を行う者とするものです。

なお、第２項の労働者を提供する者とは、それが、使用者、個人、団体、法人またはその他いかなる名称形式であるとを問わないものです（則第４条第４項）。

また、第２項の労働者の提供を受けてこれを自らの指揮命令の下に労働させる者とは、個人、団体、法人またはその他いかなる名称形式であるとを問わないものです（則第４条第５項）。

① 第２項第１号

(a)「財政上の責任を負う」とは、請負った作業の完成に伴う諸経費（例えば事業運転資金その他の経費）を自己の責任で調達支弁することをいいます。運転資金等の調達は請負契約と無関係のものであれば必ずしも自己資金であることを要しません。また、請負契約に基づく契約金の前渡しは自己資金です。

(b)「法律上の責任を負う」とは、請負契約の締結に伴う請負業者として民法（第 632 条、第 642 条）、商法（第 502 条、第 569 条）等の義務の履行について責任を負うことをいうものです。

(c) 以上の責任を負うものであるかどうかの判定は、単に契約上の請負業者であるとの形式のみによって判断するのではなく、その責任を負う意思能力（理解と誠意）が判定の基礎となるものですから、その契約内容と請負業者の企業体としての資格、能力および従来の事業実績等の状況を総合的に判断すべきものです。

② 第２項第２号

(a)「労働者を、指揮監督する」とは、作業に従事する労働者を、請負業者が自己の責任において作業上および身分上指揮監督することをいいます。この場合、請負業者がその被用者をして指揮、監督させる場合も含むもので、作業上の指揮監督とは、仕事の割付け、技術指導、勤惰点検、出来高査定等直接作業の遂行に関連した指揮監督をいいます。したがって、請負契約により注文主が請負業者に指示（依頼）を行い、その結果として注文主の意思が間接的に労働者に反映されることは差し支えありませんが、その注文主の指示（依頼）が実質的に労働者の作業を指揮監督する程度に強くなると請負業者が労働者を指揮監督しているとはいえないことになります。また、身分上とは、労働者の採用、解雇、給与、休日等に関する一般的労務管理をいうものです。

したがって、請負契約により注文主が請負業者に対し労働者の身分上のことについて指示（依頼）をすることをすべて否定するものではありませんが、注文主が労働者の身分上のことについて実質的に決定力をもつ場合は、請負業者が労働者を指揮監督しているとはいえません。

このように、労働者を指揮監督するとは、単に作業の上だけでなく、一般的な労務管理をも合わせて行っていることを要件とするものです。

③　第２項第３号

(a)「使用者として法律に規定されたすべての義務」とは、労働基準法、労働者災害補償保険法、雇用保険法、健康保険法、労働組合法、労働関係調整法、厚生年金保険法、民法等における使用者、または雇用主としての義務をいいます。

(b)「義務を負う者」とは、義務を負うべき立場にある者、すなわち、義務を履行しないときは義務の不履行に伴う民事上および刑事上の責任を負うべき地位にある者をいい、必ずしも現実にこれらの義務を履行することを要求するものではありませんが、義務に関する理解と誠意に欠け、履行能力のないものをも、単に形式上使用者の立場にある事実のみを理由として義務を負う者とすることは妥当ではありませんので、この判定をする場合には、義務に関する理解と誠意並びにその履行状況、運営管理状況から総合的に判断すべきものです。

④ 第２項第４号

(a) 本号は、単に肉体労働力を提供するものではないと判断できる具体的要件としての物理的要件（自ら提供する機械、設備、機材もしくはその作業に必要な材料、資材を使用すること）と技術的要件（企画もしくは専門的な技術もしくは経験を必要とすること）の２要件を掲げ、そのいずれか１つの要件に該当する作業を行うものであればよいものとしています。

しかも、この２要件はいずれも併立的、かつ、択一的なものです。要するに、単に肉体的な労働力を提供する作業でないためには、当該２要件のうち、いずれか１つを具備していなければならないとの意味です。

(b)「自ら提供し、使用する」とは、機械、設備、器材または作業に必要な材料、資材を請負者自身の責任と負担において、準備、調達しその作業に使用することをいい、所有関係や購入経路等の如何を問うものではありません。したがって、その機械等が自己の所有物である場合はもちろん、注文主から借入または購入したものでも請負契約に関係のない双務契約の上にたつ正当なものを提供使用する場合も含むものです。

(c)「機械、設備、器材」とは、作業の稼働力となる機械、器具およびその附属設備、作業のために必要な工場、作業場等の築造物およびそれに要する器材等をいい、作業に直接必要のない労働者の宿舎、事務所等は、これに該当しません。

(d) なお、この提供度合については、該当するそれぞれの請負作業一般における通念に照らし、通常提供すべきものが作業の進捗状況に応じて随時提供使用されており、総合的にみて各目的に軽微な部分を提供するにとどまるものでない限りはよいものです。

(e)「業務上必要な簡単な工具」とは、機械、器具等のうち主として個々の労働者が主体となり、その補助的な役割を果たすものであって、例えば、「のみ」、「かんな」、「シャベル」等のように、通常個々の労働者が所持携行し得る程度のものをいい、これらのものは当該要件における機械、器具等から除くものです。

(f) なお、「機械、設備、器材」と「簡単な工具」との区別は、当該産業における機械化の状況と作業の実情等を考慮して業界における一般通念によって個々に判断されるものです。

(g)「専門的な技術」とは、当該作業の遂行に必要な専門的な工法上の監督技術、すなわち、通常学問的な科学知識を有する技術者によって行われる技術監督、検査等をいいます。

(h)「専門的な経験」とは、学問的に体系づけられた知識に基づくものではありませんが、永年の経験と熟練により習得した専門の技能を有するいわゆる職人的技能者が、作業遂行の実際面において発揮する工法上の監督的技能、経験をいいます。

例えば、作業の実地指導、仕事の順序、割振、危険防止等についての指揮監督能力がこれであり、単なる労働者の統率ないしは一般的労務管理的技能、経験を意味するものではなく、また、個々の労働者の有する技能、経験をもって足りるような作業は「専門的な経験」を必要とする作業とはいえません。

(i) 要するに「企画もしくは専門的な技術、もしくは専門的な経験」とは、請負業者として全体的に発揮すべき企画性、技術性、経験を指すのであって、個々の労働者の有する技術または技能等や業務自体の専門性をいうのではありません。そして、当該作業が「企画もしくは専門的な技術、もしくは専門的な経験」を必要とするかどうかの認定は、その作業が単に個々の労働者の技能の集積によって遂行できるものか、また、その請負業者が企業体として、その作業をなし得る能力を持っており、かつ、現実にその技能、経験を発揮して作業について企画し、または指揮監督しているかどうかについて検討すべきものです。

第３項

本項の規定は、第２項各号の要件が形式的には具備されていても、それが脱法を目的として故意に偽装しているものである限り、実質的には要件を欠くものであって、労働者供給事業を行う者であるとするものであり、この規定は、第２項の労働者供給事業に該当するものの範囲を拡張するものではなく、表面合法を装って脱法しようとするものであることから、第２項の解釈を注意的にさらに明確にしたものです。

「職業安定法第 44 条の規定に違反することを免れるため、故意に偽装されたものであって、その事業の真の目的が労働力の供給にある」ものとしては、次のような例が考えられます。

① 請負契約の形式で合法化しようとするもの

この場合は第２項各号の具備状況が形式的なものであって、実質的には、具備していないことの確認に基づいて判断されます。例えば第２項第４号の自ら提供すべき機械、設備、器材、もしくは材料、資材等を表面上は発注者から借用、または譲渡、購入したような形式をとり、その使用状況からみて事実は依然発注者の管理または所有に属しているようなごときです。

② 発注者が直用する形式によって第２項各号の要件の具備を全面的に免れようとするもの

この場合は直用していると称する者の使用者としての業務履行の状況と、請負ないし労働者供給の事実の確認に基づいて判断されます。例えば二重帳簿の備付、賃金支払の方法、採用、解雇の実権の所在、手数料的性格の経費の支払等の傍証によって確認することができます。

第４項および第５項

本項の規定は､それぞれ第２項の「労働者を提供する者」および「労働者の提供を受けてこれを自らの指揮命令の下に労働させる者」の範囲を例示的に規定したものであり、第４項の使用者、個人、団体、第５項の個人、団体、法人、政府機関等は何れも単に名称の例示にすぎないものであって、要は何人に対しても適用のある旨を明らかにしたものです。

（２）労働者供給事業

イ　労働者供給事業の意義

労働者供給事業とは、労働者供給を業として行うことをいうものです。

ロ 「業として行う」の意義

(イ)「業として行う」とは、一定の目的をもって同種の行為を反復継続的に遂行することをいい、１回限りの行為であったとしても反復継続の意思をもって行えば事業性がありますが、形式的に繰り返し行われたとしても、すべて受動的、偶発的行為が継続した結果であって反復継続の意思をもって行われていなければ、事業性は認められません。

(ロ) 具体的には、一定の目的と計画に基づいて行われるか否かによって判断され、営利を目的とする場合に限らず、また、他の事業と兼業して行われるか否かを問わないものです。

(ハ) しかしながら、この判断も一般的な社会通念に則して個別のケースごとに行われるものであり、営利を目的とするか否か、事業としての独立性があるか否かが反復継続の意思の判定にとって重要な要素となります。例えば、①労働者の供給を行う旨宣伝、広告している場合、②事務所を構え労働者供給を行う旨看板を掲げている場合等については、原則として事業性ありと判断されます。

2　労働者供給事業の原則禁止

（1）労働者供給事業の原則禁止の趣旨

労働者供給事業においては、労働者供給事業を行う者の一方的な意思によって、労働者の自由意思を無視して労働させる等のいわゆる強制労働の弊害や支配従属関係を利用して本来労働者に帰属すべき賃金を労働者供給事業を行う者が自らの所得としてしまう等のいわゆる中間搾取の弊害が生じるおそれがあります。このため労働者供給事業は本来労働者の基本的権利を侵害し労働の民主化を阻害するおそれが大きいものです。

したがって、憲法に定められた労働者の基本的人権を尊重しつつ、各人にその有するその能力に適合する職業に就く機会を与え、および産業に必要な労働力を充足し、もって、職業の安定を図るとともに、経済および社会の発展に寄与することを目的とする法においては、法第 45 条の規定により労働組合等（**第２節**の**１**の（1）参照）が厚生労働大臣の許可を受けて無料で行う場合を除くほか、何人も労働者供給事業を行う者から供給される労働者を自らの指揮命令の下に労働に従事させてはならないこととしています（法第 44 条）。

（2）労働組合等の行う労働者供給事業の趣旨

法第 44 条の規定による労働者供給事業の禁止の趣旨（（1）参照）とは異なり、労働組合等が労働者供給を受けようとする者に対し、組合員である労働者を無料で供給する労働者供給事業については、労働組合等が労働者が主体となって自主的に労働条件の維持改善その他経済的地位の向上を図ることを主たる目的として組織する団体であることから、労働組合等については労働者との間に身分的な支配関係や強制労働、中間搾取といった労働者保護の面からの弊害の発生する余地は少ないです。

また、過去に労働者供給事業が果たしていた労働力需給調整機能を民主的な方法によって発揮できることとなり、労働者供給事業は民間部門における労働者需給調整の中で大きな役割を果たすこととなります。

さらに、労働組合等が自ら労働者供給事業を行うことにより、弊害の発生のおそれのある雇用慣習が解消され、労働者供給事業の禁止の目的の達成を促進し、違法な労働者供給事業を行う者を事実上排除することとなる効果も考えられます。

第２節　労働組合等の行う労働者供給事業に係る申請等の手続

1　許可要件

労働者供給事業は、強制労働や中間搾取等の弊害等を伴い、労働者保護の面で問題があることから、法第 44 条の規定により原則禁止としているところですが、労働組合等が厚生労働大臣の許可を受けた場合は、無料の労働者供給事業を行うことができます（法第 45 条）。当該許可を受けるためには、次の要件を満たすことが必要です。

（1）労働組合等の資格要件

労働者供給事業を行うことができる労働組合等は、次のいずれかに該当するものであること（以下「労働組合等」という。法第4条第12項、則第4条第6項）。

(イ) 労働組合法第2条および第5条第2項の規定に該当する労働組合
(ロ) 国家公務員法第108条の2第1項（裁判所職員臨時措置法第1号において準用する場合を含みます。）に規定する職員団体、地方公務員法第52条第1項に規定する職員団体または国会職員法第18条の2第1項に規定する国会職員の組合
(ハ) (ロ) に掲げる団体または労働組合法第2条および第5条第2項の規定に該当する労働組合が主体となって構成され、自主的に労働条件の維持改善その他経済的地位の向上を図ることを主たる目的とする団体（団体に準じる組織を含みます。）であって、次のいずれかに該当するものであること。
　① 一の都道府県の区域内において組織されているもの
　② ①以外のものであって職業安定局長が定める基準に該当するもの

（2）事業運営に関する要件

イ　労働者供給事業を法の精神に従って運営することができる組織と能力を備えているものであること。

労働組合等の行う労働者供給事業は、職業安定機関等の行う職業紹介と相まって、労働者の職業の安定、産業に対する寄与をさらに充実させるものということができます。したがって、法に規定されている諸原則およびこれに基づく行政庁の指示に従って運営されることはもちろん、労働者供給事業を行うに当たっては、計画的にかつ秩序をもって民主的に事業が運営されなければなりません。

そのためには、次のような条件を具備する必要があります。

① 労働組合等が供給しようとする労働組合等の構成員（以下「組合員等」といいます。）に相応する供給先を確保する見通しがあること。

② 労働組合等が供給しようとする者は、当該労働組合等の組合員等に限られること。

③ 供給先の職種が、供給を受ける組合員等の技能に相応するものであること。

ロ 労働組合等の運営が民主的に行われているものであること。

労働組合等が自らの手によって労働者供給事業を行うことは、労働組合等の主体性と、その目的からして、労働の民主化を図ることを促進することにもなることから認められているものであります。

したがって、当該労働組合の組織および運営が民主的なものであることが当然要請されるものであること。

ハ 労働組合等の行う労働者供給事業は、無料で行うものでなければならないこと。

労働者供給事業は、弊害の発生を事前に防止し適正な運営を期するために、法第45条に基づき無料で行う場合にのみ認めています。したがって、労働組合等は、供給を受ける組合員等または供給先から供給手数料的性格の経費を徴収してはならないこと。

ここでいう「供給手数料的性格の経費」とは、次のいずれかの経費をいいます。なお、②における「賃金その他の報酬」には、組合員等が加入する社会保険料および労働保険料が含まれます。

① 組合費以外に組合員等から徴収する経費

② 供給に伴って供給の対象となった組合員等が受ける賃金その他の報酬以外の供給先から受ける経費

2 許可申請の手続

(1) 許可申請を要する事項

則第32条第1項に基づき職業安定局長が定める許可申請の手続が必要となる場合は次のとおりです。

イ　新たに厚生労働大臣の許可を受けて労働者供給事業を行おうとする場合

ロ　厚生労働大臣の許可を受けて労働者供給事業を行っている労働組合等が、その組織を改組し、当該改組に係る労働組合等が、引き続き労働者供給事業を行おうとする場合

ハ　ロ以外の場合であって、厚生労働大臣の許可を受けて労働者供給事業を行っている労働組合等の組合員等のうち、労働者供給事業の供給の対象となる組合員等（以下「供給対象組合員等」といいます。）の職種の構成を全面的に変更する場合

（2）許可申請関係書類

則第 32 条第 1 項の規定に基づき職業安定局長が定める許可の申請に要する書類およびその様式は、次のとおりとします。

イ　労働者供給事業許可（許可有効期間更新）申請書（様式第 1 号）

ロ　許可申請関係添付書類

(ｲ) 共通書類

① 労働組合等規約（任意様式）

② 供給先との供給契約のヒナ型（任意様式）

③ 労働組合等の組織に関する書類（任意様式）

④ 労働者供給事業運営規程（以下「事業運営規程」といいます。）（任意様式）

⑤ 労働者供給事業計画書（様式第 3 号）

⑥ 労働組合等役職員名簿（様式第 4 号）

(ﾛ) 労働組合等の資格証明等に要する書類

① 労働組合法第 2 条および第 5 条第 2 項の規定に該当する労働組合

・関係労働委員会の組合資格審査証明書（様式は、ハの（ｲ）参照）

② 則第 4 条第 6 項第 1 号に掲げるもの（国家公務員法第 108 条の 2 第 1 項（裁判所職員臨時措置法第 1 号において準用する場合を含みます。）に規定する職員団体、地方公務員法第 52 条第 1 項に規定する職員団体、または国会職員法第 18 条の 2 第 1 項に規定する国会職員の組合）

・資格証明書は不要（この場合、ロの（ｲ）の共通書類により確認することとします。）

③　則第４条第６項第２号に掲げるもの（②に掲げる団体または①に掲げる労働組合が主体となって構成され、自主的に労働条件の維持改善その他経済的地位の向上を図ることを主たる目的とする団体（団体に準ずる組織を含みます。）であって、一の都道府県の区域内において組織されているもの）

・労働団体の中央団体による労働組合等の資格に関する確認書（(以下「資格確認書」といいます。)（様式第２号））

様式第１号　（日本産業規格Ａ列４）

<table>
<tr><td>※許可番号</td><td></td></tr>
<tr><td>※許　　　可
許可有効期間更新　年月日</td><td>年　月　日</td></tr>
</table>

許　可
労働者供給事業　申請書
許可有効期間更新

<table>
<tr><td>①労働組合等名称</td><td colspan="10"></td></tr>
<tr><td>②労働組合等の事務所の所在地</td><td colspan="10">〒（　－　）
（　）　－</td></tr>
<tr><td rowspan="2">③代表者氏名及び住所</td><td colspan="10"></td></tr>
<tr><td colspan="10"></td></tr>
<tr><td rowspan="2">④所属上部団体の名称</td><td colspan="5"></td><td colspan="5"></td></tr>
<tr><td colspan="5"></td><td colspan="5"></td></tr>
<tr><td rowspan="3">⑤労働者供給事業を行う事業所の名称及び所在地</td><td colspan="3"></td><td colspan="7">〒（　－　）　（　）　－</td></tr>
<tr><td colspan="3"></td><td colspan="7">〒（　－　）　（　）　－</td></tr>
<tr><td colspan="3"></td><td colspan="7">〒（　－　）　（　）　－</td></tr>
<tr><td>⑥供給職種名</td><td colspan="10"></td></tr>
<tr><td rowspan="6">⑦職種別組合員等数</td><td colspan="2">(a)職　種　名</td><td></td><td></td><td></td><td></td><td>計</td></tr>
<tr><td colspan="2">(b)総　数</td><td></td><td></td><td></td><td></td><td></td></tr>
<tr><td colspan="2">(c)供給対象外の組合員等数</td><td></td><td></td><td></td><td></td><td></td></tr>
<tr><td rowspan="3">(d)供給対象予定者数</td><td>イ
(c)のうち臨時的に供給される者</td><td></td><td></td><td></td><td></td><td></td></tr>
<tr><td>ロ
常時供給される者</td><td></td><td></td><td></td><td></td><td></td></tr>
<tr><td>ハ　計</td><td></td><td></td><td></td><td></td><td></td></tr>
<tr><td rowspan="2">⑧
主たる供給先の名称及び事業種別</td><td>[　]</td><td>[　]</td><td>[　]</td></tr>
<tr><td>[　]</td><td>[　]</td><td>[　]</td></tr>
<tr><td>⑨　許可年月日</td><td>年　月　日</td><td>⑩事業開始予定年月日</td><td>年　月　日</td></tr>
<tr><td>⑪　有効期間更新年月日</td><td>年　月　日</td><td>⑫許可番号</td><td></td></tr>
</table>

職業安定法第45条及び職業安定法施行規則　第32条第１項・第32条第５項　の規定により　許　可・許可有効期間更新　を申請します。

年　月　日　　　　申請者

厚生労働大臣　殿

様式第1号（第2面）

（記載要領）

(1) ※には、記載しないこと。

(2) 許可を申請するときは、表題中及び表面下方の「許可有効期間更新」の文字並びに表面下方の「第32条第5項」の文字を抹消すること。なお、この場合⑨、⑪及び⑫欄には記載しないこと。

(3) 許可の有効期間の更新を申請するときは、表題中及び表面下方の「許可」の文字並びに表面下方の「第32条第1項」の文字を抹消すること。なお、この場合⑩欄には記載しないこと。

(4) ①欄には、当該申請を行う労働組合等の名称を記載すること。なお、法人の場合は「法人」と記載すること。

(5) ④欄には、当該申請を行う労働組合等が加盟、又は組織している上部組織、あるいは当該申請を行う労働組合等の組合等で組織している上部組織（以下「労働組合等の上部組織という。」について、全国的上部組織までを順次系統を追って記載すること、ただし、労働組合等の上部組織がない場合は、記載を要しない。

(6) ⑤欄には、現実に労働者供給事業を行う事業所（労供事業所）の名称及びその所在地を記載すること。なお、４以上の労供事業所がある場合で記載欄が足りない場合は、別葉に当該事項を掲載の上、添付すること。

(7) ⑥欄には、当該申請によって供給する組合員等の職種名を記載すること。

(8) ⑦欄については、次により記載すること。

① (a)欄の職種名については、(d)欄に該当する組合員等の職種のみを記載すればよいこと。したがって、(b)欄及び(c)欄は職種別に記載する必要はなく計欄のみ記載すること。

② (c)欄には、特定の事業所等に雇用されていて、通常供給の対象とならない組合員等について記載すること。

③ イ欄には、(c)欄のうち、特に仕事の性質上、繁閑があり、臨時的に雇用主の了解をとって、他の事業所に供給されることのある組合員等がある場合に限り、その職種別員数を記載すること。したがって、その数は(c)欄の内数となること。

④ ロ欄には、(c)欄以外の常時供給されることによって就労する組合員等の職種別員数を記載すること。

(9) ⑧欄には、主たる供給先又は供給予定先の名称を［ ］外に、当該供給先（供給予定先）の事業の種類を［ ］内に記載すること。すなわち、供給に関する労働協約を締結している事業所等、又は供給を行う予定の事業所等について記載すること。

なお、供給先又は供給予定先が不特定の個人、小店舗等であって、これを常態とする場合にあっては、「一般家庭、市内小店舗等」のように、なるべくその供給先の実態がわかるように記載すること。

また、供給先又は供給予定先が数多くあり、欄数が足りない場合には、別葉に必要事項を記載の上、添付すること。

(10) 申請者の欄は、労働組合等の名称及び代表者氏名を記載すること。

ハ　許可申請関係書類の様式等

(イ) 組合資格審査証明書

様式および記載要領等は、労働委員会規則第26条に基づく事項を記載したものであって、当該許可申請の直前に証明されたものとすること。

(ロ) 資格確認書（様式第２号）

資格確認書の様式は、次のとおりです。

様式第２号　　　　　　　　　　　　　　　　　　　（日本産業規格Ａ列４）

資　格　確　認　書

１　申請労働組合等の名称

２　申請労働組合等の事務所の所在地
（〒　　－　　）

３　申請労働組合等の代表者の氏名

４　申請労働組合等の代表者の住所
（〒　　－　　）

上記の許可申請労働組合等は、職業安定法施行規則第４条第６項第２号柱書に掲げるものであることを確認する。

年　　月　　日

確認団体等の名称
代　表　者　氏　名

厚　生　労　働　大　臣　　　殿

(ハ) 労働組合等規約

様式は任意のものとしますが、許可申請年月日現在において有効なものであって、少なくとも、労働組合法第5条第2項各号、または国家公務員法第108条の3第2項各号、あるいは地方公務員法第53条第2項各号を満たすものであること。

(ニ) 供給先との供給契約（労働協約書）のひな型

様式は任意のものとしますが、供給先に対して組合員等を確実に供給し得る具体的な条項が含まれているもので、少なくとも、次の事項が記載されたものであること。

① 供給される組合員等が従事する業務の内容に関する事項
② 供給される組合員等が従事する事業所の名称および所在地に関する事項
③ 供給される期間に関する事項
④ 労働条件に関する事項

(ホ) 労働組合等の組織に関する書類

様式は任意のものとしますが、当該申請労働組合等の部内組織（労働者供給事業の運営担当者を明記すること。）と、当該申請労働組合等の上部組織との関係について、具体的に記載すること。

なお、できる限り図式化を図ることが望ましいです。

(ヘ) 事業運営規程

様式は任意のものとしますが、事業の適正な運営のための指針となるものですから（**第3節**の**4**の（2）参照)、民主的な手続きを経て定められたものであって、当該申請年月日現在において有効なものであり、少なくとも、次の事項を記載したものであること。

① 労働者供給事業を行う目的、方針に関すること。
② 供給契約の締結に関する手続、方法に関すること。
③ 供給の手続、方法に関すること。
④ 供給先の範囲および供給先との連絡方法に関すること。
⑤ 供給する組合員等の範囲並びにその連絡方法に関すること。
⑥ 供給業務の事務機構に関すること。
⑦ 労供事業所に備え付ける帳簿書類等に関すること。
⑧ 供給対象組合員等の技能等に関すること。

⑨　供給する組合員等の賃金の受領方法に関すること。

⑩　就労の方法、確認に関すること。

⑪　供給契約人員を充足し得ない場合の処置並びに不就労組合員等の処置に関すること。

⑫　供給先の開拓に関すること。

⑬　都道府県労働局との連絡に関すること。

⑭　供給事業に付随する福利厚生、その他の施設の維持管理並びに利用に関すること。

⑮　この規程の改変に関する手続等に関すること。

(ト) 労働者供給事業計画書（様式第３号）

労働者供給事業計画書（以下「事業計画書」といいます。）の様式およびその記載要領は、次のとおりとします。

様式第３号（第１面）　　　　（日本産業規格Ａ列４）

労働者供給事業計画書

1　計画対象期間

年　月　日から　　年　月　日まで

2　労働者供給計画（月間）

(1) 供給計画	①職種名						計
	②常時供給数	人	人	人	人	人	人
	③臨時的供給数	人	人	人	人	人	人
	④計	人	人	人	人	人	人
(2) 供給先の確保計画							

3　組合費　　　円（１人あたり、１月の平均額）

様式第３号（第２面）

(記載要領)

(1)　１の計画対象期間には、始期については事業所で事業開始を予定する日又は許可の有効期間の更新を予定する日を、終期については許可の有効期間の末日を含む事業年度の終了の日を記載すること。

(2)　２の（１）欄には、計画対象期間において、１月あたりの平均の職種別の供給組合員等の見込みの数の実数を、常態的な供給対象組合員等と、他の事業所に雇用されている者で、雇用主の了解をとって仕事の繁閑に応じて臨時的に供給の対象となる組合員等に区分して記載すること。

(3)　2の（2）欄には、計画対象期間において、1月あたりの平均の職種別の供給可能な供給先の見込数を記載すること。
(4)　3については、計画対象期間において、供給する組合員等1人から徴収する1月の平均の組合費の額の見込みを記載すること。

様式第3号（第3面）

労働者供給事業を行う労働組合は、職業安定法その他次に掲げる労働関係法令にかかわる重大な違反がないこと及び「職業紹介事業者、求人者、労働者の募集を行う者、募集受託者、募集情報等提供事業を行う者、労働者供給事業者、労働者供給を受けようとする者等がその責務等に関して適切に対処するための指針」第9の労働者供給事業者の責務に関する事項（法第45条の2）に係る措置を講ずることを誓約します。

1　労働基準法第117条及び第118条第1項（同法第6条及び第56条に係る部分に限る。）の規定並びにこれらの規定に係る同法第121条の規定（これらの規定が、労働者派遣事業の適正な運営の確保及び派遣労働者の保護等に関する法律第44条（第4項を除く。）により適用される場合を含む。）
2　労働者派遣事業の適正な運営の確保及び派遣労働者の保護等に関する法律第58条から第62条までの規定
3　港湾労働法第48条、第49条（第1号を除く。）及び第51条（第2号及び第3号に係る部分に限る。）の規定並びにこれらの規定に係る同法第52条の規定
4　建設労働者の雇用の改善等に関する法律第49条、第50条及び第51条（第2号及び第3号を除く。）の規定並びにこれらの規定に係る同法第52条の規定
5　中小企業における労働力の確保及び良好な雇用の機会の創出のための雇用管理の改善の促進に関する法律第19条、第20条及び第21条（第3号を除く。）の規定並びにこれらの規定に係る同法第22条の規定
6　育児休業、介護休業等育児又は家族介護を行う労働者の福祉に関する法律第62条から第65条までの規定
7　林業労働力の確保の促進に関する法律第32条、第33条及び第34条（第3号を除く。）の規定並びにこれらの規定に係る同法第35条の規定
8　外国人の技能実習の適正な実施及び技能実習生の保護に関する法律第108条、第109条、第110条（同法第44条の規定に係る部分に限る。）、第111条（第1号を除く。）及び第112条（第1号（同法第35条第1項の規定に係る部分に限る。）及び第6号から第11号までに係る部分に限る。）の規定並びにこれらの規定に係る同法第113条の規定

(チ) 労働組合等役職員名簿（様式第4号）

労働組合等役職員名簿の様式およびその記載要領は、次のとおりとし、当該許可申請年月日現在において有効なものとします。

様式第４号

（日本産業規格Ａ列４）

労働組合等役職員名簿

年　月　日現在

①役職名	②氏名	③年齢	④役職就任年月日	⑤略歴	⑥担当職務内容、その他
		歳	年　月　日	年　月 年　月	

（記載要領）

（１）　①欄については、当該労働組合等の役員等について、その役職名を記載すること。

（２）　④欄については、現職に就任した年月日を記載すること。

（３）　⑤欄については、現職就任前の役職名及び就任年月を２代にわたり記載すること。

（４）　⑥欄については、担当職務内容（名称）、その他参考となる事項を記載すること。

（５）　なお、すでに当該記載項目のすべてについて記載された書類がある場合には、当該書類を添付することによって、当該名簿の記載を省略して差し支えないこと。

（３）労働組合等の手続

イ　労働者供給事業を行おうとする労働組合等は、職業安定局長の定める手続および様式に従い、厚生労働大臣に許可を申請しなければなりません（則第 32 条第１項）。

ロ　イの許可の申請は、（２）のイに定める労働者供給事業許可申請書（以下「許可申請書」といいます。）および（２）のロに定める許可申請関係添付書類（以下「許可関係添付書類」といいます。）を、労働者供給事業を開始しようとするおおむね 30 日前までに当該申請を行う労働組合等の労働者供給事業を行う主たる事務所の所在地を管轄する都道府県労働局に提出することにより行うものとします。

様式第５号（第１面）

（日本産業規格Ａ列４）

労働者供給事業許可申請確認書
労働者供給事業許可有効期間更新申請確認書

<table>
<tr><td rowspan="2">申請者</td><td>労働組合等
名　　称</td><td></td><td rowspan="3">確認者</td><td>都道府県
労働局名</td><td></td></tr>
<tr><td rowspan="2">代表者
氏　　名</td><td rowspan="2"></td><td></td><td></td></tr>
<tr><td></td><td>作成年月日</td><td>年　　月　　日</td></tr>
</table>

1　労働組合等の資格要件の具体的履行状況

（1）当該労働組合等が根拠法に示された事項に現実に適合しているかどうか。

（2）当該労働組合等が根拠法に定められた事項を含み組合等の規約等を履行しているかどうか。

2　労働組合等の民主的運営に関する事項

（当該労働組合等の組織、運営が民主的なものであるかどうか。）

様式第５号（第２面）

（日本産業規格Ａ列４）

3　法の趣旨に従って運営することができる組織及び能力の有無に関する事項

（１）供給対象組合員等に相応する供給先の確保の見通しと労働市場の概況。

（２）供給対象は組合員等に限定されているか。

（３）常時供給対象組合員等の数が正しいか。

（４）供給先の業種又は職種が供給対象組合員等の技能に相応するものかどうか。

様式第５号（第３面）

（日本産業規格Ａ列４）

4　無料の原則に関する事項 （1）　供給先から供給手数料的性格の経費を徴収していないか。 （2）　供給対象組合員等から供給手数料的性格の経費を徴収していないか。
5　その他（許可等の決定の参考事項）

（記載要領）

（1）　１欄については、関係労働委員会の組合資格証明書等を裏付ける意味において、その具体的適合状況及び履行状況を確認するものであるから、当該労働組合について、（5）許可申請書等の確認のイの確認の手続きに基づいて確認し、その結果を記載すること。

（2）　２欄については、特に当該労働組合等の組織及び運営が民主的なものであり、労働者供給事業によって不当な利益を得ていないかどうかについて確認の上、記載すること。

（3）　３欄については、労働者供給事業を円滑かつ的確に運営することができる能力を有しているかどうかについて確認するものであるから、できる限り詳細に記載すること。

（4）　４欄の（1）については、労働組合法等によって許容される部分についても、それが供給手数料的経費でないことを確認の上、記載すること。

様式第６号

（日本産業規格Ａ列４）

労働者供給事業許可申請等処理台帳

○○労働局

① 受理年月日	② 労働組合等名称	③ 代表者氏名	④ 労働組合等の事務所の所在地及び電話番号	⑤ 組合員等数（供給対象者数）	⑥ 申請等の区分	⑦ 処置状況（年月日）	⑧ 変更の状況（年月日）	⑨ 他機関との連絡状況	⑩ 備考
				（　）					
				（　）					
				（　）					
				（　）					
				（　）					
				（　）					
				（　）					
				（　）					
				（　）					
				（　）					

様式第６号

（記載要領）

(1)　①欄には、各種申請書、届出書、報告書等の書類を受理した年月日を、②欄には、労働組合等の名称を、③欄には、当該労働組合等の代表者の氏名を、④欄には、当該労働組合等の事務所の所在地及び電話番号を、⑤欄には、当該労働組合等の組合員等の数及び供給対象組合員等の数を（　　）内に、それぞれ記載すること。

(2)　⑥欄には、許可申請、許可更新申請、変更許可申請等の区分を記載すること。

(3)　⑦欄には、各種申請等の処置（許可・不許可等）状況等を記載すること。

(4)　⑧欄には、当該許可労働組合等についての各種変更事項を記載すること。

(5)　⑨欄には、当該許可労働組合等についての各種申請・届出等について、又処分等についての都道府県及び労政行政機関等との連絡状況等を記載すること。

(6)　⑩欄には、当該許可労働組合等について労働者供給事業の運営等において参考となる事項等を記載すること。

（4）許可申請書等の確認

イ　確認の手続

都道府県労働局における許可申請書等の確認の方法は、次により行うものとします。

(イ) 許可申請確認書についての確認事項について、適宜、職業安定行政機関自らの調査を実施し、なお必要に応じて関係労働委員会の見解を求めること。

(ロ) 確認の実施は、許可申請書の書類上の審査、当該許可申請者からの事情聴取、当該許可申請者の実態についての実地調査等によって行い、その結果と許可申請書等の内容とを比較検討して判断した結果に基づいて許可申請確認書を作成すること。

（5）許可等の決定の手続

イ　厚生労働大臣が許可申請書の送付を受けたときは、**1**の（1）および（2）に示す許可要件に照らして審査の上、許可するかどうかを決定するものとします。

ロ　許可、不許可の処分を決定したときは、労働者供給事業許可証（様式第7号。以下「許可証」といいます。）または労働者供給事業不許可通知書（様式第8号。以下「不許可通知書」といいます。）を作成し、これを当該許可申請書を送付した都道府県労働局を経由して当該許可申請者に交付するものとします。

ハ　不許可の処分を行ったときは、不許可通知書の交付に際し、その理由を当該許可申請書を経由した都道府県労働局に通知するものとします。

ニ　許可証または不許可通知書の送付を受けた都道府県労働局は、処理台帳に所要事項を記載整理の上、これを遅滞なく、当該許可申請者に交付するものとします。

ホ　許可証および不許可通知書の様式は、次のとおりとします。

様式第7号

（日本産業規格A列4）

許可番号

許可年月日　　年　月　日

労働者供給事業許可証

職業安定法第45条の許可を受けて労働者供給事業を行う者であることを証明する。

年　月　日

厚生労働大臣　印

名　　称

所　在　地

労供事業所の名称及び所在地

1.　（〒　－　）
2.　（〒　－　）
3.　（〒　－　）
4.　（〒　－　）
5.　（〒　－　）
6.　（〒　－　）
7.　（〒　－　）
8.　（〒　－　）
9.　（〒　－　）
10.　（〒　－　）

供給職種

有効期間　　年　月　日から　年　月　日まで

様式第８号

（日本産業規格Ａ列４）

厚生労働省発職第　号
年　月　日

不　許　可
労働者供給事業　　　　通知書
許可有効期間不更新

殿

厚生労働大臣　印

年　月　日付けの労働者供給事業に係る 許可／許可有効期間更新 申請については、下記の理由により、許可／許可有効期間更新 しない。

なお、この処分に不服のあるときは、行政不服審査法（平成26年法律第68号）の規定により、処分のあったことを知った日の翌日から起算して３箇月以内（ただし、処分のあった日の翌日から起算して１年以内）に厚生労働大臣に対し、審査請求をすることができる。

また、処分の取消しの訴えは、行政事件訴訟法（昭和37年法律第139号）の規定により、この処分のあったことを知った日の翌日から起算して６箇月以内（ただし、処分のあった日の翌日から起算して１年以内）に、国を被告（代表者は法務大臣）として提起することができる。ただし、審査請求をした場合には、処分の取消しの訴えは、その審査請求に対する裁決があったことを知った日の翌日から６箇月以内（ただし、裁決のあった日の翌日から起算して１年以内）に提起することができる。

記

（理　由）

（6）許可の条件

イ　（5）の許可の決定に際し、弊害の発生を事前に防止し、労働者供給事業を適正に運営するために必要と認めた場合には、当該許可申請の内容、労働者供給事業の行われる地域の実情等に応じて条件を付すことができます。

ロ　イの条件は、文書をもって付するものとし、許可証を当該許可申請者に交付する際に、併せて行うものとします。

3　許可の有効期間の更新手続

（1）許可の有効期間

労働者供給事業の許可の有効期間は、許可の日から起算して3年とします（則第32条第3項)。

（2）許可の有効期間の更新

許可の有効期間である3年が満了したときは、当該許可は失効することとなるので、許可の有効期間の満了後（当該許可の有効期間について更新を受けたときにあっては、当該更新を受けた許可の満了後）引き続き労働者供給事業を行おうとする場合には、許可の有効期間の更新を申請しなければなりません（則第32条第4項)。なお、許可の更新後の有効期間は5年です（則第32条第5項)。

（3）許可の有効期間の更新申請関係書類

則第32条第1項の規定に基づき職業安定局長が定める許可の有効期間の更新の申請に要する書類およびその様式は、次のとおりとします。

イ　労働者供給事業許可有効期間更新申請書（様式第1号）

ロ　事業計画書

（4）労働組合等の手続

（2）の許可の有効期間の更新を申請する労働組合等は、当該許可の有効期間が満了する日の30日前までに、（3）に掲げる労働者供給事業許可有効期間更新申請書（以下「許可更新申請書」といいます。）および事業計画書を、当該申請をする労働組合等の労働者供給事業を行う主たる事務所の所在地を管轄する都道府県労働局に提出（則第38条第2項）することにより行うものとします。

（5）更新等の決定の手続

イ　厚生労働大臣が、許可更新申請書の送付を受けたときは、**1**の（1）の「労働組合等の資格要件」および同（2）の「事業運営に関する要件」の履行状況を審査のうえ、更新するかどうかを決定するものとします。

ロ　更新、不更新の処分を決定したときは、許可証または労働者供給事業許可有効期間不更新通知書（様式第8号。以下「不更新通知書」といいます。）を作成し、これを、当該許可更新申請書を送付した都道府県労働局を経由して、当該申請者に交付するものとします。

ハ　不更新の処分を行ったときは、不更新通知書の交付に際し、その理由を当該許可更新申請書を経由した都道府県労働局に通知するものとします。

ニ　許可証、または不更新通知書の送付を受けた都道府県労働局は、処理台帳に所要事項を記載整理のうえ、当該申請者に交付するものとします。

ホ　不更新通知書

　不更新通知書の様式およびその記載要領は、**2**の（5）のホに定めるとおりとします。

（6）許可の条件

イ　（5）の更新の決定に際し、弊害の発生を事前に防止し、労働者供給事業を適正に運営するために必要と認めた場合には、当該許可更新申請書の内容、労働者供給事業の行われている地域の実情等に応じて条件を付すことができます。

ロ　イの条件は文書をもって付するものとし、許可証を当該申請者に交付する際に、併せて行うものとします。

4　変更の届出手続

（1）変更の届出

許可を受けて労働者供給事業を行っている労働組合等が、許可を受けた事項（許可申請関係書類の記載内容）の一部を変更しようとするときであって、当該変更事項の内容が（2）に該当するときは、変更後に変更の届出（変更届出）をしなければなりません。

（2）変更届出を要する事項

変更届出を要する事項は、次のとおりとします。

① 労働組合等の名称の変更
② 労働組合等の事務所の所在地の変更
③ 労供事業所の名称の変更
④ 労供事業所の所在地の変更
⑤ 労供事業所の新設・廃止
⑥ 労働組合等の役職員の変更
⑦ 労働組合等の上部組織の変更
⑧ 労働組合等の規約の変更
⑨ 労働組合等の部内組織の変更（労働者供給事業の運営組織に係る変更。）
⑩ 事業運営規程の変更
⑪ 供給職種の変更（職種の構成を全面的に変更する場合を除きます。）

（3）変更届出関係書類

変更の届出に関する書類は、次のとおりとします。

イ 労働者供給事業変更届出書（様式第9号）
ロ 変更届出関係添付書類
(ｲ) 労働組合等の名称の変更の場合（または労供事業所の名称の変更の場合）
・**2**の（2）のロの（ﾛ）の①の組合等にあっては、登記事項証明書（写）
・**2**の（2）のロの（ﾛ）の②の組合等にあっては、労働組合等の規約
・**2**の（2）のロの（ﾛ）の③の組合等にあっては、労働組合等の規約
(ﾛ) 労働組合等の事務所の所在地の変更の場合（または労供事業所の所在地の変更の場合）
・不動産登記事項証明書（写）または不動産賃貸借（使用賃借）契約書（写）

(ハ) 労供事業所の新設の場合

・不動産登記事項証明書（写）または不動産賃貸借（使用賃借）契約書（写）

(ニ) 労働組合等の役職員の変更の場合

・労働組合等役職員名簿（様式第４号）

・労働組合等の大会議事録（写）

(ホ) 労働組合等の上部組織の変更の場合

・労働組合等の規約

・労働組合等の大会議事録（写）

(ヘ) 労働組合等の規約の変更の場合

・労働組合等の規約

・労働組合等の大会議事録（写）

(ト) 労働組合等の部内組織の変更の場合

・当該労働組合等の部内組織図

・労働者供給事業の運営担当者（労供事業者）の氏名

(チ) 事業運営規程の変更の場合

・事業運営規程

・事業運営規程の改定に関する決議書（写）

(リ) 供給職種を変更する場合

・職種別供給対象組合員等一覧（様式第10号）

ハ　労働者供給事業変更届出書および労働者供給事業許可証書換申請書

労働者供給事業許可証書換申請書（様式第９号。以下「許可証書換申請書」といいます。）は、許可証の記載項目に係る変更の届出の場合（(２)の①、②、③、④、⑤および⑪の変更。）に添付するものとします。

なお、労働者供給事業変更届出書（様式第９号）および書換申請書の様式および記載要領は、次のとおりです。

様式第9号（第1面）

（日本産業規格A列4）

労働者供給事業変更届出書
労働者供給事業許可証書換申請書

<table>
<tr><td rowspan="3">届出者</td><td>①労働組合等の名称</td><td></td><td>④許可年月日</td><td>年　月　日</td></tr>
<tr><td>②労働組合等の事務所の所在地</td><td></td><td>⑤更新年月日</td><td>年　月　日</td></tr>
<tr><td>③所属上部組織の名称</td><td></td><td>⑥変更年月日</td><td>年　月　日</td></tr>
<tr><td rowspan="4">⑦労供事業所の名称及び所在地</td><td></td><td></td><td></td><td></td></tr>
<tr><td></td><td></td><td></td><td></td></tr>
<tr><td></td><td></td><td></td><td></td></tr>
<tr><td></td><td></td><td></td><td></td></tr>
<tr><td colspan="2">⑧変更事項</td><td colspan="3"></td></tr>
<tr><td rowspan="2">変更の内容</td><td colspan="2">⑨変更前</td><td colspan="2">⑩変更後</td></tr>
<tr><td colspan="2"></td><td colspan="2"></td></tr>
<tr><td>⑪変更事由</td><td colspan="4"></td></tr>
<tr><td>⑫備考</td><td colspan="4"></td></tr>
</table>

上記のとおり届けます。

年　月　日

届出者

厚生労働大臣　殿

様式第９号（第２面）

（記載要領）

（1）　①欄には、届出を提出する変更前の労働組合等の名称を、②欄には、当該届出を提出する変更前の労働組合等の事務所の所在地を、③欄には、当該労働組合等の上部組織の名称を、④欄には、許可を受けた年月日を、⑤欄には、直近の許可の有効期間の更新年月日を、⑥欄には、当該変更事項（複数の場合は、⑫欄にその旨を記載すること。）の変更年月日を、⑦欄には、変更前の労供事業所の名称と所在地について、そのすべてを、それぞれ記載すること。

（2）　⑧欄には、当該労働組合等の変更事項について、変更届出を要する事項を記載（複数でも可。）すること。

（3）　労働者供給事業の変更届出を要する事項のうち、許可証の記載事項以外の事項の変更の場合には、表題中「労働者供給事業許可証書換申請書」の文字を抹消すること。

（4）　（3）の場合において、⑧欄に記載した事項について、次により記載することとする。

①　労働組合等の役職員の変更については、労働組合等役職員名簿（様式第４号）を作成の上、添付することとし、⑨欄及び⑩欄は記載を省略することとする。

②　労働組合等の上部組織の変更については、⑨欄は記載を省略し、⑩欄に当該労働組合等の上部組織の名称及び事務所の所在地を記載することとする。

③　労働組合等の規約の変更については、⑨欄及び⑩欄は記載を省略することとし、変更後の労働組合等の規約を添付することとする。

④　労働組合等の内部組織の変更については、⑨欄及び⑩欄は記載を省略し、当該労働組合等の労働者供給事業の運営組織に係る変更についての部内組織図を作成し添付することとする。

⑤　労働組合等の事業運営規程の変更については、⑨欄及び⑩欄は記載を省略することとし、変更後の事業運営規程を添付することとする。

（5）　労働者供給事業の変更届出を要する事項のうち、許可証の記載事項を変更する場合には、表題の文字を抹消しないこと。

（6）　（5）の場合において、⑧欄に記載した事項について、次により記載することとする。

①　労働組合等の名称の変更については、⑨欄は記載を省略し、⑩欄に変更後の名称を記載すること。

②　労働組合等の事務所の所在地の変更については、⑨欄は記載を省略し、⑩欄に変更後の当該事務所の所在地を記載すること。

③　労供事務所の名称の変更又は労供事務所の所在地の変更については、⑩欄に変更後の当該名称又は変更後の当該所在地を記載すること。

④　労供事務所の新設については、⑩欄に新設の労供事務所の名称及び住所を記載すること。

⑤　供給職種の変更については、⑨欄及び⑩欄は記載を省略することとし、職種別供給対象組合員等一覧（様式第10号）を添付することとする。

（7）提出者の欄は、労働組合等の 名称及び代表者氏名を 記載すること。

様式第10号

（日本産業規格Ａ列４）

職種別供給対象組合員等一覧

①労働組合員等数					人	②変更年月日		年　月　日	
③変更前の供給対象組合員数	(a)職種名								計
	(b)常時供給数	人	人	人	人	人	人	人	人
	(c)臨時的供給数	人	人	人	人	人	人	人	人
	(d)計	人	人	人	人	人	人	人	人
④変更後の供給対象組合員数	(a)職種名								計
	(b)常時供給数	人	人	人	人	人	人	人	人
	(c)臨時的供給数	人	人	人	人	人	人	人	人
	(d)計	人	人	人	人	人	人	人	人
⑤備考									

（記載要領）

(1)　①欄には、当該労働組合の総組合員数を、②欄には、当該組合等の労働者供給事業における職種を変更した年月日を記載すること。

(2)　③欄には、(a)欄に変更前の当該労働組合等の供給する職種名を、(b)欄に当該供給職種別の常態的に供給を受ける組合員等の実数を、(c)欄に当該職種別の、他の事業所に常用雇用されている者で、仕事の繁閑に応じて臨時的に供給を受ける組合員等の実数を記載すること。

(3)　④欄には変更後の当該供給対象組合員等について、(2)に従い記載すること。

(4)　⑤欄には、当該供給職種の変更に伴う供給先の確保に関する具体的計画及びその方法等について記載すること。

（4）変更の届出手続

変更の届出は、（3）に定める変更届出書および変更届出関係添付書類を、変更を行った日後10日以内に労働組合等の労働者供給事業を行う主たる事務所の所在地を管轄する都道府県労働局に、当該労働組合等が提出することによって行うものとします。

5　許可証の取扱い

（1）許可証の備付けおよび提示

イ　労働組合等が労働者供給事業の許可を受けた場合は、交付を受けた許可証を当該労働組合等の事務所に備え付けるとともに、関係者から請求があったときは、これを提示するものとします。

ロ　「関係者」とは、当該労働組合等から組合員等の供給を受けているものもしくは受けようとする者、または当該労働組合等の供給の対象となっている組合員等もしくは供給の対象となろうとする組合員など、当該労働組合員等が適切に労働者供給事業を運営しているか否かにつき利害関係を有すると認められる者すべてを含むものです。

（2）許可証の再交付手続

イ　許可証の交付を受けた労働組合等が、許可証を亡失し、または許可証を滅失したときは、速やかに、労働者供給事業許可証再交付申請書（様式第11号。以下「許可証再交付申請書」といいます。）を当該労働組合等の労働者供給事業を行う主たる事務所の所在地を管轄する都道府県労働局を経て厚生労働大臣に提出し、許可証の再交付を受けるものとします。

ロ　「亡失」とは許可証を無くすことであり、「滅失」とは許可証が物理的存在を失うことです。なお、「き損」した場合も、その程度が重大なものについては、「滅失」したものとして取り扱うものとします。

ハ　許可証再交付申請書の様式およびその記載要領は、次のとおりとします。

様式第11号

（日本産業規格A列4）

労働者供給事業許可証再交付申請書

		※再交付 書換　年月日	年　月　日
① 許可番号		② 許可年月日	年　月　日
③ 労働組合等の名称			
④ 労働組合等の事務所の所在地			
⑤ 労働組合等の代表者の氏名			
⑥ 再交付を申請する理由			
⑦ 備考			

上記のとおり許可証の再交付を申請します。

年　月　日

申請者

厚生労働大臣　殿

（記載要領）

申請者の欄については、労働組合等の名称及び代表者氏名を記載すること。

（3）許可証の返納手続

許可証の交付を受けた労働組合等は、次のいずれかに該当することとなったときは、当該事実のあった日の翌日から起算して10日以内に許可証（③の場合には、発見し、または回復した許可証）を当該労働組合等の労働者供給事業を行う主たる事務所を管轄する都道府県労働局を経て厚生労働大臣に返納するものとします。

① 許可が取り消されたとき
② 許可の有効期間が満了したとき
③ 許可証の再交付を受けた場合において、亡失した許可証を発見し、また回復したとき
④ 許可証の書換を受けたとき
⑤ 労働者供給事業を廃止したとき

6 廃止の届出手続

（1）廃止の届出

イ 法第45条の許可を受けて無料の労働者供給事業を行う労働組合等が、その事業を廃止したときは、当該労働組合等の労働者供給事業を行う主たる事務所の所在地を管轄する都道府県労働局長に届け出なければなりません。

ロ イの届出は、その事業を廃止した日から10日以内に、文書によって、主たる事務所の所在地を管轄する都道府県労働局長を経由して行わなければなりません（則第38条第2項）。

ハ ロの届出を受けた都道府県労働局長は、速やかに、これを厚生労働大臣に送付しなければなりません。

（2）廃止届出関係書類

労働者供給事業の廃止に伴う届出関係書類は、労働者供給事業廃止届出書（様式第12号。以下「廃止届出書」といいます。）とし、その様式および記載要領は次のとおりとします。

様式第12号

（日本産業規格Ａ列４）

労働者供給事業廃止届出書

<table>
<tr><td rowspan="3">申　請　者</td><td>①労働組合等の名称</td><td></td><td>④
許可年月日</td><td>年　月　日</td></tr>
<tr><td>②労働組合等の事務所の所在地</td><td></td><td>⑤
更新年月日</td><td>年　月　日</td></tr>
<tr><td>③所属上部団体等の名称</td><td></td><td>⑥
廃止年月日</td><td>年　月　日</td></tr>
<tr><td rowspan="5">⑦
労供事業所の名称及び所在地</td><td></td><td></td><td></td><td></td></tr>
<tr><td></td><td></td><td></td><td></td></tr>
<tr><td></td><td></td><td></td><td></td></tr>
<tr><td></td><td></td><td></td><td></td></tr>
<tr><td></td><td></td><td></td><td></td></tr>
<tr><td>⑧
廃　止　事　由</td><td colspan="4"></td></tr>
<tr><td>⑨
備　　考</td><td colspan="4"></td></tr>
</table>

職業安定法第47条及び同法施行規則第32条第6項の規定により、上記のとおり届けます。

年　月　日

届出者

都 道 府 県 労 働 局 長　殿

（記載要領）

（1）　①欄には、当該届出書を提出する労働組合等の名称を、②欄には、当該労働組合等の事務所の所在地を、③欄には、当該労働組合等の上部組織の名称を、④欄には許可を受けた年月日を、⑤欄には、直近の許可の有効期間の更新許可年月日を、⑥欄には廃止した年月日を、それぞれ記載すること。

（2）　⑦欄には、当該労働組合等のすべての労供事業所の名称と所在地を、⑧欄には、廃止の事由を記載すること。

なお、⑦欄については、記載欄が足りない場合、別葉に当該事項を記載の上、添付すること。

（3）　⑨欄には、供給対象となっていた当該組合員等について、就労に係る今後の措置について、具体的に記載すること。

（4）　届出者欄には、労働組合等の名称及び代表者氏名を記載すること。

（3）廃止の届出手続

イ　許可を受けて無料の労働者供給事業を行っている労働組合等が、当該事業を廃止したときは、当該廃止した日から10日以内に当該労働組合等の労働者供給事業を行う主たる事務所の所在地を管轄する都道府県労働局に、廃止届出書を提出するものとします。

ロ　都道府県労働局長は、廃止届出書の受理にあたっては、所要事項を確認し、労働者供給事業廃止確認書（様式第13号。以下「廃止確認書」といいます。）を作成するとともに、処理台帳に所要事項を記載のうえ、当該廃止確認書を添えて、速やかに、厚生労働大臣あてに送付するものとします。

ハ　確認に当たっては、特に、当該廃止に伴う組合員等の就労についての対策、具体的計画について、詳細に検討を加えることとします。また、所要の指導援助を行うものとします。

ニ　廃止確認書の様式およびその記載要領は、次のとおりとします。

様式第13号

（日本産業規格Ａ列４）

労働者供給事業廃止確認書

申請者	労働組合等の名称		確認者	都道府県労働局名	
	代表者の氏名			作成年月日	年　月　日

1　廃止事由

2　廃止に伴う供給対象組合員等に対する措置等

3　都道府県労働局の措置等

（記載要領）

（1）　2については、当該労働組合等の供給事業の廃止に伴う供給対象組合員等の今後における就労対策等についての方針及び具体的対策について確認の上、記載すること。

（2）　3については、都道府県労働局における就労対策等について記載すること。

7　書類の提出の経由および提出部数

（1）書類の経由

労働者供給事業に関して厚生労働大臣に提出する書類は、労働者供給事業に係る主たる事業所の所在地を管轄する都道府県労働局長を経て提出するものとします（則第38条第2項）。

（2）提出部数

労働者供給事業に関して厚生労働大臣に提出する書類は、正本1部にその写し2部（関係添付書類については、1部）を添えて提出しなければなりません（則第38条第3項）。

第3節　労働者供給事業の事業運営

1　概　要

労働者供給事業は原則的に禁止されていますが、労働組合法による労働組合等（**第1節の2**の（2）参照）が厚生労働大臣の許可を受けて無料で行う場合に認められているものであり、当該事業の運営は、適正に行われることが必要です。このため、法および指針等により、適切な事業運営のために遵守すべき原則が定められています。

労働者供給事業を行う労働組合等および供給を受ける事業所等が遵守しなければならない原則は、次のとおりです。

2　労働者供給事業の事業所運営の原則

（1）均等待遇に関する事項（法第3条）（指針第2参照）

イ　差別的な取扱いの禁止

労働者供給事業者は、全ての利用者に対し、その申込みの受理、面接、指導、紹介等の業務について人種、国籍、信条、社会的身分、門地、従前の職業、労働組合の組合員であること等を理由として、差別的な取扱いをしてはなりません。

また、労働者供給事業者は、供給される労働者が法第48条の4第1項に基づく厚生労働大臣に対する申告を行ったことを理由として、差別的な取扱いをしてはなりません。

さらに、法第3条の趣旨にかんがみ年齢による不合理な差別的労働者供給は不適当である旨、周知および指導に努める必要があります。

なお、このような差別的取扱いは、厚生労働大臣が法第48条の2の規定に基づいて行う指導および助言の対象となることに留意する必要があります。

ロ　労働者供給に関する男女の均等な機会の確保

労働者供給事業者が、雇用機会均等法第5条の規定に違反する内容の供給の申込みを受理し、また当該供給先に対して労働者の供給を行うことは法第３条の趣旨に反します。

（2）労働条件等に関する事項（法第５条の３）（指針第３参照）

イ　法第５条の３の規定に基づき、労働者供給事業者が供給される労働者に対して行う労働条件等の明示および労働者供給を受けようとする者が労働者供給事業者に対して行う労働条件等の明示は、いずれも次に掲げる事項が明らかとなる書面の交付の方法、ファクシミリを利用する方法または電子メールその他のその受信する者を特定して情報を伝達するために用いられる電気通信（電気通信事業法第２条第１号に規定する電気通信をいいます。以下「電子メール等」といいます。）による必要があること（則第４条の２第２項）。ただし、(リ）については、労働者を派遣労働者（労働者派遣法第２条第２号に規定する派遣労働者をいいます。以下同じ。）として雇用しようとする者に限ります。

(イ) 労働者が従事すべき業務の内容に関する事項

(ロ) 労働契約の期間に関する事項（期間の定めの有無、期間の定めがあるときはその期間）

(ハ) 試みの使用期間（以下「試用期間」といいます。）に関する事項（試用期間の有無、試用期間があるときはその期間）

(ニ) 就業の場所に関する事項

(ホ) 始業および終業の時刻、所定労働時間を超える労働の有無、休憩時間および休日に関する事項

(ヘ) 賃金（臨時に支払われる賃金、賞与および労働基準法施行規則第８条各号に掲げる賃金を除きます。）の額に関する事項

(ト) 健康保険法による健康保険、厚生年金保険法による厚生年金、労働者災害補償保険法による労働者災害補償保険、雇用保険法による雇用保険の適用に関する事項

(チ) 労働者を雇用しようとする者の氏名または名称に関する事項

(リ) 労働者を派遣労働者として雇用しようとする旨

(ヌ) 就業の場所における受動喫煙を防止するための措置に関する事項

この場合の「書面」とは、直接書面を交付する方法や郵送により交付する方法をいい、ファクシミリや電子メール等は該当しません。

また、ファクシミリを利用する方法または電子メール等を利用する方

法が認められるのは、書面の交付を受けるべき者が、ファクシミリを利用する方法または電子メール等を利用する方法（ファクシミリまたは電子メール等の受信者がその記録を出力することにより書面を作成することができるものに限ります。以下同じ。）を希望した場合に限られるものであること。

ファクシミリを利用する方法についてはファクシミリ装置により受信したときに、電子メール等を利用する方法については明示を受けるべき者の使用に係る通信端末機器に備えられたファイルに記録されたときに到達したものとみなされるものであること。

また、書面の交付を受けるべき者が、ファクシミリを利用する方法または電子メール等を利用する方法を希望するときは、当該方法を希望する旨および希望する電子メール等の方式（電子メール・SNSメッセージ等の電気通信の方式、添付ファイルを使用する場合の使用ソフトウェアの形式およびバージョン等）を書面の交付を行うべき者に対して明示することとする。

ロ　労働者供給事業者は、供給される労働者に対して従事すべき業務の内容および賃金、労働時間その他の労働条件（以下「従事すべき業務の内容等」といいます。）を可能な限り速やかに明示しなければなりません。また、労働者供給事業者および労働者供給を受けようとする者は、従事すべき業務の内容等を明示するに当たっては、次に掲げるところによらなければなりません。

(イ) 明示する従事すべき業務の内容等は、虚偽または誇大な内容としないこと。

(ロ) 労働時間に関しては、始業および終業の時刻、所定労働時間を超える労働、休憩時間、休日等について明示すること。また、労働基準法に基づき、裁量労働制が適用されることとなる場合（労働基準法第38条の3第1項の規定により同項第2号に掲げる時間労働したものとみなす場合または労働基準法第38条の4第1項の規定により同項第3号に掲げる時間労働したものとみなす場合）には、その旨を明示すること。また、同法第41条の2第1項の同意をした場合に、同項の規定により労働する労働者として業務に従事することとなるとき（高度プロフェッショナル制度が適用され、労働基準法第4章で定める労働時間、休憩、休日および深夜の割増賃金に関する規定が適用されないこととなるとき）は、その旨を明示すること。

（※１）所定労働時間を超える労働については、労働基準法においてその上限が原則として月45時間、年360時間と規定されており、所定労働時間を超える労働としてこれを超える時間数が記載されていた場合には、労働者供給を受けようとする者に対して労使協定の提出を求めること等により、当該明示内容が法令に違反していないかについて確認すること。確認の結果、法令に違反する場合には当該募集内容の訂正・見直しを依頼する等、適切に内応すること。なお、労使協定が締結されている場合であっても、２月から６月の時間外労働と休日労働の合計の平均は80時間、１月の時間外労働と休日労働の合計は100時間を超えることはできないとされています。

（※２）裁量労働制が適用される募集については、裁量労働制が適用される募集であること、適用される制度（専門業務型裁量労働制か企画業務型裁量労働制か）および何時間分働いたものとみなすかについても明示することが必要です。

（※３）高度プロフェッショナル制度の適用が予定される募集については、就業時間等を明示するに当たって、高度プロフェッショナル制度が適用されない場合の就業時間等を明示するとともに、例えば、「高度プロフェッショナル制度の適用について同意した場合には本人の決定に委ねられ、労働時間、高度プロフェッショナル制度が適用される旨の明示が行われた場合であっても、実際に制度が適用されるためには、労働基準法の規定により本人の同意を得なければならず、明示されたことをもって供給される労働者が同意したと解されるものではありません。なお、高度プロフェッショナル制度の適用について同意をしなかったことまたは同意を撤回したことに対する不利益取扱いは行ってはならないとされていることに留意する必要があります。

(ハ) 賃金に関しては、賃金形態（月給、日給、時給等の区分）、基本給、定額的に支払われる手当、通勤手当、昇給に関する事項等について明示すること。また、一定時間分の時間外労働、休日労働および深夜労働に対する割増賃金を定額で支払うこととする労働契約を締結する仕組みを採用する場合は、名称のいかんにかかわらず、一定時間分の時間外労働、休日労働および深夜労働に対して定額で支払われる割増賃金（以下この(ハ)において「固定残業代」といいます。）に係る計算方法（固定残業代の算定の基礎として設定する労働時間数（以下この(ハ)において「固定残業時間」といいます。）および金額を明らかにするものに限ります。）、固定残業代を除外した基本給の額、固定残業時間を超える時間外労働、休日労働および深夜労働分についての割増賃金を追加で支払うこと等を明示すること。なお、固定残業時間が所定労働時間の上限を超えていた場合には、ただちに法令に違反することとなるものではありませんが、求職者が実際に当該時間数の時間外労働を行った場合には法令に違反することとなることに留意すること。

(ニ) 期間の定めのある労働契約を締結しようとする場合は、当該契約が試用期間の性質を有するものであっても、当該試用期間の終了後の従事すべき業務の内容等ではなく、当該試用期間に係る従事すべき業務の内容等を明示すること。

ハ　労働者供給事業者および労働者供給を受けようとする者は、従事すべき業務の内容等を明示するに当たっては、次に掲げるところによるべきとされています。

(イ) 原則として、供給される労働者と最初に接触する時点までに従事すべき業務の内容等を明示すること。なお、ロ(ロ)後段の裁量労働制およびロ(ハ)後段の固定残業代に係る内容の明示については、特に留意すること。

「最初に接触する時点」とは、面接、メール、電話などにより、労働者供給事業者と供給される労働者との間で意思疎通（面接の日程調整に関する連絡等を除きます。）が発生する時点をいいます。

(ロ) 従事すべき業務の内容等の事項の一部をやむを得ず別途明示することとするときは、その旨を併せて明示すること。

ニ　労働者供給事業者および労働者供給を受けようとする者は、従事すべき業務の内容等を明示するに当たっては、次に掲げる事項に配慮しなければなりません。

(イ) 供給される労働者に具体的に理解されるものとなるよう、従事すべき業務の内容等の水準、範囲等を可能な限り限定すること。

(ロ) 供給される労働者が従事すべき業務の内容に関しては、職場環境を含め、可能な限り具体的かつ詳細に明示すること。

(ハ) 明示する従事すべき業務の内容等が労働契約締結時の従事すべき業務の内容等と異なることとなる可能性がある場合は、その旨を併せて明示するとともに、従事すべき業務の内容等が既に明示した内容と異なることとなった場合には、当該明示を受けた労働者に速やかに知らせること。

(3) 労働者供給を受けようとする者による労働条件等の変更等に係る明示

イ　労働者供給を受けようとする者（供給される労働者を雇用する場合に限ります。以下同じ。）は、供給される労働者と労働契約を締結しようとする場合であって、当該供給される労働者に対して法第5条の3第1項の規定により明示された従事すべき業務の内容等（以下「第1項明示」といいます。）を変更し、特定し、削除し、または第1項明示に含まれない従事すべき業務の内容等を追加する場合には、当該契約の相手方となろうとする者に対し、当該変更し、特定し、削除し、または追加する従事すべき業務の内容等（以下「変更内容等」といいます。）を明示（以下「変更等明示」といいます。）しなければなりません。明示の方法は、書面の交付の方法、ファクシミリを利用する方法または電子メール等を利用する方法により行う必要があります（詳細については、（2）イ参照。）。

従事すべき業務の内容等の「特定」とは、第1項明示を一定の範囲を示すことにより行っていた場合に、労働契約を締結しようとする際に内容を確定させることをいうものです。

例えば、第1項明示において、「月給20万円～25万円」と示し、労働契約を締結しようとする際に「20万円」に確定する場合などが「特定」に該当します。

また、第1項明示において、複数の選択肢や制度適用の可能性がある旨示していた場合（例：就業場所はA事業所またはB事業所、A事業所の場合には裁量労働制の対象業務）において、労働契約を締結しようとする際に内容を確定した場合（就業場所はA事業所、裁量労働制の対象業務）などについても「特定」に該当します。

なお、法第５条の３第１項の規定に基づく明示について、（２）ロ（ﾛ）により、従事すべき業務の内容等の事項の一部（以下このイにおいて、「当初明示事項」といいます。）が明示され、別途、当初明示事項以外の従事すべき業務の内容等の事項が明示された場合は、当初明示事項を第１項明示として取り扱います。

ロ　労働者供給を受けようとする者は、変更等明示を行うに当たっては、供給される労働者が変更内容等を十分に理解することができるよう、適切な明示方法をとらなければなりません。その際、次の（ｲ）の方法によることが望ましいですが、次の（ﾛ）などの方法によることも可能です。

（ｲ）第１項明示と変更内容等とを対照することができる書面を交付すること。

（ﾛ）労働基準法第15条第１項の規定に基づき交付される書面において、変更内容等に下線を引き、もしくは着色し、または変更内容等を注記すること。なお、第１項明示の一部の事項を削除する場合にあっては、削除される前の当該従事すべき業務の内容等も併せて記載すること。

ハ　労働者供給を受けようとする者は、締結しようとする労働契約に係る従事すべき業務の内容等の調整が終了した後、当該労働契約を締結するかどうか供給される労働者が考える時間が確保されるよう、可能な限り速やかに変更等明示を行う必要があります。また、変更等明示を受けた供給される労働者から、第１項明示を変更し、特定し、削除し、または第１項明示に含まれない従事すべき業務の内容等を追加する理由等について質問された場合には、適切に説明しなければなりません。

ニ　第１項明示は、そのまま労働契約の内容となることが期待されているものであること。また、第１項明示を安易に変更し、削除し、または第１項明示に含まれない従事すべき業務の内容等を追加してはなりません。

ホ　学校卒業見込者等（若者雇用促進法第13条に規定する学校卒業見込者等をいいます。以下このホにおいて同じ。）については、特に配慮が必要であることから、第１項明示を変更し、削除し、または第１項明示に含まれない従事すべき業務の内容等を追加すること（（２）ロ（ﾛ）により、従事すべき業務の内容等の一部をやむを得ず別途明示することとした場合において、当該別途明示することとされた事項を追加することを除きます。）は不適切です。また、原則として、学校卒業見込者等については、採用内定時に労働契約が成立する場合には、採用内定時までに、法第5条の3第1項の明示および変更等明示が書面により行われるべきです。

ヘ　法第5条の3第1項の規定に基づく明示が法の規定に抵触するものであった場合、変更等明示を行ったとしても、同項の規定に基づく明示が適切であったとみなされるものではありません。

ト　労働者供給を受けようとする者は、第1項明示を変更し、削除し、または第1項明示に含まれない従事すべき業務の内容等を追加した場合において、当該変更し、削除し、または追加した業務の内容等により引き続き労働者供給を受けようとする場合は、供給される労働者が従事すべき業務の内容等を記載した書面の内容を検証し、修正等を行うべきです。

（4）試用期間中の従事すべき業務の内容等と当該期間終了後の従事すべき業務の内容等が異なる場合の取扱い

（2）および（3）において、試用期間中と試用期間終了後の従事すべき業務の内容等が異なるときは、それぞれの従事すべき業務の内容等を示すことにより行わなければなりません。

（5）受動喫煙を防止するための措置に係る明示の例

イからホは**第3章第9節**の**2**の（7）に準じます。

ト　明示に当たっての留意点

(イ) 労働者供給を受けようとする事業所と就業の場所が異なる場合の取扱い

労働者供給を受けようとする事業所と就業の場所が異なる場合は、実際の就業の場所における状況を明示すること。

なお、労働者供給を行う時点で「就業の場所」として複数の場所が予定されている場合には、それぞれの場所における状況を明示することとするが、「予定されている場合」とは、主な就業の場所として予定されている場合であり、就業の可能性があるにすぎないものを含まないこと。例えば、出張や営業等において就業する可能性がある場所や、将来的に就業する可能性がある場所の状況について、あらかじめ網羅して明示を行うことが必要とされるものではないこと。

※航空会社の乗務員や鉄道・バスの運転手等、移動が前提の業務であ

る場合には、恒常的に立ち寄る所属事業所等（空港のターミナルビルや鉄道の駅を含みます。）および業務に従事する場所（バス・鉄道・飛行機の内部の状況）における状況を明示することが必要ですが、移動先それぞれの状況について網羅的に明示することは必要とされません。

(ロ) 喫煙可能な場所での就業が予定される労働者供給に係る取扱い

健増法においては、施設の管理権原者は、喫煙専用室等の喫煙可能スペースに、20歳未満の者を立ち入らせてはならいこととされています。このため、労働者供給事業者は、労働者供給を受けようとする者から、就業の場所における受動喫煙を防止するための措置として、「屋内喫煙可」「屋内原則禁煙（喫煙専用室あり）」等の明示を受けた場合は、その内容を確認の上、喫煙可能スペースでの就業が予定される場合には、供給される労働者の要件を20歳以上とする等、適切に対応すること。

※この場合には、労働施策総合推進法施行規則第1条の3に規定する例外事由に該当するものとして、下限を20歳とすることが認められます。

(ハ) 明示に当たっての標識（ピクトグラム）の利用

供給される労働者にとって分かりやすいものとなるよう、イからヘまでに記載した明示の例と併せて、ピクトグラムを利用して明示を行うことも差し支えありません。ピクトグラムを用いた標識例については、「なくそう！望まない受動喫煙。」Webサイト（https://jyudokitsuen.mhlw.go.jp/sign/）等を参照してください。

(ニ) その他の留意事項

供給される労働者の望まない受動喫煙を防止するという趣旨を踏まえ、健増法に規定する施設等の類型を参考とした明示と併せて、イ（ロ）②、ロ（ロ）②③④、ハ（ロ）②、ニ（ロ）①のように、就業の場所の一部で喫煙が認められている場合は、実際に喫煙可能な区域での業務があるか否か（受動喫煙の可能性があるか否か）についても、可能な限り、付加的に明示することが望ましいとされます。

また、地方公共団体の条例により受動喫煙を防止するための措置が定められている場合には、募集や求人申込みの内容も条例に適合したものとなるよう留意すること。

（6）記録の保存

労働者供給を受けようとする者は、供給される労働者に対して法第５条の３第１項の規定により明示された従事すべき業務の内容等に関する記録を、当該明示に係る労働者供給が終了する日（当該明示に係る労働者供給が終了する日以降に当該明示に係る労働契約を締結しようとする者にあっては、当該明示に係る労働契約を締結する日）までの間保存しなければなりません。

（7）労働者供給等に関する情報の的確な表示に関する事項（法第５条の４）（指針第４参照）

イ　労働者供給等に関する情報の的確な表示

労働者供給事業者が、労働者供給に関する情報、供給される労働者に関する情報、自らもしくは労働者供給を受けようとする者に関する情報または職業安定法に基づく労働者供給事業等の業務の実績に関する情報（以下「労働者供給等に関する情報」）を、**第３章第９節の３**（１）イからへのいずれかに掲げる方法（以下「広告等」といいます。）により提供するに当たっては、この（７）に記載のとおり求人等に関する情報の的確な表示の義務があります（法第５条の４第１項および第３項）。

ロ　虚偽の表示または誤解を生じさせる表示の禁止

労働者供給事業者は広告等により労働者供給等に関する情報を提供するに当たっては、虚偽の表示または誤解を生じさせる表示をしてはなりません（法第５条の４第１項）。

詳細は**第３章第９節の３**（２）のイ、ロに準じます。

ハ　正確かつ最新の内容に保つ措置を講じる義務

労働者供給事業者は広告等により労働者供給等に関する情報を提供するに当たっては、次に掲げる措置を講じなければなりません（法第５条の４第３項）。

(イ) 当該情報の提供を依頼した者から、当該情報の提供の中止または内容の訂正の求めがあったときは、遅滞なく、当該情報の提供の中止または内容の訂正をすること。

(ロ) 当該情報が正確でない、または最新でないことを確認したときは、遅滞なく、当該情報の提供を依頼した者にその内容の訂正の有無を確認し、または当該情報の提供を中止すること。

(ハ) 次のいずれかの措置。なお、労働者供給事業者は(イ)および(ロ)の措置を可能な限りいずれも講ずることが望ましいこと。

① 労働者供給を受けようとする者または供給される労働者に対し、定期的に労働者供給または供給される労働者に関する情報が最新かどうか確認すること。

② 労働者供給または供給される労働者に関する情報の時点を明らかにすること。

ニ 労働者供給等に関する情報の的確な表示の留意点

(イ) 労働者供給事業者は、労働者供給等に関する情報を提供するに当たっては、法第５条の３の規定に基づいて労働条件等として求職者に明示すべき事項を可能な限り当該労働者供給等に関する情報に含めることが望ましいこと（指針第４の１）。

(ロ) 労働者供給事業者が、供給される労働者に関する情報について正確かつ最新の内容に保つ措置には、求職者に対して行う身元調査等は含まれないこと。

（8）求職者等の個人情報の取扱いに関する事項（法第5条の5）等（指針第5参照）

イ 個人情報の収集、保管および使用

(イ) 労働者供給事業者は、法第５条の５第１項の規定により業務の目的を明らかにするに当たっては、収集された供給される労働者等の個人情報がどのような目的で収集され、保管され、または使用されるのか、供給される労働者が一般的かつ合理的に想定できる程度に具体的に明示することとされています。

漠然と「労働者供給事業のために使用します。」と示すだけでは足りず、例えば、「登録した情報を、供給先に提供するため」と示すといったことが考えられます。個人情報の使用や保管に係る技術的な詳細を明示することは求められませんが、業務上、通常想定されない第三者に個人情報を提供する場合や、第三者に保管を依頼する場合はその旨を明示する必要があります。

明示に当たっては、インターネットの利用その他の適切な方法により行うこととされています。ホームページ等に掲載するほか、対面での労働者供給を行っている場合には、書面の交付・掲示等により業務の目的を明示する方法、メールなどの利用により業務の目的を明示する方法等が認められますが、いずれの方法による場合でも供給される労働者に理解される方法を選択する必要があります。

(ロ) 労働者供給事業者および労働者供給を受けようとする者（以下「労働者供給事業者等」といいます。）は、その業務の目的の達成に必要な範囲内で、当該目的を明らかにして供給される労働者の個人情報（イおよびロにおいて単に「個人情報」といいます。）を収集することとし、次に掲げる個人情報を収集してはなりません。ただし、特別な職業上の必要性が存在することその他業務の目的達成に不可欠であって、収集目的を示して本人から収集する場合はこの限りではありません。

① 人種、民族、社会的身分、門地、本籍、出生地その他社会的差別の原因となるおそれのある事項

② 思想および信条

③ 労働組合の加入状況

①から③については、具体的には、例えば次に掲げる事項等が該当します。

(a) ①関係

i 家族の職業、収入、本人の資産等の情報（税金、社会保険の取扱い等労務管理を適切に実施するために必要なものを除きます。）

ii 容姿、スリーサイズ等差別的評価につながる情報

(b) ②関係

人生観、生活信条、支持政党、購読新聞・雑誌、愛読書

(c) ③関係

労働運動、学生運動、消費者運動その他社会運動に関する情報

「業務の目的の達成に必要な範囲」については、例えば供給される労働者の希望職種、希望勤務地、希望賃金、有する能力・資格など適切な供給先を選定する上で必要な情報がこれに当たるものです。

(ハ) 労働者供給事業者等は、個人情報を収集する際には、本人から直接収集し、本人同意の下で本人以外の者から収集し、または本人により公開されている個人情報を収集する等の手段であって、適法かつ公正なものによらなければなりません。

(ニ) 労働者供給事業者等は、高等学校もしくは中等教育学校または中学校もしくは義務教育学校の新規卒業予定者等から応募書類の提出を求めるときは、職業安定局長の定める書類（全国高等学校統一応募用紙または職業相談票（乙））により提出を求めることが必要です。

(ホ) 個人情報の保管または使用は、収集目的の範囲に限られること。ただし、他の保管もしくは使用の目的を示して本人の同意を得た場合または他の法律に定めのある場合はこの限りではありません。

なお、法および指針においては、法第5条の5第1項ただし書および指針第5の1の（5）のただし書に該当する場合は、労働者供給事業の実施に伴い収集等される供給される労働者の個人情報の労働者供給業務以外の目的での利用も可能となっていますが、この場合にあっても、その利用目的をできる限り特定する必要があります。

労働者供給に係る応募票等により直接当該本人から個人情報を取得する場合については、当該個人情報が労働者供給業務に利用されることが明らかですから、個人情報保護法第21条第4項に規定する「取得の状況からみて利用目的が明らかであると認められる場合」に該当するものとして、同条第1項および第2項の利用目的の通知等の対象となるものではありません。一方、アンケート調査票に記載された個人情報を労働者供給業務に利用する場合にあっては、「取得の状況からみて利用目的が明らかであると認められる場合」に該当するものではなく、利用目的の通知等が必要となるものです。

ただし、トラブル防止等の観点からは、労働者供給に係る応募票、アンケート調査票等本人から直接個人情報を取得する書面には、当該書面により取得される個人情報の利用目的を併せて記載する等により、当該利用目的が明示されるようにしておくことが望ましいです。

供給先に対して供給される労働者の個人データを示す行為は、「第三者提供」に該当するものであること。また、同一労働組合内での他支部等への個人データの提供は、「第三者提供」に該当しませんが、同一の上部団体に加盟する労働組合間等での個人データの交換については、「第三者提供」に該当します。

ロ　個人情報の適正管理

(イ) 労働者供給事業者等は、その保管または使用にかかわる個人情報に関し、次の事項に係る適切な措置を講ずるとともに、供給される労働者からの求めに応じ、当該措置の内容を説明しなければなりません。

① 個人情報を目的に応じ必要な範囲において正確かつ最新のものに保つための措置

② 個人情報の漏えい、滅失または毀損を防止するための措置

③ 正当な権限を有しない者による個人情報へのアクセスを防止するための措置

④ 収集目的に照らして保管する必要がなくなった個人情報を破棄または削除するための措置

(ロ) 労働者供給事業者が、供給される労働者の秘密に該当する個人情報を知り得た場合には、当該個人情報が正当な理由なく他人に知らされることのないよう、厳重な管理を行わなければなりません。

「個人情報」とは、個人を識別できるあらゆる情報をいいますが、このうち「秘密」とは、一般に知られていない事実であって（非公知性）、他人に知られないことにつき本人が相当の利益を有すると客観的に認められる事実（要保護性）をいうものです。具体的には、本籍地、出身地、支持・加入政党、政治運動暦、借入金額、保証人となっている事実等が秘密に当たりえます。

(ハ) 労働者供給事業者は、次に掲げる事項を含む個人情報の適正管理に関する規程を作成し、これを遵守しなければなりません。

① 個人情報を取り扱うことができる者の範囲に関する事項

② 個人情報を取り扱う者に対する研修等教育訓練に関する事項

③ 本人から求められた場合の個人情報の開示または訂正（削除を含みます。以下同じ。）の取扱いに関する事項

④ 個人情報の取扱いに関する苦情の処理に関する事項

・③において開示しないこととする個人情報とは、当該個人に対する評価に関する情報が考えられます。

・④として苦情処理の担当者等取扱責任者を定めることが必要です。

㈡ 労働者供給事業者は、本人が個人情報の開示または訂正の求めをしたことを理由として、当該本人に対して不利益な取扱いをしてはなりません。

ハ　個人情報保護法の遵守

労働者供給事業者等は、個人情報保護法第 16 条第 2 項に規定する個人情報取扱事業者（以下「個人情報取扱事業者」といいます。）に該当する場合には、同法第 4 章第 2 節に規定する義務を遵守しなければなりません。

なお、個人情報保護法を踏まえて、労働者供給事業者が講ずべき措置等は、**第6節**によります。

（9）苦情処理に関する事項（指針第9の6参照）

イ　労働者供給事業者は、供給される労働者、供給先からの苦情について、あらかじめ苦情相談の窓口、苦情の対応方法等を明確にするとともに、苦情の申出を受けた年月日、苦情の内容、対応の経過等について、苦情の申出を受け、および苦情の処理に当たった都度記録すること等により適切かつ迅速に対応を図ること。

ロ　労働者供給事業者は、供給される労働者、供給先からの苦情について、苦情の具体的な内容および具体的な問題点の把握に努めるとともに、供給先等関係者との連携の下に、適切かつ迅速に対応を図ること。

ハ　労働者供給事業者は、関係法令に照らし違法または不法な内容を含む苦情等専門的な相談援助を必要とする苦情について、関係行政機関等との連携の下に、適切かつ迅速に対応すること。

ニ　労働者供給事業者は、労働者供給事業者の事務所の労働者供給等に関する苦情の申出先として、知識・経験を有する団体の名称・所在地・電話番号についても、その事業所内の一般の閲覧に便利な場所に掲示するとともに、パンフレット等を活用して周知に努めること。

ホ　労働者供給事業者は、供給される労働者、供給先から苦情の申出を受けた管轄安定所、専門的な相談援助を行うことができる知識・経験を有する団体等から苦情に関する連絡を受けた場合には、供給される労働者、供給先から直接苦情を受けた場合と同様に、適切かつ迅速に対応すること。

へ　労働者供給事業者は、適切かつ迅速に苦情処理を行うことができるよう、関係法令、苦情処理の具体例等苦情処理に必要な知識・情報の収集に努めるとともに、苦情処理を行った場合には、当該苦情処理の対応の内容や問題点について整理し、その後の苦情処理への対応に活用するよう努めること。また、苦情に対応した場合には、守秘義務等に配慮をした上で、苦情を申し出た者に対して、適切に結果についての報告等を行うこと。

(10) 年齢制限の禁止に関する取組

イ　労働施策総合推進法第９条により、年齢制限を禁止することが義務化されていますが、同法施行規則第１条の３第１項により、合理的な理由があって例外的に年齢制限が認められる場合が規定されています。

ロ　労働者供給事業者は、高齢法規則第６条の６第２項各号に掲げる書面または電磁的記録により、高齢法第 20 条第１項に規定する理由の提示を受けたときは、当該理由を供給される労働者に対して、適切に提示しなければなりません（指針第３の３）。

　ただし、労働者供給事業者が、年齢制限を行う供給の申込みの内容について、刊行物に掲載する広告その他これに類する方法により掲示する場合等において、あらかじめ当該広告等に当該理由を提示することが困難なときは、高齢法施行規則第６条の６第３項の規定に準じて、当該労働者供給事業者は、供給される労働者の求めに応じて、遅滞なく書面の交付、電子メールまたはＦＡＸの送信、ホームページへの掲示等により当該理由を示すことができます。また、供給される労働者に対して提示する供給の申込みの内容を記載または記録した書面または電磁的記録がない場合においても、同様です。

ハ　イおよびロの趣旨に沿った事業運営を行うため、労働者供給事業者は、以下の措置を講ずる必要があります。

(イ) 供給申込書等の整備

　労働者供給事業者が用いる供給申込書等について、年齢制限の理由を記載することが可能な欄を設ける等所要の整備を図ること（特記事項欄等の活用でも差し支えありません。）。

(ロ) 供給の申込みへの対応

年齢制限を行う供給の申込みがあった場合は、次に掲げる措置を講じてください。

① 内容の確認等

当該供給の申込みの内容が労働施策総合推進法第9条および高齢法第20条第1項に違反するものでないか必要な確認をすること。

なお、年齢制限を行う理由については、労働施策総合推進法施行規則第1条の3第1項各号において定められた例外事由であることが必要であること。

また、高齢法第20条の趣旨にかんがみ、年齢制限を行う事業主（労働者供給を受けようとする者）は、労働施策総合推進法施行規則第1条の3第1項各号に列挙されたいずれかの場合に該当することを単に示す（対応する条文を記載する等）だけではなく、当該労働者の募集および採用にあたって年齢制限を行う具体的な理由を示す必要があることに留意すること。このため労働者供給事業者にあっては、年齢制限を行う当該事業主に対し具体的な理由を示すよう求めること。

事業主（労働者供給を受けようとする者）が提示した理由が労働施策総合推進法施行規則第1条の3第1項各号に該当するか否か不明である場合は、管轄の安定所に対して照会すること。

② 労働施策総合推進法第9条または高齢法第20条第1項違反の供給の申込みへの対応

(a) 当該供給の申込みの内容が労働施策総合推進法第9条もしくは高齢法第20条第1項に違反するものであることが疑われる場合または違反するものであると認められる場合は、当該供給の申込みの受理を行わず、当該事業主に対して、労働施策総合推進法第9条および高齢法第20条の趣旨等を説明し、当該供給の申込みの内容を是正するよう働きかけを行うこと。

(b) (a) の働きかけにもかかわらず、当該供給の申込みの内容が是正されない場合には、当該供給の申込みの受理を行わず、様式第19号「年齢制限求人に係る情報提供」により管轄の安定所に対して情報提供を行うこと。

なお、この場合における労働者供給事業者からの安定所に対する情報提供は、労働施策総合推進法第９条または高齢法第 20 条の趣旨を確保するために行うものであることから、法第 51 条第１項の正当な理由がある場合に該当します。また、個人情報保護法第 27 条第 1 項第 4 号の「国の機関若しくは地方公共団体又はその委託を受けた者が法令の定める事務を遂行することに対して協力する必要がある場合であって、本人の同意を得ることにより当該事務の遂行に支障を及ぼすおそれがあるとき。」にも該当するものであること。

(c) 上記（b）の情報提供を行った場合、安定所から「勧告等結果報告書」もしくは「是正結果報告書」の提供が行われるので、これらに基づいて適切に対応すること。

③　労働施策総合推進法施行規則第１条の３第２項への対応

労働施策総合推進法施行規則第１条の３第２項の趣旨に基づき、募集および採用に係る職務の内容、当該職務を遂行するために必要とされる労働者の適性、能力、経験、技能の程度など、労働者が応募するにあたり求められる事項を出来る限り明示すること。

(ハ) 職業安定法に基づく労働者供給事業者に対する指導等

労働者の供給の申込みについて、労働者供給事業者が（ロ）の措置等を適切に講ずることなく、当該求人の申込みを受理し、労働者供給を行っている場合には、法第 48 条の２の指導および助言の対象となり得ます。

また、事業主が労働施策総合推進法第９条および高齢法第 20 条第１項に基づく労働者供給の申込みをしているにもかかわらず、労働者供給事業者が当該年齢制限の理由を供給される労働者に対して適切に提示していない場合や、これらの規定に違反する内容の労働者供給について、労働者供給事業者が、年齢制限の理由の提示を行わない供給の申込みについて繰り返し受理し、供給を行う等悪質な場合については、法第 48 条の２の指導および助言、法第 48 条の３の改善命令、法第 46 条において準用する法第 41 条第１項の許可の取消しまたは事業廃止命令の対象となります。

以上の内容については、周知、指導の徹底を図ること。

（11）労働者供給事業者の責務に関する事項（法第45条の2）（指針第9参照）

労働者供給事業者は、当該事業の運営に当たっては、その改善向上を図るために次に掲げる事項に係る措置を講ずる必要があります。

イ　労働者供給事業者は、供給される労働者に対し、供給される労働者でなくなる自由を保障しなければならないこと。

ロ　労働者供給事業者は、労働組合法第５条第２項各号に掲げる規定を含む労働組合の規約を定め、これを遵守する等、民主的な方法により運営しなければならないこと。

ハ　労働者供給事業者は、無料で労働者供給事業を行わなければならないこと。

ニ　労働者供給事業者は、供給される労働者から過度に高額な組合費を徴収してはならないこと。

ホ　労働者供給事業者は、供給される労働者の就業の状況等を踏まえ、労働者供給事業者または労働者供給を受ける者が社会保険および労働保険の適用手続を適切に進めるように管理すること。

ヘ　労働者供給事業者は、職業安定機関、特定地方公共団体等と連携を図りつつ、当該事業に係る供給される労働者からの苦情に迅速、適切に対応することとし、そのための体制の整備および改善向上に努めること。

上記ホ中「社会保険および労働保険の適用手続きを適切に進めるように管理すること」については、供給される労働者が各種保険制度に基づいて確実に各種保険が適用されるよう管理することのほか、各種保険制度の趣旨に反した不適正な適用がされないよう管理することも含むものであること。このため、供給元と供給される日雇労働者が労働契約を締結し、供給元が当該日雇労働者の雇用保険印紙貼付等を行う事業主として労働者供給を行うことはできないことに留意すること。

３　その他

（１）法第２条に関する事項（職業選択の自由）

職業選択の自由は、憲法第22条において保障され法においても特に原則的事項として規定していますので、許可を受けて労働組合等が行う労働者供給事業についても適用されるものです。

したがって、公共の福祉に反しないかぎり、労働組合等が労働者を供給するに際し、供給される組合員等に対し、強制したり、または命令するなどの行為によって職業選択の自由を制限してはなりません。

（2）法第 46 条において準用する法第 20 条に関する事項（労働争議に対する不介入）

労働組合等が労働者供給事業を行うに当たっては、他の労働組合の労働争議に対しては、中立の立場を堅持し、労働争議の自主的な解決を妨げるような供給申込みに対して供給してはならないものです。

したがって、労働組合等は、公共職業安定所または関係労働委員会等からの情報の提供等によって、同盟罷業または作業所閉鎖に至るおそれの多い争議が発生しており、かつ組合員等を無制限に供給することによって労働争議の解決が妨げられるような事業所等を把握した場合は、当該事業所との間に締結されている供給契約にかかわらず、組合員等を供給してはなりません。

ただし、同盟罷業または作業所閉鎖が行われていない間は、その労働争議の発生前通常その事業所に使用されていた労働者の員数を維持するために必要な限度まで組合員等を供給することは差し支えありません。

（3）労働組合法に関する事項（労働組合の目的等）

労働組合等が無料の労働者供給事業を行うに当たっては、職業安定法以外の関係法令を順守することも必要です。特に、労働組合法第２条に規定される労働組合の目的を逸脱することのないよう、以下の点を遵守することが必要です。

イ　労働者が主体となって自主的に労働条件の維持改善その他経済的地位の向上を図ることを主たる目的としていること（労働組合法第２条柱書）

例えば、専ら労働者供給事業の実施のみを目的として労働者を勧誘して組合員とし、組合員の労働条件の維持改善等の活動をしない場合や、使用者が労働組合を設立させ、労働組合に労働者との雇用契約を締結させて供給を受けるとともに、労働者との雇用契約を労働者供給契約を前提とした雇用契約に切り替える等実質的に使用者と労働組合が一体となっている場合等は、労働組合の目的に反するものと考えられます。

ロ　組合の運営のための経費の支出につき供給先の経理上の援助を受けるものでないこと（同条第２号）

例えば、供給先から供給元の労働組合に対して、供給対象組合員等の賃金等の名目で金銭の支払いがされているにもかかわらず、実際には供給先に対する労務提供が無い場合には、供給先から供給元の労働組合に対する不当な資金援助であり、組合の自主性を阻害するものと考えられます。

（4）その他

その他に次のような点に留意した自主的かつ円滑な事業運営を行うことが望ましいです。

イ　適格な供給

労働者供給事業を行う労働組合等は、供給対象組合員等の職種別および地域別構成、技能程度等を十分に掌握し、確実、かつ適格な供給を行うこと。

ロ　均等公平な供給機会の付与

労働者供給事業を行う労働組合等は、労働者供給を行うに際し、その供給対象組合員等に対して、その能力に応じ、均等公平な供給の機会を付与すること（特に就労の機会が少ないときは、輪番制を実施する等の方法によって、極力就労機会の均等、公平化を図るようにすること。）。

ハ　組合員等以外の供給禁止

労働者供給事業を行う労働組合等は、組合員等以外の者を供給してはなりません。

したがって、単に供給のために組合員等の名義を付与して、この制限を免れようとすることはあってはならず、名実共に組合員等としての資格要件を備えている者のみに限定すべきであること。

ニ　民主的運営の確保

労働組合等が労働者供給事業を行うに当たっては、民主的運営を確保しなければならないこと。特に労働者の供給業務に携わる役職員の人選、労働者供給事業に関する規程の作成、供給契約の締結等に当たっては、特に慎重を期し、供給される組合員等の総意ができる限り反映される方法によって行うべきこと。

ホ　供給に関する供給契約の締結

労働組合等は、原則として供給に関する供給契約が締結されていない供給先に組合員等を供給してはなりません。

したがって、供給契約が失効し供給先がはなはだしく減少したような場合には、事実上事業の運営が困難となるから、供給先の開拓、供給契約の更改または新規供給契約の締結等の活動を活発に行わなければならないこと。

ただし、個人、小店舗等および臨時的不特定な供給先に供給することを常態とする職種等の組合員等を専ら供給する労働組合等について、事実上、供給契約を締結することが困難である場合は、この限りでないこと。

ヘ　請負事業の禁止

労働組合等は、労働者供給事業として請負契約による請負事業を行ってはなりません。これは、労働組合等が労働者供給事業の名の下に、専ら当該組合員等を使用して、自ら事業を行うことにより一個の企業体的性格の団体となり、ひいては、労働組合等の本質を逸脱することを防止する趣旨です。

ト　就労機会の確保等の努力

就労の機会確保および不就労者に対する当該機会確保等の努力を行うこと。すなわち、労働者供給事業を行う労働組合等は、供給対象組合員等に対して十分な就労の機会を与えるように絶えず努力すべきことはもちろん、不就労者がある場合には、公共職業安定所と、その利用についてあらかじめ十分な連絡をとっておき、職業紹介、雇用保険等を利用しようとする組合員に十分の利便を与えるようにしなければならないこと。

チ　供給先の開拓等に係る関係機関との連携

労働者供給事業を行う労働組合等は、供給先の開拓および供給に当たっては、公共職業安定所等の求人開拓、または職業紹介関係業務との調整を図り、絶えずこれと緊密な連携を保つよう努めること。

リ　供給先事業所等の実態把握

労働者供給事業を行う労働組合等は、組合員等の供給に当たって、供給先および直接その組合員等を使用する者の実態を十分精査し、違法に労働者を使用する者等に対して組合員等を供給しないよう配慮すること。

4　帳簿書類の備付け

（1）帳簿書類の種類

労働者供給事業を円滑適正に運営するため、当該事業所に必ず次に示す帳簿書類を備え付けておき、変更等の都度、遅滞なく加除訂正等の整理を行い、絶えず検討を加えていくことが必要です（則第32条第7項）。

①　事業運営規程（任意様式）
②　組合員等名簿（様式第14号）
③　供給先事業所台帳（様式第15号）
④　経費収支に関する帳簿
⑤　供給申込受付簿（様式第16号）
⑥　組合員等供給就労簿（様式第17号）

（2）事業運営規程

イ　事業運営規程は、事業を運営していく上での指針となるものですから、実際に業務に携わる職員をはじめ、供給を受ける組合員等にも十分その趣旨を徹底し、随時閲覧し得るようにしておくこと。

ロ　労働者供給事業を行う労働組合等は、法第2条（職業選択の自由）、第3条（均等待遇）、第5条の3（労働条件の明示）、第5条の4（労働者供給等に関する情報の的確な表示）、第5条の5（供給される労働者の個人情報の取扱い）、第45条の2（労働者供給事業者の責務）、第46条において準用する第20条（労働争議への不介入）、第51条（秘密を守る義務）の内容を含む事業運営規程を作成し計画的かつ秩序ある運営を行うこと。

ハ　事業運営規程については、**第2節の2**の（2）のハの（ヘ）参照のこと。

（3）その他の帳簿書類

イ　組合員等名簿書類

組合員等名簿は、少なくとも当該事業において取り扱う供給対象組合員等、およびその他の組合員当について、様式第14号により作成し、常に、その現況を明らかにしておくものです。

ロ　供給先事業所台帳

供給先事業所台帳は、少なくとも、常時、組合員等を供給する事業所について、様式第15号により作成し、供給先事業所の実態を明確に把握しておくためのものです。

ハ　経費収支に関する帳簿

経費収支に関する帳簿としては、「組合費の徴収に関する帳簿」および「金銭出納簿」等を適宜の帳簿様式を用いて作成するものです。

要するに、労働者供給事業の運営に要する経費について、収入と支出が費目別、日付別に明瞭に記載され、当該労働組合等の会計監査機関によって所定の監査が行われていることが必要です。

ニ　供給申込受付簿

供給申込受付簿は、様式第16号によって作成し、供給の申込みを受けた場合に、その内容を記録するとともに、その処理状況をも記入しておくものです。

ホ　組合員等供給就労簿

組合員等供給就労簿は、個々の供給対象組合員等について、その供給就労月日、および供給就労先を明らかに記録しておくものです。その様式は、概ね様式第17号を参考に作成するものとします。

（4）帳簿書類の様式

（1）の②、③、⑤および⑥の書類については様式が定められていますが、記載項目については、すべて記載したものであれば、任意の様式によることも差し支えありません。

なお、書面によらず電磁的記録により帳簿書類の作成を行う場合は、電子計算機に備えられたファイルに記録する方法または磁気ディスク、ＣＤ－ＲＯＭその他これらに準ずる方法により一定の事項を確実に記録しておくことができる物（以下「磁気ディスク等」といいます。）をもって調製する方法により作成を行わなければなりません。

また、書面によらず電磁的記録により帳簿書類の備付けを行う場合は、次のいずれかの方法によって行った上で、必要に応じ電磁的記録に記録された事項を出力することにより、直ちに明瞭かつ整然とした形式で使用に係る電子計算機その他の機器に表示し、および書面を作成できるようにしなければなりません。

イ　作成された電磁的記録を電子計算機に備えられたファイルまたは磁気ディスク等をもって調製するファイルにより保存する方法

ロ　書面に記載されている事項をスキャナ（これに準ずる画像読取装置を含みます。）により読みとってできた電磁的記録を電子計算機に備えられたファイル又は磁気ディスク等をもって調製するファイルにより保存する方法

さらに、電磁的記録により帳簿書類の備付けをしている場合において、帳簿書類を閲覧に供するときは、当該事業所に備え置く電子計算機の映像面における表示または当該電磁的記録に記録された事項を出力した書類により行わなければなりません。

様式 14 号

（日本産業規格Ａ列４）

組合員等名簿

（労働組合等名称）

① 整理番号	② 氏名	③ 年齢	④ 役職名	⑤ 職種	⑥ 技能程度	⑦ 住所	⑧ 組合等加入年月日	⑨ 備考

（記載要領）

（１）　組合員等名簿については、常時供給対象となる組合員等と、その他の組合員等とをできる限り区分して、別葉に作成することが望ましい。

（２）　①欄については、それぞれの別に一連番号とすること。

（３）　⑥欄については、技能の格付けの結果及び技能について特別の資格等がある場合は、その資格等を記載すること。

（４）　⑧欄には、当該労働組合等の組合員等となった年月日、当該労働組合等を離脱した者については、当該離脱年月日を朱書きすることによって常に整理すること。

（５）　本名簿は、職種別、住所の地域別等に区分して、別葉として作成されてもよく、また、各欄の位置を変更し、必要に応じて所定項目以外の欄を設けて活用されることも、何ら差し支えないこと。

様式第15号

（日本産業規格Ａ列４）

供給先事業所台帳

（労働組合等名称）

<table>
<tr><td>①
名　称</td><td colspan="4"></td><td colspan="2">②
所 在 地
（電話）</td><td colspan="2"></td></tr>
<tr><td>③
事業所内容</td><td colspan="8"></td></tr>
<tr><td rowspan="2">④職種別常用労働者数</td><td>職種</td><td></td><td></td><td></td><td></td><td></td><td>計</td><td>組合員等数</td></tr>
<tr><td>人員</td><td>人</td><td>人</td><td>人</td><td>人</td><td>人</td><td>人</td><td></td></tr>
<tr><td>⑤通常供給を行う職種及び人員（最高～最低）</td><td colspan="8"></td></tr>
<tr><td>⑥労働協約の有無締結年月日及び有効期限</td><td colspan="8"></td></tr>
</table>

（記載要領）

（1）　供給先事業所台帳は、供給先の工場、事業所等の別に別葉に作成すること。

（2）　③欄には当該工場等の事業種目を具体的に列記すること。特に供給対象となる事業種目は必ず詳記すること。

（3）　④欄には、当該工場等に常時雇用されている労働者の数を職種別に記載すること。
　組合員等数欄には、当該常用労働者のうち、供給を行う労働組合等の組合員であるものの数を記載すること。

（4）　⑤欄には、通常工場等に供給する職種及び人員を記載すること。人員については、供給する最高時の人員及び最低時の人員を記載すれば足りるものであること。

様式第 16 号

（日本産業規格Ａ列４）

供給申込受付簿

（労働組合等名称）

① 供給申込 受　付 年 月 日	② 供　給 年 月 日	③供給先		④申込人員		⑤供給人員		⑥ 備　考
		A 名　称 （申込者 氏 名）	B 就労等の 職　種	A 職 種 別	B 人　員	A 職 種 別	B 人　員	

（記載要領）

（1）　③のＢ欄には、供給された者が行う作業等の種類（内容）を記載すること。

（2）　⑤欄には、当該供給申込みに対し、実際に供給を行った人員を記載すること。

（3）　⑥欄には、当該供給申込みの労働条件等の概略、その他参考となる事項等を記載すること。

5　事業報告

イ　労働者供給事業を行う労働組合等は、労働者供給事業に関し、職業安定局長の定める手続および様式に従い報告書を作成し、これを当該労働組合の主たる事務所を管轄する都道府県労働局を経て、厚生労働大臣に提出しなければなりません（則第 32 条第 7 項）。

ロ　都道府県労働局は、イの報告書を受理したときは、速やかに、厚生労働大臣に送付しなければなりません。

ハ　イの職業安定局長の定める労働組合等の報告は、その前年 4 月 1 日からその年 3 月 31 日までの事業の状況を、事業所ごとに当該労働組合等の労働者供給事業を行う主たる事務所を管轄する都道府県労働局に 4 月末日迄に行うものとします。

ニ　イの職業安定局長の定める様式は、ホに定める労働組合の行う労働者供給事業報告書（様式第 18 号）のとおりとします。

ホ　イの職業安定局長の定める様式およびその記載要領は、次のとおりです。

様式第17号

（日本産業規格Ａ列４）

組合員等供給就労簿

労働組合等名称	
記録年月	

供給した組合員等			供給就労月日及び就労先名											
番号	氏名	職種												
			就労日	1	2	3	4	5	6	7	8	9	10	11
			就労先											
			就労日	12	13	14	15	16	17	18	19	20	21	22
			就労先											
			就労日	23	24	25	26	27	28	29	30	31		
			就労先											
			就労日	1	2	3	4	5	6	7	8	9	10	11
			就労先											

（記載要領）

組合員等供給就労簿は、個々人の供給状況及び就労状況が記録されればよく、個人別の年間分を別葉にして作成したり、一定期間固定した供給先へ供給される者については、別様式でもよい。

様式第18号（第1面）

（日本産業規格A列）

労働者供給事業報告書

1　報告対象期間

年　月　日から　年　月　日まで

2　労働者供給実績等

①供給実績	職種名					計
	(a)需要延人員	人	人	人	人	人
	(b)供給延人員	人	人	人	人	人
	(c)供給実人員	人	人	人	人	人
②3月末日における供給対象組合員等総数	職種名					計
	(a)常時供給数	人	人	人	人	人
	(b)臨時的供給数	人	人	人	人	人
	(c)計	人	人	人	人	人
③3月末日における組合員等総数						
④未供給等に対する処置						
⑤供給に関する賃金（1日あたりの額）		円	円	円	円	円

3　労働者供給事業収支決算

	科　目	金　額	摘　要
収入の部			
支出の部			

職業安定法施行規則第32条第7項の規定により上記のとおり事業報告を提出します。

年　月　日

厚生労働大臣　殿

提出者

様式第18号（第2面）

（記載要領）

（1）　2①(a)欄には、供給先事業所から受けた供給申込延人員を、2①(b)欄には、当該労働組合等が供給した延べ人員を、2①(c)欄には、供給実人員を記載すること。

（2）　2②(a)欄には、報告対象期間における職種別の供給組合員等の供給実績を実数で、常態的に供給の対象となる組合員等と、他の事業所等に雇用されているもの等で仕事の繁閑に応じて供給の対象となる組合員等に区分して記載すること。

（3）　2④欄には、報告対象期間において、当初の供給計画どおりに当該組合員等を供給できなかった場合若しくは供給先の需要に応じられなかった場合にとった措置又は報告対象期間外において特に著しい未供給があった場合の措置について記載すること。

（4）　2⑤欄には、供給の対象となった組合員等の職種別の平均的な1人1日（8時間として算定する）当たりの額を記載すること。この場合において、供給の対象となる組合員等の技能等に応じて、それぞれ一定の額を定めており、その支払を受けている場合は、当該区分に応じた当該それぞれの額を別葉に記載して添付することにより本欄の記載を省略して差し支えないこと。

（5）　3については、①報告対象期間における事業の運営に要した経費の出所と額及びその費目別収支決算、②組合費、その他組合員等から徴収した額並びにその算出方法、徴収方法（徴収した時期、回数、その他）などを記載すること。

なお、この場合、当該記載内容を満たす別葉の書類が既にあるときは、当該書類を添付することによって本欄の記載を省略して差し支えないこと。

（6）　提出者の欄には、労働組合等の名称及び代表者氏名を記載すること。

第４節　違法行為の防止、摘発

１　概　要

労働者供給事業の適正な運用を確保し労働力需給の適正な調整を図るとともに、供給される労働者の適正な就業条件を確保することにより、その保護および雇用の安定を図るため、供給される労働者からの相談に対する適切な対応や、労働者供給事業者等に対する労働者供給事業制度の周知徹底、指導、助言を通じて違法行為の防止を行うとともに法違反を確認した場合には、所要の指導、助言、行政処分または告発を行うこととします。

２　労働者供給事業者への周知徹底

労働者供給事業の適正な運営と、供給される労働者の保護を図るためには、労働者供給事業制度に関する正しい理解が必要不可欠であることから、労働者供給事業を行う者、供給先、労使団体等に対する周知指導の実施等その啓発を本省―都道府県労働局―安定所のすべてにおいて積極的に行うこととします。

３　指導および助言

（１）概要

厚生労働大臣は、この法律の施行に関し必要があると認めるときは、労働者供給事業者および労働者供給を受けようとする者に対し、その業務の適正な運営を確保するために必要な指導および助言をすることができます（法第48条の2）。

（２）権限の委任

指導および助言に関する厚生労働大臣の権限は、都道府県労働局長が行う者とします。ただし、厚生労働大臣が自らその権限を行うことがあります。

4 報　告

（1）概要

行政庁は、この法律を施行するために必要な限度において、省令で定めるところにより、労働者供給事業を行う者または労働者供給を受けようとする者に対し、必要な事項を報告させることができます（法第50条第1項）。

（2）意義

イ　当該報告は、定期報告（則第32条第7項）とは異なり、当該定期報告だけでは、事業運営の状況および供給される労働者の就業状況を十分把握できない場合あって、違法行為の行われているおそれのある場合等、特に必要がある場合について個別的に必要な事項を報告させるものです。

ロ　「必要な事項」とは、労働者供給事業の運営に関する事項および供給される労働者の就業に関する事項であり、具体的には、例えば、個々の供給される労働者の就業条件、就業期間、供給先における具体的な就業の状況等です。

（3）報告の徴収手続

必要な事項を報告させるときは、当該報告すべき事項および理由を書面により通知するものとします（則第33条第1項）。

（4）権限の委任

報告に関する厚生労働大臣の権限は、都道府県労働局長が行うものとします。ただし、厚生労働大臣が自らその権限を行うことがあります。

（5）違法の場合の効果

この報告をせず、または虚偽の報告をした場合は、法第66条第7号に該当し30万円以下の罰金に処せられる場合があります。

5　立入検査の実施

（1）概要

行政庁は、この法律を施行するために必要な限度において、所属の職員に、労働者供給事業を行う者または労働者供給を受けようとする者の事業所その他の施設に立ち入り、関係者に質問させ、または帳簿、書類その他の物件を検査させることができます（法第50条第2項）。

（2）意義

イ　当該立入検査は、違法行為の申告があり、許可の取消し、事業停止等の行政処分をするに当たって、その是非を判断する上で必要な場合等、4の報告のみでは事業運営の内容や供給される労働者の就業状況を十分に把握できないような場合に、限定的に、必要最小限の範囲において行われるものです。

　立入検査の対象となるのも、当該立入検査の目的を達成するため必要な事業所および帳簿、書類その他の物件に限定されるものです。

ロ「事業所その他の施設」とは、労働者供給事業を行う者または労働者供給を受けようとする者の事業所その他の施設に限られます。

ハ「関係者」とは、労働者供給事業運営の状況や供給される労働者の就業状況について質問するのに適当な者をいうものであり、具体的には、供給される労働者、労働者供給事業を行う者、労働者供給を受けようとする者等です。

ニ「帳簿、書類その他の物件」とは、組合員名簿や供給先事業所台帳はもちろん、その他労働者供給事業の運営および供給される労働者の就職に係る労働関係に関する重要な書類が含まれるものです。

（3）証明書

イ　立入検査をする職員は、その身分を示す証明書を必ず携帯し、関係者に提示しなければなりません（法第50条第3項）。

ロ　立入検査のための証明書は、職業紹介事業等立入検査証によります（則第33条第2項）。

（4）立入検査の権限

イ　概要

　当該立入検査の権限は、犯罪捜査のために認められたものと解釈してはなりません（法第50条第4項）。

ロ　意義

職業安定機関は、司法警察員の権限を有せず、当該立入検査の権限は行政による検査のために認められたものであり、犯罪捜査のために認められたものと解してはなりません。

（5）権限の委任

立入検査に関する厚生労働大臣の権限は、都道府県労働局長が行うものとします。ただし、厚生労働大臣が自らその権限を行うことがあります。

（6）違反の場合の効果

この立入りもしくは検査を拒み、妨げ、もしくは忌避し、または質問に対して答弁をせず、もしくは虚偽の陳述をしたときは、法第66条第10号に該当し、その違反行為をした者は、30万円以下の罰金に処せられる場合があります。

第5節　違法行為に対する罰則、行政処分

1　違法行為に対する罰則

労働者供給に関連する違法行為による主な罰則は、次のとおりです。

（1）次のいずれかに該当するときは、その違反行為をした者は、1年以上10年以下の懲役または20万円以上300万円以下の罰金に処せられます（法第63条）。

イ　暴行、脅迫、監禁その他精神または身体の自由を不当に拘束する手段によって労働者の供給を行い、またはこれに従事したとき（第1号）

ロ　公衆衛生または公衆道徳上有害な業務に就かせる目的で労働者の供給を行い、またはこれに従事したとき（第2号）

（2）次のいずれかに該当するときは、その違反行為をした者は、1年以

下の懲役または100万円以下の罰金に処せられます（法第64条）。

イ　偽りその他不正の行為により、労働者供給事業の許可を受けたとき（第1号の2）

ロ　法第46条において準用する第41条の規定による労働者供給事業の停止の命令に違反して労働者供給事業を行ったとき（第8号）

ハ　厚生労働大臣の許可を受けずに労働者供給事業を行ったとき（第10号）

（3）次のいずれかに該当するときは、その違反行為をした者は、6カ月以下の懲役または30万円以下の罰金に処せられます（法第65条）。

イ　改善命令に違反した者（第8号）

ロ　虚偽の広告をし、または虚偽の条件を提示して、労働者の供給を行い、またはこれに従事したとき（第9号）

ハ　労働条件が法令に違反する工場事業場等のために労働者の供給を行い、またはこれに従事したとき（第11号）

（4）次に該当するときは、その違反行為をした者は、30万円以下の罰金に処せられます（法第66条）。

イ　法第49条または法第50条第1項の規定に違反して、故なく報告せず、または虚偽の報告をしたとき（第9号）

ロ　法第50条第2項の規定による立入りもしくは検査を拒み、妨げ、もしくは忌避し、または質問に対して答弁をせず、もしくは虚偽の陳述をしたとき（第10号）

ハ　法第51条第1項の規定に違反して、秘密を漏らした労働者供給事業者等（第11号）

2　違法行為に対する行政処分等

（1）概要

労働者供給事業者において法に違反する行為があった場合、労働者供給事業者は、許可の取消し（法第46条において準用する法第41条第1項）、事業停止命令（同項）および改善命令（法第48条の3）の行政処分の対象となります。この場合、許可の取消しの行政処分を行うときは聴聞を行い、事業停止命令または改善命令の行政処分を行うときは弁明の機会を付与しなければなりません。また、労働者供給を受けようとする者は、勧告（法第 48 条の 3 第 2 項）および公表（法第 48 条の 3 第 3 項）の対象となります。

（2）許可の取消し

イ　概要

厚生労働大臣は、許可を受けて労働者供給事業を行う者が、職業安定法もしくは労働者派遣法（第 3 章第 4 節を除きます。）の規定またはこれらの規定に基づく命令もしくは処分に違反したときは、その事業の許可を取り消すことができます（法第46条において準用する第41条第 1 項）。

ロ　意義

許可の取消しは、当該事業所において、労働者供給事業を引き続き行わせることが適当でない場合に行うものです。

（3）事業停止命令

イ　概要

厚生労働大臣は、許可を受けて労働者供給事業を行う者が、職業安定法もしくは労働者派遣法（第 3 章第 4 節を除きます。）の規定またはこれらの規定に基づく命令もしくは処分に違反したときは、期間を定めて、その事業の全部または一部の停止を命ずることができます（法第 46 条において準用する第 41 条第 1 項）。

ロ　意義

事業停止命令は、当該事業所において事業を引き続き行わせることが適当でないとまではいえないような場合について、事業停止期間中に事業運営方法の改善を図るため、また、一定の懲戒的な意味において行うものです。

（4）改善命令

イ　概要

厚生労働大臣は労働者供給事業者が、その業務に関し職業安定法またはこれに基づく命令の規定に違反した場合において、業務の適正な運営を確保するために必要があると認めるときは、これらの者に対し、当該業務の運営を改善するために必要な措置を講ずべきことを命ずることができます（法第48条の3第1項）。

ロ　意義

改善命令は、違法行為そのものの是正を図るのではなく、法違反を起こすような労働者供給事業の運営方法そのものの改善を行わせるものです。

ハ　権限の委任

改善命令に関する権限は、当該労働者供給事業を行う者の主たる事務所もしくは当該事業を行う事業所または当該者から労働者供給を受けようとする者の当該労働者供給に係る事業所の所在地を管轄する都道府県労働局長が行うものとします。ただし、厚生労働大臣が自らその権限を行うことがあります。

（5）勧告

イ　概要

厚生労働大臣は、労働者供給を受けようとする者が、法第5条の3第2項もしくは第3項の規定に違反しているとき、またはこれらの規定に違反して法第48条の2の規定により指導もしくは助言を受けたにもかかわらずなおこれらの規定に違反するおそれがあると認めるときは、法第5条の3第2項または第3項の規定の違反を是正するために必要な措置またはその違反を防止するために必要な措置を執るべきことを勧告することができます（法第48条の3第2項）。

ロ　権限の委任

勧告に関する権限は、当該労働者供給を受けようとする者に係る事業所の所在地を管轄する都道府県労働局長が行うものとします。ただし、厚生労働大臣が自らその権限を行うことがあります。

（6）公表

イ　概要

厚生労働大臣は、法第48条の3第2項の規定による勧告をした場合において、当該勧告を受けた労働者供給を受けようとする者がこれに従わなかったときは、その旨を公表することができます（法第 48 条の３第３項)。

ロ　意義

公表は、公表される者に対する制裁効果に加え、労働者供給事業者および供給される労働者に対する情報提供・注意喚起および他の労働者供給を受けようとする者に対する違法行為の抑止といった効果を期待することができます。

ハ　権限の委任

公表に関する権限は、当該労働者供給を受けようとする者の事業所の所在地を管轄する都道府県労働局長が行うものとします。ただし、厚生労働大臣が自らその権限を行うことがあります。

３　行政処分を行った労働者供給事業者の公表

（1）概要

行政処分を行った労働者供給事業者については、適正な事業運営の確保が十分に期待できないことから、供給される労働者および労働者供給を受ける者に対する情報提供を目的とし、事業者名等を公表することとします。

本公表は、あくまで、情報提供の目的で実施するものであるところ、違法行為について勧告を受けた求人者がこれに従わなかった際にその旨を公表（法第 48 条の３第３項）する場合のように、「公表される者に対する制裁効果や違法行為の抑止といった効果」を期待するものではなく、当該事業者に対する処罰を目的とするものではありません。

具体的には、厚生労働大臣または都道府県労働局長において法第 46 条で準用する法第 41 条第１項および法第 48 条の３に基づき行政処分を行った場合は、当該事業者名等の公表を行います。当該公表については、厚生労働省および事業者を管轄する都道府県労働局のホームページにおいて行います。

（2）公表内容

第３章第 12 節の３（2）に準じます。

第6節　個人情報保護法の遵守等

1　概　要

（1）法第5条の5、第51条および指針

労働者供給事業者等による個人情報の適正な取扱いについては、法第5条の5および第51条において、供給される労働者の個人情報の取扱いに関する規定および業務に関して知り得た情報をみだりに他人に知らせない義務に関する規定が設けられ、さらに、指針第5の1および2において、供給される労働者の個人情報の取扱いに関して、その適切かつ有効な実施を図るために必要な事項が定められています。

また、指針第5の3において、労働者供給事業者等による個人情報の保護の一層の促進等を図る見地から、法に基づく事業実施上の責務の一つとして、労働者供給事業者等は、個人情報保護法第16条第2項に規定する個人情報取扱事業者に該当する場合にあっては、同法第4章第2節に規定する義務を遵守しなければならないこととされています。

（2）違反の場合の効果

個人情報保護法に違反した労働者供給事業者等については、個人情報保護法に基づく個人情報保護委員会による指導・助言等の対象になります。また、法に違反する場合には、法に基づく指導助言等の対象ともなり得るものです。

2　労働者供給事業者等に課せられる義務等について

労働者供給事業者等は、指針第5の3により、個人情報取扱事業者に該当する場合には、個人情報保護法第4章第2節に規定する義務を遵守しなければならないこととされています。具体的には、個人情報取扱事業者に該当する労働者供給事業者等は、個人情報保護委員会が定める「個人情報の保護に関する法律についてのガイドライン（通則編）」（https://www.ppc.go.jp/personalinfo/legal/）等に留意しなければなりません。また、法

第５条の５および指針第５の１および２の遵守に当たって留意すべき点は**第3節**の**2**の（８）のとおりです。

参考資料

1．職業安定法条文

第1章　総　則

（法律の目的）

第1条　この法律は、労働施策の総合的な推進並びに労働者の雇用の安定及び職業生活の充実等に関する法律（昭和41年法律第132号）と相まつて、公共に奉仕する公共職業安定所その他の職業安定機関が関係行政庁又は関係団体の協力を得て職業紹介事業等を行うこと、職業安定機関以外の者の行う職業紹介事業等が労働力の需要供給の適正かつ円滑な調整に果たすべき役割に鑑みその適正な運営を確保すること等により、各人にその有する能力に適合する職業に就く機会を与え、及び産業に必要な労働力を充足し、もつて職業の安定を図るとともに、経済及び社会の発展に寄与することを目的とする。

（職業選択の自由）

第2条　何人も、公共の福祉に反しない限り、職業を自由に選択することができる。

（均等待遇）

第3条　何人も、人種、国籍、信条、性別、社会的身分、門地、従前の職業、労働組合の組合員であること等を理由として、職業紹介、職業指導等について、差別的取扱を受けることがない。但し、労働組合法の規定によつて、雇用主と労働組合との間に締結された労働協約に別段の定のある場合は、この限りでない。

（定義）

第4条　この法律において「職業紹介」とは、求人及び求職の申込みを受け、求人者と求職者との間における雇用関係の成立をあつせんすることをいう。

2　この法律において「無料の職業紹介」とは、職業紹介に関し、いかなる名義でも、その手数料又は報酬を受けないで行う職業紹介をいう。

3　この法律において「有料の職業紹介」とは、無料の職業紹介以外の職業紹介をいう。

4　この法律において「職業指導」とは、職業に就こうとする者に対し、実習、講習、指示、助言、情報の提供その他の方法により、その者の能力に適合する職業の選択を容易にさせ、及びその職業に対する適応性を増大させるために行う指導をいう。

5　この法律において「労働者の募集」とは、労働者を雇用しようとする者が、自ら又は他人に委託して、労働者となろうとする者に対し、その被用者となることを勧誘することをいう。

6　この法律において「募集情報等提供」とは、次に掲げる行為をいう。

一　労働者の募集を行う者等（労働者の募集を行う者、募集受託者（第39条に規定する募集受託者をいう。第3号、第5条の3第1項、第5条の4第1項及び第2項並びに第5条の5第1項において同じ。）又は職業紹介事業者その他厚生労働省令で定める者（以下この項において「職業紹介事業者等」という。）をいう。第4号において同じ。）の依頼を受け、労働者の募集に関する情報を労働者になろうとする者又は他の職業紹介事業者等に提供すること。

二　前号に掲げるもののほか、労働者の募集に関する情報を、労働者になろうとする者の職業の選択を容易にすることを目的として収集し、労働者になろうとする者等（労働者になろうとする者又は職業紹介事業者等をいう。次号において同じ。）に提供すること。

三　労働者になろうとする者等の依頼を受け、労働者になろうとする者に関する情報を労働者の募集を行う者、募集受託者又は他の職業紹介事業者等に提供すること。

四　前号に掲げるもののほか、労働者になろうとする者に関する情報を、労働者の募集を行う者の必要とする労働力の確保を容易にすることを目的として収集し、労働者の募集を行う者等に提供すること。

7　この法律において「特定募集情報等提供」とは、労働者になろうとする者に関する情報を収集して行う募集情報等提供をいう。

8　この法律において「労働者供給」とは、供給契約に基づいて労働者を他人の指揮命令を受けて労働に従事させることをいい、労働者派遣事業の適正な運営の確保及び派遣労働者の保護等に関する法律（昭和 60 年法律第 88 号。以下「労働者派遣法」という。）第 2 条第 1 号に規定する労働者派遣に該当するものを含まないものとする。

9　この法律において「特定地方公共団体」とは、第 29 条第 1 項の規定により無料の職業紹介事業を行う地方公共団体をいう。

10　この法律において「職業紹介事業者」とは、第 30 条第 1 項若しくは第 33 条第 1 項の許可を受けて、又は第 33 条の 2 第 1 項若しくは第 33 条の 3 第 1 項の規定による届出をして職業紹介事業を行う者をいう。

11　この法律において「特定募集情報等提供事業者」とは、第 43 条の 2 第 1 項の規定による届出をして特定募集情報等提供事業を行う者をいう。

12　この法律において「労働者供給事業者」とは、第 45 条の規定により労働者供給事業を行う労働組合等（労働組合法による労働組合その他これに準ずるものであつて厚生労働省令で定めるものをいう。以下同じ。）をいう。

13　この法律において「個人情報」とは、個人に関する情報であつて、特定の個人を識別することができるもの（他の情報と照合することにより特定の個人を識別することができることとなるものを含む。）をいう。

（政府の行う業務）

第 5 条　政府は、第 1 条の目的を達成するために、次に掲げる業務を行う。

一　労働力の需要供給の適正かつ円滑な調整を図ること。

二　失業者に対し、職業に就く機会を与えるために、必要な政策を樹立し、その実施に努めること。

三　求職者に対し、迅速に、その能力に適合する職業に就くことをあつせんするため、及び求人者に対し、その必要とする労働力を充足するために、無料の職業紹介事業を行うこと。

四　政府以外の者（第 29 条第 1 項の規定により無料の職業紹介事業を行う場合における特定地方公共団体及び募集情報等提供事業を行う場合における地方公共団体を除く。）の行う職業紹介、労働者の募集、募集情報等提供事業、労働者供給事業又は労働者派遣法第 2 条第 3 号に規定する労働者派遣事業及び建設労働者の雇用の改善等に関する法律（昭和 51 年法律第 33 号。以下「建設労働法」という。）第 2 条第 10 項に規定する建設業務労働者就業機会確保事業（以下「労働者派遣事業等」という。）を労働者及び公共の利益を増進するように、指導監督すること。

五　求職者に対し、必要な職業指導を行うこと。

六　個人、団体、学校又は関係行政庁の協力を得て、公共職業安定所の業務の運営の改善向上を図ること。

七　雇用保険法（昭和 49 年法律第 116 号）の規定によつて、給付を受けるべき者について、職業紹介又は職業指導を行い、雇用保険制度の健全な運用を図ること。

（職業安定機関と特定地方公共団体等の協力）

第 5 条の 2　職業安定機関及び特定地方公共団体、職業紹介事業者、募集情報等提供事業を行う者又は労働者供給事業者は、労働力の需要供給の適正かつ円滑な調整を図るため、雇用情報の充実、労働力の需要供給の調整に係る技術の向上等に関し、相互に協力するように努めなければならない。

2　公共職業安定所及び特定地方公共団体又は職業紹介事業者は、求職者が希望する地域においてその能力に適合する職業に就くことができるよう、職業紹介に関し、相互に協力するように努めなければならない。

（労働条件等の明示）

第５条の３　公共職業安定所、特定地方公共団体及び職業紹介事業者、労働者の募集を行う者及び募集受託者並びに労働者供給事業者は、それぞれ、職業紹介、労働者の募集又は労働者供給に当たり、求職者、募集に応じて労働者になろうとする者又は供給される労働者に対し、その者が従事すべき業務の内容及び賃金、労働時間その他の労働条件を明示しなければならない。

2　求人者は求人の申込みに当たり公共職業安定所、特定地方公共団体又は職業紹介事業者に対し、労働者供給を受けようとする者はあらかじめ労働者供給事業者に対し、それぞれ、求職者又は供給される労働者が従事すべき業務の内容及び賃金、労働時間その他の労働条件を明示しなければならない。

3　求人者、労働者の募集を行う者及び労働者供給を受けようとする者（供給される労働者を雇用する場合に限る。）は、それぞれ、求人の申込みをした公共職業安定所、特定地方公共団体若しくは職業紹介事業者の紹介による求職者、募集に応じて労働者になろうとする者又は供給される労働者と労働契約を締結しようとする場合であつて、これらの者に対して第１項の規定により明示された従事すべき業務の内容及び賃金、労働時間その他の労働条件（以下この項において「従事すべき業務の内容等」という。）を変更する場合その他厚生労働省令で定める場合は、当該契約の相手方となろうとする者に対し、当該変更する従事すべき業務の内容等その他厚生労働省令で定める事項を明示しなければならない。

4　前３項の規定による明示は、賃金及び労働時間に関する事項その他の厚生労働省令で定める事項については、厚生労働省令で定める方法により行わなければならない。

（求人等に関する情報の的確な表示）

第５条の４　公共職業安定所、特定地方公共団体及び職業紹介事業者、労働者の募集を行う者及び募集受託者、募集情報等提供事業を行う者並びに労働者供給事業者は、この法律に基づく業務に関して新聞、雑誌その他の刊行物に掲載する広告、文書の掲出又は頒布その他厚生労働省令で定める方法（以下この条において「広告等」という。）により求人若しくは労働者の募集に関する情報又は求職者若しくは労働者になろうとする者に関する情報その他厚生労働省令で定める情報（第３項において「求人等に関する情報」という。）を提供するときは、当該情報について虚偽の表示又は誤解を生じさせる表示をしてはならない。

2　労働者の募集を行う者及び募集受託者は、この法律に基づく業務に関して広告等により労働者の募集に関する情報その他厚生労働省令で定める情報を提供するときは、正確かつ最新の内容に保たなければならない。

3　公共職業安定所、特定地方公共団体及び職業紹介事業者、募集情報等提供事業を行う者並びに労働者供給事業者は、この法律に基づく業務に関して広告等により求人等に関する情報を提供するときは、厚生労働省令で定めるところにより正確かつ最新の内容に保つための措置を講じなければならない。

（求職者等の個人情報の取扱い）

第５条の５　公共職業安定所、特定地方公共団体、職業紹介事業者及び求人者、労働者の募集を行う者及び募集受託者、特定募集情報等提供事業者並びに労働者供給事業者及び労働者供給を受けようとする者（次項において「公共職業安定所等」という。）は、それぞれ、その業務に関し、求職者、労働者になろうとする者又は供給される労働者の個人情報（以下この条において「求職者等の個人情報」という。）を収集し、保管し、又は使用するに当たつては、その業務の目的の達成に必要な範囲内で、厚生労働省令で定めるところにより、当該目的を明らかにして求職者等の個人情報を収集し、並びに当該収集の目的の範囲内でこれを保管し、及び使用しなければならない。ただし、本人の同意がある場合その他正当な事由がある場合は、この限りでない。

2　公共職業安定所等は、求職者等の個人情報を適正に管理するために必要な措置を講じなければならない。

（求人の申込み）

第5条の6　公共職業安定所、特定地方公共団体及び職業紹介事業者は、求人の申込みは全て受理しなければならない。ただし、次の各号のいずれかに該当する求人の申込みは受理しないことができる。

一　その内容が法令に違反する求人の申込み

二　その内容である賃金、労働時間その他の労働条件が通常の労働条件と比べて著しく不適当であると認められる求人の申込み

三　労働に関する法律の規定であつて政令で定めるものの違反に関し、法律に基づく処分、公表その他の措置が講じられた者（厚生労働省令で定める場合に限る。）からの求人の申込み

四　第5条の3第2項の規定による明示が行われない求人の申込み

五　次に掲げるいずれかの者からの求人の申込み

イ　暴力団員による不当な行為の防止等に関する法律（平成3年法律第77号）第2条第6号に規定する暴力団員（以下この号及び第32条において「暴力団員」という。）

ロ　法人であつて、その役員（業務を執行する社員、取締役、執行役又はこれらに準ずる者をいい、相談役、顧問その他いかなる名称を有する者であるかを問わず、法人に対し業務を執行する社員、取締役、執行役又はこれらに準ずる者と同等以上の支配力を有するものと認められる者を含む。第32条において同じ。）のうちに暴力団員があるもの

ハ　暴力団員がその事業活動を支配する者

六　正当な理由なく次項の規定による求めに応じない者からの求人の申込み

2　公共職業安定所、特定地方公共団体及び職業紹介事業者は、求人の申込みが前項各号に該当するかどうかを確認するため必要があると認めるときは、当該求人者に報告を求めることができる。

3　求人者は、前項の規定による求めがあつたときは、正当な理由がない限り、その求めに応じなければならない。

（求職の申込み）

第5条の7　公共職業安定所、特定地方公共団体及び職業紹介事業者は、求職の申込みは全て受理しなければならない。ただし、その申込みの内容が法令に違反するときは、これを受理しないことができる。

2　公共職業安定所、特定地方公共団体及び職業紹介事業者は、特殊な業務に対する求職者の適否を決定するため必要があると認めるときは、試問及び技能の検査を行うことができる。

（求職者の能力に適合する職業の紹介等）

第5条の8　公共職業安定所、特定地方公共団体及び職業紹介事業者は、求職者に対しては、その能力に適合する職業を紹介し、求人者に対しては、その雇用条件に適合する求職者を紹介するように努めなければならない。

第2章　職業安定機関の行う職業紹介及び職業指導

第1節　通　則

（職業安定主管局長の権限）

第6条　職業安定主管局（厚生労働省の内部部局として置かれる局で職業紹介及び職業指導その他職業の安定に関する事務を所掌するものをいう。第9条において同じ。）の局長（以下「職業安定主管局長」という。）は、厚生労働大臣の指揮監督を受け、この法律の施行に関する事項について、都道府県労働局長を指揮監督するとともに、公共職業安定所の指揮監督に関する基準の制定、産業に必要な労働力を充足するための対策の企画及び実施、失業対策の企画及び実施、労働力の需要供給を調整するための主要労働力需要供給圏の決定、職業指導の企画及び実施その他この法律の施行に関し必要な事務をつかさどり、所属の職員を指揮監督する。

（都道府県労働局長の権限）

第7条　都道府県労働局長は、職業安定主管局長の指揮監督を受け、この法律の施行に関する事項について、公共職業安定所の業務の連絡統一に関する業務をつかさどり、所属の職員及び公共職業安定所長を指揮監督する。

（公共職業安定所）

第8条　公共職業安定所は、職業紹介、職業指導、雇用保険その他この法律の目的を達成するために必要な業務を行い、無料で公共に奉仕する機関とする。

2　公共職業安定所長は、都道府県労働局長の指揮監督を受けて、所務をつかさどり、所属の職員を指揮監督する。

（職員の資格等）

第9条　公共職業安定所その他の職業安定機関の業務が効果的に行われるために、職業安定主管局、都道府県労働局又は公共職業安定所において、専らこの法律を施行する業務に従事する職員は、人事院の定める資格又は経験を有する者でなければならない。

第9条の2　公共職業安定所に就職促進指導官を置く。

2　就職促進指導官は、専門的知識に基づいて、主として、高年齢者等の雇用の安定等に関する法律（昭和46年法律第68号）第26条第1項又は第2項の指示を受けた者に対し、職業指導を行うものとする。

3　前2項に定めるもののほか、就職促進指導官に関し必要な事項は、厚生労働大臣が定める。

（地方運輸局に対する協力）

第10条　公共職業安定所は、地方運輸局長（運輸監理部長を含む。）の行う船員の職業の安定に関する業務について、これに協力しなければならない。

（市町村が処理する事務）

第11条　公共職業安定所との交通が不便であるため当該公共職業安定所に直接求人又は求職を申し込むことが困難であると認められる地域として厚生労働大臣が指定する地域（以下この項において「指定地域」という。）を管轄する市町村長は、次に掲げる事務を行う。

一　指定地域内に所在する事業所からの求人又は指定地域内に居住する求職者からの求職の申込みを当該公共職業安定所に取り次ぐこと。

二　当該公共職業安定所からの照会に応じて、指定地域内に所存する事業所に係る求人者又は指定地域内に居住する求職者の職業紹介に関し必要な事項を調査すること。

三　当該公共職業安定所からの求人又は求職に関する情報を指定地域内に所在する事業所に係る求人者又は指定地域内に居住する求職者に周知させること。

2　当該公共職業安定所の長は、前項の事務に関し特に必要があると認めるときは、市町村長に対し、必要な指示をすることができる。

3　市町村長は、第1項の事務に関し、求人者又は求職者から、いかなる名義でも、実費その他の手数料を徴収してはならない。
4　第1項の規定により市町村が処理することとされている事務は、地方自治法（昭和22年法律第67号）第2条第9項第1号に規定する第1号法定受託事務とする。

第12条　削除

（業務報告の様式）
第13条　職業安定主管局長は、都道府県労働局及び公共職業安定所が、この法律の規定によつてなす業務報告の様式を定めなければならない。
2　都道府県労働局及び公共職業安定所の業務報告は、前項の様式に従つて、これをしなければならない。

（労働力の需給に関する調査等）
第14条　職業安定主管局長は、労働力の需要供給の適正かつ円滑な調整に資するため、都道府県労働局及び公共職業安定所からの労働力の需要供給に関する調査報告等により、雇用及び失業の状況に関する情報を収集するとともに、当該情報の整理、分析、公表等必要な措置を講ずるように努めなければならない。

（標準職業名等）
第15条　職業安定主管局長は、職業に関する調査研究の成果等に基づき、職業紹介事業、労働者の募集及び労働者供給事業に共通して使用されるべき標準職業名を定め、職業解説及び職業分類表を作成し、並びにそれらの普及に努めなければならない。

（職業紹介等の基準）
第16条　厚生労働大臣は、身体又は精神に障害のある者、新たに職業に就こうとする者、中高年齢の失業者その他職業に就くことについて特別の配慮を必要とする者に対して行われる職業紹介及び職業指導の実施に関し必要な基準を定めることができる。

第2節　職業紹介
（職業紹介の地域）
第17条　公共職業安定所は、求職者に対し、できる限り、就職の際にその住所又は居所の変更を必要としない職業を紹介するよう努めなければならない。
2　公共職業安定所は、その管轄区域内において、求職者にその希望及び能力に適合する職業を紹介することができないとき、又は求人者の希望する求職者若しくは求人数を充足することができないときは、広範囲の地域にわたる職業紹介活動をするものとする。
3　前項の広範囲の地域にわたる職業紹介活動は、できる限り近隣の公共職業安定所が相互に協力して行うように努めなければならない。
4　第2項の広範囲の地域にわたる職業紹介活動に関し必要な事項は、厚生労働省令で定める。

（求人又は求職の開拓等）
第18条　公共職業安定所は、他の法律の規定に基づいて行うもののほか、厚生労働省令で定めるところにより、求職者に対しその能力に適合する職業に就く機会を与えるため、及び求人者に対しその必要とする労働力を確保することができるようにするために、必要な求人又は求職の開拓を行うものとする。
2　公共職業安定所は、前項の規定による求人又は求職の開拓に関し、地方公共団体、事業主の団体、労働組合その他の関係者に対し、情報の提供その他必要な連絡又は協力を求めることができる。

（業務情報の提供）

第 18 条の 2　公共職業安定所は、厚生労働省令で定めるところにより、求職者又は求人者に対し、特定地方公共団体又は職業紹介事業者（第 32 条の 9 第 2 項の命令を受けている者その他の公共職業安定所が求職者又は求人者に対してその職業紹介事業の業務に係る情報の提供を行うことが適当でない者として厚生労働省令で定めるものを除く。この項において同じ。）に関する第 32 条の 16 第 3 項に規定する事項、特定地方公共団体又は職業紹介事業者の紹介により就職した者のうち雇用保険法第 58 条の規定による移転費の支給を受けたものの数その他職業紹介事業の業務に係る情報を提供するものとする。

（公共職業訓練のあつせん）

第 19 条　公共職業安定所は、求職者に対し、公共職業能力開発施設の行う職業訓練（職業能力開発総合大学校の行うものを含む。）を受けることについてあつせんを行うものとする。

（労働争議に対する不介入）

第 20 条　公共職業安定所は、労働争議に対する中立の立場を維持するため、同盟罷業又は作業所閉鎖の行われている事業所に、求職者を紹介してはならない。

2　前項に規定する場合の外、労働委員会が公共職業安定所に対し、事業所において、同盟罷業又は作業所閉鎖に至る虞の多い争議が発生していること及び求職者を無制限に紹介することによつて、当該争議の解決が妨げられることを通報した場合においては、公共職業安定所は当該事業所に対し、求職者を紹介してはならない。但し、当該争議の発生前、通常使用されていた労働者の員数を維持するため必要な限度まで労働者を紹介する場合は、この限りでない。

（施行規定）

第 21 条　職業紹介の手続その他職業紹介に関し必要な事項は、厚生労働省令でこれを定める。

第 3 節　職業指導

（職業指導の実施）

第 22 条　公共職業安定所は、身体又は精神に障害のある者、新たに職業に就こうとする者その他職業に就くについて特別の指導を加えることを必要とする者に対し、職業指導を行わなければならない。

（適性検査）

第 23 条　公共職業安定所は、必要があると認めるときは、職業指導を受ける者について、適性検査を行うことができる。

（公共職業能力開発施設等との連携）

第 24 条　公共職業安定所は、職業指導を受ける者に対し、公共職業能力開発施設の行う職業訓練（職業能力開発総合大学校の行うものを含む。）に関する情報の提供、相談その他の援助を与えることが必要であると認めるときは、公共職業能力開発施設その他の関係者に対し、必要な協力を求めることができる。

（施行規定）

第 25 条　職業指導の方法その他職業指導に関し必要な事項は、厚生労働省令でこれを定める。

第4節　学生若しくは生徒又は学校卒業者の職業紹介等

（学生生徒等の職業紹介等）

第26条　公共職業安定所は、学校教育法（昭和22年法律第26号）第1条に規定する学校（以下「学校」という。）の学生若しくは生徒又は学校を卒業し、又は退学した者（政令で定める者を除く。以下「学生生徒等」という。）の職業紹介については、学校と協力して、学生生徒等に対し、雇用情報、職業に関する調査研究の成果等を提供し、職業指導を行い、及び公共職業安定所間の連絡により、学生生徒等に対して紹介することが適当と認められるできる限り多くの求人を開拓し、各学生生徒等の能力に適合した職業にあつせんするよう努めなければならない。

2　公共職業安定所は、学校が学生又は生徒に対して行う職業指導に協力しなければならない。

3　公共職業安定所は、学生生徒等に対する職業指導を効果的かつ効率的に行うことができるよう、学校その他の関係者と協力して、職業を体験する機会又は職業能力開発促進法（昭和44年法律第64号）第30条の3に規定するキャリアコンサルタントによる相談の機会の付与その他の職業の選択についての学生又は生徒の関心と理解を深めるために必要な措置を講ずるものとする。

（学校による公共職業安定所業務の分担）

第27条　公共職業安定所長は、学生生徒等の職業紹介を円滑に行うために必要があると認めるときは、学校の長の同意を得て、又は学校の長の要請により、その学校の長に、公共職業安定所の業務の一部を分担させることができる。

2　前項の規定により公共職業安定所長が学校の長に分担させることができる業務は、次に掲げる事項に限られるものとする。

一　求人の申込みを受理し、かつ、その受理した求人の申込みを公共職業安定所に連絡すること。

二　求職の申込みを受理すること。

三　求職者を求人者に紹介すること。

四　職業指導を行うこと。

五　就職後の指導を行うこと。

六　公共職業能力開発施設（職業能力開発総合大学校を含む。）への入所のあつせんを行うこと。

3　第1項の規定により公共職業安定所の業務の一部を分担する学校の長（以下「業務分担学校長」という。）は、第5条の6第1項本文及び第5条の7第1項本文の規定にかかわらず、学校の教育課程に適切でない職業に関する求人又は求職の申込みを受理しないことができる。

4　業務分担学校長は、公共職業安定所長と協議して、その学校の職員の中から職業安定担当者を選任し、その者に第2項各号の業務を担当させ、及び公共職業安定所との連絡を行わせることができる。

5　公共職業安定所長は、業務分担学校長に対して、雇用情報、職業に関する調査研究の成果等の提供その他業務分担学校長の行う第2項各号の業務の執行についての援助を与えるとともに、特に必要があると認めるときは、業務分担学校長に対して、経済上の援助を与えることができる。

6　業務分担学校長は、その業務の執行に関し、厚生労働大臣が文部科学大臣と協議して定める基準に従わなければならない。

7　公共職業安定所長は、業務分担学校長が、法令又は前項の基準に違反したときは、当該業務分担学校長の行う第2項各号の業務を停止させることができる。

8　前各項の規定は、学校の長が第33条の2の規定に基づいて無料の職業紹介事業を行う場合には適用しない。

（施行規定）

第28条　公共職業安定所と学校との間における連絡、援助又は協力に関する方法その他学生生徒等の職業紹介に関し必要な事項は、厚生労働省令で定める。

第２章の２　地方公共団体の行う職業紹介

（地方公共団体の行う職業紹介）

第 29 条　地方公共団体は、無料の職業紹介事業を行うことができる。

２　特定地方公共団体は、前項の規定により無料の職業紹介事業を行う旨を、厚生労働大臣に通知しなければならない。

３　特定地方公共団体は、取扱職種の範囲等（その職業紹介事業において取り扱う職種の範囲その他業務の範囲をいう。以下同じ。）を定めることができる。

４　特定地方公共団体が、前項の規定により取扱職種の範囲等を定めた場合においては、第５条の６第１項及び第５条の７第１項の規定は、その範囲内に限り適用するものとする。

（事業の廃止）

第 29 条の２　特定地方公共団体は、無料の職業紹介事業を廃止したときは、遅滞なく、その旨を厚生労働大臣に通知しなければならない。

（名義貸しの禁止）

第 29 条の３　特定地方公共団体は、自己の名義をもつて、他人に無料の職業紹介事業を行わせてはならない。

（取扱職種の範囲等の明示等）

第 29 条の４　特定地方公共団体は、取扱職種の範囲等、苦情の処理に関する事項その他無料の職業紹介事業の業務の内容に関しあらかじめ求人者及び求職者に対して知らせることが適当であるものとして厚生労働省令で定める事項について、求人者及び求職者に対し、明示しなければならない。

（公共職業安定所による情報提供）

第 29 条の５　公共職業安定所は、特定地方公共団体が求人又は求職に関する情報の提供を希望するときは、当該特定地方公共団体に対して、求人又は求職に関する情報として厚生労働省令で定めるものを電磁的方法（電子情報処理組織を使用する方法その他の情報通信の技術を利用する方法をいう。）その他厚生労働省令で定める方法により提供するものとする。

（公共職業安定所による援助）

第 29 条の６　公共職業安定所は、特定地方公共団体に対して、雇用情報、職業に関する調査研究の成果等の提供その他無料の職業紹介事業の運営についての援助を与えることができる。

（特定地方公共団体の責務）

第 29 条の７　特定地方公共団体は、無料の職業紹介事業の運営に当たつては、職業安定機関との連携の下に、その改善向上を図るために必要な措置を講ずるように努めなければならない。

（準用）

第 29 条の８　第 20 条の規定は、特定地方公共団体が無料の職業紹介事業を行う場合について準用する。この場合において、同条第１項中「公共職業安定所」とあるのは「特定地方公共団体」と、同条第２項中「公共職業安定所は」とあるのは「公共職業安定所は、その旨を特定地方公共団体に通報するものとし、当該通報を受けた特定地方公共団体は、」と読み替えるものとする。

（施行規定）

第 29 条の９　この章に定めるもののほか、特定地方公共団体の行う無料の職業紹介事業に関し必要な事項は、厚生労働省令で定める。

第３章　職業安定機関及び地方公共団体以外の者の行う職業紹介
第１節　有料職業紹介事業
（有料職業紹介事業の許可）
第 30 条　有料の職業紹介事業を行おうとする者は、厚生労働大臣の許可を受けなければならない。
2　前項の許可を受けようとする者は、次に掲げる事項を記載した申請書を厚生労働大臣に提出しなければならない。
一　氏名又は名称及び住所並びに法人にあつては、その代表者の氏名
二　法人にあつては、その役員の氏名及び住所
三　有料の職業紹介事業を行う事業所の名称及び所在地
四　第 32 条の 14 の規定により選任する職業紹介責任者の氏名及び住所
五　その他厚生労働省令で定める事項
3　前項の申請書には、有料の職業紹介事業を行う事業所ごとの当該事業に係る事業計画書その他厚生労働省令で定める書類を添付しなければならない。
4　前項の事業計画書には、厚生労働省令で定めるところにより、有料の職業紹介事業を行う事業所ごとの当該事業に係る求職者の見込数その他職業紹介に関する事項を記載しなければならない。
5　厚生労働大臣は、第１項の許可をしようとするときは、あらかじめ、労働政策審議会の意見を聴かなければならない。
6　第１項の許可を受けようとする者は、実費を勘案して厚生労働省令で定める額の手数料を納付しなければならない。

（許可の基準等）
第 31 条　厚生労働大臣は、前条第１項の許可の申請が次に掲げる基準に適合していると認めるときは、同項の許可をしなければならない。
一　申請者が、当該事業を健全に遂行するに足りる財産的基礎を有すること。
二　個人情報を適正に管理し、及び求人者、求職者等の秘密を守るために必要な措置が講じられていること。
三　前２号に定めるもののほか、申請者が、当該事業を適正に遂行することができる能力を有すること。
2　厚生労働大臣は、前条第１項の許可をしないときは、遅滞なく、理由を示してその旨を当該申請者に通知しなければならない。

（許可の欠格事由）
第 32 条　厚生労働大臣は、前条第１項の規定にかかわらず、次の各号のいずれかに該当する者に対しては、第 30 条第１項の許可をしてはならない。
一　禁錮以上の刑に処せられ、又はこの法律の規定その他労働に関する法律の規定（次号に規定する規定を除く。）であつて政令で定めるもの若しくは暴力団員による不当な行為の防止等に関する法律の規定（同法第 50 条（第２号に係る部分に限る。）及び第 52 条の規定を除く。）により、若しくは刑法（明治 40 年法律第 45 号）第 204 条、第 206 条、第 208 条、第 208 条の２、第 222 条若しくは第 247 条の罪、暴力行為等処罰に関する法律（大正 15 年法律第 60 号）の罪若しくは出入国管理及び難民認定法（昭和 26 年政令第 319 号）第 73 条の２第１項の罪を犯したことにより、罰金の刑に処せられ、その執行を終わり、又は執行を受けることがなくなつた日から起算して５年を経過しない者
二　健康保険法（大正 11 年法律第 70 号）第 208 条、第 213 条の２若しくは第 214 条第１項、船員保険法（昭和 14 年法律第 73 号）第 156 条、第 159 条若しくは第 160 条第１項、労働

者災害補償保険法（昭和22年法律第50号）第51条前段若しくは第54条第1項（同法第51条前段の規定に係る部分に限る。）、厚生年金保険法（昭和29年法律第115号）第102条、第103条の2若しくは第104条第1項（同法第102条又は第103条の2の規定に係る部分に限る。）、労働保険の保険料の徴収等に関する法律（昭和44年法律第84号）第46条前段若しくは第48条第1項（同法第46条前段の規定に係る部分に限る。）又は雇用保険法第83条若しくは第86条（同法第83条の規定に係る部分に限る。）の規定により罰金の刑に処せられ、その執行を終わり、又は執行を受けることがなくなつた日から起算して5年を経過しない者

三　心身の故障により有料の職業紹介事業を適正に行うことができない者として厚生労働省令で定めるもの

四　破産手続開始の決定を受けて復権を得ない者

五　第32条の9第1項（第1号を除き、第33条第4項において準用する場合を含む。）の規定により職業紹介事業の許可を取り消され、又は第33条の3第2項において準用する第32条の9第1項（第1号を除く。）の規定により無料の職業紹介事業の廃止を命じられ、当該取消し又は命令の日から起算して5年を経過しない者

六　第32条の9第1項（第33条第4項において準用する場合を含む。）の規定により職業紹介事業の許可を取り消された者が法人である場合（第32条の9第1項（第1号に限る。）（第33条第4項において準用する場合を含む。）の規定により許可を取り消された場合については、当該法人が第1号又は第2号に規定する者に該当することとなつたことによる場合に限る。）又は第33条の3第2項において準用する第32条の9第1項の規定により無料の職業紹介事業の廃止を命じられた者が法人である場合（第33条の3第2項において準用する第32条の9第1項（第1号に限る。）の規定により廃止を命じられた場合については、当該法人が第1号又は第2号に規定する者に該当することとなつたことによる場合に限る。）において、当該取消し又は命令の処分を受ける原因となつた事項が発生した当時現に当該法人の役員であつた者で、当該取消し又は命令の日から起算して5年を経過しないもの

七　第32条の9第1項（第33条第4項において準用する場合を含む。）の規定による職業紹介事業の許可の取消し又は第33条の3第2項において準用する第32条の9第1項の規定による無料の職業紹介事業の廃止の命令の処分に係る行政手続法（平成5年法律第88号）第15条の規定による通知があつた日から当該処分をする日又は処分をしないことを決定する日までの間に第32条の8第1項（第33条第4項及び第33条の3第2項において準用する場合を含む。）の規定による職業紹介事業の廃止の届出をした者（当該事業の廃止について相当の理由がある者を除く。）で、当該届出の日から起算して5年を経過しないもの

八　前号に規定する期間内に第32条の8第1項（第33条第4項及び第33条の3第2項において準用する場合を含む。）の規定による職業紹介事業の廃止の届出をした者が法人である場合において、同号の通知の日前60日以内に当該法人（当該事業の廃止について相当の理由がある法人を除く。）の役員であつた者で、当該届出の日から起算して5年を経過しないもの

九　暴力団員又は暴力団員でなくなつた日から5年を経過しない者（以下この条において「暴力団員等」という。）

十　営業に関し成年者と同一の行為能力を有しない未成年者であつて、その法定代理人が前各号又は次号のいずれかに該当するもの

十一　法人であつて、その役員のうちに前各号のいずれかに該当する者があるもの

十二　暴力団員等がその事業活動を支配する者

十三　暴力団員等をその業務に従事させ、又はその業務の補助者として使用するおそれのある者

第32条の2　削除

（手数料）

第32条の3　第30条第1項の許可を受けた者（以下「有料職業紹介事業者」という。）は、次に掲げる場合を除き、職業紹介に関し、いかなる名義でも、実費その他の手数料又は報酬を受けてはならない。

一　職業紹介に通常必要となる経費等を勘案して厚生労働省令で定める種類及び額の手数料を徴収する場合

二　あらかじめ厚生労働大臣に届け出た手数料表（手数料の種類、額その他手数料に関する事項を定めた表をいう。）に基づき手数料を徴収する場合

2　有料職業紹介事業者は、前項の規定にかかわらず、求職者からは手数料を徴収してはならない。ただし、手数料を求職者から徴収することが当該求職者の利益のために必要であると認められるときとして厚生労働省令で定めるときは、同項各号に掲げる場合に限り、手数料を徴収することができる。

3　第1項第2号に規定する手数料表は、厚生労働省令で定める方法により作成しなければならない。

4　厚生労働大臣は、第1項第2号に規定する手数料表に基づく手数料が次の各号のいずれかに該当すると認めるときは、当該有料職業紹介事業者に対し、期限を定めて、その手数料表を変更すべきことを命ずることができる。

一　特定の者に対し不当な差別的取扱いをするものであるとき。

二　手数料の種類、額その他手数料に関する事項が明確に定められていないことにより、当該手数料が著しく不当であると認められるとき。

（許可証）

第32条の4　厚生労働大臣は、第30条第1項の許可をしたときは、厚生労働省令で定めるところにより、有料の職業紹介事業を行う事業所の数に応じ、許可証を交付しなければならない。

2　許可証の交付を受けた者は、当該許可証を、有料の職業紹介事業を行う事業所ごとに備え付けるとともに、関係者から請求があつたときは提示しなければならない。

3　許可証の交付を受けた者は、当該許可証を亡失し、又は当該許可証が滅失したときは、速やかにその旨を厚生労働大臣に届け出て、許可証の再交付を受けなければならない。

（許可の条件）

第32条の5　第30条第1項の許可には、条件を付し、及びこれを変更することができる。

2　前項の条件は、第30条第1項の許可の趣旨に照らして、又は当該許可に係る事項の確実な実施を図るために必要な最小限度のものに限り、かつ、当該許可を受ける者に不当な義務を課することとなるものであつてはならない。

（許可の有効期間等）

第32条の6　第30条第1項の許可の有効期間は、当該許可の日から起算して3年とする。

2　前項に規定する許可の有効期間（当該許可の有効期間についてこの項の規定により更新を受けたときにあつては、当該更新を受けた許可の有効期間）の満了後引き続き当該許可に係る有料の職業紹介事業を行おうとする者は、許可の有効期間の更新を受けなければならない。

3　厚生労働大臣は、前項に規定する許可の有効期間の更新の申請があつた場合において、当該申請が第31条第1項各号に掲げる基準に適合していると認めるときは、当該許可の有効期間の更新をしなければならない。

4　第2項に規定する許可の有効期間の更新を受けようとする者は、実費を勘案して厚生労働省令で定める額の手数料を納付しなければならない。

5　第2項の規定によりその更新を受けた場合における第30条第1項の許可の有効期間は、当該

更新前の許可の有効期間が満了する日の翌日から起算して５年とする。

6　第 30 条第２項から第４項まで、第 31 条第２項及び第 32 条（第５号から第８号までを除く。）の規定は、第２項に規定する許可の有効期間の更新について準用する。

（変更の届出）

第 32 条の７　有料職業紹介事業者は、第 30 条第２項各号に掲げる事項（厚生労働省令で定めるものを除く。）に変更があつたときは、遅滞なく、その旨を厚生労働大臣に届け出なければならない。この場合において、当該変更に係る事項が有料の職業紹介事業を行う事業所の新設に係るものであるときは、当該事業所に係る事業計画書その他厚生労働省令で定める書類を添付しなければならない。

2　第 30 条第４項の規定は、前項の事業計画書について準用する。

3　厚生労働大臣は、第１項の規定により有料の職業紹介事業を行う事業所の新設に係る変更の届出があつたときは、厚生労働省令で定めるところにより、当該新設に係る事業所の数に応じ、許可証を交付しなければならない。

4　有料職業紹介事業者は、第１項の規定による届出をする場合において、当該届出に係る事項が許可証の記載事項に該当するときは、厚生労働省令で定めるところにより、その書換えを受けなければならない。

（事業の廃止）

第 32 条の８　有料職業紹介事業者は、当該有料の職業紹介事業を廃止したときは、遅滞なく、厚生労働省令で定めるところにより、その旨を厚生労働大臣に届け出なければならない。

2　前項の規定による届出があつたときは、第 30 条第１項の許可は、その効力を失う。

（許可の取消し等）

第 32 条の９　厚生労働大臣は、有料職業紹介事業者が次の各号のいずれかに該当するときは、第 30 条第１項の許可を取り消すことができる。

一　第 32 条各号（第５号から第８号までを除く。）のいずれかに該当しているとき。

二　この法律若しくは労働者派遣法（第３章第４節の規定を除く。）の規定又はこれらの規定に基づく命令若しくは処分に違反したとき。

三　第 32 条の５第１項の規定により付された許可の条件に違反したとき。

2　厚生労働大臣は、有料職業紹介事業者が前項第２号又は第３号に該当するときは、期間を定めて当該有料の職業紹介事業の全部又は一部の停止を命ずることができる。

（名義貸しの禁止）

第 32 条の 10　有料職業紹介事業者は、自己の名義をもつて、他人に有料の職業紹介事業を行わせてはならない。

（取扱職業の範囲）

第 32 条の 11　有料職業紹介事業者は、港湾運送業務（港湾労働法（昭和 63 年法律第 40 号）第２条第２号に規定する港湾運送の業務又は同条第１号に規定する港湾以外の港湾において行われる当該業務に相当する業務として厚生労働省令で定める業務をいう。）に就く職業、建設業務（土木、建築その他工作物の建設、改造、保存、修理、変更、破壊若しくは解体の作業又はこれらの作業の準備の作業に係る業務をいう。）に就く職業その他有料の職業紹介事業においてその職業のあつせんを行うことが当該職業に就く労働者の保護に支障を及ぼすおそれがあるものとして厚生労働省令で定める職業を求職者に紹介してはならない。

2　第５条の６第１項及び第５条の７第１項の規定は、有料職業紹介事業者に係る前項に規定する職業に係る求人の申込み及び求職の申込みについては、適用しない。

（取扱職種の範囲等の届出等）

第32条の12　有料の職業紹介事業を行おうとする者又は有料職業紹介事業者は、取扱職種の範囲等を定めたときは、これを厚生労働大臣に届け出なければならない。これを変更したときも、同様とする。

2　有料の職業紹介事業を行おうとする者又は有料職業紹介事業者が、前項の規定により、取扱職種の範囲等を届け出た場合には、第5条の6第1項及び第5条の7第1項の規定は、その範囲内に限り適用するものとする。

3　厚生労働大臣は、第1項の規定により届け出られた取扱職種の範囲等が、特定の者に対し不当な差別的取扱いをするものであると認めるときは、当該有料の職業紹介事業を行おうとする者又は有料職業紹介事業者に対し、期限を定めて、当該取扱職種の範囲等を変更すべきことを命ずることができる。

（取扱職種の範囲等の明示等）

第32条の13　有料職業紹介事業者は、取扱職種の範囲等、手数料に関する事項、苦情の処理に関する事項その他当該職業紹介事業の業務の内容に関しあらかじめ求人者及び求職者に対して知らせることが適当であるものとして厚生労働省令で定める事項について、厚生労働省令で定めるところにより、求人者及び求職者に対し、明示しなければならない。

（職業紹介責任者）

第32条の14　有料職業紹介事業者は、職業紹介に関し次に掲げる事項を統括管理させ、及び従業者に対する職業紹介の適正な遂行に必要な教育を行わせるため、厚生労働省令で定めるところにより、第32条第1号、第2号及び第4号から第9号までに該当しない者（未成年者を除き、有料の職業紹介事業の管理を適正に行うに足りる能力を有する者として、厚生労働省令で定める基準に適合するものに限る。）のうちから職業紹介責任者を選任しなければならない。

一　求人者又は求職者から申出を受けた苦情の処理に関すること。

二　求人者の情報（職業紹介に係るものに限る。）及び求職者の個人情報の管理に関すること。

三　求人及び求職の申込みの受理、求人者及び求職者に対する助言及び指導その他有料の職業紹介事業の業務の運営及び改善に関すること。

四　職業安定機関との連絡調整に関すること。

（帳簿の備付け）

第32条の15　有料職業紹介事業者は、その業務に関して、厚生労働省令で定める帳簿書類を作成し、その事業所に備えて置かなければならない。

（事業報告）

第32条の16　有料職業紹介事業者は、厚生労働省令で定めるところにより、有料の職業紹介事業を行う事業所ごとの当該事業に係る事業報告書を作成し、厚生労働大臣に提出しなければならない。

2　前項の事業報告書には、厚生労働省令で定めるところにより、有料の職業紹介事業を行う事業所ごとの当該事業に係る求職者の数、職業紹介に関する手数料の額その他職業紹介に関する事項を記載しなければならない。

3　有料職業紹介事業者は、厚生労働省令で定めるところにより、当該有料職業紹介事業者の紹介により就職した者の数、当該有料職業紹介事業者の紹介により就職した者（期間の定めのない労働契約を締結した者に限る。）のうち離職した者（解雇により離職した者その他厚生労働省令で定める者を除く。）の数、手数料に関する事項その他厚生労働省令で定める事項に関し情報の提供を行わなければならない。

第２節　無料職業紹介事業

（無料職業紹介事業）

第33条　無料の職業紹介事業（職業安定機関及び特定地方公共団体の行うものを除く。以下同じ。）を行おうとする者は、次条及び第33条の３の規定により行う場合を除き、厚生労働大臣の許可を受けなければならない。

２　厚生労働大臣は、前項の許可をしようとするときは、あらかじめ、労働政策審議会の意見を聴かなければならない。ただし、労働組合等に対し許可をしようとするときは、この限りでない。

３　第１項の許可の有効期間は、当該許可の日から起算して５年とする。

４　第30条第２項から第４項まで、第31条、第32条、第32条の４、第32条の５、第32条の６第２項、第３項及び第５項、第32条の７から第32条の10まで並びに第32条の12から前条までの規定は、第１項の許可を受けて行う無料の職業紹介事業及び同項の許可を受けた者について準用する。この場合において、第30条第２項中「前項の許可」とあり、第31条中「前条第１項の許可」とあり、並びに第32条、第32条の４第１項、第32条の５、第32条の６第５項、第32条の８第２項及び第32条の９第１項中「第30条第１項の許可」とあるのは「第33条第１項の許可」と、第32条の６第２項中「前項」とあるのは「第33条第３項」と、第32条の13中「手数料に関する事項、苦情」とあるのは「苦情」と、前条第２項中「、職業紹介に関する手数料の額その他」とあり、及び同条第３項中「、手数料に関する事項その他」とあるのは「その他」と読み替えるものとする。

５　第30条第２項から第４項まで、第31条第２項及び第32条（第５号から第８号までを除く。）の規定は、前項において準用する第32条の６第２項に規定する許可の有効期間の更新について準用する。

（学校等の行う無料職業紹介事業）

第33条の２　次の各号に掲げる施設の長は、厚生労働大臣に届け出て、当該各号に定める者（これらの者に準ずる者として厚生労働省令で定めるものを含む。）について、無料の職業紹介事業を行うことができる。

一　学校（小学校及び幼稚園を除く。）　当該学校の学生生徒等

二　専修学校　当該専修学校の生徒又は当該専修学校を卒業した者

三　職業能力開発促進法第15条の７第１項各号に掲げる施設　当該施設の行う職業訓練を受ける者又は当該職業訓練を修了した者

四　職業能力開発総合大学校　当該職業能力開発総合大学校の行う職業訓練若しくは職業能力開発促進法第27条第１項に規定する指導員訓練を受ける者又は当該職業訓練若しくは当該指導員訓練を修了した者

２　前項の規定により無料の職業紹介事業を行う同項各号に掲げる施設の長は、当該施設の職員のうちから、職業紹介事業に関する業務を担当する者を定めて、自己に代わつてその業務を行わせることができる。

３　厚生労働大臣は、第１項各号に掲げる施設の長が同項の規定により行う無料の職業紹介事業の業務の執行に関する基準を定めることができる。

４　厚生労働大臣は、第１項第１号及び第２号に掲げる施設の長に係る前項の基準を定めようとするときは、あらかじめ文部科学大臣と協議しなければならない。

５　第１項の規定により無料の職業紹介事業を行おうとする同項各号に掲げる施設の長は、その取り扱う職業紹介の範囲を定めて、同項の届出をすることができる。

6　前項の規定により、第1項各号に掲げる施設の長が職業紹介の範囲を定めて届出をした場合においては、第5条の6第1項及び第5条の7第1項の規定は、その範囲内に限り適用するものとする。
7　第32条の8第1項、第32条の9第2項、第32条の10、第32条の13、第32条の15及び第32条の16の規定は、第1項の規定により同項各号に掲げる施設の長が行う無料の職業紹介事業について準用する。この場合において、第32条の9第2項中「前項第2号又は第3号」とあるのは「前項第2号」と、第32条の13中「手数料に関する事項、苦情」とあるのは「苦情」と、第32条の16第1項中「有料の職業紹介事業を行う事業所ごとの当該事業に係る事業報告書」とあるのは「事業報告書」と、同条第2項中「有料の職業紹介事業を行う事業所ごとの当該事業」とあるのは「当該事業」と、同項中「、職業紹介に関する手数料の額その他」とあり、及び同条第3項中「、手数料に関する事項その他」とあるのは「その他」と、同項中「行わなければ」とあるのは「行うように努めなければ」と読み替えるものとする。
8　厚生労働大臣は、第1項の規定により無料の職業紹介事業を行う同項第1号又は第2号に掲げる施設の長に対し、前項において準用する第32条の9第2項の規定により事業の停止を命じようとする場合には、あらかじめ教育行政庁に通知しなければならない。

（特別の法人の行う無料職業紹介事業）
第33条の3　特別の法律により設立された法人であつて厚生労働省令で定めるものは、厚生労働大臣に届け出て、当該法人の直接若しくは間接の構成員（以下この項において「構成員」という。）を求人者とし、又は当該法人の構成員若しくは構成員に雇用されている者を求職者とする無料の職業紹介事業を行うことができる。
2　第30条第2項から第4項まで、第32条、第32条の4第2項、第32条の7第1項及び第2項、第32条の8第1項、第32条の9、第32条の10並びに第32条の12から第32条の16までの規定は、前項の届出をして行う無料の職業紹介事業及び同項の届出をした法人について準用する。この場合において、次の表の上欄に掲げる規定中同表の中欄に掲げる字句は、それぞれ同表の下欄に掲げる字句に読み替えるものとする。

第30条第2項	前項の許可を受けようとする者	第33条の3第1項の届出をしようとする法人
	申請書	届出書
第30条第3項	申請書	届出書
第32条	厚生労働大臣は、前条第1項の規定にかかわらず、次の	次の
	者に対しては、第30条第1項の許可をして	法人は、新たに無料の職業紹介事業の事業所を設けて当該無料の職業紹介事業を行つて
第32条の4第2項	許可証の交付を受けた者	第33条の3第1項の届出をした法人
	当該許可証	当該届出をした旨その他厚生労働省令で定める事項を記載した書類

第32条の9第1項	、第30条第1項の許可を取り消す	当該無料の職業紹介事業の廃止を、当該無料の職業紹介事業（二以上の事業所を設けて無料の職業紹介事業を行う場合にあつては、各事業所ごとの無料の職業紹介事業。以下この項において同じ。）の開始の当時第32条第5号から第8号までに該当するときは当該無料の職業紹介事業の廃止を、命ずる
第32条の9第2項	前項第2号又は第3号	前項第2号
第32条の13	手数料に関する事項、苦情	苦情
第32条の16第2項	、職業紹介に関する手数料の額その他	その他
第32条の16第3項	、手数料に関する事項その他	その他

（公共職業安定所による援助）

第33条の4　公共職業安定所は、第33条第1項の許可を受けて、又は第33条の2第1項若しくは前条第1項の規定による届出をして無料の職業紹介事業を行う者に対して、雇用情報、職業に関する調査研究の成果等の提供その他当該無料の職業紹介事業の運営についての援助を与えることができる。

第3節　補　則

（職業紹介事業者の責務）

第33条の5　職業紹介事業者は、当該事業の運営に当たつては、職業安定機関との連携の下に、その改善向上を図るために必要な措置を講ずるように努めなければならない。

（厚生労働大臣の指導等）

第33条の6　厚生労働大臣は、労働力の需要供給を調整するため特に必要があるときは、厚生労働省令で定めるところにより、職業紹介事業者に対し、職業紹介の範囲、時期、手段、件数その他職業紹介を行う方法に関し必要な指導、助言及び勧告をすることができる。

（準用）

第34条　第20条の規定は、職業紹介事業者が職業紹介事業を行う場合について準用する。この場合において、同条第1項中「公共職業安定所」とあるのは「職業紹介事業者」と、同条第2項中「公共職業安定所は」とあるのは「公共職業安定所は、その旨を職業紹介事業者に通報するものとし、当該通報を受けた職業紹介事業者は、」と読み替えるものとする。

（施行規定）

第35条　この章に定めるもののほか、職業紹介事業に関する許可の申請手続その他職業紹介事業に関し必要な事項は、厚生労働省令で定める。

第3章の2　労働者の募集

（委託募集）

第36条　労働者を雇用しようとする者が、その被用者以外の者をして報酬を与えて労働者の募集に従事させようとするときは、厚生労働大臣の許可を受けなければならない。

2　前項の報酬の額については、あらかじめ、厚生労働大臣の認可を受けなければならない。

3　労働者を雇用しようとする者が、その被用者以外の者をして報酬を与えることなく労働者の募集に従事させようとするときは、その旨を厚生労働大臣に届け出なければならない。

（募集の制限）
第37条　厚生労働大臣又は公共職業安定所長は、厚生労働省令で定めるところにより、労働力の需要供給を調整するため特に必要があるときは、労働者の募集（前条第1項の規定によるものを除く。）に関し、募集時期、募集人員、募集地域その他募集方法について、理由を付して制限することができる。
2　厚生労働大臣は、前条第1項の規定によつて労働者の募集を許可する場合においては、労働者の募集を行おうとする者に対し、募集時期、募集人員、募集地域その他募集方法に関し必要な指示をすることができる。

第38条　削除

（報酬受領の禁止）
第39条　労働者の募集を行う者及び第36条第1項又は第3項の規定により労働者の募集に従事する者（以下「募集受託者」という。）は、募集に応じた労働者から、その募集に関し、いかなる名義でも、報酬を受けてはならない。

（報酬の供与の禁止）
第40条　労働者の募集を行う者は、その被用者で当該労働者の募集に従事するもの又は募集受託者に対し、賃金、給料その他これらに準ずるものを支払う場合又は第36条第2項の認可に係る報酬を与える場合を除き、報酬を与えてはならない。

（許可の取消し等）
第41条　厚生労働大臣は、第36条第1項の許可を受けて労働者の募集を行う者又は同項の規定により労働者の募集に従事する者がこの法律若しくは労働者派遣法（第3章第4節の規定を除く。次項において同じ。）の規定又はこれらの規定に基づく命令若しくは処分に違反したときは、同項の許可を取り消し、又は期間を定めて当該労働者の募集の業務の停止を命ずることができる。
2　厚生労働大臣は、第36条第3項の届出をして労働者の募集を行う者又は同項の規定により労働者の募集に従事する者がこの法律若しくは労働者派遣法の規定又はこれらの規定に基づく命令若しくは処分に違反したときは、当該労働者の募集の業務の廃止を命じ、又は期間を定めて当該労働者の募集の業務の停止を命ずることができる。

（労働者の募集を行う者等の責務）
第42条　労働者の募集を行う者及び募集受託者は、労働者の適切な職業の選択に資するため、それぞれ、その業務の運営に当たつては、その改善向上を図るために必要な措置を講ずるように努めなければならない。

（準用）
第42条の2　第20条の規定は、労働者の募集について準用する。この場合において、同条第1項中「公共職業安定所」とあるのは「労働者の募集を行う者（厚生労働省令で定める者を除く。次項において同じ。）及び募集受託者（第39条に規定する募集受託者をいう。同項において同じ。）」と、「事業所に、求職者を紹介してはならない」とあるのは「事業所における就業を内容とする労働者の募集をしてはならない」と、同条第2項中「求職者を無制限に紹介する」とあるのは「労働者を無制限に募集する」と、「公共職業安定所は当該事業所に対し、求職者を紹介してはならない」

とあるのは「公共職業安定所は、その旨を労働者の募集を行う者及び募集受託者に通報するものとし、当該通報を受けた労働者の募集を行う者又は募集受託者は、当該事業所における就業を内容とする労働者の募集をしてはならない」と、同項ただし書中「紹介する」とあるのは「募集する」と読み替えるものとする。

（施行規定）
第 43 条　労働者の募集に関する許可の申請手続その他労働者の募集に関し必要な事項は、厚生労働省令でこれを定める。

第 3 章の 3　募集情報等提供事業
（特定募集情報等提供事業の届出）
第 43 条の 2　特定募集情報等提供事業を行おうとする者は、厚生労働省令で定めるところにより、氏名又は名称及び住所その他の厚生労働省令で定める事項を厚生労働大臣に届け出なければならない。
2　特定募集情報等提供事業者は、前項の規定により届け出た事項に変更があつたときは、遅滞なく、厚生労働省令で定めるところにより、その旨を厚生労働大臣に届け出なければならない。
3　特定募集情報等提供事業者は、第 1 項の規定による届出に係る特定募集情報等提供事業を廃止したときは、遅滞なく、厚生労働省令で定めるところにより、その旨を厚生労働大臣に届け出なければならない。

（報酬受領の禁止）
第 43 条の 3　特定募集情報等提供事業者は、その行つた募集情報等提供に係る労働者の募集に応じた労働者から、当該募集情報等提供に関し、いかなる名義でも、報酬を受けてはならない。

（事業の停止）
第 43 条の 4　厚生労働大臣は、特定募集情報等提供事業者が第 5 条の 5、前条若しくは第 51 条の規定又は第 48 条の 3 第 1 項の規定に基づく命令に違反したときは、期間を定めて当該特定募集情報等提供事業の全部又は一部の停止を命ずることができる。

（事業概況報告書の提出）
第 43 条の 5　特定募集情報等提供事業者は、厚生労働省令で定めるところにより、その行う特定募集情報等提供事業の実施の状況を記載した事業概況報告書を作成し、厚生労働大臣に提出しなければならない。

（事業情報の公開）
第 43 条の 6　募集情報等提供事業を行う者は、厚生労働省令で定めるところにより、労働者の募集に関する情報の的確な表示に関する事項、苦情の処理に関する事項その他厚生労働省令で定める事項に関し情報の提供を行うように努めなければならない。

（苦情の処理）
第 43 条の 7　募集情報等提供事業を行う者は、労働者になろうとする者、労働者の募集を行う者、募集受託者、職業紹介事業者その他厚生労働省令で定める者から申出を受けた当該事業に関する苦情を適切かつ迅速に処理しなければならない。
2　募集情報等提供事業を行う者は、前項の目的を達成するために必要な体制を整備しなければならない。

（募集情報等提供事業を行う者の責務）
第43条の8　募集情報等提供事業を行う者は、労働者の適切な職業の選択に資するため、その業務の運営に当たつては、その改善向上を図るために必要な措置を講ずるように努めなければならない。

（地方公共団体の行う募集情報等提供事業）
第43条の9　地方公共団体が募集情報等提供事業を行う場合のこの法律の規定の適用については、第5条の5第1項及び第43条の3中「特定募集情報等提供事業者」とあるのは、「特定募集情報等提供事業を行う地方公共団体」とし、第43条の2、第48条、第48条の2及び第48条の3第1項の規定は、適用しない。

第3章の4　労働者供給事業
（労働者供給事業の禁止）
第44条　何人も、次条に規定する場合を除くほか、労働者供給事業を行い、又はその労働者供給事業を行う者から供給される労働者を自らの指揮命令の下に労働させてはならない。

（労働者供給事業の許可）
第45条　労働組合等が、厚生労働大臣の許可を受けた場合は、無料の労働者供給事業を行うことができる。

（労働者供給事業者の責務）
第45条の2　労働者供給事業者は、労働力の需要供給の適正かつ円滑な調整に資するため、当該事業の運営に当たつては、その改善向上を図るために必要な措置を講ずるように努めなければならない。

（準用）
第46条　第20条、第33条の4及び第41条第1項の規定は、労働組合等が前条の規定により労働者供給事業を行う場合について準用する。この場合において、第20条第1項中「公共職業安定所」とあるのは「労働者供給事業者」と、「求職者を紹介してはならない」とあるのは「労働者を供給してはならない」と、同条第2項中「求職者を無制限に紹介する」とあるのは「労働者を無制限に供給する」と、「公共職業安定所は当該事業所に対し、求職者を紹介してはならない」とあるのは「公共職業安定所は、その旨を労働者供給事業者に通報するものとし、当該通報を受けた労働者供給事業者は、当該事業所に対し、労働者を供給してはならない」と、同項ただし書中「紹介する」とあるのは「供給する」と、第41条第1項中「同項の許可」とあるのは「同条の許可」と、「当該労働者の募集の業務」とあるのは「当該労働者供給事業の全部若しくは一部」と読み替えるものとする。

（施行規定）
第47条　労働者供給事業に関する許可の申請手続その他労働者供給事業に関し必要な事項は、厚生労働省令でこれを定める。

第3章の5　労働者派遣事業等
第47条の2　労働者派遣事業等に関しては、労働者派遣法及び港湾労働法並びに建設労働法の定めるところによる。

第4章　雑　則

（事業者団体等の責務）

第47条の3　職業紹介事業者又は募集情報等提供事業を行う者を直接又は間接の構成員（以下この項において「構成員」という。）とする団体（次項において「事業者団体」という。）は、職業紹介事業又は募集情報等提供事業の適正な運営の確保及び求職者又は労働者になろうとする者の保護が図られるよう、構成員に対し、必要な助言、協力その他の援助を行うように努めなければならない。

2　国は、事業者団体に対し、職業紹介事業又は募集情報等提供事業の適正な運営の確保及び求職者又は労働者になろうとする者の保護に関し必要な助言及び協力を行うように努めるものとする。

（指針）

第48条　厚生労働大臣は、第3条、第5条の3から第5条の5まで、第33条の5、第42条、第43条の8及び第45条の2に定める事項に関し、職業紹介事業者、求人者、労働者の募集を行う者、募集受託者、募集情報等提供事業を行う者、労働者供給事業者及び労働者供給を受けようとする者が適切に対処するために必要な指針を公表するものとする。

（指導及び助言）

第48条の2　厚生労働大臣は、この法律の施行に関し必要があると認めるときは、職業紹介事業者、求職者、労働者の募集を行う者、募集受託者、募集情報等提供事業を行う者、労働者供給事業者及び労働者供給を受けようとする者に対し、その業務の適正な運営を確保するために必要な指導及び助言をすることができる。

（改善命令等）

第48条の3　厚生労働大臣は、職業紹介事業者、労働者の募集を行う者、募集受託者、募集情報等提供事業を行う者又は労働者供給事業者が、その業務に関しこの法律の規定又はこれに基づく命令の規定に違反した場合において、当該業務の適正な運営を確保するために必要があると認めるときは、これらの者に対し、当該業務の運営を改善するために必要な措置を講ずべきことを命ずることができる。

2　厚生労働大臣は、求人者又は労働者供給を受けようとする者が、第5条の3第2項若しくは第3項の規定に違反しているとき、若しくは第5条の6第3項の規定による求めに対して事実に相違する報告をしたとき、又はこれらの規定に違反して前条の規定による指導若しくは助言を受けたにもかかわらずなおこれらの規定に違反するおそれがあると認めるときは、当該求人者又は労働者供給を受けようとする者に対し、第5条の3第2項若しくは第3項又は第5条の6第3項の規定の違反を是正するために必要な措置又はその違反を防止するために必要な措置を執るべきことを勧告することができる。

3　厚生労働大臣は、労働者の募集を行う者に対し第1項の規定による命令をした場合又は前項の規定による勧告をした場合において、当該命令又は勧告を受けた者がこれに従わなかつたときは、その旨を公表することができる。

（厚生労働大臣に対する申告）

第48条の4　特定地方公共団体、職業紹介事業者、求人者、労働者の募集を行う者、募集受託者、募集情報等提供事業を行う者、労働者供給事業者又は労働者供給を受けようとする者がこの法律の規定又はこれに基づく命令の規定に違反する事実がある場合においては、当該特定地方公共団体若しくは職業紹介事業者に求職の申込みをした求職者、当該募集に応じた労働者、当該募集情報等提供事業を行う者から募集情報等提供を受け当該募集情報等提供に係る労働者の募集に応じた労働者若しくは当該募集情報等提供事業を行う者により自らに関する情報を提供された労働者又は当該労働者供給事業者から供給される労働者は、厚生労働大臣に対し、その事実を申告し、適当な措置を執るべきことを求めることができる。
2　厚生労働大臣は、前項の規定による申告があつたときは、必要な調査を行い、その申告の内容が事実であると認めるときは、この法律に基づく措置その他適当な措置を執らなければならない。

（報告の請求）
第49条　行政庁は、必要があると認めるときは、労働者を雇用する者から、労働者の雇入又は離職の状況、賃金その他の労働条件等職業安定に関し必要な報告をさせることができる。

（報告及び検査）
第50条　行政庁は、この法律を施行するために必要な限度において、厚生労働省令で定めるところにより、職業紹介事業を行う者（第29条第1項の規定により無料の職業紹介事業を行う場合における特定地方公共団体を除く。）、求人者、労働者の募集を行う者、募集受託者、募集情報等提供事業を行う者（募集情報等提供事業を行う場合における地方公共団体を除く。）、労働者供給事業を行う者又は労働者供給を受けようとする者に対し、必要な事項を報告させることができる。
2　行政庁は、この法律を施行するために必要な限度において、所属の職員に、職業紹介事業を行う者（第29条第1項の規定により無料の職業紹介事業を行う場合における特定地方公共団体を除く。）、求人者、労働者の募集を行う者、募集受託者、募集情報等提供事業を行う者（募集情報等提供事業を行う場合における地方公共団体を除く。）、労働者供給事業を行う者又は労働者供給を受けようとする者の事業所その他の施設に立ち入り、関係者に質問させ、又は帳簿、書類その他の物件を検査させることができる。
3　前項の規定により立入検査をする職員は、その身分を示す証明書を携帯し、関係者に提示しなければならない。
4　第2項の規定による立入検査の権限は、犯罪捜査のために認められたものと解釈してはならない。

（秘密を守る義務等）
第51条　職業紹介事業者、求人者、労働者の募集を行う者、募集受託者、特定募集情報等提供事業者、労働者供給事業者及び労働者供給を受けようとする者（以下この条において「職業紹介事業者等」という。）並びにこれらの代理人、使用人その他の従業者は、正当な理由なく、その業務上取り扱つたことについて知り得た人の秘密を漏らしてはならない。職業紹介事業者等及びこれらの代理人、使用人その他の従業者でなくなつた後においても、同様とする。
2　職業紹介事業者等及びこれらの代理人、使用人その他の従業者は、前項の秘密のほか、その業務に関して知り得た個人情報その他厚生労働省令で定める者に関する情報を、みだりに他人に知らせてはならない。職業紹介事業者等及びこれらの代理人、使用人その他の従業者でなくなつた後においても、同様とする。

第51条の2　特定地方公共団体及び特定募集情報等提供事業を行う地方公共団体並びに公共職業安定所の業務に従事する者、特定地方公共団体の業務に従事する者及び特定募集情報等提供事業を行う地方公共団体の業務に従事する者は、その業務に関して知り得た個人情報その他厚生労働省令で定める者に関する情報を、みだりに他人に知らせてはならない。特定地方公共団体及び特定募集情報等提供事業を行う地方公共団体並びに公共職業安定所の業務に従事する者、特定地方公共団体の業務に従事する者及び特定募集情報等提供事業を行う地方公共団体の業務に従事する者でなくなつた後においても、同様とする。

（相談及び援助）
第51条の3　公共職業安定所は、職業紹介、労働者の募集又は労働者供給に関する事項について、求職者等の相談に応じ、及び必要な助言その他の援助を行うことができる。

（職員の教養訓練）

第52条　政府は、その行う職業紹介、職業指導その他この法律の施行に関する事務に従事する職員を教養し、及びその訓練を行うため、計画を樹立し、必要な施設を設けなければならない。

（業務の周知宣伝）

第52条の2　政府は、その行う職業紹介、職業指導、雇用保険その他この法律の目的を周知宣伝するため、計画を樹立し、これが実施に努めなければならない。

（官庁間の連絡）

第53条　政府は、この法律に規定する職業紹介、職業指導、労働力の需要供給に関する調査又は労働者の募集について、関係官庁の事務の調整を図り、及び労働力を最も有効に発揮させる方法を協議するため必要があると認めるときは、連絡協議会を設置することができる。

（雇入方法等の指導）

第54条　厚生労働大臣は、労働者の雇入方法を改善し、及び労働力を事業に定着させることによつて生産の能率を向上させることについて、工場事業場等を指導することができる。

第55条から第59条まで　削除

（権限の委任）

第60条　この法律に規定する厚生労働大臣の権限は、厚生労働省令の定めるところによつて、職業安定主管局長又は都道府県労働局長に委任することができる。

（厚生労働省令への委任）

第61条　この法律に定めるもののほか、この法律の実施のために必要な手続その他の事項は、厚生労働省令で定める。

（適用除外）

第62条　この法律は、船員職業安定法（昭和23年法律第130号）第6条第1項に規定する船員については、適用しない。

2　この法律は、国家公務員法（昭和22年法律第120号）第18条の7第1項の官民人材交流センターが同法第18条の5第1項（自衛隊法（昭和29年法律第165号）第65条の10第2項及び独立行政法人通則法（平成11年法律第103号）第54条第1項において準用する場合を含む。）の就職の援助として行う職業紹介事業及び募集情報等提供事業については、適用しない。裁判所職員臨時措置法（昭和26年法律第299号）において読み替えて準用する国家公務員法第106条の2第2項第3号に規定する最高裁判所規則の定めるところにより裁判官及び裁判官の秘書官以外の裁判所職員の離職に際しての離職後の就職の援助に関する事務を行う最高裁判所の組織が当該就職の援助として行う職業紹介事業及び募集情報等提供事業についても、同様とする。

第5章　罰　則

第63条　次の各号のいずれかに該当するときは、その違反行為をした者は、これを1年以上10年以下の懲役又は20万円以上300万円以下の罰金に処する。

一　暴行、脅迫、監禁その他精神又は身体の自由を不当に拘束する手段によつて、職業紹介、労働者の募集若しくは労働者の供給を行い、又はこれらに従事したとき。

二　公衆衛生又は公衆道徳上有害な業務に就かせる目的で、職業紹介、労働者の募集、募集情報等提供若しくは労働者の供給を行い、又はこれらに従事したとき。

第64条　次の各号のいずれかに該当するときは、その違反行為をした者は、これを1年以下の懲役又は100万円以下の罰金に処する。

一　第30条第1項の規定に違反したとき。

一の二　偽りその他不正の行為により、第30条第1項の許可、第32条の6第2項（第33条第4項において準用する場合を含む。）の規定による許可の有効期間の更新、第33条第1項の許可、第36条第1項の許可又は第45条の許可を受けたとき。

二　第32条の9第2項（第33条第4項、第33条の2第7項及び第33条の3第2項において準用する場合を含む。）の規定による事業の停止の命令に違反したとき。

三　第32条の10（第33条第4項、第33条の2第7項及び第33条の3第2項において準用する場合を含む。）の規定に違反したとき。

四　第32条の11第1項の規定に違反したとき。

五　第33条第1項の規定に違反したとき。

六　第33条の3第2項において準用する第32条の9第1項の規定による事業の廃止の命令に違反したとき。

七　第36条第1項の規定に違反したとき。

八　第41条第1項（第46条において準用する場合を含む。）の規定による労働者の募集の業務若しくは労働者供給事業の停止又は第41条第2項の規定による労働者の募集の業務の廃止若しくは停止の命令に違反したとき。

九　第43条の4の規定による特定募集情報等提供事業の停止の命令に違反したとき。

十　第44条の規定に違反したとき。

第65条　次の各号のいずれかに該当するときは、その違反行為をした者は、これを6月以下の懲役又は30万円以下の罰金に処する。

一　第11条第3項の規定に違反したとき。

二　第32条の3第1項又は第2項の規定に違反したとき。

三　第33条の2第1項又は第33条の3第1項の規定による届出をしないで、無料の職業紹介事業を行つたとき。

四　第36条第2項又は第3項の規定に違反したとき。

五　第37条の規定による制限又は指示に従わなかつたとき。

六　第39条、第40条又は第43条の3の規定に違反したとき。

七　第43条の2第1項の規定による届出をしないで、特定募集情報等提供事業を行つたとき。

八　第48条の3第1項の規定による命令に違反したとき。

九　虚偽の広告をなし、又は虚偽の条件を提示して、職業紹介、労働者の募集、募集情報等提供若しくは労働者の供給を行い、又はこれらに従事したとき。

十　虚偽の条件を提示して、公共職業安定所又は職業紹介を行う者に求人の申込みを行つたとき。

十一　労働条件が法令に違反する工場事業場等のために、職業紹介、労働者の募集若しくは労働者の供給を行い、又はこれに従事したとき。

第66条　次の各号のいずれかに該当するときは、その違反行為をした者は、これを30万円以下の罰金に処する。

一　第30条第2項（第32条の6第6項、第33条第4項及び第5項並びに第33条の3第2項において準用する場合を含む。）に規定する申請書若しくは届出書又は第30条第3項（第32

条の6第6項、第33条第4項及び第5項並びに第33条の3第2項において準用する場合を含む。）に規定する書類に虚偽の記載をして提出したとき。

二　第32条の3第4項の規定による命令に違反したとき。

三　第32条の7第1項（第33条第4項及び第33条の3第2項において準用する場合を含む。）の規定による届出をせず、若しくは虚偽の届出をし、又は第32条の7第1項（第33条第4項及び第33条の3第2項において準用する場合を含む。）に規定する書類に虚偽の記載をして提出したとき。

四　第32条の8第1項（第33条第4項、第33条の2第7項及び第33条の3第2項において準用する場合を含む。）の規定による届出をせず、又は虚偽の届出をしたとき。

五　第32条の14（第33条第4項及び第33条の3第2項において準用する場合を含む。）の規定に違反したとき。

六　第32条の15（第33条第4項、第33条の2第7項及び第33条の3第2項において準用する場合を含む。）の規定に違反して帳簿書類を作成せず、若しくは事業所に備えて置かず、又は虚偽の帳簿書類を作成したとき。

七　第43条の2第1項の規定による届出をする場合において虚偽の届出をしたとき。

八　第43条の2第2項又は第3項の規定による届出をせず、又は虚偽の届出をしたとき。

九　第49条又は第50条第1項の規定による報告をせず、又は虚偽の報告をしたとき。

十　第50条第2項の規定による立入り若しくは検査を拒み、妨げ、若しくは忌避し、又は質問に対して答弁をせず、若しくは虚偽の陳述をしたとき。

十一　第51条第1項の規定に違反したとき。

第67条　法人の代表者又は法人若しくは人の代理人、使用人その他の従業者が、その法人又は人の業務に関して、第63条から前条までの違反行為をしたときは、行為者を罰するほか、その法人又は人に対しても、各本条の罰金刑を科する。

2. 厚生労働省編職業分類表 令和4年4月14日通達

中分類	小分類
001　法人・団体役員	01　会社役員 99　その他の法人・団体役員
002　法人・団体管理職員	01　会社管理職員 99　その他の法人・団体管理職員
003　その他の管理的職業	01　管理的公務員 99　他に分類されない管理的職業
004　研究者	01　自然科学系研究者 02　人文・社会科学系等研究者
005　農林水産技術者	01　農林水産技術者
006　開発技術者	01　食品開発技術者 02　電気・電子・電気通信開発技術者（通信ネットワークを除く） 03　機械開発技術者 04　自動車開発技術者 05　輸送用機器開発技術者（自動車を除く） 06　金属製錬・材料開発技術者 07　化学製品開発技術者 99　その他の開発技術者
007　製造技術者	01　食品製造技術者 02　電気・電子・電気通信製造技術者（通信ネットワーク・電気工事技術者を除く） 03　電気工事技術者 04　機械製造技術者 05　自動車製造技術者 06　輸送用機器製造技術者（自動車を除く） 07　金属製錬・材料製造技術者 08　化学製品製造技術者 99　その他の製造技術者
008　建築・土木・測量技術者	01　建築設計技術者 02　建築施工管理技術者 03　建築技術者（設計・施工管理を除く） 04　土木設計技術者 05　土木施工管理技術者 06　土木技術者（設計・施工管理を除く） 07　測量技術者
009　情報処理・通信技術者（ソフトウェア開発）	01　ソフトウェア開発技術者（WEB・オープン系） 02　ソフトウェア開発技術者（組込・制御系） 03　プログラマー 99　その他の情報処理・通信技術者（ソフトウェア開発）
010　情報処理・通信技術者（ソフトウェア開発を除く）	01　IT コンサルタント 02　IT システム設計技術者 03　IT プロジェクトマネージャ 04　IT システム運用管理者 05　IT ヘルプデスク 06　通信ネットワーク技術者 99　その他の情報処理・通信技術者（ソフトウェア開発を除く）
011　その他の技術の職業	01　通信機器操作員 99　他に分類されない技術の職業

中分類	小分類
012　法務の職業	01　裁判官、検察官、弁護士 02　弁理士 03　司法書士 99　その他の法務の職業
013　経営・金融・保険の専門的職業	01　公認会計士 02　税理士 03　社会保険労務士 99　その他の経営・金融・保険の専門的職業
014　宗教家	01　宗教家
015　著述家、記者、編集者	01　著述家（翻訳家を除く） 02　翻訳家 03　記者、編集者
016　美術家、写真家、映像撮影者	01　美術家、イラストレーター 02　写真家、映像撮影者
017　デザイナー	01　ウェブデザイナー 02　グラフィックデザイナー 99　その他のデザイナー
018　音楽家、舞台芸術家	01　音楽家 02　舞踊家、俳優、演芸家 03　プロデューサー、演出家
019　図書館司書、学芸員、カウンセラー（医療・福祉施設を除く）	01　図書館司書 02　学芸員 03　カウンセラー（医療・福祉施設を除く）
020　その他の法務・経営・文化芸術等の専門的職業	01　職業スポーツ家 02　通訳 99　他に分類されない法務・経営・文化芸術等の専門的職業
021　医師、歯科医師、獣医師、薬剤師	01　医師 02　歯科医師 03　獣医師 04　薬剤師
022　保健師、助産師	01　保健師 02　助産師
023　看護師、准看護師	01　看護師・准看護師（病院・診療所） 02　看護師・准看護師（介護施設） 03　看護師・准看護師（訪問看護） 99　その他の看護師・准看護師
024　医療技術者	01　診療放射線技師 02　臨床工学技士 03　臨床検査技師 04　理学療法士 05　作業療法士 06　視能訓練士 07　言語聴覚士 08　歯科衛生士 09　歯科技工士
025　栄養士、管理栄養士	01　栄養士 02　管理栄養士
026　あん摩マッサージ指圧師、はり師、きゅう師、柔道整復師	01　あん摩マッサージ指圧師、はり師、きゅう師 02　柔道整復師
027　その他の医療・看護・保健の専門的職業	99　その他の医療・看護・保健の専門的職業

中分類	小分類
028　保健医療関係助手	01　看護助手 02　歯科助手 99　その他の保健医療関係助手
029　保育士、幼稚園教員	01　保育士 02　幼稚園教員 03　保育教諭
030　学童保育等指導員、保育補助者、家庭的保育者	01　学童保育指導員 02　児童館指導員 03　保育補助者、家庭的保育者
031　学校等教員	01　小学校教員 02　中学校教員 03　義務教育学校教員 04　高等学校教員 05　中等教育学校教員 06　特別支援学校教員 07　高等専門学校教員、大学教員 99　その他の学校等教員
032　習い事指導等教育関連の職業	01　学習・語学指導教師 02　スポーツ・舞踊指導員 03　趣味・習い事指導教師
033　総務・人事・企画事務の職業	01　総務事務員 02　人事事務員 03　企画・調査事務員
034　一般事務・秘書・受付の職業	01　一般事務員 02　秘書 03　受付・案内事務員
035　その他の総務等事務の職業	01　法務・広報・知的財産事務の職業 99　他に分類されない総務等事務の職業
036　電話・インターネットによる応接事務の職業	01　コールセンターオペレーター 02　テレフォンアポインター 03　他の電話応接事務の職業 04　インターネット応接等事務員
037　医療・介護事務の職業	01　医療事務員（調剤薬局を除く） 02　調剤薬局事務員 03　介護事務員
038　会計事務の職業	01　現金出納事務員 02　預・貯金窓口事務員 03　経理事務員 99　その他の会計事務の職業
039　生産関連事務の職業	01　生産現場事務員 02　出荷・受荷係事務員
040　営業・販売関連事務の職業	01　営業事務員 02　貿易事務員 99　その他の営業・販売関連事務の職業
041　外勤事務の職業	01　集金人 02　調査員 99　その他の外勤事務の職業
042　運輸・郵便事務の職業	01　旅客・貨物係事務員 02　運行管理事務員 03　郵便事務員
043　コンピュータ等事務用機器操作の職業	01　パーソナルコンピュータ操作員、ホームページ関連事務員 02　データ入力事務員 99　その他のコンピュータ等事務用機器操作の職業

中分類	小分類
044　小売店・卸売店店長	01　小売店店長 02　卸売店店長
045　販売員	01　レジ係 02　百貨店販売店員 03　コンビニエンスストア店員 04　総合小売店販売店員（百貨店・コンビニエンスストアを除く） 05　食品スーパーマーケット販売店員 06　飲食料品販売店員 07　衣料品販売店員 08　医薬品販売店員 09　化粧品販売店員 10　電気機器販売店員 11　携帯電話販売店員 12　自動車販売店員、自動車用品販売店員 13　ガソリンスタンド店員 14　他の商品販売店員 15　商品実演販売員 16　商品訪問・移動販売員
046　商品仕入・再生資源卸売の職業	01　商品仕入営業員 02　再生資源回収・卸売人
047　販売類似の職業	01　不動産仲介・売買人 02　保険代理人、保険仲立人 03　クリーニング等受入係員 99　その他の販売類似の職業
048　営業の職業	01　飲食料品営業員 02　化学製品営業員 03　医薬品営業員 04　機械器具営業員 05　自動車営業員 06　通信・情報システム営業員 07　金融・保険営業員 08　不動産営業員 09　広告営業員 10　建設工事営業員 11　印刷営業員 99　その他の営業の職業
049　福祉・介護の専門的職業	01　社会福祉施設管理者 02　福祉相談・指導専門員 03　老人福祉施設指導専門員 04　障害者福祉施設指導専門員 05　児童福祉施設指導専門員 06　他の社会福祉施設指導専門員 07　介護支援専門員（ケアマネジャー） 08　訪問介護サービス提供責任者 09　障害福祉サービス管理責任者、児童発達支援管理責任者 10　福祉用具専門相談員 99　その他の福祉・介護の専門的職業
050　施設介護の職業	01　高齢者入所型施設介護員 02　高齢者通所型施設介護員 03　障害者福祉施設介護員 99　その他の施設介護の職業
051　訪問介護の職業	01　訪問介護員 02　訪問入浴介助員
052　家庭生活支援サービスの職業	01　家政婦（夫）、家事手伝い 99　その他の家庭生活支援サービスの職業

中分類	小分類
053 理容師、美容師、美容関連サービスの職業	01 理容師 02 美容師 03 理容師補助者、美容師補助者 04 エステティシャン 05 ネイリスト 99 その他の理容師、美容師、美容関連サービスの職業
054 浴場・クリーニングの職業	01 浴場従事人 02 クリーニング職、洗張職
055 飲食物調理の職業	01 日本料理調理人 02 西洋料理調理人 03 中華料理調理人 04 各国料理調理人（日本・西洋・中華料理を除く） 05 飲食チェーン店等調理員 06 学校給食調理員 07 給食等調理員（学校を除く） 08 調理補助者、調理人見習 09 バーテンダー 99 その他の飲食物調理の職業
056 接客・給仕の職業	01 飲食店店長 02 旅館・ホテル支配人 03 ウエイター・ウエイトレス（飲食店ホール係）、配ぜん人 04 旅館・ホテルフロント係 05 旅館・ホテル接客係 06 客室乗務員、船舶旅客係 07 接客社交係、芸者 08 娯楽場・スポーツ施設等接客員 99 その他の接客・給仕の職業
057 居住施設・ビル等の管理の職業	01 マンション・アパート管理人 02 寄宿舎・寮管理人 03 ビル管理人 04 駐車場・駐輪場管理人 99 その他の居住施設・ビル等の管理の職業
058 その他のサービスの職業	01 添乗員、観光案内人 02 物品一時預り人 03 物品レンタル係 04 広告宣伝員 05 チラシ配布員 06 葬儀師、火葬係 07 トリマー 08 ブライダルコーディネーター 99 他に分類されないサービスの職業
059 警備員	01 施設警備員 02 道路交通誘導員、雑踏警備員 99 その他の警備員
060 自衛官	01 自衛官
061 司法警察職員	01 警察官、海上保安官 99 その他の司法警察職員
062 看守、消防員	01 看守 02 消防員
063 その他の保安の職業	99 その他の保安の職業
064 農業の職業（養畜・動物飼育・植木・造園を含む）	01 稲作・畑作作業員 02 農作物栽培・収穫作業員（稲作・畑作を除く） 03 家畜・家きん飼育作業員 04 動物飼育員（家畜・家きんを除く） 05 植木職、造園師 99 その他の農業の職業

中分類	小分類
065　林業の職業	01　育林作業員 02　伐木・造材・集材作業員 99　その他の林業の職業
066　漁業の職業	01　漁労作業員 02　漁労船の船長・航海士・機関長・機関士 03　海藻・貝類採取作業員 04　水産養殖作業員 99　その他の漁業の職業
067　生産設備オペレーター（金属製品）	01　製鉄・製鋼・非鉄金属製錬設備オペレーター 02　鋳造・鍛造設備オペレーター 03　金属工作設備オペレーター 04　金属プレス設備オペレーター 05　鉄工・製缶設備オペレーター 06　板金設備オペレーター 07　めっき・金属研磨設備オペレーター 08　金属溶接・溶断設備オペレーター 99　その他の生産設備オペレーター（金属製品）
068　生産設備オペレーター（食料品等）	01　食料品生産設備オペレーター 02　飲料・たばこ生産設備オペレーター
069　生産設備オペレーター（金属製品・食料品等を除く）	01　化学製品生産設備オペレーター 02　窯業・土石製品生産設備オペレーター 03　紡織製品・衣服・繊維製品生産設備オペレーター 04　木製品・パルプ・紙製品生産設備オペレーター 05　印刷・製本設備オペレーター 06　ゴム・プラスチック製品生産設備オペレーター 99　その他の生産設備オペレーター（金属製品・食料品等を除く）
070　機械組立設備オペレーター	01　はん用・生産用・業務用機械器具組立設備オペレーター 02　電気機械器具組立設備オペレーター 03　自動車組立設備オペレーター 04　輸送用機械器具組立設備オペレーター（自動車を除く） 05　計量計測機器・光学機械器具組立設備オペレーター
071　製品製造・加工処理工（金属製品）	01　製鉄工、製鋼工、非鉄金属製錬工 02　鋳物製造工、鍛造工 03　金属熱処理工 04　圧延工 05　汎用金属工作機械工 06　数値制御金属工作機械工 07　金属プレス工 08　鉄工、製缶工 09　自動車板金工 10　板金工（自動車を除く） 11　めっき工、金属研磨工 12　金属製器具・建具・金型等製造工 13　金属溶接・溶断工 99　その他の製品製造・加工処理工（金属製品）
072　製品製造・加工処理工（食料品等）	01　パン・菓子製造工 02　食肉加工工 03　水産物加工工 04　保存食品・冷凍加工食品製造工 05　弁当・惣菜類製造工 06　他の食料品製造・加工処理工 07　飲料・たばこ製造工

中分類	小分類
073　製品製造・加工処理工（金属製品・食料品等を除く）	01　化学製品製造工 02　窯業・土石製品製造工 03　紡織製品・衣服・繊維製品製造工 04　木製品製造工 05　パルプ・紙製品製造工 06　印刷・製本作業員 07　ゴム製品製造工 08　プラスチック製品製造工 99　その他の製品製造・加工処理工（金属製品・食料品等を除く）
074　機械組立工	01　はん用・生産用・業務用機械器具組立工 02　電気機械組立工 03　電気通信機械器具組立工 04　電子応用機械器具組立工 05　民生用電子・電気機械器具組立工 06　半導体製品製造工 07　電球・電子管・電池製造工 08　電線製造工 09　電子機器部品組立工 10　他の電気機械器具組立工 11　自動車組立工 12　輸送用機械器具組立工（自動車を除く） 13　計量計測機器・光学機械器具組立工
075　機械整備・修理工	01　はん用・生産用・業務用機械器具整備・修理工 02　電気機械器具整備・修理工 03　自動車整備・修理工 04　輸送用機械器具整備・修理工（自動車を除く） 05　計量計測機器・光学機械器具整備・修理工
076　製品検査工（金属製品）	01　金属材料検査工 02　金属加工・溶接検査工
077　製品検査工（食料品等）	01　食料品検査工 02　飲料・たばこ検査工
078　製品検査工（金属製品・食料品等を除く）	01　化学製品検査工 02　窯業・土石製品検査工 03　紡織製品・衣服・繊維製品検査工 04　木製品・パルプ・紙製品検査工 05　印刷・製本検査工 06　ゴム・プラスチック製品検査工 99　その他の製品検査工（金属製品・食料品等を除く）
079　機械検査工	01　はん用・生産用・業務用機械器具検査工 02　電気機械器具検査工 03　自動車検査工 04　輸送用機械器具検査工（自動車を除く） 05　計量計測機器・光学機械器具検査工
080　生産関連の職業（塗装・製図を含む）	01　建築塗装工 02　塗装工（建物を除く） 03　画工、看板制作工 04　製図工（建物・土木施設） 05　製図工（建物・土木施設を除く） 06　パタンナー 99　その他の生産関連の職業
081　生産類似の職業	01　生産類似の職業
082　配送・集荷の職業	01　荷物配達員 02　ルート配送員 03　郵便集配員、電報配達員 04　新聞配達員

中分類	小分類
083　貨物自動車運転の職業	01　大型トラック運転手 02　中型・小型トラック運転手 03　トレーラートラック運転手 04　ダンプカー運転手 99　その他の貨物自動車運転の職業
084　バス運転の職業	01　路線バス・貸切バス運転手 02　送迎バス運転手
085　乗用車運転の職業	01　自家用乗用車運転手（役職員送迎） 02　自家用乗用車運転手（利用者送迎） 03　タクシー・ハイヤー運転手（介護タクシーを除く） 04　介護タクシー運転手 99　その他の乗用車運転の職業
086　その他の自動車運転の職業	99　その他の自動車運転の職業
087　鉄道・船舶・航空機運転の職業	01　鉄道運転士 02　船長・航海士・運航士（漁労船を除く）、水先人 03　船舶機関長・機関士（漁労船を除く） 04　航空機操縦士
088　その他の輸送の職業	01　車掌 02　鉄道車両入換・編成作業員 03　甲板員、船舶機関員 04　フォークリフト運転作業員 99　他に分類されない輸送の職業
089　施設機械設備操作・建設機械運転の職業	01　ビル設備管理員 02　発電員、変電員 03　ボイラーオペレーター 04　クレーン・巻上機運転工 05　建設機械運転工 99　その他の施設機械設備操作・建設機械運転の職業
090　建設躯体工事の職業	01　型枠大工 02　とび工 03　解体工 04　鉄筋工
091　建設の職業（建設躯体工事の職業を除く）	01　大工 02　ブロック積工、タイル張工 03　屋根ふき工 04　左官 05　畳工 06　配管工 07　内装工 08　防水工 99　その他の建設の職業
092　土木の職業	01　建設・土木作業員 02　舗装作業員 03　鉄道線路工事作業員 04　ダム・トンネル掘削作業員
093　採掘の職業	01　砂利・砂・粘土採取作業員 99　その他の採掘の職業
094　電気・通信工事の職業	01　送電線架線・敷設作業員 02　配電線架線・敷設作業員 03　通信線架線・敷設作業員 04　電気通信設備工事作業員 05　電気工事作業員

中分類	小分類
095　荷役・運搬作業員	01　港湾荷役作業員 02　陸上荷役・運搬作業員 03　倉庫作業員 04　梱包作業員
096　清掃・洗浄作業員	01　ビル・建物清掃員 02　ハウスクリーニング作業員 03　旅館・ホテル客室清掃整備員 04　道路・公園清掃員 05　ごみ収集・し尿汲取作業員 06　産業廃棄物収集作業員 07　乗物洗浄・清掃員 99　その他の清掃・洗浄作業員
097　包装作業員	01　製品包装作業員 02　ラベル・シール・タグ付け作業員
098　選別・ピッキング作業員	01　選別作業員 02　ピッキング作業員
099　その他の運搬・清掃・包装・選別等の職業	01　工場業務員 02　小売店品出し・陳列・補充作業員 03　洗い場作業員 04　用務員 99　他に分類されない運搬・清掃・包装・選別等の職業

職業安定法の実務解説　改訂第７版

2002年　3月27日　初版
2023年　2月16日　第７版発行

編　　者　株式会社労働新聞社

発 行 所　株式会社労働新聞社
〒173-0022　東京都板橋区仲町29-9
TEL：03-5926-6888（出版）　03-3956-3151（代表）
FAX：03-5926-3180（出版）　03-3956-1611（代表）
https://www.rodo.co.jp　　　　pub@rodo.co.jp
印　　刷　モリモト印刷株式会社

ISBN 978-4-89761-914-9